政府会计制度培训辅导用书
会计人员继续教育推荐用书

《政府会计制度》核算指南
——事业单位会计实务案例精讲

刘京平　尉　敏
许　娟　齐　军　主编

中国财经出版传媒集团
中国财政经济出版社

图书在版编目（CIP）数据

《政府会计制度》核算指南：事业单位会计实务案例精讲 / 刘京平等主编.
—北京：中国财政经济出版社，2018.10（2024.9重印）
政府会计制度培训辅导用书　会计人员继续教育推荐用书
ISBN 978－7－5095－8525－2

Ⅰ.①政…　Ⅱ.①刘…　Ⅲ.①单位预算会计－会计制度－中国－指南
Ⅳ.①F810.6－62

中国版本图书馆 CIP 数据核字（2018）第 214383 号

责任编辑：陈志伟　　责任校对：杨瑞琦
封面设计：孙俪铭　　版式设计：录文通

中国财政经济出版社 出版
URL：http：//www.cfeph.cn
E－mail：cfeph@cfeph.cn

社址：北京市海淀区阜成路甲 28 号　邮政编码：100142
营销中心电话：010－88191537
中煤（北京）印务有限公司印刷 各地新华书店经销
710×1000 毫米　16 开　33.5 印张　578 000 字
2018 年 10 月第 1 版　2024 年 9 月北京第 6 次印刷
定价：98.00 元
ISBN 978－7－5095－8525－2
（图书出现印装问题，本社负责调换）
本社质量投诉电话：010－88190744
打击盗版举报热线：010－88191661　QQ：2242791300

序

为了积极贯彻落实党的十八届三中全会提出的“建立权责发生制政府综合财务报告制度”的重大改革举措，构建统一、科学、规范的政府会计核算标准体系，夯实政府财务报告的编制基础，财政部于2017年10月24日印发了《政府会计制度——行政事业单位会计科目和报表》（以下简称《政府会计制度》），自2019年1月1日起施行。《政府会计制度》的出台，对于提高政府会计信息质量、提升行政事业单位财务和预算管理水平、全面实施绩效管理、建立现代财政制度具有重要的政策支撑作用。

相对于现行制度，《政府会计制度》不啻于一次根本性变革。然而，在多年的实务工作中，广大行政事业单位的会计工作者已经习惯了现行制度的会计核算模式，在新制度施行日期日益迫近的时期，如何促使会计工作者及时转变观念，跟上政府会计改革的步伐，学懂制度原文、弄通制度原理、做实制度落地是《政府会计制度》得以有效实施过程中亟需解决的问题。

“实施会计人才战略”是《会计改革与发展“十三五”规划纲要》的重要内容。“中央国家会计领军人才培养工程”自2012年启动以来，共计培养236名学员，毕业162名学员。“敢于创新、勇挑重担、发挥会计领军作用”是新时代赋予领军人才的使命，作为这项培养工程的主办单位，令我们欣慰的是，学员们没有忘记这份使命和初心。来自首期中央国家机关会计领军班的刘京平、许娟、齐军、尉敏等几位学员，在完成实务工作的同时，紧密跟踪政府会计改革的进展，认真思考政府会计改革的逻辑和内容，结合行政事业单位工作具体业务，编写了《〈政府会计制度〉核算指南——行政单位会计实务案例精讲》、《〈政府会计制度〉核算指南——事业单位会计实务案例精讲》。

总体而言，这套书有以下两个显著特点：

一是不忘初心，注重基础。随着经济的发展，会计发挥的作用越来越大，会计的边界越来越广，财务分析，财务决策，资本运作，战略管理，绩效评价……在大数据、人工智能日益流行的当下，会计人被赋予的使命越来越多，

“不管走多远，不要忘记了我们为什么而出发”，会计最基本的两大职能“反映和监督”不会变，会计核算仍然是会计最基础、最重要的工作之一。因此，这套书以会计核算为出发点，力求为广大一线行政事业单位会计人员提供一本会计核算的实务操作指南，作为学习制度的参考书籍。

二是联系实际，注重实操。这套书的作者全部来自行政事业单位财务工作的一线，书中超过400个案例都是他们将实务中真实的案例引入、加工而成，并且在《政府会计制度》103个一级科目的基础上，进一步细化至四级明细科目，所有案例的会计核算都落实细分到二级科目，具有很强的实操性，是一套理论和实际完美结合的作品。广大读者可以结合书中的案例和本单位的实际情况对本单位的业务事项进行梳理，形成自己单位的常用业务库，真正用于指导会计核算。

最后，衷心希望这套书能够成为广大行政事业单位财务人员的“良师益友”，成为大家学制度、用制度的工具书、必备书；也衷心希望更多的优秀财务人员加入中央国家机关会计领军人才这个大家庭，推进会计事业的改革和发展，服务经济社会，服务于我们的新时代！

是为序！

国家机关事务管理局财务管理司司长

前言

随着中国特色社会主义市场经济的飞速发展，以及经济体制、财政管理体制改革的不断深化，为了适应权责发生制政府综合财务报告制度改革需要，规范事业单位会计核算，提高会计信息质量，根据《中华人民共和国会计法》、《中华人民共和国预算法》、《政府会计准则——基本准则》（以下称《基本准则》）等法律、行政法规和规章，2017年10月24日，财政部正式印发了《政府会计制度——行政事业单位会计科目和报表》（财会〔2017〕25号，以下简称《政府会计制度》），自2019年1月1日起施行。执行《政府会计制度》的单位，不再执行《事业单位会计准则》、《事业单位会计制度》、《医院会计制度》、《基层医疗卫生机构会计制度》、《高等学校会计制度》、《中小学校会计制度》、《科学事业单位会计制度》、《彩票机构会计制度》、《地质勘查单位会计制度》、《测绘事业单位会计制度》、《国有林场与苗圃会计制度（暂行）》、《国有建设单位会计制度》等制度。

新的政府会计制度体系兼顾了事业单位财务、预算、资产、成本等方面管理的需要，使事业单位的财务状况、事业成果、预算执行情况得到更为全面、真实、合理的反映；有机地统一了现行事业单位各项会计制度，有利于系统、完整地规范各部门、各单位的会计核算，提高政府会计信息的准确性、全面性、相关性、可比性和及时性，体现了事业单位会计方面的重大突破和创新。

为满足广大事业单位财务工作者的学习需要，我们根据《政府会计制度》、《基本准则》、具体准则以及固定资产准则应用指南，并结合近几年国家财政改革中的国库集中支付制度、政府收支科目分类、部门预算、政府采购、非税收入管理制度以及事业单位会计实务工作，编写了《〈政府会计制度〉核算指南——事业单位会计实务案例精讲》一书。

本书特点如下：

1. 体现政府会计改革的最新精神。本书共分为九章，第一章对事业单位执行《政府会计制度》进行总体说明；第二章至第七章主要围绕事业单位各项经济业务，举例说明事业单位的资产、负债、净资产、收入、费用、预算收入、预算支出、预算结余的会计处理；第八章介绍事业单位年终清理结算与结账处理，以及事业单位财务报告编制方法；第九章对新旧会计制度衔接加以说明。

2. 注重会计理论与实务操作相结合。本书编写注重会计实务操作，尽可能做到深入浅出。在讲解事业单位日常经济业务事项按照《政府会计制度》进行会计处理的基础上，结合国库集中支付改革、部门预算管理和资产管理要求讲解相关会计处理。

3. 通过业务实例说明实务操作，并注意突出重点业务。本书时兼顾《政府会计制度》中业务举例和财务工作实际需求，收集整理了大量实际工作中的业务实例，并突出如何准确运用《政府会计制度》进行相应的会计实务处理，有利于会计人员参考学习和快速掌握最新的会计核算方法，进行实务操作。

本书可作为事业单位会计人员工作参考工具和培训教材，也可作为财经院校会计专业教学使用，有助于事业单位会计人员尽快掌握新制度的主要变化，规范执行《基本准则》、具体准则以及《政府会计制度》。

本书由中国气象局刘京平、中国财政经济出版社尉敏、科技部许娟、国家食品安全风险评估中心齐军共同担任主编；刘京平负责拟订、总纂全书及第三、五、九章撰写工作。其他章节具体分工如下：第一、八章由尉敏撰写，第二、四章由许娟撰写，第六、七章由齐军撰写，邯郸市人力资源与社会保障局许海燕对全书进行了审阅和指导。我们真心希望通过努力，为事业单位规范会计核算尽绵薄之力。书中不妥之处，恳请广大读者批评指正。

编者

2018 年 7 月

目 录

第一章

政府会计制度概述

政府会计是指政府会计主体运用专门的会计方法对政府及其组成主体（包括政府所属的行政事业单位等）的资产负债、运行情况、现金流量、预算执行等情况进行全面核算、监督和报告的会计信息系统。长期以来我国政府领域实施的主要是以收付实现制为基础的预算会计，并不是真正意义上的政府会计。

第一节　政府会计改革的必要性和重要意义

我国现行的政府预算会计制度体系是适应财政预算管理的要求建立和逐步发展起来的，基本形成于 1998 年，其在宏观经济决策和财政资金的运行管理过程中发挥了重要的基础性作用。现行的政府预算会计制度体系主要涵盖了财政总预算会计、行政单位会计与事业单位会计，包括《财政总预算会计制度》、《行政单位会计制度》、《事业单位会计制度》等，以及医院、基层医疗卫生机构、高等学校、中小学校、科学事业单位、彩票机构等行业事业单位会计制度和国有建设单位会计制度等有关制度。

2010 年以来，财政部适应公共财政管理的需要，先后对上述部分会计标准进行了修订，基本满足了现行部门预算管理的需要。

一、加快推进政府会计改革的必要性

现行政府会计制度具有以下主要特点：一是会计目标方面，偏重于满足

财政预算管理的需要，在一定程度上兼顾了单位财务管理的需要；二是在会计核算内容方面，核算范围较窄，侧重于预算收入、支出和结余情况的反映，资产负债状况无法得到全面、客观反映；三是核算基础方面，主要以收付实现制为基础，各项收入、支出的确认不是以应收应付而是以实际收到或付出为标准；四是在财务报告方面，主要提供的是反映财政总预算资金、单个行政事业单位、单项基金的预算收支执行结果等信息。

随着我国政府职能转变和公共财政体制的建立和完善，采用收付实现制为主、提供反映预算收支执行情况的决算报告的现行政府预算会计制度越来越难以适应新形势的需要，其缺陷逐渐显现，主要表现为以下几个方面。

（一）无法准确、完整地反映政府资产负债“家底”，不利于加强资产负债管理

现行政府预算会计制度体系主要以收付实现制为基础，其主要核算资金的收支节余情况，政府总预算和单位预算的收入支出差额只反映资金使用的余缺，其所核算的经济业务内容较窄，不能够将政府各项业务活动所形成的财政资源和财政责任都纳入会计核算、监督和报告范围之内，如实反映政府资产负债“家底”。比如，传统的总预算会计制度中，将所有对外权益性投资作为预算支出处理，没有进行投资资产的核算；对于政府投资的公共基础设施、保障性住房等项目，并未纳入行政事业单位会计账簿核算，最终未能在政府资产负债表中反映；对于许多已经发生的、需要在以后期间支付的现时义务并没有被确认为政府负债。

（二）无法全面、客观地反映政府运行成本，不利于科学地评价政府会计主体的运营绩效和受托责任的履行情况

在现行预算会计制度体系下，以收付实现制为基础来反映有关预算收入、支出及资金余缺情况，一般不核算成本，不计算盈亏，不能客观反映政府进行公共管理的运行成本以及资产负债情况，政府会计主体的运营绩效和受托责任的履行情况也难以进行科学地评价。在各个会计期间，以收付实现制为基础的决算报告所反映的收入与当期实际实现的收入往往有一定差距；同时而各期所列示的支出与当前实际运营的成本也相距甚远。例如，本期发生的购建机器设备等资本性支出，多个会计期间得以受益，在收付实现制下只能将其全部列为当期支出，而不能像权责发生制原则那样合理地分配到各个期间。因此，在现行预算会计制度体系下，收入与支出的比较既不能客观反映

行政事业单位的成本情况和资产负债情况，也不能全面反映其实际的运营绩效和效率。

（三）多项制度并存、会计核算标准不统一，导致政府财务报告信息质量较低

现行的政府预算会计体系下，既有《财政总预算会计制度》、《行政单位会计制度》、《事业单位会计制度》等制度，同时针对医院、基层医疗卫生机构、高等学校、中小学校、科学事业单位、彩票机构、国有建设单位等行业，又制定颁布了具有行业特色的会计制度，可谓体系庞杂、制度繁多。因上述制度存在内容交叉、核算口径不一等缺陷，导致各部门、各单位所提供会计信息的可比性较差，而通过汇总、调整编制的政府财务报告所提供的信息质量较低，不能全面、客观地反映政府性资金和资源的整体运行状况，一定程度上造成了政府性资金和资源在使用中出现行为不规范、效率不高效等问题，不利于对政府权力进行制约和监督。

综上所述，在新的形势下，立足国情，借鉴国际经验，加快推进我国政府会计改革势在必行。

二、加快推进政府会计改革的重要意义

近年来，来自政府、实务界、理论界等领域的专家、学者纷纷呼吁，我们要加快推进政府会计改革，建立能够如实反映政府资产负债等“家底”、成本费用等绩效及预算执行情况的政府会计体系。2011 年，我国“十二五”规划纲要提出，要“进一步推进政府会计改革，逐步建立政府财务报告制度”；2013 年，中共中央、国务院印发的《党政机关厉行节约反对浪费条例》中也明确要求，“推进政府会计改革，进一步健全会计制度，准确核算机关运行经费，全面反映行政成本”；2014 年新修正的《中华人民共和国预算法》（以下简称《预算法》）“各级政府财政部门应当按年度编制以权责发生制为基础的政府综合财务报告，报告政府整体财务状况、运行情况和财政中长期可持续性，报本级人民代表大会常务委员会备案。”党的十八届三中全会更是从全面深化改革的战略高度，在《中共中央关于全面深化改革若干重大问题的决定》中明确提出要“建立权责发生制的政府综合财务报告制度”。

政府会计改革，是全面贯彻落实党的十八届三中全会精神和《国务院关于批转财政部权责发生制政府综合财务报告制度改革方案的通知》（国发

(2014) 63 号以下简称《改革方案》) 的重要成果，是服务全面深化财税体制改革的重要举措，对于提高政府会计信息质量、强化政府的公众受托责任、提高政府公共支出管理水平、增强政府财政透明度、提升行政事业单位财务和预算管理水平、全面实施绩效管理、防范财政风险、增强财政可持续性、建立现代财政制度等方面具有重要的政策支撑作用；同时，政府会计改革也有助于展现国家形象、更好地融入全球化竞争中。

第二节 政府会计标准体系

从世界各国政府会计改革的基本做法以及我国政府会计改革的研究和实践经验来看，政府会计改革的基本路径是，从政府财务报告的基石——政府会计准则的建立以及各政府组成主体实施准则入手，即建立政府会计准则，各级政府及其组成主体依据统一、规范的政府会计准则进行会计核算、编制财务报表，在此基础上，通过专门的会计方法和程序，合并形成真实、完整、准确的权责发生制的政府综合财务报告。

按照党的十八届三中全会精神和《改革方案》的要求，2015 年以来，财政部相继出台了《政府会计准则——基本准则》(以下简称《基本准则》) 和存货、投资、固定资产、无形资产、公共基础设施、政府储备物资等 6 项政府会计具体准则，以及固定资产准则应用指南。2017 年 10 月 24 日，财政部印发了《政府会计制度——行政事业单位会计科目和报表》(财会 [2017] 25 号)，自 2019 年 1 月 1 日起施行，鼓励行政事业单位提前执行。

我国的政府会计标准体系由政府会计基本准则、政府会计具体准则及其应用指南、政府会计制度等共同组成。

一、政府会计基本准则

为了积极贯彻落实党的十八届三中全会精神，加快推进政府会计改革，构建统一、科学、规范的政府会计标准体系和权责发生制政府综合财务报告制度，2015 年 10 月 23 日，楼继伟部长签署财政部令第 78 号公布《基本准则》，自 2017 年 1 月 1 日起施行。

（一）《基本准则》的主要内容

在政府会计核算标准体系中，基本准则主要对政府会计目标、会计主体、会计信息质量要求、会计核算基础，以及会计要素定义、确认和计量原则、列报要求等做出规定。基本准则属于“概念框架”，统驭政府会计具体准则和政府会计制度的制定，并为政府会计实务问题提供处理原则，为编制政府财务报告提供基础标准。从会计规则角度而言，《基本准则》为在政府会计具体准则和政府会计制度层面规范政府发生的经济业务或事项的会计处理提供了基本原则，保证了政府会计准则体系的内在一致性。从会计主体而言，《基本准则》适用于各级政府、各部门、各单位（以下称“政府会计主体”），有利于消除各级政府、部门、行业和单位执行不同会计规范所导致的信息差异，打破不同部门、行业的藩篱，各政府会计主体都以统一规范的会计语言体系处理会计事务、参与政府治理，提高了政府会计信息的可比性。

《基本准则》共六章 62 条。

第一章为总则，规定了立法目的和制定依据、适用范围、政府会计体系与核算基础、基本准则定位、报告目标和使用者、会计基本假设和记账方法等。

第二章为政府会计信息质量要求，明确了政府会计信息应当满足的 7 个方面质量要求，即可靠性、全面性、相关性、及时性、可比性、可理解性和实质重于形式。

第三章为政府预算会计要素，规定了预算收入、预算支出和预算结余 3 个预算会计要素的定义、确认和计量标准，以及列示要求。

第四章为政府财务会计要素，规定了资产、负债、净资产、收入和费用 5 个财务会计要素的定义、确认标准、计量属性和列示要求。

第五章为政府决算报告和财务报告，规定了决算报告、财务报告和财务报表的定义、主要内容和构成。

第六章为附则，规定了相关基本概念的定义，明确了施行日期。

（二）《基本准则》的实施对行政事业单位财务和会计管理的影响

《基本准则》是政府会计领域一次重大的制度变革，实施《基本准则》对于行政事业单位（以下称单位）财务和会计管理将带来以下显著变化。

第一，实施《基本准则》将有助于进一步规范单位会计行为，提高会计信息质量。《基本准则》要求按收付实现制对预算收入、预算支出和预算结余进行会计核算，按权责发生制对资产、负债、净资产和收入、费用进行会计核算；同时对各个会计要素的确认、计量和列示等提出了原则性要求，对会计信息质量提出了明确的标准，有助于行政事业单位对各项经济业务或事项进行全面、规范的会计处理，不断提升单位会计信息质量。

第二，实施《基本准则》有助于夯实单位财务管理基础，提升财务管理水平。《基本准则》的实施，有助于单位贯彻落实国家各项预算管理要求，规范收支行为，夯实预算管理的基础，建立健全预算管理制度；有助于单位严格落实有关国有资产管理的规定，全面、真实反映增量和存量资产的状况，夯实单位资产管理的基础，完善控制国有资产流失的管理制度，提高单位国有资产管理的绩效；有助于单位严格落实有关财务管理规定，增强公共管理意识，实现资金、资产和资源的科学合理配置，防范和化解财务风险，促进单位持续健康发展。

第三，实施《基本准则》将有助于全面、准确反映单位运行成本，科学评价单位绩效。《基本准则》要求单位按照权责发生制原则核算各项耗费，如计提固定资产折旧费用、无形资产摊销费用等，并要求编制收入费用表，合理归集、反映单位的运行费用和履职成本，从而有助于科学评价单位耗费公共资源、成本边际等情况，建立并有效实施预算绩效评价制度，提升单位绩效评价的科学性。

第四，实施《基本准则》将有助于全面反映单位的预算执行信息和财务信息，提高单位的财务透明度。《基本准则》要求单位在编制决算报告的同时，还要编制包括资产负债表、收入费用表和现金流量表在内的财务报告，全面反映单位的预算执行情况和财务状况、运行情况和现金流量等信息。各部门还要按规定合并所属单位的财务报表，编制部门合并财务报告，全面反映部门整体财务状况，并按照规定进行审计和公开。《基本准则》的实施，将显著提升单位财务透明度。

二、政府会计具体准则及其应用指南

在政府会计核算标准体系中，各项具体准则主要规定政府发生的经济业务或事项的会计处理原则，应用指南主要对具体准则的实际应用做出操作性规定。

根据《政府会计准则——基本准则》，财政部于 2016 年 7 月制定印发了《政府会计准则第 1 号——存货》、《政府会计准则第 2 号——投资》、《政府会计准则第 3 号——固定资产》和《政府会计准则第 4 号——无形资产》四项政府会计具体准则；2017 年 2 月印发了《政府会计准则第 3 号——固定资产》应用指南；2017 年 4 月印发了《政府会计准则第 5 号——公共基础设施》；2017 年 8 月印发《政府会计准则第 6 号——政府储备物资》。

六项具体准则的陆续出台，标志着政府会计准则体系建设工作继《基本准则》出台后又迈出了坚实一步。其重要意义在于：一是进一步了政府会计主体的会计核算，有助于提高会计信息质量；二是夯实了国有资产管理的基础；三是保障权责发生制政府综合财务报告制度改革的顺利推进。

（一）具体准则的制定原则

1. 以《基本准则》为依据

《基本准则》为在政府会计具体准则层面规范政府发生的经济业务或事项的会计处理提供了基本原则，六项具体准则依据《基本准则》制定，其适用范围、资产确认标准和计量要求等均与《基本准则》保持一致，保证了政府会计标准体系的内在一致性。

2. 与相关法律、法规、制度等充分协调

已经颁布的六项具体准则均贯彻了会计法、预算法和《改革方案》等法律法规的精神，并充分考虑了与现行行政事业单位国有资产管理办法、财务规则等相关规章制度的协调，比如，关于资产初始计量、置换、处置等业务的会计处理，均与现行行政事业单位国有资产管理暂行办法的相关要求相协调。

3. 借鉴企业会计经验并考虑政府会计的特点

六项政府会计具体准则立足于完善政府财务会计核算功能，在会计处理上采用权责发生制。因此，对于与企业会计共性的业务和事务，六项具体会计准则吸收和借鉴了企业会计准则的相关规定，但并不是照搬照抄，而是在充分考虑政府会计主体特点及其面临的环境基础上进行规范。比如，对外投资的确认和计量、资产在处置环节的会计处理等都充分考虑了政府会计主体的特点，与企业会计准则的要求有较大差别。

4. 适当地进行简化操作

考虑到政府会计核算现状、政府会计改革的变化力度、政府会计人员对权责发生制核算基础的接受程度，六项具体准则适当简化了某些会计处理规定，力求准则切实可用，便于实务操作。比如，固定资产折旧和无形资产摊销均不考虑有关的残值因素，且在折旧和摊销方法上一般要求采用年限平均法或工作量法。

（二）具体准则规范的主要内容和范围

1. 存货准则

存货准则所规范的存货，是指政府会计主体在开展业务活动及其他活动中为耗用或出售而储存的资产，如材料、产品、包装物和低值易耗品等，以及未达到固定资产标准的用具、装具、动植物等。考虑到政府储备物资的取得、调拨、管理、处置、权属确定等与本准则规范的存货有较大不同，因此将其排除在存货准则范围以外。另外，考虑到政府收储土地规模较大且具有不同于一般存货的显著特点，也对其进行了范围排除。

2. 投资准则

投资准则所规范的投资，是指政府会计主体按规定以货币资金、实物资产、无形资产等方式形成的股权和债权投资，分为短期投资和长期投资。政府会计主体外币投资的折算，适用其他相关政府会计准则。另外，关于PPP模式中政府的投资，鉴于其涉及的核算内容较为复杂，财政部拟单独制定相关准则。

3. 固定资产准则

固定资产准则所规范的固定资产，是指政府会计主体为满足自身开展业务活动或其他活动需要而控制的，使用年限超过1年（不含1年）、单位价值在规定标准以上，并在使用过程中基本保持原有物质形态的资产，一般包括房屋及构筑物、专用设备、通用设备等。考虑到公共基础设施、政府储备物资、保障性住房为政府会计主体经管的资产，其使用目的和管理方式不同于一般固定资产，且这类资产规模较大，财政部另行规定相关准则。另外，自然资源资产的定义和内涵尚不明确，是否需要制定相关准则，需要做进一步研究。

4. 无形资产准则

无形资产准则所规范的无形资产，是指政府会计主体控制的没有实物形态的可辨认非货币性资产，一般包括专利权、商标权、著作权、土地使用权、非专利技术以及其他财产权利等。

5. 公共基础设施准则

公共基础设施准则所称的公共基础设施，是指政府会计主体为满足社会公共需求而控制的，同时具有以下特征的有形资产：（1）是一个有形资产系统或网络的组成部分；（2）具有特定用途；（3）一般不可移动。公共基础设施主要包括市政基础设施（如城市道路、桥梁、隧道、公交场站、路灯、广场、公园绿地、室外公共健身器材，以及环卫、排水、供水、供电、供气、供热、污水处理、垃圾处理系统等）、交通基础设施（如公路、航道、港口等）、水利基础设施（大坝、堤防、水闸、泵站、渠道等）和其他公共基础设施。独立于公共基础设施、不构成公共基础设施使用不可缺少组成部分的管理维护用房屋建筑物、设备、车辆等，适用《政府会计准则第3号——固定资产》。属于文物文化资产的公共基础设施，适用其他相关政府会计准则。采用政府和社会资本合作模式（即PPP模式）形成的公共基础设施的确认和初始计量，适用其他相关政府会计准则。

6. 政府储备物资准则

政府储备物资准则所称的政府储备物资，是指政府会计主体为满足实施国家安全与发展战略、进行抗灾救灾、应对公共突发事件等特定公共需求而控制的，同时具有下列特征的有形资产：（1）在应对可能发生的特定事件或情形时动用；（2）其购入、存储保管、更新（轮换）、动用等由政府及相关部门发布的专门管理制度规范。政府储备物资主要包括战略及能源物资、抢险抗灾救灾物资、农产品、医药物资和其他重要商品物资，通常情况下由政府会计主体委托承储单位存储。企业以及纳入企业财务管理体系的事业单位接受政府委托收储并按企业会计准则核算的储备物资，不适用本准则。

（三）具体准则的主要创新与变化

政府会计的六项具体准则在合理继承现行行政事业单位会计准则制度和财政总预算会计制度有关规定的基础上，立足政府会计主体财务会计核算和权责发生制政府综合财务报告制度改革的需要，兼顾当前行政事业单位国有资产管理的相关规定，在规范存货、投资、固定资产和无形资产、公共基础设施、政府储备物资的会计核算方面较现行政府会计制度体系有很多创新与变化，主要体现在以下几个方面。

1. 立足权责发生制会计核算基础

六项政府会计具体准则立足权责发生制会计核算基础，合理划分资本化支出和费用化支出的界限，凡符合资产确认条件的支出均计入相关资产的成本，不符合相关资产确认条件的支出均计入当期费用。

2. 进一步明确资产的会计确认和披露要求

现行政府会计制度体系下，对于存货、投资、固定资产、无形资产等的会计核算均有相应的规范，但这些规范主要侧重于相关资产的会计计量和记录问题，很少涉及会计确认和披露问题。而具体准则对存货、投资、固定资产和无形资产的确认、计量和披露问题进行了系统规范，为将符合存货、投资、固定资产和无形资产定义和确认条件的相关资产纳入会计账簿和财务报表提供了统一的会计处理原则，提高了不同政府会计主体对同一经济业务和事项会计处理的可比性，丰富了政府会计信息的内容，有利于权责发生制政府财务报告的编制。

3. 健全完善资产的计价和入账管理要求

在现行政府会计制度体系下，对于接受捐赠、无偿调入和盘盈等方式取得的资产入账价值的确定进行了规范，但在实际执行中操作性不强。具体准则遵循《基本准则》关于资产计量属性的规定，立足实务需要，兼顾资产管理的相关规定，分别对接受捐赠、无偿调入和盘盈取得的资产的初始入账问题进行了规范，相对于现行政府会计制度体系更为科学。以固定资产准则为例，对于接受捐赠的固定资产，其成本应当依次按照相关凭据注明的金额、评估价值、市场价格和名义金额四个层次判断确定；对于无偿调入的资产，其成本按照调出方的账面价值确定；对于盘盈的资产，则按规定需要评估的，其成本按评估价值确定，其他情况下其成本按照重置成本进行确定。

4. 全面确立“实提”折旧和摊销的政策要求

在现行政府会计制度体系下，对单位的固定资产和无形资产分别计提折旧和摊销时，采用“虚提”折旧和摊销的做法，即在当期计提折旧或摊销时冲减非流动资产基金（或资产基金），而不是计入相关支出或费用。而固定资产准则和无形资产准则是基于权责发生制的会计核算要求，分别对政府会计主体固定资产折旧和无形资产摊销做出“实提”折旧或摊销的规范，要求固定资产应计提的折旧金额或无形资产应计提的摊销金额，应当根据用途计入当期费用或者相关资产的成本。这种“实提”的做法有利于客观、真实地反映资产价值，有利于进行成本核算与管理，有助于权责发生制财务报告的编制。

5. 全面引入长期股权投资权益法

在现行政府会计制度体系下，长期股权投资采用成本法进行核算，长期股权投资的账面余额通常保持不变，仅在追加或收回投资时，相应调整其账面余额。而在投资准则中，长期股权投资持有期间通常采用权益法进行核算，最初以投资成本对投资进行计量，以后根据政府会计主体在被投资单位所享有的所有者权益份额的变动对投资的账面余额进行调整。值得强调的是，投资准则在明确规定长期股权投资通常采用权益法的同时保留了成本法。不对被投资企业净资产的变动调整长期股权投资的账面余额和确认投资损益。

6. 着力强化自行研发无形资产入账成本的核算

在现行政府会计制度体系下，自行开发并按法律程序申请取得的无形资产，按照依法取得时发生的注册费、聘请律师费等费用确认初始成本，导致自行研发的无形资产账面成本远小于单位的实际投入。而在无形资产准则中，引入了企业会计中关于自行研发无形资产的会计处理规定，但为便于实务操作，对相关内容进行了适度简化。政府会计主体自行研究开发项目研究阶段的支出，应当于发生时计入当期费用。政府会计主体自行研究开发项目开发阶段的支出，先按合理方法进行归集，如果最终形成无形资产的，应当确认为无形资产；如果最终未形成无形资产的，应当计入当期费用。

三、《政府会计制度》概述

为加快建立健全政府会计核算标准体系，财政部于 2017 年 10 月 24 日印发了《政府单位会计制度——行政事业单位会计科目和报表》（以下简称《政府会计制度》），自 2019 年 1 月 1 日起施行。这是继《基本准则》，存货、投资、固定资产、无形资产、公共基础设施、政府储备物资等 6 项具体准则以及固定资产准则应用指南出台以来，政府会计改革工作取得的又一重要成果，标志着具有中国特色的政府会计标准体系初步建成，在我国政府会计发展进程中具有划时代的里程碑意义。

政府会计制度主要规定政府会计科目及其使用说明、报表格式及其编制说明等。会计准则和会计制度相互补充，共同规范政府会计主体的会计核算，保证会计信息质量。按照《改革方案》确定的目标，应当在 2020 年之前建立起具有中国特色的政府会计标准体系。

《政府会计制度》统一了现行各类行政事业单位会计标准，夯实了部门和单位编制权责发生制财务报告和全面反映运行成本并同时反映预算执行情况的核算基础，适用于各级各类行政事业单位，大大提高了政府会计主体间会计信息的可比性。

（一）《政府会计制度》的结构和主要内容

《政府会计制度》由正文和附录组成。正文包括五部分内容：

第一部分为总说明，主要规范《政府会计制度》的制定依据、适用范围、会计核算模式和会计要素、会计科目设置要求、报表编制要求、会计信息化工作要求和施行日期等内容。

第二部分为会计科目名称和编号，主要列出了财务会计和预算会计两类科目表，共计103个一级会计科目，其中，财务会计下有资产、负债、净资产、收入和费用五个要素共77个一级科目，预算会计下有预算收入、预算支出和预算结余三个要素共26个一级科目。

第三部分为会计科目使用说明，主要对103个一级会计科目的核算内容、明细核算要求、主要账务处理等进行详细规定。本部分内容是《政府会计制度》的核心内容。

第四部分为报表格式，主要规定财务报表和预算会计报表的格式。其中，财务报表包括资产负债表、收入费用表、净资产变动表、现金流量表及报表附注，预算会计报表包括预算收入支出表、预算结转结余变动表和财政拨款预算收入支出表。

第五部分为报表编制说明，主要规定了第四部分列出的7张报表的编制说明，以及报表附注应披露的内容。

附录为主要业务和事项账务处理举例。本部分采用列表方式，以《政府单位会计制度》第三部分规定的会计科目使用说明为依据，按照会计科目顺序对单位通用业务或共性业务和事项的账务处理进行举例说明。

（二）《政府会计制度》的重大变化与创新

与现行行政事业单位会计制度相比，《政府会计制度》有以下重大变化与创新。

1. 重构了政府会计核算模式

在系统总结分析传统单系统预算会计体系利弊的基础上，《政府会计制度》按照《改革方案》和《基本准则》的要求，使“财务会计和预算会计适度分离并相互衔接”的会计核算模式在制度层面真正落地。所谓“适度分离”，是指适度分离政府预算会计和财务会计功能，决算报告和财务报告功能，全面反映政府会计主体的预算执行信息和财务信息。所谓“相互衔接”，是指在同一会计核算系统中政府预算会计要素和相关财务会计要素相互协调，决算报告和财务报告相互补充，共同反映政府会计主体的预算执行信息和财务信息。主要体现在：一是对纳入部门预算管理的现金收支进行“平行记账”。对于纳入部门预算管理的现金收支业务，在进行财务会计核算的同时也应当进行预算会计核算。对于其他业务，仅需要进行财务会计核算。二是财务报表与预算会计报表之间存在勾稽关系。通过编制“本期预算结余与本期盈余差异调节表”并在附注中进行披露，反映单位财务会计和预算会计因核算基础和核算范围不同所产生的本年盈余数（即本期收入与费用之间的差额）与本年预算结余数（本年预算收入与预算支出的差额）之间的差异，从而揭示财务会计和预算会计的内在联系。这种会计核算模式兼顾了现行部门决算报告制度的需要，又能满足部门编制权责发生制财务报告的要求，对于规范政府会计行为，夯实政府会计主体预算和财务管理基础，强化政府绩效管理具有深远的影响。

2. 统一了现行各项单位会计制度

《政府会计制度》有机整合了《行政单位会计制度》、《事业单位会计制度》和医院、基层医疗卫生机构、高等学校、中小学校、科学事业单位、彩票机构、地勘单位、测绘单位、国有林场和苗圃等行业事业单位会计制度的内容。在科目设置、科目和报表项目说明中，一般情况下，不再区分行政和事业单位，也不再区分行业事业单位；在核算内容方面，基本保留了现行各项制度中的通用业务和事项，同时根据改革需要增加各级各类行政事业单位的共性业务和事项；在会计政策方面，对同类业务尽可能做出同样的处理规定。通过会计制度的统一，大大提高了政府各部门、各单位会计信息的可比性，为合并单位、部门财务报表和逐级汇总编制部门决算奠定了坚实的制度基础。

3. 强化了财务会计功能

《政府会计制度》在财务会计核算中全面引入了权责发生制，在会计科目设置和账务处理说明中着力强化财务会计功能，如增加了收入和费用两个财务会计要素的核算内容，并原则上要求按照权责发生制进行核算；增加了应收款项和应付款项的核算内容，对长期股权投资采用权益法核算，确认自行开发形成的无形资产的成本，要求对固定资产、公共基础设施、保障性住房和无形资产计提折旧或摊销，引入坏账准备等减值概念，确认预计负债、待摊费用和预提费用等。在政府会计核算中强化财务会计功能，对于科学编制权责发生制政府财务报告、准确反映单位财务状况和运行成本等情况具有重要的意义。

4. 扩大了政府资产负债核算范围

与现行制度相比，《政府会计制度》扩大了资产负债的核算范围。除按照权责发生制核算原则增加有关往来账款的核算内容外，在资产方面，增加了公共基础设施、政府储备物资、文物文化资产、保障性住房和受托代理资产的核算内容，以全面核算单位控制的各类资产；增加了“研发支出”科目，以准确反映单位自行开发无形资产的成本。在负债方面，增加了预计负债、受托代理负债等核算内容，以全面反映单位所承担的现时义务。此外，为了准确反映单位资产扣除负债之后的净资产状况，《政府会计制度》立足单位会计核算需要、借鉴国际公共部门会计准则相关规定，将净资产按照主要来源分类为累计盈余和专用基金，并根据净资产其他来源设置了权益法调整、无偿调拨净资产等会计科目。资产负债核算范围的扩大，有利于全面规范政府单位各项经济业务和事项的会计处理，准确地反映政府“家底”信息，为相关决策提供更加有用的信息。

5. 完善了预算会计功能

根据《改革方案》要求，《政府会计制度》对预算会计科目及其核算内容进行了调整和优化，以进一步完善预算会计功能。在核算内容上，预算会计仅需核算预算收入、预算支出和预算结余。在核算基础上，预算会计除按《预算法》要求的权责发生制事项外，均采用收付实现制核算，有利于避免现行制度下存在的虚列预算收支的问题。在核算范围上，为了体现新《预算法》的精神和部门综合预算的要求，《政府会计制度》将依法纳入部门预算管理的现金收支均纳入预算会计核算范围，如增设了债务预算收入、债务还本支出、投资支出等。调整完善后的预算会计，能够更好地贯彻落实《预算法》的相关规定，更加准确地反映部门和单位预算收支情况，更加满足部门、单位预算和决算管理的需要。

6. 整合了基建会计核算

按照现行制度规定，单位对于基本建设投资的会计核算除遵循相关会计制度规定外，还应当按照国家有关基本建设会计核算的规定单独建账、单独核算，但同时应将基建账相关数据按期并入单位“大账”。《政府会计制度》依据《基本建设财务规则》和相关预算管理规定，在充分吸收《国有建设单位会计制度》合理内容的基础上对单位建设项目会计核算进行了规定。单位对基本建设投资按照本制度规定统一进行会计核算，不再单独建账，大大简化了单位基本建设业务的会计核算，有利于提高单位会计信息的完整性。

7. 完善了报表体系和结构

《政府会计制度》将报表分为预算会计报表和财务报表两大类。预算会计报表由预算收入表、预算结转结余变动表和财政拨款预算收入支出表组成，是编制部门决算报表的基础。财务报表由会计报表和附注构成，会计报表由资产负债表、收入费用表、净资产变动表和现金流量表组成。其中，单位可自行选择编制现金流量表。此外，《政府会计制度》针对新的核算内容和要求对报表结构进行了调整和优化，对报表附注应当披露的内容进行了细化，对会计报表重要项目说明提供了可参考的披露格式、要求按经济分类披露费用信息、要求披露本年预算结余和本年盈余的差异调节过程等。调整完善后的报表体系，对于全面反映单位财务信息和预算执行信息，提高部门、单位会计信息的透明度和决策有用性具有重要的意义。

8. 增强了制度的可操作性

《政府会计制度》在附录中采用列表方式，以《政府会计制度》中规定的会计科目使用说明为依据，按照会计科目顺序对单位通用业务或共性业务和事项的账务处理进行了举例说明。在举例说明时，对同一项业务或事项，在表格中列出财务会计分录的同时，平行列出相对应的预算会计分录（如果有）。通过对经济业务和事项举例说明，能够充分反映《政府会计制度》所要求的财务会计和预算会计“平行记账”的核算要求，便于会计人员学习和理解政府会计 8 要素的记账规则，也有利于单位会计核算信息系统的开发或升级改造。

第三节 政府会计核算的基本理论

政府会计由预算会计和财务会计构成。

《基本准则》第五十八条规定：“预算会计，是指以收付实现制为基础对政府会计主体预算执行过程中发生的全部收入和全部支出进行会计核算，主要反映和监督预算收支执行情况的会计。”

《基本准则》第五十九条规定：“财务会计，是指以权责发生制为基础对政府会计主体发生的各项经济业务或者事项进行会计核算，主要反映和监督政府会计主体财务状况、运行情况和现金流量等的会计。”

一、政府会计核算的基本前提

会计核算前提也称会计假设，是组织会计核算工作所必须具备的前提条件。政府会计核算的基本前提包括会计主体、持续运行、会计分期和货币计量。

（一）会计主体

会计主体是指会计为之服务的特定单位或组织，其决定了会计核算和监督的空间范围。会计主体的前提条件回答了会计为谁核算的问题，明确会计主体是开展会计确认、计量和报告工作的重要前提。

《基本准则》第六条规定："政府会计主体应当对其自身发生的经济业务或者事项进行会计核算。"

（二）持续运行

持续运行是指会计主体的经济业务活动将无限期地持续下去，是针对由于某些因素可能导致会计主体终止经济业务活动的非正常情况而言的。持续经营的前提条件，可以使会计核算的程序、方法以及为经济决策提供的会计信息保持一定的稳定性和可靠性。

《基本准则》第七条规定："政府会计核算应当以政府会计主体持续运行为前提。"

（三）会计分期

会计期间是指对会计主体持续进行的运行过程，人为地划分为相等的时间阶段，以便分期结算账目和编制会计报表，确定各期间的财务状况、运行情况。会计期间基本前提是持续运行前提的必要补充。有了会计分期这一前提，才产生了本期与非本期的区别，才有期初、期末的概念。只有划清分计分期，才能按会计期间提供收入、费用、成本、财务状况和运行情况等会计信息资料，才有可能对不同会计期间的会计信息进行比较。

《基本准则》第八条规定："政府会计核算应当划分会计期间，分期结算账目，按规定编制决算报告和财务报告。会计期间至少分为年度和月度。会计年度、月度等会计期间的起讫日期采用公历日期。"《预算法》第十八条规定："预算年度自公历1月1日起，至12月31日止。"

（四）货币计量

货币计量是指会计主体的会计核算应采用统一的货币单位作为计量标准，以便综合、全面、系统、完整地反映会计主体的经济活动。货币计量前提是建立在货币本身的价值稳定不变的基础之上的，除非发生恶性通货膨胀时才对这一前提做某些修正。根据这一前提，政府会计的核算对象只限于那些能够用货币来计量的经济活动。

《基本准则》第九条规定："政府会计核算应当以人民币作为记账本位币。发生外币业务时，应当将有关外币金额折算为人民币金额计量，同时登记外币金额。"

二、政府会计核算基础

政府会计核算基础是指在政府会计主体在确认和处理一定会计期间的收入和费用时，选择的处理原则和标准，其目的是对收入和支出进行合理配比，进而作为确认当期损益的依据。政府会计核算基础有两种，一种是权责发生制；另一种是收付实现制。

（一）权责发生制会计核算基础

《基本准则》第六十一条规定："权责发生制是指以取得收取款项的权利或支付款项的义务为标志来确定本期收入和费用的会计核算基础。凡是当期已经实现的收入和已经发生的或应当负担的费用，不论款项是否收付，都应当作为当期的收入和费用；凡是不属于当期的收入和费用，即使款项已在当期收付，也不应当作为当期的收入和费用。"

在政府会计主体日常业务活动中，交易或事项的发生时间与相关货币资金的收付时间并不一致。例如，某事业单位对外提供一项专业服务，货款尚未收到。按照权责发生制的要求，虽然款项在本期尚未收到，但相关的专业服务是在本期发生的，取得的收入应该在本期进行确认。因此，权责发生制主要是从时间上规定会计确认的基础，其核心是根据权、责关系实际发生的时间来确认收入和费用，能够更加真实、公允地反映相关政府会计主体在特定会计期的财务状况和运行情况。

《基本准则》第三条规定："财务会计实行权责发生制。"

（二）收付实现制会计核算基础

《基本准则》第六十条规定："收付实现制是指以现金的实际收付为标志来确定本期收入和支出的会计核算基础。凡在当期实际收到的现金收入和支出，均应作为当期的收入和支出；凡是不属于当期的现金收入和支出，均不应当作为当期的收入和支出。"

根据收付实现制，货币资金的收支行为在其发生的期间全部记作收入和费用，而不考虑与现金收支行为相关联的经济业务活动是否发生。例如，某事业单位在2019年3月对外提供一项专业服务，货款于2019年4月收到，如果采用收付实现制，这笔款项应当作为2019年4月的收入，因为款项是在2019年4月收到的。

《基本准则》第三条规定："预算会计实行收付实现制，国务院另有规定的，依照其规定。"

三、政府会计信息质量要求

政府会计信息质量要求是对政府会计所提供会计信息的基本要求，是处理具体会计业务的基本依据，是衡量会计信息质量的重要标准。政府会计信息质量要求主要有以下几个方面：

（一）客观性要求

客观性要求是指会计核算所提供的信息应当以实际发生的经济业务为依据，如实反映政府会计主体的财务状况、运行情况、现金流量等信息，保证会计信息的真实可靠。

《基本准则》第十一条规定："政府会计主体应当以实际发生的经济业务或者事项为依据进行会计核算，如实反映各项会计要素的情况和结果，保证会计信息真实可靠。"

（二）全面性要求

全面性要求是指政府会计主体应当将发生的各项经济业务或者事项统一纳入会计核算，确保会计信息能够全面反映政府会计主体的预算执行情况和财务状况、运行情况、现金流量等。

《基本准则》第十二条规定："政府会计主体应当将发生的各项经济业务或者事项统一纳入会计核算，确保会计信息能够全面反映政府会计主体预算执行情况和财务状况、运行情况、现金流量等。"

（三）相关性要求

相关性是指会计核算所提供的会计信息应当有助于信息使用者正确做出经济决策，会计所提供的信息要同经济决策相关联。

《基本准则》第十三条规定：政府会计主体提供的会计信息，应当与反映政府会计主体公共受托责任履行情况以及报告使用者决策或者监督、管理的需要相关，有助于报告使用者对政府会计主体过去、现在或者未来的情况作出评价或者预测。

（四）及时性要求

及时性要求是指政府会计主体应当及时对已经发生的经济业务或事项进行会计核算，讲求时效，以便使用者及时利用会计信息。失去时效的会计信息，便成了历史资料，对决策的有用性将大大降低。

《基本准则》第十四条规定："政府会计主体对已经发生的经济业务或者事项，应当及时进行会计核算，不得提前或者延后。"

（五）可比性要求

可比性要求是指会计核算应当按照规定的处理方法进行，会计指标应当口径一致，相互可比。不同的单位，尤其是同一行业的不同单位，处理同一业务问题要使用相同的程序和方法，以便相互比较，判断优劣。

《基本准则》第十五条规定："政府会计主体提供的会计信息应当具有可比性。同一政府会计主体不同时期发生的相同或者相似的经济业务或者事项，应当采用一致的会计政策，不得随意变更。确需变更的，应当将变更的内容、理由及其影响在附注中予以说明。不同政府会计主体发生的相同或者相似的经济业务或者事项，应当采用一致的会计政策，确保政府会计信息口径一致，相互可比。"

（六）明晰性要求

明晰性要求是指会计记录和会计报告应当清晰明了，便于理解和利用，数据记录和文字说明要能一目了然地反映经济活动的来龙去脉，对有些不易理解的问题，应在财务情况说明书中做出说明。

《基本准则》第十六条规定："政府会计主体提供的会计信息应当清晰明了，便于报告使用者理解和使用。"

（七）实质重于形式要求

实质重于形式要求是指政府会计主体应当按照业务活动或事项的经济实质进行会计核算，而不应当仅仅按照它们的法律形式作为会计核算的依据。在实际工作中，交易或事项的外在形式或人为形式并不能完全真实地反映其实质内容，因此会计信息拟反映的交易或事项，必须根据交易或事项的实质和经济现实，而非根据它们的法律形式进行核算。

《基本准则》第十七条规定："政府会计主体应当按照经济业务或者事项的经济实质进行会计核算，不限于以经济业务或者事项的法律形式为依据。"

四、政府会计要素

《基本准则》规定："政府会计由预算会计和财务会计构成。政府预算会计要素包括预算收入、预算支出与预算结余；政府财务会计要素包括资产、负债、净资产、收入和费用。"

（一）政府预算会计要素

1. 预算收入

预算收入是指政府会计主体在预算年度内依法取得的并纳入预算管理的现金流入。预算收入一般在实际收到时予以确认，以实际收到的金额计量。

2. 预算支出

预算支出是指政府会计主体在预算年度内依法发生并纳入预算管理的现金流出。预算支出一般在实际支付时予以确认，以实际支付的金额计量。

3. 预算结余

预算结余是指政府会计主体预算年度内预算收入扣除预算支出后的资金余额，以及历年滚存的资金余额。预算结余包括结余资金和结转资金。

结余资金是指年度预算执行终了，预算收入实际完成数扣除预算支出和结转资金后剩余的资金。

结转资金是指预算安排项目的支出年终尚未执行完毕或者因故未执行，且下年需要按原用途继续使用的资金。

（二）政府财务会计要素

1. 资产

（1）资产的定义。资产是指政府会计主体过去的经济业务或者事项形成的，由政府会计主体控制的，预期能够产生服务潜力或者带来经济利益流入的经济资源。服务潜力是指政府会计主体利用资产提供公共产品和服务以履行政府职能的潜在能力。经济利益流入表现为现金及现金等价物的流入，或者现金及现金等价物流出的减少。

政府会计主体的资产按照流动性，分为流动资产和非流动资产。流动资产是指预计在 1 年内（含 1 年）耗用或者可以变现的资产，包括货币资金、短期投资、应收及预付款项、存货等。非流动资产是指流动资产以外的资产，包括固定资产、在建工程、无形资产、长期投资、公共基础设施、政府储备资产、文物文化资产、保障性住房和自然资源资产等。

（2）资产的确认与计量。符合上述资产定义的经济资源，在同时满足以下条件时确认为资产：一是与该经济资源相关的服务潜力很可能实现或者经济利益很可能流入政府会计主体；二是该经济资源的成本或者价值能够可靠地计量。

《基本准则》第三十一条规定："政府会计主体在对资产进行计量时，一般应当采用历史成本。用重置成本、现值、公允价值计量的，应当保证所确定的资产金额能够持续、可靠计量。"

资产的计量属性主要包括历史成本、重置成本、现值、公允价值和名义金额。在历史成本计量属性下，资产按照取得时支付的现金金额或者支付对价的公允价值计量。在重置成本计量属性下，资产按照现在购买相同或者相似资产所需支付的现金金额计量。在现值计量属性下，资产按照预计从其持续使用和最终处置中所产生的未来净现金流入量的折现金额计量。在公允价值计量属性下，资产按照市场参与者在计量日发生的有序交易中，出售资产所能收到的价格计量。无法采用上述计量属性的，采用名义金额（即人民币 1 元）计量。

2. 负债

（1）负债的定义。负债是指政府会计主体过去的经济业务或者事项形成的，预期会导致经济资源流出政府会计主体的现时义务。现时义务是指政府会计主体在现行条件下已承担的义务。未来发生的经济业务或者事项形成的义务不属于现时义务，不应当确认为负债。

政府会计主体的负债按照流动性，分为流动负债和非流动负债。流动负债是指预计在 1 年内（含 1 年）偿还的负债，包括应付及预收款项、应付职工薪酬、应缴款项等。非流动负债是指流动负债以外的负债，包括长期应付款、应付政府债券和政府依法担保形成的债务等。

（2）负债的确认与计量。符合上述负债定义的义务，在同时满足以下条件时确认为负债：一是履行该义务很可能导致含有服务潜力或者经济利益的经济资源流出政府会计主体；二是该义务的金额能够可靠地计量。

政府会计主体在对负债进行计量时，一般应当采用历史成本。采用现值、公允价值计量的，应当保证所确定的负债金额能够持续、可靠计量。

负债的计量属性主要包括历史成本、现值和公允价值。在历史成本计量属性下，负债按照因承担现时义务而实际收到的款项或者资产的金额，或者承担现时义务的合同金额，或者按照为偿还负债预期需要支付的现金计量。在现值计量属性下，负债按照预计期限内需要偿还的未来净现金流出量的折现金额计量。在公允价值计量属性下，负债按照市场参与者在计量日发生的有序交易中，转移负债所需支付的价格计量。

3. 净资产

净资产是指政府会计主体资产扣除负债后的净额。

净资产的金额取决于资产和负债的计量。

4. 收入

收入是指报告期内导致政府会计主体净资产增加的、含有服务潜力或者经济利益的经济资源的流入。

收入的确认应当同时满足以下条件：一是与收入相关的含有服务潜力或者经济利益的经济资源很可能流入政府会计主体；二是含有服务潜力或者经济利益的经济资源流入会导致政府会计主体资产增加或者负债减少；三是流入金额能够可靠地计量。

5. 费用

费用是指报告期内导致政府会计主体净资产减少的、含有服务潜力或者经济利益的经济资源的流出。

费用的确认应当同时满足以下条件：一是与费用相关的含有服务潜力或者经济利益的经济资源很可能流出政府会计主体；二是含有服务潜力或者经济利益的经济资源流出会导致政府会计主体资产减少或者负债增加；三是流出金额能够可靠地计量。

五、会计科目与记账

（一）会计科目设置和使用规定

第一，单位应当按照《政府会计制度》的规定设置和使用会计科目。在不影响会计处理和编制报表的前提下，单位可以根据实际情况自行增设或减少某些会计科目。

第二，单位应当执行《政府会计制度》统一规定的会计科目编号，以便于填制会计凭证、登记账簿、查阅账目，实行会计信息化管理。

第三，单位在填制会计凭证、登记会计账簿时，应当填列会计科目的名称，或者同时填列会计科目的名称和编号，不得只填列会计科目编号、不填列会计科目名称。

第四，单位设置明细科目或进行明细核算，除遵循《政府会计制度》规定外，还应当满足权责发生制政府部门财务报告和政府综合财务报告编制的其他需要。

（二）《政府会计制度》规定的事业单位一级会计科目（详见表1-1）

表1-1　　事业单位一级会计科目

序号	科目编号	科目名称
一、财务会计科目		
（一）资产类		
1	1001	库存现金
2	1002	银行存款
3	1011	零余额账户用款额度
4	1021	其他货币资金
5	1101	短期投资
6	1201	财政应返还额度
7	1211	应收票据
8	1212	应收账款
9	1214	预付账款
10	1215	应收股利
11	1216	应收利息
12	1218	其他应收款
13	1219	坏账准备
14	1301	在途物品
15	1302	库存物品
16	1303	加工物品
17	1401	待摊费用
18	1501	长期股权投资
19	1502	长期债券投资
20	1601	固定资产

续表

序号	科目编号	科目名称
21	1602	固定资产累计折旧
22	1611	工程物资
23	1613	在建工程
24	1701	无形资产
25	1702	无形资产累计摊销
26	1703	研发支出
27	1801	公共基础设施
28	1802	公共基础设施累计折旧（摊销）
29	1811	政府储备物资
30	1821	文物文化资产
31	1831	保障性住房
32	1832	保障性住房累计折旧
33	1891	受托代理资产
34	1901	长期待摊费用
35	1902	待处理财产损溢
（二）负债类		
36	2001	短期借款
37	2101	应交增值税
38	2102	其他应交税费
39	2103	应缴财政款
40	2201	应付职工薪酬
41	2301	应付票据
42	2302	应付账款
43	2304	应付利息
44	2305	预收账款
45	2307	其他应付款
46	2401	预提费用
47	2501	长期借款
48	2502	长期应付款
49	2601	预计负债
50	2901	受托代理负债
（三）净资产类		
51	3001	累计盈余

续表

序号	科目编号	科目名称
52	3101	专用基金
53	3201	权益法调整
54	3301	本期盈余
55	3302	本年盈余分配
56	3401	无偿调拨净资产
57	3501	以前年度盈余调整
（四）收入类		
58	4001	财政拨款收入
59	4101	事业收入
60	4201	上级补助收入
61	4301	附属单位上缴收入
62	4401	经营收入
63	4601	非同级财政拨款收入
64	4602	投资收益
65	4603	捐赠收入
66	4604	利息收入
67	4605	租金收入
68	4609	其他收入
（五）费用类		
69	5001	业务活动费用
70	5101	单位管理费用
71	5201	经营费用
72	5301	资产处置费用
73	5401	上缴上级费用
74	5501	对附属单位补助费用
75	5801	所得税费用
76	5901	其他费用
二、预算会计科目		
（一）预算收入类		
1	6001	财政拨款预算收入
2	6101	事业预算收入
3	6201	上级补助预算收入
4	6301	附属单位上缴预算收入

续表

序号	科目编号	科目名称
5	6401	经营预算收入
6	6501	债务预算收入
7	6601	非同级财政拨款预算收入
8	6602	投资预算收益
9	6609	其他预算收入
（二）预算支出类		
10	7201	事业支出
11	7301	经营支出
12	7401	上缴上级支出
13	7501	对附属单位补助支出
14	7601	投资支出
15	7701	债务还本支出
16	7901	其他支出
（三）预算结余类		
17	8001	资金结存
18	8101	财政拨款结转
19	8102	财政拨款结余
20	8201	非财政拨款结转
21	8202	非财政拨款结余
22	8301	专用结余
23	8401	经营结余
24	8501	其他结余
25	8701	非财政拨款结余分配

本书在财政部一级科目的基础上，结合《政府会计制度》明细科目设置的要求，和事业单位核算实际情况，建议设置如下明细科目和辅助核算，为广大事业单位财务人员设置本单位的会计科目提供参考，可根据本单位实际情况和核算需要，自行调整、增加、删除明细科目。

本书推荐使用的事业单位会计明细科目示例见表1－2、表1－3：

表 1-2 事业单位财务会计科目表

序号	科目编码	科目名称	科目类别	资金来源	项目核算	部门核算	往来核算	备注
1	1001	库存现金	资产类	√		√		
2	100101	非零余额现金	资产类	√		√		
3	100102	零余额现金	资产类	√	√	√		
4	10010201	基本支出	资产类	√	√	√		
5	10010202	项目支出	资产类	√	√	√		
6	100103	受托代理现金	资产类	√	√	√		
7	1002	银行存款	资产类	√	√	√		
8	100201	基本账户存款	资产类	√	√	√		按照开户银行分账号进行明细核算
9	100202	住房基金专户存款	资产类	√	√	√		
10	100203	单位卡存款	资产类	√	√	√		
11	100205	其他账户存款	资产类	√	√	√		
12	100206	受托代理银行存款	资产类	√	√	√		
13	1011	零余额账户用款额度	资产类	√	√	√		
14	101101	基本支出用款额度	资产类	√	√	√		按照资金来源、项目进行明细核算
15	101102	项目支出用款额度	资产类	√	√	√		
16	1021	其他货币资金	资产类	√		√		
17	102101	外埠存款	资产类	√		√		
18	102102	银行本票存款	资产类	√		√		
19	102103	银行汇票存款	资产类	√		√		

续表

序号	科目编码	科目名称	科目类别	资金来源	项目核算	部门核算	往来核算	备注
20	102104	信用卡存款	资产类	√		√		
21	1101	短期投资	资产类	√		√		按照投资种类进行明细核算
22	110101	短期债券投资	资产类	√		√		
23	110199	其他投资	资产类	√		√		
24	1201	财政应返还额度	资产类	√	√	√		
25	120101	财政直接支付	资产类	√	√	√		
26	12010101	基本支出额度	资产类	√	√	√		
27	12010102	项目支出额度	资产类	√	√	√		
28	120102	财政授权支付	资产类	√	√	√		
29	12010201	基本支出额度	资产类	√	√	√		
30	12010202	项目支出额度	资产类	√	√	√		
31	1211	应收票据	资产类		√	√	√	往来辅助核算/按照开出、承兑商业汇票的单位进行明细核算
32	1212	应收账款	资产类	√	√	√	√	按照债务单位（或个人）进行明细核算
33	1214	预付账款	资产类		√	√	√	按照供应单位（或个人）及具体项目进行明细核算
34	121401	预付备料款	资产类		√	√	√	针对基建项目
35	121402	预付工程款	资产类		√	√	√	针对基建项目

续表

序号	科目编码	科目名称	科目类别	资金来源	项目核算	部门核算	往来核算	备注
36	121499	其他预付款	资产类		√	√	√	
37	1215	应收股利	资产类			√	√	按照被投资单位进行明细核算
38	1216	应收利息	资产类			√	√	按照被投资单位进行明细核算
39	1218	其他应收款	资产类			√	√	按照款项的类别和债务单位（个人）进行明细核算
40	1219	坏账准备	资产类			√	√	
41	121901	应收账款				√	√	
42	121902	其他应收款				√	√	
43	1301	在途物品	资产类			√		按照供应单位和物品种类进行明细核算
44	1302	库存物品	资产类	√	√	√		
45	130201	材料	资产类	√	√	√		按照物品类别、品种、项目等进行明细核算
46	130102	产成品	资产类	√	√	√		
47	130103	包装物	资产类	√	√	√		
48	130104	低值易耗品	资产类	√	√	√		
49	130199	其他	资产类	√	√	√		
50	1303	加工物品	资产类	√	√	√		
51	130301	自制物品	资产类	√	√	√		按照物品类别、品种、项目等进行明细核算
52	130302	委托加工物品	资产类	√	√	√		
53	1401	待摊费用	资产类	√	√	√		按照费用种类进行明细核算

续表

序号	科目编码	科目名称	科目类别	资金来源	项目核算	部门核算	往来核算	备注
54	1501	长期股权投资	资产类	√		√		按照被投资单位和投资的取得方式进行明细核算
55	1502	长期债券投资	资产类	√		√		
56	150201	成本	资产类	√		√		按照债券投资的种类进行明细核算
57	150202	应计利息	资产类	√		√		
58	1601	固定资产	资产类	√		√		
59	160101	房屋及构筑物	资产类	√		√		
60	160102	通用设备	资产类	√		√		
61	160103	专用设备	资产类	√		√		
62	160104	文物和陈列品	资产类	√		√		
63	160105	图书、档案	资产类	√		√		
64	160106	家具、用具、装具及动植物	资产类	√		√		
65	1602	固定资产累计折旧	资产类	√		√		
66	160201	房屋及构筑物折旧	资产类	√		√		
67	160202	通用设备折旧	资产类	√		√		
68	160203	专用设备折旧	资产类	√		√		
69	160204	家具、用具、装具折旧	资产类	√		√		
70	1611	工程物资	资产类	√	√	√		
71	161101	库存材料	资产类	√	√	√		

续表

序号	科目编码	科目名称	科目类别	资金来源	项目核算	部门核算	往来核算	备注
72	161102	库存设备	资产类	√	√	√		
73	1613	在建工程	资产类	√	√	√		
74	161301	建筑安装工程投资	资产类	√	√	√		
75	161302	设备投资	资产类	√	√	√		
76	161303	待摊投资	资产类	√	√	√		
77	161304	其他投资	资产类	√	√	√		
78	161305	待核销基建支出	资产类	√	√	√		
79	161306	基建转出投资	资产类	√	√	√		
80	1701	无形资产	资产类	√		√		
81	170101	土地使用权	资产类	√	√	√		
82	170102	软件	资产类	√		√		
83	170103	专利权	资产类	√		√		
84	170104	专有技术	资产类	√		√		
85	170105	商标权	资产类	√		√		
86	170106	著作权	资产类	√		√		
87	170199	其他无形资产	资产类	√		√		
88	1702	无形资产累计摊销	资产类	√		√		
89	170201	土地使用权	资产类	√		√		
90	170202	软件	资产类	√		√		

续表

序号	科目编码	科目名称	科目类别	资金来源	项目核算	部门核算	往来核算	备注
91	170203	专利权	资产类	√		√		
92	170204	专有技术	资产类	√		√		
93	170205	商标权	资产类	√		√		
94	170206	著作权	资产类	√		√		
95	170299	其他无形资产	资产类	√		√		
96	1703	研发支出	资产类	√	√	√		
97	170301	研究支出	资产类	√	√	√		
98	170302	开发支出	资产类	√	√	√		
99	1801	公共基础设施	资产类	√	√	√		按照类别、项目进行明细核算
100	1802	公共基础设施累计折旧（摊销）	资产类	√		√		
101	1811	政府储备物资	资产类	√	√	√		按照种类、品种和存放地点进行明细核算
102	181101	在库	资产类	√	√	√		
103	181102	发出	资产类	√	√	√		
104	1821	文物文化资产	资产类	√	√	√		按照种类、项目进行明细核算
105	1831	保障性住房	资产类	√	√	√		按照类别、项目进行明细核算
106	1832	保障性住房累计折旧	资产类	√		√		
107	1891	受托代理资产	资产类	√		√		
108	189101	受托转增物资	资产类	√		√		

续表

序号	科目编码	科目名称	科目类别	资金来源	项目核算	部门核算	往来核算	备注
109	189102	受托存储保管物资	资产类	√		√		
110	189103	罚没物资	资产类	√		√		
111	1901	长期待摊费用	资产类		√	√		按照费用项目进行明细核算
112	1902	待处理财产损溢	资产类			√		
113	190201	货币资金	资产类			√		
114	190202	存货	资产类			√		在资产项目的明细科目下一级分别设置“待处理财产价值”和“处理净收入”进行明细核算
115	190203	固定资产	资产类			√		
116	190204	无形资产	资产类			√		
117	190205	公共基础设施	资产类			√		
118	190206	政府储备物资	资产类			√		
119	190207	文物文化资产	资产类			√		
120	190208	保障性住房	资产类			√		
121	2001	短期借款	负债类		√	√		按照债权人和借款种类明细核算
122	2101	应交增值税	负债类			√		
123	210101	应交税金	负债类			√		
124	21010101	进项税额	负债类			√		
125	21010202	已交税金	负债类			√		
126	21010303	转出未交增值税	负债类			√		
127	21010404	转出多交增值税	负债类			√		

续表

序号	科目编码	科目名称	科目类别	资金来源	项目核算	部门核算	往来核算	备注
128	21010505	减免税款	负债类			√		
129	21010606	销项税额	负债类			√		
130	21010707	进项税额转出	负债类			√		
131	210102	未交税金	负债类			√		
132	210103	预交税金	负债类			√		
133	210104	待抵扣进项税额	负债类			√		
134	210105	待认证进项税额	负债类			√		
135	210106	待转销项税额	负债类			√		
136	210107	简易计税	负债类			√		
137	210108	代扣代交增值税	负债类			√		
138	210109	转让金融商品应交增值税	负债类			√		
139	2102	其他应交税费	负债类			√		
140	210201	应交城市维护建设税	负债类			√		
141	210202	应交车船税	负债类			√		
142	210203	应交房产税	负债类			√		
143	210204	应交土地增值税	负债类			√		
144	210205	应交城镇土地使用税	负债类			√		
145	210206	应交教育费附加	负债类			√		
146	210207	应交地方教育费附加	负债类			√		

续表

序号	科目编码	科目名称	科目类别	资金来源	项目核算	部门核算	往来核算	备注
147	210208	应交个人所得税	负债类	√		√		
148	210209	应交企业所得税	负债类			√		
149	210299	其他税费	负债类			√		
150	2103	应缴财政款	负债类			√		
151	210301	应缴国库款	负债类			√		
152	210302	应缴财政专户款	负债类			√		
153	2201	应付职工薪酬	负债类	√		√		
154	220101	基本工资（含离退休费）	负债类	√		√		
155	220102	国家统一规定的津贴补贴	负债类	√		√		
156	220103	规范津贴补贴	负债类	√		√		
157	220104	改革性补贴	负债类	√		√		
158	220105	奖金	负债类	√		√		
159	220106	绩效工资	负债类	√		√		
160	220107	机关事业单位基本养老保险缴费	负债类	√		√		
161	220108	职业年金缴费	负债类	√		√		
162	220109	职工基本医疗保险缴费	负债类	√		√		
163	220110	其他社会保障缴费	负债类	√		√		
164	220111	住房公积金	负债类	√		√		
165	220112	医疗费	负债类	√		√		

续表

序号	科目编码	科目名称	科目类别	资金来源	项目核算	部门核算	往来核算	备注
166	220199	其他	负债类	√		√		
167	2301	应付票据	负债类		√	√	√	按照债权人明细核算
168	230101	银行承兑汇票	负债类		√	√	√	
169	230102	商业承兑汇票	负债类		√	√	√	
170	2302	应付账款	负债类	√	√	√	√	按照债权人明细核算
171	2304	应付利息	负债类		√	√	√	按照债权人明细核算
172	2305	预收账款	负债类	√	√	√	√	按照债权人明细核算
173	2307	其他应付款	负债类			√	√	
174	230701	待清算报销额度	负债类	√		√	√	
175	23070101	待清算公务卡报销额度	负债类	√		√	√	
176	23070102	待清算储蓄卡报销额度	负债类	√		√	√	
177	230702	代扣款项	负债类	√		√	√	
178	230703	押金	负债类			√	√	
179	230799	其他	负债类			√	√	
180	2401	预提费用	负债类	√	√	√		按照预提费用种类进行明细核算
181	240101	项目间接费或管理费	负债类	√	√	√		
182	240199	其他预提费用	负债类	√	√	√		
183	2501	长期借款	负债类			√		
184	2502	长期应付款	负债类		√	√		应按类别及债权人明细核算

续表

序号	科目编码	科目名称	科目类别	资金来源	项目核算	部门核算	往来核算	备注
185	2601	预计负债	负债类		√	√		应按项目进行明细核算
186	2901	受托代理负债	负债类			√		
187	3001	累计盈余	净资产			√		
188	300101	财政拨款结转	净资产	√	√	√		
189	300102	非财政拨款结转	净资产	√	√	√		
190	300103	财政拨款结余	净资产	√	√	√		
191	300104	非财政拨款结余	净资产	√	√	√		
192	300105	经营结余	净资产			√		
193	300106	非流动资产基金	净资产			√		
194	3101	专用基金	净资产			√		
195	310101	职工福利基金	净资产			√		
196	310102	住房基金	净资产			√		
197	310103	科技成果转化基金	净资产			√		
198	310104	其他专用基金	净资产			√		
199	3201	权益法调整	净资产		√	√		被投资单位进行明细核算
200	3301	本期盈余	净资产			√		
201	3302	本年盈余分配	净资产			√		
202	3401	无偿调拨净资产	净资产	√	√	√		
203	3501	以前年度盈余调整	净资产	√	√	√		

续表

序号	科目编码	科目名称	科目类别	资金来源	项目核算	部门核算	往来核算	备注
204	4001	财政拨款收入	收入类	√	√	√		本科目可以按照一般公共预算拨款、政府性基金预算财政拨款等拨款种类进行核算
205	400101	财政直接支付	收入类	√	√	√		
206	40010101	基本支出	收入类	√	√	√		
207	4001010101	人员经费	收入类	√	√	√		
208	4001010102	日常公用经费	收入类	√	√	√		
209	4001010102	项目支出	收入类	√	√	√		
210	400102	财政授权支付	收入类	√	√	√		
211	40010201	基本支出	收入类	√	√	√		
212	4001020101	人员经费	收入类	√	√	√		
213	4001020102	日常公用经费	收入类	√	√	√		
214	40010202	项目支出	收入类	√	√	√		
215	4101	事业收入	收入类	√	√	√		
216	410101	财政专户返还收入	收入类	√	√	√		按照收入的类别、来源进行明细核算
217	410102	科研收入	收入类	√	√	√		
218	410103	培训收入	收入类	√	√	√		
219	410104	后勤服务收入	收入类	√	√	√		
220	410105	非同级财政拨款收入	收入类	√	√	√		
221	410199	其他收入	收入类	√	√	√		

续表

序号	科目编码	科目名称	科目类别	资金来源	项目核算	部门核算	往来核算	备注
222	4201	上级补助收入	收入类	√	√	√		按发放补助单位、补助项目明细核算
223	420101	专项资金收入	收入类	√	√	√		
224	420102	非专项资金收入	收入类	√	√	√		
225	4301	附属单位上缴收入	收入类	√	√	√		按照附属单位、缴款项目进行明细核算
226	4401	经营收入	收入类	√	√	√		按照经营活动类别、项目和收入来源进行明细核算
227	4601	非同级财政拨款收入	收入类	√		√		
228	460101	横向拨款收入	收入类	√		√		
229	460102	上级部门拨款收入	收入类	√		√		
230	460103	下级部门拨款收入	收入类	√		√		
231	4602	投资收益	收入类	√	√	√		按照投资种类明细核算
232	4603	捐赠收入	收入类	√	√	√		捐赠资产的用途和捐赠单位进行明细核算
233	4604	利息收入	收入类	√	√	√		
234	4605	租金收入	收入类	√	√	√		按照出租国有资产类别和收入来源进行明细核算
235	4609	其他收入	收入类	√	√	√		

续表

序号	科目编码	科目名称	科目类别	资金来源	项目核算	部门核算	往来核算	备注
236	460901	现金盘盈收入	收入类	√	√	√		
237	460902	科技成果转化收入	收入类	√	√	√		
238	460903	无法偿付的应付预收款	收入类	√	√	√		
239	460904	置换资产评估增值	收入类	√	√	√		
240	460999	其他	收入类	√	√	√		
241	5001	业务活动费用	费用类	√	√	√		
242	500101	工资福利费用	费用类	√	√	√		
243	500102	商品和服务费用	费用类	√	√	√		
244	500103	对个人和家庭的补助费用	费用类	√	√	√		
245	500104	债务利息及费用支出	费用类	√	√	√		
246	500105	固定资产折旧费	费用类	√	√	√		
247	500106	无形资产摊销费	费用类	√	√	√		
248	500107	公共基础设施折旧（摊销）费	费用类	√	√	√		
249	500108	保障性住房折旧费	费用类	√	√	√		
250	500109	对企业补助费用	费用类	√	√	√		
251	500110	计提专用基金	费用类	√	√	√		
252	500111	税金及附加费用	费用类	√	√	√		
253	500199	其他费用	费用类	√	√	√		
254	5101	单位管理费用	费用类	√	√	√		

续表

序号	科目编码	科目名称	科目类别	资金来源	项目核算	部门核算	往来核算	备注
255	510101	工资福利费用	费用类	√	√	√		
256	510102	商品和服务费用	费用类	√	√	√		
257	510103	对个人和家庭的补助费用	费用类	√	√	√		
258	510104	债务利息及费用支出	费用类	√	√	√		
259	510105	固定资产折旧费	费用类	√	√	√		
260	510106	无形资产摊销费	费用类	√	√	√		
261	510107	公共基础设施折旧（摊销）费	费用类	√	√	√		
262	510108	保障性住房折旧费	费用类	√	√	√		
263	510109	对企业补助费用	费用类	√	√	√		
264	510110	计提专用基金	费用类	√	√	√		
265	510111	税金及附加费用	费用类	√	√	√		
266	510199	其他费用	费用类	√	√	√		
267	5201	经营费用	费用类	√	√	√		
268	520101	工资福利费用	费用类	√	√	√		
269	520102	商品和服务费用	费用类	√	√	√		
270	520103	对个人和家庭的补助费用	费用类	√	√	√		
271	520104	债务利息及费用支出	费用类	√	√	√		
272	520105	固定资产折旧费	费用类	√	√	√		
273	520106	无形资产摊销费	费用类	√	√	√		

续表

序号	科目编码	科目名称	科目类别	资金来源	项目核算	部门核算	往来核算	备注
274	520107	公共基础设施折旧（摊销）费	费用类	√	√	√		
275	520108	保障性住房折旧费	费用类	√	√	√		
276	520109	对企业补助费用	费用类	√	√	√		
277	520110	计提专用基金	费用类	√	√	√		
278	520111	税金及附加费用	费用类	√	√	√		
279	520199	其他费用	费用类	√	√	√		
280	5301	资产处置费用	费用类	√	√	√		按处置资产类别和形式进行明细核算
281	5901	上缴上级费用	费用类	√	√	√		按收缴款单位、收缴项目进行明细核算
282	5501	对附属单位补助费用	费用类	√	√	√		
283	5801	所得税费用	费用类	√		√		
284	5901	其他费用	费用类	√	√	√		
285	590101	利息费用	费用类	√	√	√		
286	590102	坏账损失	费用类	√	√	√		
287	590103	罚没支出	费用类	√	√	√		
288	590104	现金资产捐赠支出	费用类	√	√	√		
289	590105	相关税费	费用类	√	√	√		
290	590106	运杂费	费用类	√	√	√		
291	590199	其他	费用类	√	√	√		

表 1-3　事业单位预算会计科目表

序号	科目编码	科目名称	科目类别	功能分类	资金来源	项目核算	备注
1	6001	财政拨款预算收入	预算收入类	√	√	√	并按支出功能分类明细核算
2	600101	财政直接支付	预算收入类	√	√	√	
3	60010101	基本支出	预算收入类	√	√		
4	60010102	项目支出	预算收入类	√	√	√	
5	600102	财政授权支付	预算收入类	√	√	√	
6	60010201	基本支出	预算收入类	√	√		
7	60010202	项目支出	预算收入类	√	√	√	
8	6101	事业预算收入	预算收入类	√	√	√	按照事业预算收入类别、项目、来源、支出功能分类科目等进行明细核算
9	610101	财政专户返还收入	预算收入类	√	√	√	
10	610102	科研收入	预算收入类	√	√	√	
11	610103	培训收入	预算收入类	√	√	√	
12	610104	后勤服务收入	预算收入类	√	√	√	
13	610105	非同级财政拨款	预算收入类	√	√	√	对于因开展科研及其辅助活动从非同级财政部门取得的经费拨款
14	610199	其他收入	预算收入类	√	√	√	
15	6201	上级补助预算收入	预算收入类	√	√	√	
16	620101	专项资金收入	预算收入类	√	√	√	
17	620102	非专项资金收入	预算收入类	√	√	√	
18	6301	附属单位上缴预算收入	预算收入类	√	√	√	

续表

序号	科目编码	科目名称	科目类别	功能分类	资金来源	项目核算	备注
19	630101	专项资金收入	预算收入类	√	√	√	
20	630102	非专项资金收入	预算收入类	√	√	√	
21	6401	经营预算收入	预算收入类	√	√	√	按照经营活动类别、项目、支出功能分类科目等进行明细核算
22	6501	债务预算收入	预算收入类	√	√	√	
23	650101	专项资金收入	预算收入类	√	√	√	按具体项目明细核算
24	650199	非专项资金收入	预算收入类	√	√	√	
25	6601	非同级财政拨款预算收入	预算收入类	√	√	√	按照非同级财政拨款预算收入的类别、来源、《政府收支分类科目》中“支出功能分类科目”的项级科目等进行明细核算。非同级财政拨款预算收入中如有专项资金收入，还应按照具体项目进行明细核算
26	660101	基本支出收入	预算收入类	√	√	√	
27	660102	项目支出收入	预算收入类	√	√	√	
28	6602	投资预算收益	预算收入类	√	√	√	并按支出功能分类明细核算
29	6609	其他预算收入	预算收入类	√	√	√	
30	660901	捐赠预算收入	预算收入类	√	√	√	
31	660902	利息预算收入	预算收入类	√	√	√	
32	660903	租金预算收入	预算收入类	√	√	√	

续表

序号	科目编码	科目名称	科目类别	功能分类	资金来源	项目核算	备注
33	660904	现金盘盈收入	预算收入类	√	√	√	
34	660999	其他	预算收入类	√	√	√	
35	7201	事业支出	预算支出类	√	√	√	
36	720101	基本支出	预算支出类	√	√	√	
37	72010101	工资福利支出	预算支出类	√	√	√	
38	7201010101	基本工资	预算支出类	√	√	√	
39	7201010102	津贴补贴	预算支出类	√	√	√	
40	7201010103	规范性津补贴	预算支出类	√	√	√	
41	7201010104	改革性补贴	预算支出类	√	√	√	
42	7201010105	奖金	预算支出类	√	√	√	
43	7201010106	伙食补助费	预算支出类	√	√	√	
44	7201010107	绩效工资	预算支出类	√	√	√	
45	7201010108	机关事业单位基本养老保险缴费	预算支出类	√	√	√	
46	7201010109	职业年金缴费	预算支出类	√	√	√	
47	7201010110	职工基本医疗保险缴费	预算支出类	√	√	√	
48	7201010111	其他社会保障缴费	预算支出类	√	√	√	
49	7201010112	住房公积金	预算支出类	√	√	√	
50	7201010199	其他工资福利支出	预算支出类	√	√	√	
51	72010102	商品和服务支出	预算支出类	√	√	√	
52	7201010201	办公费	预算支出类	√	√	√	

续表

序号	科目编码	科目名称	科目类别	功能分类	资金来源	项目核算	备注
53	7201010202	印刷费	预算支出类	√	√	√	
54	7201010203	咨询费	预算支出类	√	√	√	
55	7201010204	手续费	预算支出类	√	√	√	
56	7201010205	水费	预算支出类	√	√	√	
57	7201010206	电费	预算支出类	√	√	√	
58	7201010207	邮电费	预算支出类	√	√	√	
59	7201010208	取暖费	预算支出类	√	√	√	
60	7201010209	物业管理费	预算支出类	√	√	√	
61	7201010210	差旅费	预算支出类	√	√	√	
62	7201010211	因公出国（境）费用	预算支出类	√	√	√	
63	7201010212	维修（护）费	预算支出类	√	√	√	
64	7201010213	租赁费	预算支出类	√	√	√	
65	7201010214	会议费	预算支出类	√	√	√	
66	7201010215	培训费	预算支出类	√	√	√	
67	7201010216	公务接待费	预算支出类	√	√	√	
68	7201010217	专用材料费	预算支出类	√	√	√	
69	7201010218	专用燃料费	预算支出类	√	√	√	
70	7201010219	劳务费	预算支出类	√	√	√	
71	7201010220	委托业务费	预算支出类	√	√	√	
72	7201010221	工会经费	预算支出类	√	√	√	

续表

序号	科目编码	科目名称	科目类别	功能分类	资金来源	项目核算	备注
73	7201010222	福利费	预算支出类	√	√	√	
74	7201010223	公务用车运行维护费	预算支出类	√	√	√	
75	7201010224	其他交通费用	预算支出类	√	√	√	
76	7201010225	税金及附加费用	预算支出类	√	√	√	
77	7201010299	其他商品和服务支出	预算支出类	√	√	√	
78	72010103	对个人和家庭的补助支出	预算支出类	√	√	√	
79	7201010301	离休费	预算支出类	√	√	√	
80	7201010302	退休费	预算支出类	√	√	√	
81	7201010303	退职（役）费	预算支出类	√	√	√	
82	7201010304	抚恤金	预算支出类	√	√	√	
83	7201010305	生活补助	预算支出类	√	√	√	
84	7201010306	救济费	预算支出类	√	√	√	
85	7201010307	医疗费补助	预算支出类	√	√	√	
86	7201010308	助学金	预算支出类	√	√	√	
87	7201010309	奖励金	预算支出类	√	√	√	
88	7201010399	其他对个人和家庭的补助支出	预算支出类	√	√	√	
89	72010104	资本性支出	预算支出类	√	√	√	
90	7201010401	房屋建筑物购建	预算支出类	√	√	√	
91	7201010402	办公设备购置	预算支出类	√	√	√	
92	7201010403	专业设备购置	预算支出类	√	√	√	

续表

序号	科目编码	科目名称	科目类别	功能分类	资金来源	项目核算	备注
93	7201010404	基础设施建设	预算支出类	√	√	√	
94	7201010405	大型修缮	预算支出类	√	√	√	
95	7201010406	信息网络及软件购置更新	预算支出类	√	√	√	
96	7201010412	公务用车购置	预算支出类	√	√	√	
97	7201010413	其他交通工具购置	预算支出类	√	√	√	
98	7201010414	文物和陈列品购置	预算支出类	√	√	√	
99	7201010415	无形资产购置	预算支出类	√	√	√	
100	7201010499	其他基本建设支出	预算支出类	√	√	√	
101	72010105	债务利息及费用支出	预算支出类	√	√	√	
102	720102	项目支出	预算支出类	√	√	√	分功能分类、分项目核算
103	72010201	工资福利支出	预算支出类	√	√	√	
104	7201020101	基本工资	预算支出类	√	√	√	
105	7201020102	津贴补贴	预算支出类	√	√	√	
106	7201020103	规范性津补贴	预算支出类	√	√	√	
107	7201020104	改革性补贴	预算支出类	√	√	√	
108	7201020105	奖金	预算支出类	√	√	√	
109	7201020106	伙食补助费	预算支出类	√	√	√	
110	7201020107	绩效工资	预算支出类	√	√	√	
111	7201020108	机关事业单位基本养老保险缴费	预算支出类	√	√	√	
112	7201020109	职业年金缴费	预算支出类	√	√	√	

续表

序号	科目编码	科目名称	科目类别	功能分类	资金来源	项目核算	备注
113	7201020110	职工基本医疗保险缴费	预算支出类	√	√	√	
114	7201020111	其他社会保障缴费	预算支出类	√	√	√	
115	7201020112	住房公积金	预算支出类	√	√	√	
116	7201020199	其他工资福利支出	预算支出类	√	√	√	
117	72010202	商品和服务支出	预算支出类	√	√	√	
118	7201020201	办公费	预算支出类	√	√	√	
119	7201020202	印刷费	预算支出类	√	√	√	
120	7201020203	咨询费	预算支出类	√	√	√	
121	7201020204	手续费	预算支出类	√	√	√	
122	7201020205	水费	预算支出类	√	√	√	
123	7201020206	电费	预算支出类	√	√	√	
124	7201020207	邮电费	预算支出类	√	√	√	
125	7201020208	取暖费	预算支出类	√	√	√	
126	7201020209	物业管理费	预算支出类	√	√	√	
127	7201020210	差旅费	预算支出类	√	√	√	
128	7201020211	因公出国（境）费用	预算支出类	√	√	√	
129	7201020212	维修（护）费	预算支出类	√	√	√	
130	7201020213	租赁费	预算支出类	√	√	√	
131	7201020214	会议费	预算支出类	√	√	√	
132	7201020215	培训费	预算支出类	√	√	√	

续表

序号	科目编码	科目名称	科目类别	功能分类	资金来源	项目核算	备注
133	7201020216	公务接待费	预算支出类	√	√	√	
134	7201020217	专用材料费	预算支出类	√	√	√	
135	7201020218	专用燃料费	预算支出类	√	√	√	
136	7201020219	劳务费	预算支出类	√	√	√	
137	7201020220	委托业务费	预算支出类	√	√	√	
138	7201020221	工会经费	预算支出类	√	√	√	
139	7201020222	福利费	预算支出类	√	√	√	
140	7201020223	公务用车运行维护费	预算支出类	√	√	√	
141	7201020224	其他交通费用	预算支出类	√	√	√	
142	7201020225	税金及附加费用	预算支出类	√	√	√	
143	7201020299	其他商品和服务支出	预算支出类	√	√	√	
144	72010203	对个人和家庭的补助支出	预算支出类	√	√	√	
145	7201020301	离休费	预算支出类	√	√	√	
146	7201020302	退休费	预算支出类	√	√	√	
147	7201020303	退职（役）费	预算支出类	√	√	√	
148	7201020304	抚恤金	预算支出类	√	√	√	
149	7201020305	生活补助	预算支出类	√	√	√	
150	7201020306	救济费	预算支出类	√	√	√	
151	7201020307	医疗费补助	预算支出类	√	√	√	
152	7201020308	助学金	预算支出类	√	√	√	

续表

序号	科目编码	科目名称	科目类别	功能分类	资金来源	项目核算	备注
153	7201020309	奖励金	预算支出类	√	√	√	
154	7201020399	其他对个人和家庭的补助支出	预算支出类	√	√	√	
155	72010204	债务利息及费用支出	预算支出类	√	√	√	
156	72010205	资本性支出	预算支出类	√	√	√	
157	7201020501	房屋建筑物购建	预算支出类	√	√	√	
158	7201020502	办公设备购置	预算支出类	√	√	√	
159	7201020503	专业设备购置	预算支出类	√	√	√	
160	7201020504	基础设施建设	预算支出类	√	√	√	
161	7201020505	大型修缮	预算支出类	√	√	√	
162	7201020506	信息网络及软件购置更新	预算支出类	√	√	√	
163	7201020507	公务用车购置	预算支出类	√	√	√	
164	7201020508	其他交通工具购置	预算支出类	√	√	√	
165	7201020509	文物和陈列品购置	预算支出类	√	√	√	
166	7201020510	无形资产购置	预算支出类	√	√	√	
167	7201020599	其他基本建设支出	预算支出类	√	√	√	
168	72010206	对企业补助	预算支出类	√	√	√	
169	72010207	其他支出	预算支出类	√	√	√	
170	720103	待处理支出	预算支出类	√	√	√	
171	7301	经营支出	预算支出类	√	√	√	按功能分类和经济分类（无需按功能分类）

续表

序号	科目编码	科目名称	科目类别	功能分类	资金来源	项目核算	备注
172	73010101	工资福利支出	预算支出类	√	√	√	
173	7301010101	基本工资	预算支出类	√	√	√	
174	7301010102	津贴补贴	预算支出类	√	√	√	
175	7301010103	规范性津补贴	预算支出类	√	√	√	
176	7301010104	改革性补贴	预算支出类	√	√	√	
177	7301010105	奖金	预算支出类	√	√	√	
178	7301010106	伙食补助费	预算支出类	√	√	√	
179	7301010107	绩效工资	预算支出类	√	√	√	
180	7301010108	机关事业单位基本养老保险缴费	预算支出类	√	√	√	
181	7301010109	职业年金缴费	预算支出类	√	√	√	
182	7301010110	职工基本医疗保险缴费	预算支出类	√	√	√	
183	7301010111	其他社会保障缴费	预算支出类	√	√	√	
184	7301010112	住房公积金	预算支出类	√	√	√	
185	7301010199	其他工资福利支出	预算支出类	√	√	√	
186	73010102	商品和服务支出	预算支出类	√	√	√	
187	7301010201	办公费	预算支出类	√	√	√	
188	7301010202	印刷费	预算支出类	√	√	√	
189	7301010203	咨询费	预算支出类	√	√	√	
190	7301010204	手续费	预算支出类	√	√	√	
191	7301010205	水费	预算支出类	√	√	√	

续表

序号	科目编码	科目名称	科目类别	功能分类	资金来源	项目核算	备注
192	7301010206	电费	预算支出类	√	√	√	
193	7301010207	邮电费	预算支出类	√	√	√	
194	7301010208	取暖费	预算支出类	√	√	√	
195	7301010209	物业管理费	预算支出类	√	√	√	
196	7301010210	差旅费	预算支出类	√	√	√	
197	7301010211	因公出国（境）费用	预算支出类	√	√	√	
198	7301010212	维修（护）费	预算支出类	√	√	√	
199	7301010213	租赁费	预算支出类	√	√	√	
200	7301010214	会议费	预算支出类	√	√	√	
201	7301010215	培训费	预算支出类	√	√	√	
202	7301010216	公务接待费	预算支出类	√	√	√	
203	7301010217	专用材料费	预算支出类	√	√	√	
204	7301010218	专用燃料费	预算支出类	√	√	√	
205	7301010219	劳务费	预算支出类	√	√	√	
206	7301010220	委托业务费	预算支出类	√	√	√	
207	7301010221	工会经费	预算支出类	√	√	√	
208	7301010222	福利费	预算支出类	√	√	√	
209	7301010223	公务用车运行维护费	预算支出类	√	√	√	
210	7301010224	其他交通费用	预算支出类	√	√	√	
211	7301010225	税金及附加费用	预算支出类	√	√	√	

续表

序号	科目编码	科目名称	科目类别	功能分类	资金来源	项目核算	备注
212	7301010299	其他商品和服务支出	预算支出类	√	√	√	
213	73010103	对个人和家庭的补助支出	预算支出类	√	√	√	
214	7301010301	离休费	预算支出类	√	√	√	
215	7301010302	退休费	预算支出类	√	√	√	
216	7301010303	退职（役）费	预算支出类	√	√	√	
217	7301010304	抚恤金	预算支出类	√	√	√	
218	7301010305	生活补助	预算支出类	√	√	√	
219	7301010306	救济费	预算支出类	√	√	√	
220	7301010307	医疗费补助	预算支出类	√	√	√	
221	7301010308	助学金	预算支出类	√	√	√	
222	7301010309	奖励金	预算支出类	√	√	√	
223	7301010399	其他对个人和家庭的补助支出	预算支出类	√	√	√	
224	73010104	债务利息及费用支出	预算支出类	√			
225	7401	上缴上级支出	预算支出类	√	√		分功能分类、收缴单位核算
226	740101	工资福利支出	预算支出类	√	√		
227	740102	商品服务支出	预算支出类	√	√		
228	740103	对个人和家庭的补助支出	预算支出类	√	√		
229	740104	债务利息及费用支出	预算支出类	√	√		
230	740105	资本性支出	预算支出类	√	√		
231	740106	对企业补助	预算支出类	√	√		
232	740109	其他支出	预算支出类	√	√		

续表

序号	科目编码	科目名称	科目类别	功能分类	资金来源	项目核算	备注
233	7501	对附属单位补助支出	预算支出类	√	√		
234	750101	工资福利支出	预算支出类	√	√		
235	750102	商品服务支出	预算支出类	√	√		
236	750103	对个人和家庭的补助支出	预算支出类	√	√		
237	750104	债务利息及费用支出	预算支出类	√	√		
238	750105	资本性支出	预算支出类	√	√		
239	750106	对企业补助	预算支出类	√	√		
240	750109	其他支出	预算支出类	√	√		
241	7601	投资支出	预算支出类	√	√	√	
242	760101	工资福利支出	预算支出类	√	√	√	
243	760102	商品服务支出	预算支出类	√	√	√	
244	760103	对个人和家庭的补助支出	预算支出类	√	√	√	
245	760104	债务利息及费用支出	预算支出类	√	√	√	
246	760105	资本性支出	预算支出类	√	√	√	
247	760106	对企业补助	预算支出类	√	√	√	
248	760109	其他支出	预算支出类	√	√	√	
249	7701	债务还本支出	预算支出类	√	√	√	
250	770101	工资福利支出	预算支出类	√	√	√	
251	770102	商品服务支出	预算支出类	√	√	√	
252	770103	对个人和家庭的补助支出	预算支出类	√	√	√	
253	770104	债务利息及费用支出	预算支出类	√	√	√	
254	770105	资本性支出	预算支出类	√	√	√	

续表

序号	科目编码	科目名称	科目类别	功能分类	资金来源	项目核算	备注
255	770106	对企业补助	预算支出类	√	√	√	
256	770109	其他支出	预算支出类	√	√	√	
257	7901	其他支出	预算支出类	√	√	√	分功能分类核算，专项资金支出分项目核算
258	790101	利息支出	预算支出类	√	√	√	
259	790102	对外捐赠现金支出	预算支出类	√	√	√	
260	790103	现金盘亏损失	预算支出类	√	√	√	
261	790104	相关税费支出	预算支出类	√	√	√	
262	790105	罚没支出	预算支出类	√	√	√	
263	79106	运杂费	预算支出类	√	√	√	
264	790109	其他支出	预算支出类	√	√	√	
265	8001	资金结存	预算结余类	√	√		
266	800101	零余额账户用款额度	预算结余类	√	√		
267	80010101	基本支出用款额度	预算结余类	√	√		
268	80010102	项目支出用款额度	预算结余类	√	√	√	
269	800102	货币资金	预算结余类	√	√		
270	80010201	库存现金	预算结余类	√	√		
271	80010202	银行存款	预算结余类	√	√		
272	80010203	其他货币资金	预算结余类	√	√		
273	800103	财政应返还额度	预算结余类	√	√		

续表

序号	科目编码	科目名称	科目类别	功能分类	资金来源	项目核算	备注
274	80010301	财政直接支付	预算结余类	√	√		
275	8001030101	基本支出额度	预算结余类	√	√		
276	8001030102	项目支出额度	预算结余类	√	√	√	
277	80010302	财政授权支付	预算结余类	√	√		
278	8001030201	基本支出额度	预算结余类	√	√		
279	8001030202	项目支出额度	预算结余类	√	√	√	
280	800104	待处理支出	预算结余类	√	√		
281	8101	财政拨款结转	预算结余类	√	√	√	
282	810101	年初余额调整	预算结余类	√	√	√	
283	810102	归集调入	预算结余类	√	√	√	
284	810103	归集调出	预算结余类	√	√	√	
285	810104	归集上缴	预算结余类	√	√	√	
286	810105	单位内部调剂	预算结余类	√	√	√	
287	810106	本年收支结转	预算结余类	√	√	√	
288	810107	累计结转	预算结余类	√	√	√	
289	81010701	基本支出结转	预算结余类	√	√	√	
290	8101070101	人员经费	预算结余类	√	√	√	
291	8101070102	日常公用经费	预算结余类	√	√	√	
292	81010702	项目支出结转	预算结余类	√	√	√	
293	8102	财政拨款结余	预算结余类	√	√	√	支出功能分类科目
294	810201	年初余额调整	预算结余类	√	√	√	
295	810202	归集上缴	预算结余类	√	√	√	

续表

序号	科目编码	科目名称	科目类别	功能分类	资金来源	项目核算	备注
296	810203	单位内部调剂	预算结余类	√	√	√	
297	810204	结转转入	预算结余类	√	√	√	
298	810205	累计结余	预算结余类	√	√	√	
299	8201	非财政拨款结转	预算结余类	√	√	√	
300	820101	年初余额调整	预算结余类	√	√	√	
301	820102	缴回资金	预算结余类	√	√	√	
302	820103	项目间接费用或管理费	预算结余类	√	√	√	
303	820104	本年收支结转	预算结余类	√	√	√	
304	820105	累计结转	预算结余类	√	√	√	
305	8202	非财政拨款结余	预算结余类	√		√	
306	820201	年初余额调整	预算结余类	√		√	
307	820202	项目间接费用或管理费	预算结余类	√		√	
308	820203	结转转入	预算结余类	√		√	
309	820204	累计结余	预算结余类	√		√	
310	8301	专用结余	预算结余类	√			按照专用结余的类别明细核算
311	830101	职工福利基金	预算结余类	√			
312	830102	住房基金	预算结余类	√			
313	830103	科技成果转化基金	预算结余类	√			
314	830199	其他专用基金	预算结余类	√			
315	8401	经营结余	预算结余类	√			
316	8501	其他结余	预算结余类	√			
317	8701	非财政拨款结余分配	预算结余类	√			

（三）记账方法

《基本准则》第十条规定："政府会计核算应当采用借贷记账法记账。"

借贷记账法指的是以会计等式作为记账原理，以借、贷作为记账符号，来反映经济业务增减变化的一种复式记账方法。

原来仅限于记录债权、债务的"借"、"贷"二字已不能概括经济活动的全部内容。它表示的内容应该包括全部经济活动资金运动变化的来龙去脉，它们逐渐失去了原来字面上的含义而转为一种单纯的记账符号，只表明记账的方向，成为了一种专门的会计术语。

借贷记账法下，所有账户的结构都是左方为借方，右方为贷方，但借方、贷方反映会计要素数量变化的增减性质则是不固定的。不同性质的账户，借贷方所登记的内容不同。

六、政府决算报告与财务报告

《基本准则》第五条规定："政府会计主体应当编制决算报告和财务报告。"政府决算报告，以预算会计核算生成的数据为准；政府财务报告的编制主要以权责发生制为基础，以财务会计核算生成的数据为准。政府预算会计要素和财务会计要素是相互协调的关系，与此相适应，决算报告和财务报告相互补充，共同反映政府会计主体的预算执行信息和财务信息。

（一）政府决算报告

1. 决算报告概述

政府决算报告是综合反映政府会计主体年度预算执行结果的文件。政府决算报告包括决算报表和其他应当在决算报告中反映的相关信息和资料，预算会计报表至少包括预算收入支出表、预算结转结余变动表和财政拨款预算收入支出表。政府决算报告的编制主要以收付实现制为基础。

决算报告的目标是向决算报告使用者提供与政府预算执行情况有关的信息，综合反映政府会计主体预算收支的年度执行结果，有助于决算报告使用者进行监督和管理，并为编制后续年度预算提供参考和依据。政府决算报告使用者包括各级人民代表大会及其常务委员会、各级政府及其有关部门、政府会计主体自身、社会公众和其他利益相关者。

2. 决算报告的编制要求

决算的编制、审查、批准、监督，以及预算的执行和调整，依照《中华人民共和国预算法预算》（2014 年修正，以下简称《预算法》）的规定执行。

根据《预算法》第三条："国家实行一级政府一级预算，设立中央，省、自治区、直辖市，设区的市、自治州，县、自治县、不设区的市、市辖区，乡、民族乡、镇五级预算。全国预算由中央预算和地方预算组成。地方预算由各省、自治区、直辖市总预算组成。地方各级总预算由本级预算和汇总的下一级总预算组成；下一级只有本级预算的，下一级总预算即指下一级的本级预算。没有下一级预算的，总预算即指本级预算。"

国务院编制中央预算、决算草案，向全国人民代表大会做关于中央和地方预算草案的报告；县级以上地方各级政府编制本级预算、决算草案，向本级人民代表大会做关于本级总预算草案的报告；乡、民族乡、镇政府编制本级预算、决算草案，向本级人民代表大会做关于本级预算草案的报告（经省、自治区、直辖市政府批准，乡、民族乡、镇本级预算草案、预算调整方案、决算草案，可以由上一级政府代编）。

决算草案由各级政府、各部门、各单位，在每一预算年度终了后按照国务院规定的时间编制。编制决算草案的具体事项，由国务院财政部门部署。

（二）政府财务报告

1. 政府财务报告概述

政府财务报告是反映政府会计主体某一特定日期的财务状况和某一会计期间的运行情况和现金流量等信息的文件。政府财务报告包括政府综合财务报告和政府部门财务报告。政府综合财务报告是指由政府财政部门编制的，反映各级政府整体财务状况、运行情况和财政中长期可持续性的报告。政府部门财务报告是指政府各部门、各单位按规定编制的财务报告。

政府财务报告包括财务报表和其他应当在财务报告中披露的相关信息和资料。财务报表由会计报表及其附注构成。会计报表一般包括资产负债表、收入费用表和净资产变动表。单位可根据实际情况自行选择编制现金流量表。政府会计主体应当根据相关规定编制合并财务报表。

政府财务报告的编制主要以权责发生制为基础，以财务会计核算生成的数据为准。

财务报告的目标是向财务报告使用者提供与政府的财务状况、运行情况（含运行成本，下同）和现金流量等有关信息，反映政府会计主体公共受托责任履行情况，有助于财务报告使用者作出决策或者进行监督和管理。政府财务报告使用者包括各级人民代表大会常务委员会、债权人、各级政府及其有关部门、政府会计主体自身和其他利益相关者。

2. 政府部门财务报告的编制要求

根据《权责发生制政府综合财务报告制度改革方案》，政府部门财务报告的编制要求如下：

（1）清查核实资产负债。各部门、各单位要按照有关的统一要求有计划、有步骤地清查核实固定资产、无形资产以及代表政府管理的储备物资、公共基础设施、企业国有资产、应收账款等资产，按规定界定产权归属、开展价值评估；分类清查核实部门负债情况。清查核实后的资产负债统一按规定进行核算和反映。

（2）编制政府部门财务报告。各单位应在政府会计准则体系和政府财务报告制度框架体系内，按时编制以资产负债表、收入费用表等财务报表为主要内容的财务报告。各部门应合并本部门所属单位的财务报表，编制部门财务报告。

（3）开展政府部门财务报告审计。部门财务报告应保证报告信息的真实性、完整性及合规性，接受审计。

（4）报送并公开政府部门财务报告。部门财务报告及其审计报告应报送本级政府财政部门，并按规定向社会公开。

（5）加强部门财务分析。各部门应充分利用财务报告反映的信息，加强对资产状况、债务风险、成本费用、预算执行情况的分析，促进预算管理、资产负债管理和绩效管理有机衔接。

3. 政府综合财务报告的编制要求

根据《权责发生制政府综合财务报告制度改革方案》，政府综合财务报告的编制要求如下：

（1）清查核实财政直接管理的资产负债。财政部门要清查核实代表政府持有的相关国际组织和企业的出资人权益；代表政府发行的国债、地方政府债券，举借的国际金融组织和外国政府贷款、其他政府债务以及或有债务。清查核实后的资产负债统一按规定进行核算和反映。

（2）编制政府综合财务报告。各级政府财政部门应合并各部门和其他纳入合并范围主体的财务报表，编制以资产负债表、收入费用表等财务报表为主要内容的本级政府综合财务报告。县级以上政府财政部门要合并汇总本级政府综合财务报告和下级政府综合财务报告，编制本行政区政府综合财务报告。

（3）开展政府综合财务报告审计。政府综合财务报告应保证报告信息的真实性、完整性及合规性，接受审计。

（4）报送并公开政府综合财务报告。政府综合财务报告及其审计报告，应依法报送本级人民代表大会常务委员会备案，并按规定向社会公开。

（5）应用政府综合财务报告信息。政府综合财务报告中的相关信息可作为考核地方政府绩效、分析政府财务状况、开展地方政府信用评级、编制全国和地方资产负债表以及制定财政中长期规划和其他相关规划的重要依据。

第二章

资 产

第一节 资产概述

一、资产的概念

《基本准则》第二十七条规定："资产是指政府会计主体过去的经济业务或者事项形成的，由政府会计主体控制的，预期能够产生服务潜力或者带来经济利益流入的经济资源。其中，服务潜力是指政府会计主体利用资产提供公共产品和服务以履行政府职能的潜在能力。经济利益流入表现为现金及现金等价物的流入，或者现金及现金等价物流出的减少。"

《基本准则》第二十九条规定："符合本准则第二十七条规定的资产定义的经济资源，在同时满足以下条件时，确认为资产：

一是与该经济资源相关的服务潜力很可能实现或者经济利益很可能流入政府会计主体；

二是该经济资源的成本或者价值能够可靠地计量。"

二、资产的分类

《基本准则》第二十九条规定："政府会计主体的资产按照流动性，分为流动资产和非流动资产。其中，流动资产是指预计在1年内（含1年）耗用或者可以变现的资产，包括货币资金、短期投资、应收及预付款项、存货等。非流动资产是指流动资产以外的资产，包括固定资产、在建工程、无形资产、长期投资、公共基础设施、政府储备资产、文物文化资产、保障性住房和自然资源资产等。”

三、资产的计量基础

《基本准则》第三十条规定，“资产的计量属性主要包括历史成本、重置成本、现值、公允价值和名义金额。”

1. 历史成本

在历史成本计量属性下，资产按照取得时支付的现金金额或者支付对价的公允价值计量。

2. 重置成本

在重置成本计量属性下，资产按照现在购买相同或者相似资产所需支付的现金金额计量。

3. 现值

在现值计量属性下，资产按照预计从其持续使用和最终处置中所产生的未来净现金流入量的折现金额计量。

4. 公允价值

在公允价值计量属性下，资产按照市场参与者在计量日发生的有序交易中，出售资产所能收到的价格计量。

5. 名义金额

无法采用上述计量属性的，采用名义金额（即人民币 1 元）计量。

政府会计主体在对资产进行计量时，一般应当采用历史成本。采用重置成本、现值、公允价值计量的，应当保证所确定的资产金额能够持续、可靠地计量。

第二节　货币资金的核算

一、库存现金

（一）核算内容

本科目核算单位的库存现金。

（二）明细科目设置

本科目应当设置“受托代理资产”明细科目，核算单位受托代理、代管的现金。其他明细科目，可以根据单位现金管理的需要，分资金来源或者项目设置。单位有外币现金的，应当分别按照人民币、外币种类设置“库存现金日记账”进行明细核算。

（三）主要账务处理与列表说明

第一，从银行等金融机构提取现金，按照实际提取的金额，借记本科目，贷记“银行存款”科目；将现金存入银行等金融机构，按照实际存入金额，借记“银行存款”科目，贷记本科目。根据规定从单位零余额账户提取现金，按照实际提取的金额，借记本科目，贷记“零余额账户用款额度”科目。将现金退回单位零余额账户，按照实际退回的金额，借记“零余额账户用款额度”科目，贷记本科目。

第二，因内部职工出差等原因借出的现金，按照实际借出的现金金额，借记“其他应收款”科目，贷记本科目。出差人员报销差旅费时，按照实际报销的金额，借记“业务活动费用”、“单位管理费用”等科目，按照实际借出的现金金额，贷记“其他应收款”科目，按照其差额，借记或贷记本科目。

第三，因提供服务、物品或者其他事项收到现金，按照实际收到的金额，借记本科目，贷记“事业收入”、“应收账款”等相关科目。涉及增值税业务的，相关账务处理参见“应交增值税”科目。因购买服务、物品或者其他事项支付现金，按照实际支付的金额，借记“业务活动费用”、“单位管理费用”、“库存物品”等相关科目，贷记本科目。涉及增值税业务的，相关账务处理参见“应交增值税”科目。以库存现金对外捐赠，按照实际捐出的金额，借记“其他费用”科目，贷记本科目。

第四，收到受托代理、代管的现金，按照实际收到的金额，借记本科目（受托代理资产），贷记“受托代理负债”科目；支付受托代理、代管的现金，按照实际支付的金额，借记“受托代理负债”科目，贷记本科目（受托代理资产）。

第五，每日账款核对中发现有待查明原因的现金短缺或溢余的，应当通过“待处理财产损溢”科目核算。属于现金溢余，应当按照实际溢余的金额，借记本科目，贷记“待处理财产损溢”科目；属于现金短缺，应当按照实际短缺的金额，借记“待处理财产损溢”科目，贷记本科目。如为现金溢余，属于应支付给有关人员或单位的，借记本科目，贷记“其他应付款”科目；属于无法查明原因的，报经批准后，借记本科目，贷记“其他收入”科目。如为现金短缺，属于应由责任人赔偿或向有关人员追回的，借记“其他应收款”科目，贷记本科目；属于无法查明原因的，报经批准核销时，借记“资产处置费用”科目，贷记本科目。

库存现金的主要账务处理如表 2－1 所示。

表 2－1　　　　库存现金的主要账务处理

序号	业务和事项内容	账务处理	
		财务会计	预算会计
1	提现	借：库存现金 　贷：银行存款等	——
2	存现	借：银行存款等 　贷：库存现金	——
3	职工出差等借出现金	借：其他应收款 　贷：库存现金	——
4	出差人员报销差旅费	借：业务活动费用/单位管理费用等（实际报销金额） 　库存现金（实际报销金额小于借款金额的差额） 　贷：其他应收款 　或： 借：业务活动费用/单位管理费用等（实际报销金额） 　贷：其他应收款 　　库存现金（实际报销金额大于借款金额的差额）	借：事业支出等（实际报销金额） 　贷：资金结存——货币资金
5	因开展业务等其他事项收到现金	借：库存现金 　贷：事业收入/应收账款等	借：资金结存——货币资金 　贷：事业预算收入等
6	因购买服务、商品或其他事项支出现金	借：业务活动费用/单位管理费用/其他费用/应付账款等 　贷：库存现金	借：事业支出/其他支出等 　贷：资金结存——货币资金

续表

序号	业务和事项内容	账务处理	
		财务会计	预算会计
7	对外捐赠现金资产	借：其他费用 贷：库存现金	借：其他支出 贷：资金结存——货币资金
8	收到受托代理、代管现金	借：库存现金——受托代理资产 贷：受托代理负债	——
9	支付受托代理、代管现金	借：受托代理负债 贷：库存现金——受托代理资产	——
10	现金溢余中，按照溢余金额转入待处理财产损溢	借：库存现金 贷：待处理财产损溢	借：资金结存——货币资金 贷：其他预算收入
11	现金溢余中，属于应支付给有关人员或单位的部分	借：待处理财产损溢 贷：其他应付款 借：其他应付款 贷：库存现金	借：其他预算收入 贷：资金结存——货币资金
12	现金溢余中，属于无法查明原因的部分，报经批准后	借：待处理财产损溢 贷：其他收入	——
13	现金短缺中，按照短缺金额转入待处理财产损溢	借：待处理财产损溢 贷：库存现金	借：其他支出 贷：资金结存——货币资金
14	现金短缺中，收到属于应由责任人赔偿的部分	借：其他应收款 贷：待处理财产损溢 借：库存现金 贷：其他应收款	借：资金结存——货币资金 贷：其他支出
15	现金短缺中，属于无法查明原因的部分，报经批准后	借：资产处置费用 贷：待处理财产损溢	——

（四）会计实务示例

【例 2－1】 2019 年 1 月 2 日，某事业单位从基本账户银行提取备用金 8 000 元，1 月 5 日将收到的现金 5 000 元存入基本账户银行；1 月 15 日，从零余额账户提取备用金 10 000 元用于日常经费支出；1 月 20 日，将提取的现金未使用部分 2 000 元退回零余额账户。该单位编制有关的会计分录如表 2－2 所示。

表 2－2

时间	财务会计分录	预算会计分录
1月2日	借：库存现金——非零余额现金 8 000 贷：银行存款——基本账户存款 8 000	借：资金结存——货币资金——库存现金 8 000 贷：资金结存——货币资金——银行存款 8 000
1月5日	借：银行存款——基本账户存款 5 000 贷：库存现金——非零余额现金 5 000	借：资金结存——货币资金——银行存款 5 000 贷：资金结存——货币资金——库存现金 5 000
1月15日	借：库存现金——零余额现金 10 000 贷：零余额账户用款额度——基本支出额度 10 000	借：资金结存——货币资金——库存现金 10 000 贷：资金结存——零余额账户用款额度 10 000
1月20日	借：零余额账户用款额度——基本支出额度 2 000 贷：库存现金——零余额现金 2 000	借：资金结存——零余额账户用款额度 2 000 贷：资金结存——货币资金——库存现金 2 000

【例 2－2】2019 年 2 月 2 日，某事业单位综合处员工 A 出差，借差旅费 1 000 元，业务部门员工 B 出差，借差旅费 500 元。2 月 10 日，A 和 B 出差归来，A 实际差旅费报销 800 元，B 实际差旅费报销 600 元（本单位按实际结算时做预算会计支出）。该单位编制有关的会计分录如表 2－3 所示。

表 2－3

时间	财务会计分录	预算会计分录
2月2日	借：其他应收款——A 1 000 其他应收款——B 500 贷：库存现金——非零余额现金 1 500	不做账务处理
2月10日	借：单位管理费用——商品和服务费用 800 库存现金——非零余额现金 200 贷：其他应收款——A 1 000	借：事业支出——基本支出——商品和服务支出——差旅费 800 贷：资金结存——货币资金——库存现金 800

续表

时间	财务会计分录	预算会计分录
2月10日	借：业务活动费用——商品和服务费用 600 贷：库存现金——非零余额现金 100 其他应收款——B 500	借：事业支出——基本支出——商品和服务支出——差旅费 600 贷：资金结存——货币资金——库存现金 600

【例2－3】2019年2月10日，某事业单位收到事业活动业务费500元，同日购买办公用品支付现金200元（不考虑增值税因素）。① 2月15日，对外捐出现金300元。该单位编制有关的会计分录如表2－4所示。

表2－4

时间	财务会计分录	预算会计分录
2月10日	借：库存现金——非零余额现金 500 贷：事业收入——事业活动业务费收入 500	借：资金结存——货币资金——库存现金 500 贷：事业预算收入——事业活动业务费收入 500
2月10日	借：单位管理费用——商品和服务费用 200 贷：库存现金——非零余额现金 200	借：事业支出——基本支出——商品和服务支出——办公费 200 贷：资金结存——货币资金——库存现金 200
2月15日	借：其他费用——捐赠支出 300 贷：库存现金——非零余额现金 300	借：其他支出 ——捐赠支出 300 贷：资金结存——货币资金——库存现金 300

【例2－4】2019年2月10日，某事业单位收到代管现金200元，2月15日，支付代管现金200元。该单位编制有关的会计分录如表2－5所示。

表2－5

时间	财务会计分录	预算会计分录
2月10日	借：库存现金——受托代理资产 200 贷：受托代理负债 200	不做账务处理
2月15日	借：受托代理负债 200 贷：库存现金——受托代理资产 200	不做账务处理

① 本书所有案例举例，如果不特别说明，不考虑增值税。涉及增值税部分，请参见“应交增值税”有关章节。

【例2-5】2019年3月10日，某事业单位盘点发现非零余额现金比账面多出100元，经过核实，其中80元属于应该支付给单位员工H某，剩余20元无法查明原因。该单位编制有关的会计分录如表2-6所示。

表2-6

时间	财务会计分录	预算会计分录
3月10日	借：库存现金 ——非零余额现金 100 贷：待处理财产损溢——货币资金 100	借：资金结存——货币资金——库存现金 100 贷：其他预算收入——现金盘盈收入 100
3月10日	借：待处理财产损溢——货币资金 80 贷：其他应付款——H 80 借：其他应付款——H 80 贷：库存现金——非零余额现金 80	不做账务处理 借：其他预算收入——现金盘盈收入 80 贷：资金结存——货币资金——库存现金 80
3月10日	借：待处理财产损溢——货币资金 20 贷：其他收入 ——现金盘盈收入 20	不做账务处理

【例2-6】2019年3月15日，某事业单位盘点发现非零余额现金比账面短缺100元，经过核实，其中80元属于应该由相关责任人赔偿款，剩余20元无法查明原因，报请相关部门批准核销。该单位编制有关的会计分录如表2-7所示。

表2-7

时间	财务会计分录	预算会计分录
3月15日	借：待处理财产损溢——货币资金 100 贷：库存现金——非零余额现金 100	借：其他支出——其他 100 贷：资金结存——货币资金——库存现金 100
3月15日	借：其他应收款——相关责任人赔偿 80 贷：待处理财产损溢——货币资金 借：库存现金——非零余额现金 80 贷：其他应收款——相关责任人赔偿 80	不做账务处理 借：资金结存——货币资金——库存现金 80 贷：其他支出——其他 80
3月15日	借：资产处置费用 20 贷：待处理财产损溢——货币资金 20	不做账务处理

（五）期末余额

单位应当设置“库存现金日记账”，由出纳人员根据收付款凭证，按照业务发生顺序逐笔登记。每日终了，应当计算当日的现金收入合计数、现金支出合计数和结余数，并将结余数与实际库存数核对，做到账数相符。

本科目期末借方余额，反映单位实际持有的库存现金。

二、银行存款

（一）核算内容

本科目核算单位存入银行或者其他金融机构的各种存款。

（二）明细科目设置

本科目应当设置“受托代理资产”明细科目，核算单位受托代理、代管的银行存款。其他明细科目，可以根据单位银行存款管理的需要，分开户银行设置明细账。在经济日益全球化的趋势下，事业单位与境外政府或组织的经济交往日益扩大，外币业务日趋频繁，外币收支数额也在不断增加，加强外币核算并提供外币会计信息已成为单位会计工作的重要内容之一。单位有外币存款的，应当分别按照人民币、外币种类设置“银行存款日记账”进行明细核算。

（三）主要账务处理与列表说明

第一，从银行等金融机构提取现金，按照实际提取的金额，借记“库存现金”科目，贷记本科目。

第二，将款项存入银行或者其他金融机构，按照实际存入的金额，借记本科目，贷记“库存现金”、“应收账款”、“事业收入”、“经营收入”、“其他收入”等相关科目。涉及增值税业务的，相关账务处理参见“应交增值税”科目。以银行存款支付相关费用，按照实际支付的金额，借记“业务活动费用”、“单位管理费用”、“其他费用”等相关科目，贷记本科目。涉及增值税业务的，相关账务处理参见“应交增值税”科目。以银行存款对外捐赠，按照实际捐出的金额，借记“其他费用”科目，贷记本科目。

第三，收到银行存款利息，按照实际收到的金额，借记本科目，贷记

“利息收入”科目。支付银行手续费等，按照实际支付的金额，借记“业务活动费用”、“单位管理费用”、“其他费用”等相关科目，贷记本科目。

第四，收到受托代理、代管的银行存款，按照实际收到的金额，借记本科目（受托代理资产），贷记“受托代理负债”科目；支付受托代理、代管的银行存款，按照实际支付的金额，借记“受托代理负债”科目，贷记本科目（受托代理资产）。

第五，单位发生外币业务的，应当按照业务发生当日的即期汇率，将外币金额折算为人民币金额记账，并登记外币金额和汇率。期末，各种外币账户的期末余额，应当按照期末的即期汇率折算为人民币，作为外币账户期末人民币余额。调整后的各种外币账户人民币余额与原账面余额的差额，作为汇兑损益计入当期费用。

（1）以外币购买物资、设备等，按照购入当日的即期汇率将支付的外币或应支付的外币折算为人民币金额，借记“库存物品”等科目，贷记本科目、“应付账款”等科目的外币账户。涉及增值税业务的，相关账务处理参见“应交增值税”科目。

（2）销售物品、提供服务以外币收取相关款项等，按照收入确认当日的即期汇率将收取的外币或应收取的外币折算为人民币金额，借记本科目、“应收账款”等科目的外币账户，贷记“事业收入”等相关科目。

（3）期末，根据各外币银行存款账户按照期末汇率调整后的人民币余额与原账面人民币余额的差额，作为汇兑损益，借记或贷记本科目，贷记或借记“业务活动费用”、“单位管理费用”等科目。“应收账款”、“应付账款”等科目有关外币账户期末汇率调整业务的账务处理参照本科目。

银行存款的主要账务处理如表2－8所示。

表2－8　银行存款的主要账务处理

序号	业务和事项内容	账务处理	
		财务会计	预算会计
1	提现	借：库存现金 　贷：银行存款	——
2	将款项存入银行或其他金融机构	借：银行存款 　贷：库存现金/事业收入/其他收入等	借：资金结存——货币资金 　贷：事业预算收入/其他预算收入等

续表

序号	业务和事项内容	账务处理	
		财务会计	预算会计
3	支付款项	借：业务活动费用/单位管理费用/其他费用等 贷：银行存款	借：事业支出/其他支出等 贷：资金结存——货币资金
4	收到银行存款利息	借：银行存款 贷：利息收入	借：资金结存——货币资金 贷：其他预算收入
5	支付银行手续费等	借：业务活动费用/单位管理费用等 贷：银行存款	借：事业支出等 贷：资金结存——货币资金
6	对外捐赠银行存款	借：其他费用 贷：银行存款	借：其他支出 贷：资金结存——货币资金
7	收到受托代理、代管银行存款	借：银行存款——受托代理资产 贷：受托代理负债	——
8	支付受托代理、代管银行存款	借：受托代理负债 贷：银行存款——受托代理资产	——
9	以外币购买物资、劳务等	借：在途物品/库存物品等 贷：银行存款（外币账户）（应付账款等）（外币账户）	借：事业支出等 贷：资金结存——货币资金
10	以外币收取相关款项等	借：银行存款（外币账户）应收账款等（外币账户） 贷：事业收入等	借：资金结存——货币资金 贷：事业预算收入等
11	期末，根据各外币账户按照期末的即期汇率调整后的人民币余额与原账面人民币余额的差额，作为汇兑损益	借：银行存款/应收账款/应付账款等 贷：业务活动费用/单位管理费用等（汇兑收益） 借：业务活动费用/单位管理费用等（汇兑损失） 贷：银行存款/应收账款/应付账款等	借：资金结存——货币资金 贷：事业支出等（汇兑收益） 借：事业支出等（汇兑损失） 贷：资金结存——货币资金

（四）会计实务示例

【例2-7】2019年2月10日，某事业单位收到事业活动业务费5 000元，同日支付业务培训费2 000元。2月15日，对外捐出银行存款3 000元。该单位编制有关的会计分录如表 2－9 所示。

表 2－9

时间	财务会计分录	预算会计分录
2月10日	借：银行存款——基本账户存款 5 000 贷：事业收入——事业活动业务费 5 000	借：资金结存——货币资金——银行存款 5 000 贷：事业预算收入——事业活动业务费 5 000
2月10日	借：业务活动费用——商品和服务费用 2 000 贷：银行存款——基本账户存款 2 000	借：事业支出——基本支出——商品和服务支出——培训费 2 000 贷：资金结存——货币资金——银行存款 2 000
2月15日	借：其他费用——捐赠支出 3 000 贷：银行存款——基本账户存款 3 000	借：其他支出——捐赠支出 3 000 贷：资金结存——货币资金——银行存款 3 000

【例 2－8】2019 年 3 月 20 日，某事业单位收到银行利息 4 000 元；3 月 25 日，代发工资支付手续费 300 元。该单位编制有关的会计分录如表 2－10 所示。

表 2－10

时间	财务会计分录	预算会计分录
3月20日	借：银行存款——基本账户存款 4 000 贷：利息收入 4 000	借：资金结存——货币资金——银行存款 4 000 贷：其他预算收入——利息收入 4 000
3月25日	借：单位管理费用——商品和服务费用 300 贷：银行存款——基本账户存款 300	借：事业支出——基本支出——商品和服务支出——手续费 300 贷：资金结存——货币资金 300

【例 2－9】某事业单位年初美元存款户余额为 10 000 美元，美元与人民币的汇率为 1:6.39，账面人民币余额为 63 900 元。（1）3 月 20 日，事业活动收入 1 000 美元，当日美元与人民币的汇率为 1:6.32。（2）年末，美元与人民币的汇率为 1:6.30，美元存款户余额为 11 000 美元，账面人民币余额为 70 220 元，则汇兑损益为人民币 －920 元（11 000 × 6.3 － 70 220）。该单位编制有关的会计分录如表 2－11 所示。

表 2-11

时间	财务会计分录	预算会计分录
3月20日	借：银行存款——美元户 6 320 贷：事业收入 6 320	借：资金结存——货币资金——银行存款 6 320 贷：事业预算收入 6 320
12月31日	借：业务活动费用——商品和服务费用 920 贷：银行存款——美元户 920	借：事业支出——基本支出——商品和服务支出——汇兑损益 920 贷：资金结存——货币资金——银行存款 920

（五）期末余额

"银行存款日记账"应定期与"银行对账单"核对，至少每月核对一次。月度终了，单位银行存款日记账账面余额与银行对账单余额之间如有差额，应当逐笔查明原因并进行处理，按月编制"银行存款余额调节表"，调节相符。本科目期末借方余额，反映单位实际存放在银行或其他金融机构的款项。

三、其他货币资金

（一）核算内容

本科目核算单位的外埠存款、银行本票存款、银行汇票存款、信用卡存款等各种其他货币资金。

（二）明细科目设置

本科目应当设置"外埠存款"、"银行本票存款"、"银行汇票存款"、"信用卡存款"等明细科目，进行明细核算。

（三）主要账务处理与列表说明

1. 单位按照有关规定需要在异地开立银行账户，将款项委托本地银行汇往异地开立账户时，借记本科目，贷记"银行存款"科目。收到采购员交来供应单位发票账单等报销凭证时，借记"库存物品"等科目，贷记本科目。将多余的外埠存款转回本地银行时，根据银行的收账通知，借记"银行存款"科目，贷记本科目。

2. 将款项交存银行取得银行本票、银行汇票，按照取得的银行本票、银行汇票金额，借记本科目，贷记“银行存款”科目。使用银行本票、银行汇票购买库存物品等资产时，按照实际支付金额，借记“库存物品”等科目，贷记本科目。如有余款或因本票、汇票超过付款期等原因而退回款项，按照退款金额，借记“银行存款”科目，贷记本科目。

3. 将款项交存银行取得信用卡，按照交存金额，借记本科目，贷记“银行存款”科目。用信用卡购物或支付有关费用，按照实际支付金额，借记“单位管理费用”、“库存物品”等科目，贷记本科目。单位信用卡在使用过程中，需向其账户续存资金的，按照续存金额，借记本科目，贷记“银行存款”科目。

4. 单位应当加强对其他货币资金的管理，及时办理结算，对于逾期尚未办理结算的银行汇票、银行本票等，应当按照规定及时转回，并按照上述规定进行相应账务处理。

表 2－12　　　　　　其他货币资金主要账务处理

序号	业务和事项内容	账务处理	
		财务会计	预算会计
1	取得银行本票、银行汇票、信用卡时	借：其他货币资金——银行本票存款 ——银行汇票存款 ——信用卡存款 贷：银行存款	——
2	用银行本票、银行汇票、信用卡支付时	借：在途物品/库存物品等 贷：其他货币资金——银行本票存款 ——银行汇票存款 ——信用卡存款	借：事业支出等［实际支付金额］ 贷：资金结存——货币资金
3	银行本票、银行汇票、信用卡的余款退回时	借：银行存款 贷：其他货币资金——银行本票存款 ——银行汇票存款 ——信用卡存款	——

（四）会计实务示例

【例 2－10】 某事业单位 3 月 20 日将 50 000 元交存银行取得银行本票一张。3 月 25 日，业务部门采购人员使用该银行本票购买开展业务活动所需的物品 A 材料 40 000 元，月底，剩余 10 000 元退回。该单位编制有关的会计分录如表 2 - 13 所示。

表 2 - 13

时间	财务会计分录	预算会计分录
3 月 20 日	借：其他货币资金——银行本票存款 50 000 贷：银行存款——基本账户存款 50 000	不做账务处理
3 月 25 日	借：库存物品——A 材料 40 000 贷：其他货币资金——银行本票存款 40 000	借：事业支出——基本支出——商品和服务支出 40 000 贷：资金结存——货币资金——其他货币资金 40 000
3 月 31 日	借；银行存款——基本账户存款 10 000 贷：其他货币资金——银行本票存款 10 000	不做账务处理

（五）期末余额

本科目期末借方余额，反映单位实际持有的其他货币资金。

四、零余额账户用款额度

（一）核算内容

本科目核算实行国库集中支付的单位根据财政部门批复的用款计划收到和支用的零余额账户用款额度。实行国库集中收付制度，财政性资金按发出支付令的主体不同分为两种支付方式：一是由财政部门发出支付令，称为财政直接支付方式；二是由预算单位经财政部门授权自行发出支付令，称为财政授权支付方式。

（二）明细科目设置

本科目可以根据分为基本支出和项目支出、其中项目支出可以分项目进行明细核算。

（三）主要账务处理与列表说明

第一，收到额度。单位收到“财政授权支付到账通知书”时，根据通知书所列金额，借记本科目，贷记“财政拨款收入”科目。

第二，支用额度。(1) 支付日常活动费用时，按照支付的金额，借记“业务活动费用”、“单位管理费用”等科目，贷记本科目。(2) 购买库存物品或购建固定资产，按照实际发生的成本，借记“库存物品”、“固定资产”、“在建工程”等科目，按照实际支付或应付的金额，贷记本科目、“应付账款”等科目。涉及增值税业务的，相关账务处理参见“应交增值税”科目。(3) 从零余额账户提取现金时，按照实际提取的金额，借记“库存现金”科目，贷记本科目。

第三，因购货退回等发生财政授权支付额度退回的，按照退回的金额，借记本科目，贷记“库存物品”等科目。

第四，年末，根据代理银行提供的对账单作注销额度的相关账务处理，借记“财政应返还额度——财政授权支付”科目，贷记本科目。年末，单位本年度财政授权支付预算指标数大于零余额账户用款额度下达数的，根据未下达的用款额度，借记“财政应返还额度——财政授权支付”科目，贷记“财政拨款收入”科目。

第五，下年初，单位根据代理银行提供的上年度注销额度恢复到账通知书做恢复额度的相关账务处理，借记本科目，贷记“财政应返还额度——财政授权支付”科目。单位收到财政部门批复的上年未下达零余额账户用款额度，借记本科目，贷记“财政应返还额度——财政授权支付”科目。

零余额账户用款额度的主要账务处理如表2-14所示。

表2-14　零余额账户用款的额度主要账务处理

序号	业务和事项内容	账务处理	
		财务会计	预算会计
1	收到“授权支付到账通知书”	借：零余额账户用款额度 贷：财政拨款收入	借：资金结存——零余额账户用款额度 贷：财政拨款预算收入
2	支付日常活动费用	借：业务活动费用/单位管理费用等 贷：零余额账户用款额度	借：事业支出等 贷：资金结存——零余额账户用款额度
	购买库存物品或购建固定资产等	借：库存物品/固定资产/在建工程等 贷：零余额账户用款额度	

续表

<table>
<tr><th rowspan="2">序号</th><th rowspan="2">业务和事项内容</th><th colspan="2">账务处理</th></tr>
<tr><th>财务会计</th><th>预算会计</th></tr>
<tr><td rowspan="2">2</td><td>从零余额账户提取现金</td><td>借：库存现金
贷：零余额账户用款额度</td><td>借：资金结存——货币资金
贷：资金结存——零余额账户用款额度</td></tr>
<tr><td>将现金退回单位零余额账户</td><td>借：零余额账户用款额度
贷：库存现金</td><td>借：资金结存——零余额账户用款额度
贷：资金结存——货币资金</td></tr>
<tr><td rowspan="2">3</td><td>因购货退回等发生国库授权支付额度退回（本年度授权支付的款项）</td><td>借：零余额账户用款额度
贷：库存物品等</td><td>借：资金结存——零余额账户用款额度
贷：事业支出等</td></tr>
<tr><td>因购货退回等发生国库授权支付额度退回（以前年度授权支付的款项）</td><td>借：零余额账户用款额度
贷：库存物品/以前年度盈余调整等</td><td>借：资金结存——零余额账户用款额度
贷：财政拨款结转——年初余额调整
/财政拨款结余——年初余额调整</td></tr>
<tr><td rowspan="2">4</td><td>年末，根据代理银行提供的对账单注销财政授权支付额度</td><td>借：财政应返还额度——财政授权支付
贷：零余额账户用款额度</td><td>借：资金结存——财政应返还额度
贷：资金结存——零余额账户用款额度</td></tr>
<tr><td>本年度财政授权支付预算指标数大于零余额账户额度下达数的，根据未下达的用款额度</td><td>借：财政应返还额度——财政授权支付
贷：财政拨款收入</td><td>借：资金结存——财政应返还额度
贷：财政拨款预算收入</td></tr>
<tr><td rowspan="2">5</td><td>下年初，根据代理银行提供的额度恢复到账通知书恢复财政授权支付额度</td><td>借：零余额账户用款额度
贷：财政应返还额度——财政授权支付</td><td>借：资金结存——零余额账户用款额度
贷：资金结存——财政应返还额度</td></tr>
<tr><td>下年初，收到财政部门批复的上年末未下达零余额账户用款额度</td><td>借：零余额账户用款额度
贷：财政应返还额度——财政授权支付</td><td>借：资金结存——零余额账户用款额度
贷：资金结存——财政应返还额度</td></tr>
</table>

（四）会计实务示例

【例2-11】 某事业单位已经纳入财政国库集中支付制度改革，2019年1月份发生部分经济业务如下：

（1）10日，收到“财政授权支付用款额度到账通知书”，确定本月公用经费授权支付额度为20万元，与财政部门批准的分月用款计划核对一致。

（2）15日，填写“财政资金授权支付凭证”，购买开展业务所需要的材料，授权支付金额为8 000元。同时召开业务相关会议，授权支付会议费金额为25 000元。

（3）20日，预算单位从零余额账户提取现金4 000元。

（4）25日，发现15日购买的材料质量有问题，全部退回。

该单位编制有关的会计分录如表2-15所示。

表2-15

时间	财务会计分录	预算会计分录
1月10日	借：零余额账户用款额度——基本支出用款额度——公用经费 200 000 贷：财政拨款收入——财政授权支付——基本支出 200 000	借：资金结存——零余额账户用款额度 200 000 贷：财政拨款预算收入——财政授权支付——基本支出 200 000
1月15日	借：库存物品 8 000 贷：零余额账户用款额度——基本支出用款额度——公用经费 8 000	借：事业支出——基本支出——商品和服务支出 8 000 贷：资金结存——零余额账户用款额度 8 000
1月15日	借：业务活动费用——商品和服务支出 25 000 贷：零余额账户用款额度——基本支出用款额度——公用经费 25 000	借：事业支出——基本支出——商品和服务支出 ——会议费 25 000 贷：资金结存——零余额账户用款额度 25 000
1月20日	借：库存现金——零余额现金 4 000 贷：零余额账户用款额度——基本支出用款额度——公用经费 4 000	借：资金结存——货币资金——库存现金 4 000 贷：资金结存——零余额账户用款额度 4 000
1月25日	借：零余额账户用款额度 ——基本支出用款额度——公用经费 8 000 贷：库存物品 8 000	借：资金结存——零余额账户用款额度 8 000 贷：事业支出——基本支出——商品和服务支出 8 000

【例 2－12】 某事业单位已经纳入财政国库集中支付制度改革，某年 12 月份发生部分经济业务如下：

（1）年终，本年度该单位 A 项目财政授权支付预算指标数为 400 000 元，单位零余额账户代理银行收到零余额账户用款额度 390 000 元，本年度财政授权支付实际支出数为 382 000 元。事业单位存在尚未使用的财政授权支付预算额度 8 000 元，存在尚未收到的财政授权支付预算指标 10 000 元。

（2）次年初，该事业单位收到代理银行提供的额度恢复到账通知书，恢复财政授权支付额度 8 000 元。同时，收到该事业单位收到财政部门批复的上年终未下达的单位零余额账户用款额度 10 000 元。

该单位编制有关的会计分录如表 2－16 所示。

表 2－16

时间	财务会计分录	预算会计分录
12 月 31 日	借：财政应返还额度——财政授权支付——项目支出额度——A 项目　8 000 贷：零余额账户用款额度——项目支出额度——A 项目　8 000	借：资金结存——财政应返还额度　8 000 贷：资金结存——零余额账户用款额度　8 000
12 月 31 日	借：财政应返还额度－财政授权支付——项目支出额度——A 项目　10 000 贷：财政拨款收入——财政授权支付——项目支出额度——A 项目 10 000	借：资金结存——财政应返还额度　10 000 贷：财政拨款预算收入——财政授权支付——项目支出额度——A 项目　10 000
1 月 1 日	借：零余额账户用款额度——项目支出额度——A 项目　8 000 贷：财政应返还额度——财政授权支付——项目支出额度——A 项目　8 000	借：资金结存——零余额账户用款额度　8 000 贷：资金结存——财政应返还额度　8 000
1 月 1 日	借：零余额账户用款额度——项目支出额度——A 项目　10 000 贷：财政应返还额度——财政授权支付——项目支出额度——A 项目 10 000	借：资金结存——零余额账户用款额度　10 000 贷：资金结存——财政应返还额度　10 000

（五）期末余额

本科目期末借方余额，反映单位尚未支用的零余额账户用款额度。年末注销单位零余额账户用款额度后，本科目应无余额。

五、财政应返还额度

（一）核算内容

本科目核算实行国库集中支付的单位应收财政返还的资金额度，包括可以使用的以前年度财政直接支付资金额度和财政应返还的财政授权支付资金额度。

（二）明细科目设置

本科目应当设置“财政直接支付”、“财政授权支付”两个明细科目进行明细核算。

（三）主要账务处理与列表说明

1. 财政直接支付

年末，单位根据本年度财政直接支付预算指标数大于当年财政直接支付实际发生数的差额，借记本科目（财政直接支付），贷记“财政拨款收入”科目。单位使用以前年度财政直接支付额度支付款项时，借记“业务活动费用”、“单位管理费用”等科目，贷记本科目（财政直接支付）。

2. 财政授权支付

年末，根据代理银行提供的对账单做注销额度的相关账务处理，借记本科目（财政授权支付），贷记“零余额账户用款额度”科目。年末，单位本年度财政授权支付预算指标数大于零余额账户用款额度下达数的，根据未下达的用款额度，借记本科目（财政授权支付），贷记“财政拨款收入”科目。

下年初，单位根据代理银行提供的上年度注销额度恢复到账通知书做恢复额度的相关账务处理，借记“零余额账户用款额度”科目，贷记本科目（财政授权支付）。单位收到财政部门批复的上年未下达零余额账户用款额度，借记“零余额账户用款额度”科目，贷记本科目（财政授权支付）。

财政应返还额度的主要账务处理如表 2－17 所示。

表 2-17 财政应返还额度的主要账务处理

<table>
<tr><th rowspan="2">序号</th><th rowspan="2" colspan="2">业务和事项内容</th><th colspan="2">账务处理</th></tr>
<tr><th>财务会计</th><th>预算会计</th></tr>
<tr><td rowspan="2">1</td><td rowspan="2">财政直接支付方式下，确认财政应返还额度</td><td>年末本年度预算指标数与当年实际支付数的差额</td><td>借：财政应返还额度——财政直接支付
贷：财政拨款收入</td><td>借：资金结存——财政应返还额度
贷：财政拨款预算收入</td></tr>
<tr><td>下年度使用以前年度财政直接支付额度支付款项时</td><td>借：业务活动费用/单位管理费用/库存物品等
贷：财政应返还额度——财政直接支付</td><td>借：事业支出等
贷：资金结存——财政应返还额度</td></tr>
<tr><td rowspan="3">2</td><td rowspan="3">财政授权支付方式下，确认财政应返还额度</td><td>年末本年度预算指标数大于额度下达数的，根据未下达的用款额度</td><td>借：财政应返还额度——财政授权支付
贷：财政拨款收入</td><td>借：资金结存——财政应返还额度
贷：财政拨款预算收入</td></tr>
<tr><td>年末根据代理银行提供的对账单做注销额度处理</td><td>借：财政应返还额度——财政授权支付
贷：零余额账户用款额度</td><td>借：资金结存——财政应返还额度
贷：资金结存——零余额账户用款额度</td></tr>
<tr><td>下年初额度恢复和下年初收到财政部门批复的上年末未下达零余额账户用款额</td><td>借：零余额账户用款额度
贷：财政应返还额度——财政授权支付</td><td>借：资金结存——零余额账户用款额度
贷：资金结存——财政应返还额度</td></tr>
</table>

（四）会计实务示例

【例 2-13】某事业单位已经纳入财政国库集中支付制度改革，2019 年 12 月份发生部分经济业务如下：

（1）年终，本年度 B 项目财政直接支付预算指标数为 550 000 元，财政直接支付实际支出数 540 000 元。

（2）次年初，该事业单位收到财政部门批转的财政直接支付额度恢复通知单，财政部门对事业单位恢复财政直接支付额度 10 000 元。

(3) 次年初，该事业单位使用恢复的财政直接支付额度支付该项目支出会议费 8 000 元。

该单位编制有关的会计分录如表 2－18 所示。

表 2－18

时间	财务会计分录	预算会计分录
12 月 31 日	借：财政应返还额度——财政直接支付——项目支出额度——B 项目 10 000 贷：财政拨款收入——财政直接支付——项目支出额度——B 项目 10 000	借：资金结存——财政应返还额度 10 000 贷：财政拨款预算收入——财政直接支付——项目支出额度——B 项目 10 000
12 月 31 日	恢复财政直接支付额度不做分录	不做账务处理
1 月 1 日	借：业务活动费用——商品和服务费用 8 000 贷：财政应返还额度——财政直接支付——项目支出额度——B 项目 8 000	借：事业支出——项目支出——商品和服务支出 ——会议费 8 000 贷：资金结存——财政应返还额度 8 000

(五) 期末余额

本科目期末借方余额，反映单位应收财政返还的资金额度。

第三节　应收及预付款项的核算

一、应收账款

(一) 核算内容

本科目核算事业单位提供服务、销售产品等应收取的款项，以及单位因出租资产、出售物资等应收取的款项。因此，应收账款包括以下两个方面的内容：一是事业单位开展日常运营活动过程中应收取的款项；二是具有流动资产性质的短期债权。

（二）明细科目设置

本科目应当按照债务单位（或个人）进行明细核算。

（三）主要账务处理与列表说明

第一，应收账款收回后不需上缴财政。单位发生应收账款时，按照应收未收金额，借记本科目，贷记“事业收入”、“经营收入”、“租金收入”、“其他收入”等科目。涉及增值税业务的，相关账务处理参见“应交增值税”科目。收回应收账款时，按照实际收到的金额，借记“银行存款”等科目，贷记本科目。

第二，应收账款收回后需上缴财政。①单位出租资产发生应收未收租金款项时，按照应收未收金额，借记本科目，贷记“应缴财政款”科目。收回应收账款时，按照实际收到的金额，借记“银行存款”等科目，贷记本科目。②单位出售物资发生应收未收款项时，按照应收未收金额，借记本科目，贷记“应缴财政款”科目。

收回应收账款时，按照实际收到的金额，借记“银行存款”等科目，贷记本科目。

涉及增值税业务的，相关账务处理参见“应交增值税”科目。

第三，事业单位应当于每年年末，对收回后不需上缴财政的应收账款进行全面检查，如发生不能收回的迹象，应当计提坏账准备。

（1）对于账龄超过规定年限、确认无法收回的应收账款，按照规定报经批准后予以核销。按照核销金额，借记“坏账准备”科目，贷记本科目。核销的应收账款应在备查簿中保留登记。

（2）已核销的应收账款在以后期间又收回的，按照实际收回金额，借记本科目，贷记“坏账准备”科目；同时，借记“银行存款”等科目，贷记本科目。

第四，单位应当于每年年末，对收回后应当上缴财政的应收账款进行全面检查。

（1）对于账龄超过规定年限、确认无法收回的应收账款，按照规定报经批准后予以核销。按照核销金额，借记“应缴财政款”科目，贷记本科目。核销的应收账款应当在备查簿中保留登记。

（2）已核销的应收账款在以后期间又收回的，按照实际收回金额，借记“银行存款”等科目，贷记“应缴财政款”科目。

应收账款的主要账务处理如表 2－19 所示。

表 2－19　　应收账款的主要账务处理

序号	业务和事项内容		账务处理	
			财务会计	预算会计
1	应收账款收回后不需上缴财政	发生应收账款时	借：应收账款 贷：事业收入/经营收入/其他收入等	——
		收回应收账款时	借：银行存款等 贷：应收账款	借：资金结存——货币资金等 贷：事业预算收入/经营预算收入/其他预算收入等
2	应收账款收回后需上缴财政	发生应收账款时	借：应收账款 贷：应缴财政款	——
		收回应收账款时	借：银行存款等 贷：应收账款	——
3	逾期无法收回的应收账款（收回后不需要上缴的应收账款）	对于账龄超过规定年限、确认无法收回的应收账款	借：坏账准备 贷：应收账款	——
		已核销的应收账款在以后期间又收回的	借：应收账款 贷：坏账准备 借：银行存款 贷：应收账款	借：资金结存——货币资金 贷：非财政拨款结余等
4	逾期无法收回的应收账款（收回后需要上缴的应收账款）	对于账龄超过规定年限、确认无法收回的应收账款	借：应缴财政款 贷：应收账款	——
		已核销的应收账款在以后期间又收回的	借：银行存款等 贷：应缴财政款	——

（四）会计实务示例

【例 2－14】 某事业单位 2019 年 3 月 10 日开展事业活动产生事业收入 10 000 元，款项未收。3 月 20 日，收到对方单位东方公司款项 10 000 元。该单位编制有关的会计分录如表 2－20 所示。

表 2－20

时间	财务会计分录	预算会计分录
3 月 10 日	借：应收账款——东方公司 10 000 贷：事业收入 10 000	不做账务处理
3 月 20 日	借：银行存款 10 000 贷：应收账款——东方公司 10 000	借：资金结存——货币资金——银行存款 10 000 贷：事业预算收入 10 000

【例 2－15】 某事业单位 2019 年 3 月 10 日出售报废的资产获得 1 000 元，款项未收，按照资产管理要求，该款项需上缴财政。3 月 20 日，收到对方单位京北公司款项 1 000 元。该单位编制有关的会计分录如表 2－21 所示。

表 2－21

时间	财务会计分录	预算会计分录
3 月 10 日	借：应收账款——京北公司 1 000 贷：应缴财政款——应缴国库款 1 000	不做账务处理
3 月 20 日	借：银行存款——基本账户存款 1 000 贷：应收账款——京北公司 1 000	不做账务处理

【例 2－16】 某事业单位 2019 年年末对不需要上缴财政的应收账款进行全面检查，发现应收 A 单位的账款 10 000 元，存在不能收回的迹象，拟采用个别认定法计提坏账准备 5 000 元。同时发现应收 B 单位的账款 5 000 元（前期已经全额计提坏账准备）确实无法收回，报经有关部门批准后予以核销。次年 3 月 10 日，该笔款项又收回。该单位编制有关的会计分录如表 2－22 所示。

表 2－22

时间	财务会计分录	预算会计分录
12 月 31 日	借：其他费用——坏账损失 5 000 贷：坏账准备 5 000	不做账务处理
12 月 31 日	借：坏账准备 5 000 贷：应收账款——B 5 000	不做账务处理

续表

时间	财务会计分录	预算会计分录
3月10日	借：应收账款——B 5 000 贷：坏账准备 5 000 借：银行存款——基本账户存款 5 000 贷：应收账款——B 5 000	借：资金结存——货币资金——银行存款 5 000 贷：非财政拨款结余——年初余额调整 5 000

【例2-17】某事业单位2019年年末对需要上缴财政的应收账款进行全面检查，发现应收C单位的账款10 000元，已经超过规定的年限仍然无法收回，报经有关部门批准后予以核销。次年3月10日，该笔款项又收回。该单位编制有关的会计分录如表2-23所示。

表2-23

时间	财务会计分录	预算会计分录
12月31日	借：应缴财政款——应缴国库款 10 000 贷：应收账款——C 10 000 同时在备查账簿做登记	不做账务处理
3月10日	借：银行存款——基本账户存款 10 000 贷：应缴财政款——应缴国库款 10 000	不做账务处理

（五）期末余额

本科目期末借方余额，反映单位尚未收回的应收账款。

二、应收票据

（一）核算内容

本科目核算事业单位因开展经营活动销售产品、提供有偿服务等而收到的商业汇票，包括银行承兑汇票和商业承兑汇票。

（二）明细科目设置

本科目应当按照开出、承兑商业汇票的单位等进行明细核算。

（三）主要账务处理与列表说明

第一，因销售产品、提供服务等收到商业汇票，按照商业汇票的票面金额，借记本科目，按照确认的收入金额，贷记“经营收入”等科目。涉及增值税业务的，相关账务处理参见“应交增值税”科目。

第二，持未到期的商业汇票向银行贴现，按照实际收到的金额（即扣除贴现息后的净额），借记“银行存款”科目，按照贴现息金额，借记“经营费用”等科目，按照商业汇票的票面金额，贷记本科目（无追索权）或“短期借款”科目（有追索权）。附追索权的商业汇票到期未发生追索事项的，按照商业汇票的票面金额，借记“短期借款”科目，贷记本科目。

第三，将持有的商业汇票背书转让以取得所需物资时，按照取得物资的成本，借记“库存物品”等科目，按照商业汇票的票面金额，贷记本科目，如有差额，借记或贷记“银行存款”等科目。涉及增值税业务的，相关账务处理参见“应交增值税”科目。

第四，商业汇票到期时，应当分别以下情况处理：

（1）收回票款时，按照实际收到的商业汇票票面金额，借记“银行存款”科目，贷记本科目。

（2）因付款人无力支付票款，收到银行退回的商业承兑汇票、委托收款凭证、未付票款通知书或拒付款证明等，按照商业汇票的票面金额，借记“应收账款”科目，贷记本科目。

应收票据的主要账务处理如表 2－24 所示。

表 2－24　　　　应收票据的主要账务处理

序号	业务和事项内容		账务处理	
			财务会计	预算会计
1	收到商业汇票	销售产品、提供服务等收到商业汇票时	借：应收票据 贷：经营收入等	——
2	商业汇票向银行贴现	持未到期的商业汇票向银行贴现	借：银行存款（贴现净额） 经营费用等（贴现利息） 贷：应收票据（不附追索权） /短期借款（附追索权）	借：资金结存——货币资金 贷：经营预算收入等（贴现净额）
		附追索权的商业汇票到期未发生追索事项	借：短期借款 贷：应收票据	——

续表

序号	业务和事项内容		账务处理	
			财务会计	预算会计
3	商业汇票背书转让	将持有的商业汇票背书转让以取得所需物资	借：库存物品等 贷：应收票据 银行存款（差额）	借：经营支出等（支付的金额） 贷：资金结存——货币资金
4	商业汇票到期	商业汇票到期，收回应收票据	借：银行存款 贷：应收票据	借：资金结存——货币资金 贷：经营预算收入等
		商业汇票到期，付款人无力支付票款时	借：应收账款 贷：应收票据	——

（四）会计实务示例

【例2－18】某事业单位2019年3月20日销售产品收到收入10 000元，对方华灵公司开出6个月期的不带息商业汇票一张，该商业汇票面值10 000元。①6月20日，若提前3个月向银行贴现（银行贴现年利率为9%），贴息10 000×9%×3/12＝225元；②若在7月20日将其背书转让，不足部分以银行存款支付，取得物资A一批价值12 000元；③若一直持有到期，9月20日收回；④若9月20日到期时发现付款人无力支付。该单位编制有关的会计分录如表2－25所示。

表2－25

时间	财务会计分录	预算会计分录
3月20日	借：应收票据——华灵公司 10 000 贷：经营收入——销售商品 10 000	不做账务处理
6月20日	借：银行存款——基本账户存款 9 775 经营费用 225 贷：应收票据——华灵公司 10 000	借：资金结存——货币资金——银行存款 9 775 贷：经营预算收入——销售商品 9 775
（1）7月20日	借：库存物品——A 12 000 贷：应收票据——华灵公司 10 000 银行存款——基本账户存款 2 000	借：经营支出——商品和服务支出 2 000 贷：资金结存——货币资金——银行存款 2 000

续表

时间	财务会计分录	预算会计分录
(2) 9月20日	借：银行存款——基本账户存款10 000 贷：应收票据——华灵公司 10 000	借：资金结存——货币资金——银行存款 10 000 贷：经营预算收入——销售商品 10 000
(3) 9月20日	借：应收账款——华灵公司 10 000 贷：应收票据——华灵公司 10 000	不做账务处理

（五）期末余额

事业单位应当设置"应收票据备查簿"，逐笔登记每一应收票据的种类、号数、出票日期、到期日、票面金额、交易合同号和付款人、承兑人、背书人姓名或单位名称、背书转让日、贴现日期、贴现率和贴现净额、收款日期、收回金额和退票情况等。应收票据到期结清票款或退票后，应当在备查簿内逐笔注销。

本科目期末借方余额，反映事业单位持有的商业汇票票面金额。

三、预付账款

（一）核算内容

本科目核算单位按照购货、服务合同或协议规定预付给供应单位（或个人）的款项，以及按照合同规定向承包工程的施工企业预付的备料款和工程款。

（二）明细科目设置

本科目应当按照供应单位（或个人）及具体项目进行明细核算；对于基本建设项目发生的预付账款，还应当在本科目所属基建项目明细科目下设置"预付备料款"、"预付工程款"、"其他预付款"等明细科目，进行明细核算。

（三）主要账务处理与列表说明

第一，根据购货、服务合同或协议规定预付款项时，按照预付金额，借记本科目，贷记"财政拨款收入"、"零余额账户用款额度"、"银行存款"等科目。

第二，收到所购资产或服务时，按照购入资产或服务的成本，借记“库存物品”、“固定资产”、“无形资产”、“业务活动费用”等相关科目，按照相关预付账款的账面余额，贷记本科目，按照实际补付的金额，贷记“财政拨款收入”、“零余额账户用款额度”、“银行存款”等科目。涉及增值税业务的，相关账务处理参见“应交增值税”科目。

第三，根据工程进度结算工程价款及备料款时，按照结算金额，借记“在建工程”科目，按照相关预付账款的账面余额，贷记本科目，按照实际补付的金额，贷记“财政拨款收入”、“零余额账户用款额度”、“银行存款”等科目。

第四，发生预付账款退回的，按照实际退回金额，借记“财政拨款收入”（本年直接支付）、“财政应返还额度”（以前年度直接支付）、“零余额账户用款额度”、“银行存款”等科目，贷记本科目。

第五，单位应当于每年年末，对预付账款进行全面检查。如果有确凿证据表明预付账款不再符合预付款项性质，或者因供应单位破产、撤销等原因可能无法收到所购货物、服务的，应当先将其转入其他应收款，再按照规定进行处理。将预付账款账面余额转入其他应收款时，借记“其他应收款”科目，贷记本科目。

预付账款的主要账务处理如表 2－26 所示。

表 2－26　　预付账款的主要账务处理

序号	业务和事项内容	账务处理	
		财务会计	预算会计
1	发生预付账款时	借：预付账款 贷：财政拨款收入/零余额账户用款额度/银行存款等	借：事业支出等 贷：财政拨款预算收入/资金结存
2	收到所购物资或劳务	借：业务活动费用/库存物品/固定资产/无形资产 贷：预付账款 零余额账户用款额度/财政拨款收入/银行存款等（补付款项）	借：事业支出等（补付款项） 贷：财政拨款预算收入/资金结存
3	根据工程进度结算工程价款及备料款时	借：在建工程 贷：预付账款 零余额账户用款额度/财政拨款收入/银行存款等（补付款项）	借：事业支出等（补付款项） 贷：财政拨款预算收入/资金结存

续表

<table>
<tr><th rowspan="2">序号</th><th rowspan="2" colspan="2">业务和事项内容</th><th colspan="2">账务处理</th></tr>
<tr><th>财务会计</th><th>预算会计</th></tr>
<tr><td rowspan="2">4</td><td rowspan="2">预付账款退回</td><td>当年预付账款退回</td><td>借：财政拨款收入/零余额账户用款额度/银行存款等
贷：预付账款</td><td>借：财政拨款预算收入/资金结存
贷：事业支出等</td></tr>
<tr><td>以前年度预付账款退回</td><td>借：财政应返还额度/零余额账户用款额度/银行存款等
贷：预付账款</td><td>借：资金结存
贷：财政拨款结余——年初余额调整/财政拨款结转——年初余额调整等</td></tr>
<tr><td>5</td><td colspan="2">逾期无法收回的预付账款转为其他应收款</td><td>借：其他应收款
贷：预付账款</td><td>——</td></tr>
</table>

（四）会计实务示例

【例 2－19】某事业单位 2019 年有关预付款项业务如下：

（1）3 月 10 日，向甲公司购买材料一批，按合同规定预付材料款计 50 000 元。同时，预付了工程款 100 000 元。

（2）4 月 20 日，收到材料，发票金额 45 000 元，对方退回 5 000 元。

（3）5 月 10 日，工程结算价 150 000 元，补付了工程款 50 000 元。

（4）6 月 30 日，发现上一年年度财政直接支付预付乙公司培训费退回 1 000 元。

（5）12 月 31 日，年底检查发现预付账款明细账有一笔预付丙公司的账款 3 000 元，丙公司已破产，可能无法收到合同约定的相关货物，先将其转入其他应收款。

该单位编制有关的会计分录如表 2－27 所示。

表 2－27

时间	财务会计分录	预算会计分录
3 月 10 日	借：预付账款——预付备料款——甲公司 50 000 预付账款——预付工程款——某工程 100 000 贷：银行存款——基本账户存款 150 000	借：事业支出——基本支出——商品和服务支出 50 000 事业支出——项目支出——资本性支出 100 000 贷：资金结存——货币资金——银行存款 150 000

续表

时间	财务会计分录	预算会计分录
4月20日	借：库存物品 45 000 银行存款——基本账户存款 5 000 贷：预付账款——预付备料款——甲公司 50 000	借：资金结存——货币资金——银行存款 5 000 贷：事业支出——基本支出——商品和服务支出 5 000
5月10日	借：在建工程 150 000 贷：银行存款——基本账户存款 50 000 预付账款——预付工程款——某工程 100 000	借：事业支出——项目支出——资本性支出 50 000 贷：资金结存——货币资金——银行存款 50 000
6月30日	借：财政应返还额度——财政直接支付——基本支出——公用经费 1 000 贷：预付账款——乙公司 1 000	借：资金结存——财政应返还额度 1 000 贷：财政拨款结转——年初余额调整 1 000
12月31日	借；其他应收款——丙公司 3 000 贷：预付账款——丙公司 3 000	不做账务处理

（五）期末余额

本科目期末借方余额，反映单位实际预付但尚未结算的款项。

四、应收股利

（一）核算内容

本科目核算事业单位持有长期股权投资应当收取的现金股利或应当分得的利润。

（二）明细科目设置

本科目应当按照被投资单位等进行明细核算。

（三）主要账务处理与列表说明

1. 取得长期股权投资，按照支付的价款中所包含的已宣告但尚未发放的现金股利，借记本科目，按照确定的长期股权投资成本，借记“长期股权投资”科目，按照实际支付的金额，贷记“银行存款”等科目。

收到取得投资时实际支付价款中所包含的已宣告但尚未发放的现金股利时，按照收到的金额，借记“银行存款”科目，贷记本科目。

2. 长期股权投资持有期间，被投资单位宣告发放现金股利或利润的，按照应享有的份额，借记本科目，贷记“投资收益”（成本法下）或“长期股权投资”（权益法下）科目。

3. 实际收到现金股利或利润时，按照收到的金额借记“银行存款”等科目，贷记本科目。

应收股利的主要业务处理见表 2－28。

表 2－28　　应收股利主要账务处理

<table>
<tr><th rowspan="2">序号</th><th rowspan="2" colspan="2">业务和事项内容</th><th colspan="2">账务处理</th></tr>
<tr><th>财务会计</th><th>预算会计</th></tr>
<tr><td rowspan="2">1</td><td rowspan="2">预付账款退回</td><td>取得长期股权投资</td><td>借：长期股权投资
应收股利（取得投资支付价款中包含的已宣告但尚未发放的现金股利或利润）
贷：银行存款（取得投资支付的全部价款）</td><td>借：投资支出（取得投资支付的全部价款）
贷：资金结存——货币资金</td></tr>
<tr><td>收到取得投资所支付价款中包含的已宣告但尚未发放的股利或利润时</td><td>借：银行存款
贷：应收股利</td><td>借：资金结存——货币资金
贷：投资支出等</td></tr>
<tr><td>2</td><td colspan="2">被投资单位宣告发放现金股利或利润</td><td>借：应收股利
贷：投资收益/长期股权投资</td><td>——</td></tr>
<tr><td>3</td><td colspan="2">收到现金股利或利润时</td><td>借：银行存款
贷：应收股利</td><td>借：资金结存——货币资金
贷：投资预算收益</td></tr>
</table>

（四）会计实务示例

【例 2－20】 某事业单位 2019 年有关长期股权投资和应收股利业务如下：

假定3月1日取得对乙公司20%的股权，投资成本600万元，按照成本法核算。其中乙公司已经宣告但尚未发放现金股利，该事业单位按其持股比例计算确定可分得60万元。4月30日，收到现金股利60万元。12月31日，乙公司宣告发放100万元现金股利。次年4月1日收到乙公司发放的现金股利。该单位编制有关的会计分录如表2-29所示。

表2-29

时间	财务会计分录	预算会计分录
3月1日	借：长期股权投资——乙公司（成本法） 5 400 000 应收股利——乙公司 600 000 贷：银行存款——基本账户存款 6 000 000	借：投资支出——乙公司 6 000 000 贷：资金结存——货币资金——银行存款 6 000 000
4月30日	借：银行存款——基本账户存款 600 000 贷：应收股利——乙公司 600 000	借：资金结存——货币资金——银行存款 600 000 贷：投资支出——乙公司 600 000
12月31日	借：应收股利——乙公司 200 000 贷：投资收益——乙公司 200 000	不做账务处理
次年 4月1日	借：银行存款——基本账户存款 200 000 贷：应收股利——乙公司 200 000	借：资金结存——货币资金——银行存款 200 000 贷：投资预算收益——乙公司 200 000

（五）期末余额

本科目期末借方余额，反映事业单位应当收取但尚未收到的现金股利或利润。

五、应收利息

（一）核算内容

本科目核算事业单位长期债券投资应当收取的利息。事业单位购入的到期一次还本付息的长期债券投资持有期间的利息，应当通过“长期债券投资——应计利息”科目核算，不通过本科目核算。

（二）明细科目设置

本科目应当按照被投资单位等进行明细核算。

（三）主要账务处理与列表说明

第一，取得长期债券投资，按照确定的投资成本，借记“长期债券投资”科目，按照支付的价款中包含的已到付息期但尚未领取的利息，借记本科目，按照实际支付的金额，贷记“银行存款”等科目。收到取得投资时实际支付价款中所包含的已到付息期但尚未领取的利息时，按照收到的金额，借记“银行存款”等科目，贷记本科目。

第二，按期计算确认长期债券投资利息收入时，对于分期付息、一次还本的长期债券投资，按照以票面金额和票面利率计算确定的应收未收利息金额，借记本科目，贷记“投资收益”科目。

第三，实际收到应收利息时，按照收到的金额，借记“银行存款”等科目，贷记本科目。

应收利息主要账务处理见表2－30所示。

表2－30　　应收利息主要账务处理

序号	业务和事项内容		账务处理	
			财务会计	预算会计
1	取得的债券投资	取得长期债券投资	借：长期债券投资 应收利息（取得投资支付价款中包含的已到付息期但尚未领取的利息） 贷：银行存款（取得投资支付的全部价款）	借：投资支出（取得投资支付的全部价款） 贷：资金结存——货币资金
		收到取得投资所支付价款中包含的已到付息期但尚未领取的利息时	借：银行存款 贷：应收利息	借：资金结存——货币资金 贷：投资支出等
2	按期计提利息		借：应收利息（分期付息、到期还本债券计提的利息） 贷：投资收益	——
3	实际收到利息		借：银行存款 贷：应收利息	借：资金结存——货币资金 贷：投资预算收益

（四）会计实务示例

【例2－21】某事业单位于2019年1月10日从证券市场上购入A公司于2018年1月1日发行的债券，该债券四年期、票面年利率为4%、年底计提利息，每年1月5日支付上年度的利息，到期日为2022年1月1日，到期日一次归还本金和最后一次利息。购入债券的面值为1 000万元，实际支付银行存款1 040万元。该单位编制有关的会计分录如表2－31所示。

表2－31

时间	财务会计分录	预算会计分录
2019年1月10日	借：长期债券投资——A公司 10 000 000 应收利息——A公司400 000 贷：银行存款——基本账户存款 10 400 000	借：投资支出——A公司 10 400 000 贷：资金结存——货币资金——银行存款 10 400 000
2019年1月5日	借：银行存款——基本账户存款 400 000 贷：应收利息——A公司 400 000	借：资金结存——货币资金——银行存款 400 000 贷：投资支出——A公司 400 000
2019年12月31日	借：应收利息——A公司400 000 贷：投资收益——A公司 400 000	不做账务处理
2020年1月5日	借：银行存款——基本账户存款 400 000 贷：应收利息——A公司400 000	借：资金结存——货币资金——银行存款 400 000 贷：投资预算收益——A公司 400 000

（五）期末余额

本科目期末借方余额，反映事业单位应收未收的长期债券投资利息。

六、其他应收款

（一）核算内容

本科目核算单位除财政应返还额度、应收票据、应收账款、预付账款、应收股利、应收利息以外的其他各项应收及暂付款项，如职工预借的差旅费、已经偿还银行尚未报销的本单位公务卡欠款、拨付给内部有关部门的备用金、应向职工收取的各种垫付款项、支付的可以收回的订金或押金、应收的上级补助和附属单位上缴款项等。

（二）明细科目设置

本科目应当按照其他应收款的类别以及债务单位（或个人）进行明细核算。

（三）主要账务处理与列表说明

第一，发生其他各种应收及暂付款项时，按照实际发生金额，借记本科目，贷记“零余额账户用款额度”、“银行存款”、“库存现金”、“上级补助收入”、“附属单位上缴收入”等科目。涉及增值税业务的，相关账务处理参见“应交增值税”科目。

第二，收回其他各种应收及暂付款项时，按照收回的金额，借记“库存现金”、“银行存款”等科目，贷记本科目。

第三，单位内部实行备用金制度的，有关部门使用备用金以后应当及时到财务部门报销并补足备用金。财务部门核定并发放备用金时，按照实际发放金额，借记本科目，贷记“库存现金”等科目。根据报销金额用现金补足备用金定额时，借记“业务活动费用”、“单位管理费用”等科目，贷记“库存现金”等科目，报销数和拨补数都不再通过本科目核算。

第四，偿还尚未报销的本单位公务卡欠款时，按照偿还的款项，借记本科目，贷记“零余额账户用款额度”、“银行存款”等科目；持卡人报销时，按照报销金额，借记“业务活动费用”、“单位管理费用”等科目，贷记本科目。

第五，将预付账款账面余额转入其他应收款时，借记本科目，贷记“预付账款”科目。具体说明参见“预付账款”科目。

第六，事业单位应当于每年年末，对其他应收款进行全面检查，如发生不能收回的迹象，应当计提坏账准备。

（1）对于账龄超过规定年限、确认无法收回的其他应收款，按照规定报经批准后予以核销。按照核销金额，借记“坏账准备”科目，贷记本科目。核销的其他应收款应当在备查簿中保留登记。

（2）已核销的其他应收款在以后期间又收回的，按照实际收回金额，借记本科目，贷记“坏账准备”科目；同时，借记“银行存款”等科目，贷记本科目。

其他应收款的主要账务处理如表 2－32 所示。

表 2－32　　其他应收款的主要账务处理

<table>
<tr><th rowspan="2">序号</th><th rowspan="2" colspan="2">业务和事项内容</th><th colspan="2">账务处理</th></tr>
<tr><th>财务会计</th><th>预算会计</th></tr>
<tr><td>1</td><td colspan="2">发生其他各种应收及暂付款项</td><td>借：其他应收款
贷：银行存款/库存现金/零余额账户用款额度/上级补助收入/附属单位上缴收入/其他收入等</td><td>——</td></tr>
<tr><td>2</td><td colspan="2">收回其他各种应收及暂付款项</td><td>借：库存现金/银行存款等
贷：其他应收款</td><td>——</td></tr>
<tr><td rowspan="2">3</td><td rowspan="2">拨付给内部有关部门的备用金</td><td>财务部门核定并发放备用金时</td><td>借：其他应收款
贷：库存现金</td><td>——</td></tr>
<tr><td>根据报销数用现金补足备用金定额时</td><td>借：业务活动费用/单位管理费用等
贷：库存现金</td><td>借：事业支出等
贷：资金结存——货币资金</td></tr>
<tr><td rowspan="2">4</td><td colspan="2">偿还尚未报销的本单位公务卡欠款</td><td>借：其他应收款
贷：银行存款/零余额账户用款额度等</td><td>——</td></tr>
<tr><td colspan="2">持卡人报销时</td><td>借：业务活动费用/单位管理费用等（实际报销金额）
贷：其他应收款</td><td>借：事业支出等（实际报销金额）
贷：资金结存</td></tr>
<tr><td>5</td><td colspan="2">将预付账款账面余额转入其他应收款时</td><td>借：其他应收款
贷：预付账款</td><td>——</td></tr>
<tr><td rowspan="2">6</td><td colspan="2">对于账龄超过规定年限、确认无法收回的其他应收款</td><td>借：坏账准备
贷：其他应收款</td><td>——</td></tr>
<tr><td colspan="2">已核销的其他应收款在以后期间又收回的</td><td>借：其他应收款
贷：坏账准备
借：银行存款等
贷：其他应收款</td><td>借：资金结存——货币资金
贷：非财政拨款结余</td></tr>
</table>

（四）会计实务示例

【例 2-22】 某事业单位 2019 年 1 月 1 日给业务部门甲核定备用金数额为 8 000 元，并于当天发放。1 月 10 日该部门使用备用金购买部分办公耗材 200 元。该单位编制有关的会计分录如表 2-33 所示。

表 2-33

时间	财务会计分录	预算会计分录
1月1日	借：其他应收款——甲　8 000 贷：库存现金——非零余额现金　8 000	不做账务处理
1月10日	借：业务活动费用——商品和服务费用　200 贷：库存现金——非零余额现金　200	借：事业支出——基本支出——商品和服务支出——办公费　200 贷：资金结存——货币资金——库存现金　200

【例 2-23】 某事业单位 2019 年 1 月 5 日财政授权支付偿还公务卡欠款 2 000 元。1 月 10 日该公务卡持卡人报销购买部分办公耗材 2 000 元。该单位编制有关的会计分录如表 2-34 所示。

表 2-34

时间	财务会计分录	预算会计分录
1月5日	借：其他应收款——公务卡欠款　2 000 贷：零余额账户用款额度——基本支出用款额度　2 000	不做账务处理
1月10日	借：业务活动费用——商品和服务费用　2 000 贷：其他应收款——公务卡欠款　2 000	借：事业支出——基本支出——商品和服务支出——办公费 2 000 贷：资金结存——零余额账户用款额度　2 000

（五）期末余额

本科目期末借方余额，反映单位尚未收回的其他应收款。

七、坏账准备

（一）核算内容

本科目核算事业单位对收回后不需上缴财政的应收账款和其他应收款提取的坏账准备。

（二）明细科目设置

本科目应当分别应收账款和其他应收款进行明细核算。

坏账准备的计提方法：事业单位应当于每年年末，对收回后不需上缴财政的应收账款和其他应收款进行全面检查，分析其可收回性，对预计可能产生的坏账损失计提坏账准备、确认坏账损失。事业单位可以采用应收款项余额百分比法、账龄分析法、个别认定法等方法计提坏账准备。坏账准备计提方法一经确定，不得随意变更。如需变更，应当按照规定报经批准，并在财务报表附注中予以说明。

1. 应收款项余额百分比法

应收款项余额百分比法是指按应收款项余额的一定比例计算提取坏账准备的一种方法。这种方法认为应收款项的余额越大，产生坏账的风险也就越高。提取坏账的比例，可以按照以往的数据资料确定，也可以按规定的百分率计算。

2. 账龄分析法

账龄分析法是指根据客户欠款时间长短来确定坏账的一种方法。这种方法认为欠款时间越长，客户的信用级别越低，账款收回的可能性也就越小，产生坏账的风险也就越高。具体估计坏账时，需要根据账龄分析每笔应收款项赊欠时间的长短，根据其不同的挂账期间，分别估计坏账金额，然后加总各估计金额，确认为应收款项期末的坏账金额。

3. 个别认定法

个别认定法是指根据每笔应收账款的具体情况确定其坏账金额的一种方法。

根据上述方法计算出坏账损失金额，当期应补提或冲减的坏账准备金额的计算公式如下：

当期应补提或冲减的坏账准备 = 按照期末应收账款和其他应收款计算应

计提的坏账准备金额 - 本科目期末贷方余额（或 + 本科目期末借方余额）

（三）主要账务处理与列表说明

1. 提取坏账准备时，借记“其他费用”科目，贷记本科目；冲减坏账准备时，借记本科目，贷记“其他费用”科目。

2. 对于账龄超过规定年限并确认无法收回的应收账款、其他应收款，应当按照有关规定报经批准后，按照无法收回的金额，借记本科目，贷记“应收账款”、“其他应收款”科目。已核销的应收账款、其他应收款在以后期间又收回的，按照实际收回金额，借记“应收账款”、“其他应收款”科目，贷记本科目；同时，借记“银行存款”等科目，贷记“应收账款”、“其他应收款”科目。

坏账准备的主要账务处理如表 2 - 35 所示。

表 2 - 35　　坏账准备的主要账务处理

<table>
<tr><th rowspan="2">序号</th><th rowspan="2" colspan="2">业务和事项内容</th><th colspan="2">账务处理</th></tr>
<tr><th>财务会计</th><th>预算会计</th></tr>
<tr><td rowspan="2">1</td><td rowspan="2">年末全面分析不需上缴财政的应收账款和其他应收款</td><td>计提坏账准备，确认坏账损失</td><td>借：其他费用
贷：坏账准备</td><td>——</td></tr>
<tr><td>冲减坏账准备</td><td>借：坏账准备
贷：其他费用</td><td>——</td></tr>
<tr><td rowspan="2">2</td><td rowspan="2">逾期无法收回的应收账款和其他应收款</td><td>报批后予以核销</td><td>借：坏账准备
贷：应收账款/其他应收款</td><td>——</td></tr>
<tr><td>已核销不需上缴财政的应收款项在以后期间收回</td><td>借：应收账款/其他应收款
贷：坏账准备
借：银行存款
贷：应收账款/其他应收款</td><td>借：资金结存——货币资金等
贷：非财政拨款结余等</td></tr>
</table>

（四）会计实务示例

具体核算参见例题例 2 - 16。

（五）期末余额

本科目期末贷方余额，反映事业单位提取的坏账准备金额。

第四节　存货的核算

一、存货概述

（一）存货的定义及分类

存货，是指政府会计主体在开展业务活动及其他活动中为耗用或出售而储存的资产，如材料、产品、包装物和低值易耗品等，以及未达到固定资产标准的用具、装具、动植物等。

在实务工作中要注意将存货与政府储备物资进行区分。从物质形态看，政府会计主体占有、使用的存货与其控制的政府储备物资具有一定相似性，但政府储备物资是政府会计主体为满足实施国家安全与发展战略、进行抗灾救灾、应对公共突发事件等特定公共需求而控制的物资，其规模和种类反映政府应对各类突发事件、维护社会经济稳定、维持国家安全和部署发展战略等的能力，其功能作用与政府会计主体在开展日常性活动中为耗用或出售而储存的存货具有本质区别。

此外，政府收储土地也不属于存货。

（二）存货的确认

同时满足下列条件的，应当予以确认：

（1）与该存货相关的服务潜力很可能实现或者经济利益很可能流入政府会计主体；

（2）该存货的成本或者价值能够可靠地计量。

（三）存货的初始计量

存货通常在取得时应当按照成本进行初始计量。

1. 购入存货

其成本包括购买价款、相关税费、运输费、装卸费、保险费以及使存货达到目前场所和状态所发生的归属于存货成本的其他支出。

2. 自行加工的存货

其成本包括耗用的直接材料费用、发生的直接人工费用和按照一定方法分配的与存货加工有关的间接费用。

3. 委托加工的存货

其成本包括委托加工前存货成本、委托加工的成本（如委托加工费以及按规定应计入委托加工存货成本的相关税费等）以及使存货达到目前场所和状态所发生的归属于存货成本的其他支出。

4. 下列各项应当在发生时确认为当期费用，不计入存货成本

（1）非正常消耗的直接材料、直接人工和间接费用。

（2）仓储费用（不包括在加工过程中为达到下一个加工阶段所必需的费用）。

（3）不能归属于使存货达到目前场所和状态所发生的其他支出。

5. 置换获得的存货

其成本按照换出资产的评估价值，加上支付的补价或减去收到的补价，加上为换入存货发生的其他相关支出确定。

6. 接受捐赠获得的存货

其成本有四种确认方式：

（1）按照有关凭据注明的金额加上相关税费、运输费等确定；

（2）没有相关凭据可供取得，但按规定经过资产评估的，其成本按照评估价值加上相关税费、运输费等确定；

（3）没有相关凭据可供取得、也未经资产评估的，其成本比照同类或类似资产的市场价格加上相关税费、运输费等确定；

（4）没有相关凭据且未经资产评估、同类或类似资产的市场价格也无法可靠取得的，按照名义金额入账，相关税费、运输费等计入当期费用。

7. 无偿调入的存货

其成本按照调出方账面价值加上相关税费、运输费等确定。

8. 盘盈的存货

盘盈的存货有以下四种确认方式：

（1）按照有关凭据注明的金额确定；

（2）按规定经过资产评估的，其成本按照评估价值确定；

（3）未经资产评估的，其成本按照重置成本确定。

（4）上述方法均无法采用时，可以按照名义金额确定。

（四）存货的后续计量

1. 发出存货的计量方法

政府会计主体应当根据实际情况采用先进先出法、加权平均法或者个别计价法确定发出存货的实际成本。计价方法一经确定，不得随意变更。

（1）先进先出法：是以先购入的存货应先发出（销售或耗用）这样一种存货实物流转假设为前提，对发出存货进行计价。采用这种方法，先购入的存货成本在后购入存货成本之前转出，据此确定发出存货和期末存货的成本。

（2）加权平均法分为移动加权平均法和月末一次加权平均法。移动加权平均法，是指以每次进货的成本加上原有库存存货的成本，除以每次进货数量与原有库存存货的数量之和，据以计算加权平均单位成本，作为在下次进货前计算各次发出存货成本的依据。月末一次加权平均法是指以当月全部进货数量加上月初存货数量作为权数，去除当月全部进货成本加上月初存货成本，计算出存货的加权平均单位成本，以此为基础计算当月发出存货的成本和期末存货的成本的一种方法。

（3）个别计价法亦称个别认定法、具体辨认法、分批实际法，其特征是注重所发出存货具体项目的实物流转与成本流转之间的联系，逐一辨认各批发出存货和期末存货所属的购进批别或生产批别，分别按其购入或生产时所确定的单位成本计算各批发出存货和期末存货的成本。即把每一种存货的实际成本作为计算发出存货成本和期末存货成本的基础。对于不能替代使用的存货、为特定项目专门购入或制造的存货以及提供的劳务，通常采用个别计价法确定发出存货的成本。在实际工作中，越来越多的单位采用计算机信息系统进行会计处理，个别计价法可以广泛应用于发出存货的计价，并且个别计价法确定的存货成本最为准确。

对于性质和用途相似的存货，应当采用相同的成本计价方法确定发出存货的成本。对于不能替代使用的存货、为特定项目专门购入或加工的存货，通常采用个别计价法确定发出存货的成本。

政府会计主体应当采用一次转销法或者五五摊销法对低值易耗品、包装物进行摊销，将其成本计入当期费用或者相关资产成本。

一次转销法是指在领用低值易耗品、周转材料、出租出借包装物等时，将其实际成本一次计入有关费用科目的一种方法。

五五摊销法是指在低值易耗品领用时摊销其价值的一半，在报废时再摊销其价值的另一半并注销其总成本的一种摊销方法。

2. 领用、发出的存货

对于已发出的存货，应当将其成本结转为当期费用或者计入相关资产成本。

3. 对外捐赠、无偿调出的存货

按规定报经批准对外捐赠、无偿调出的存货，应当将其账面余额予以转销，对外捐赠、无偿调出中发生的归属于捐出方、调出方的相关费用应当计入当期费用。

4. 毁损的存货

应当将相关存货的账面余额转销计入当期费用，并将毁损存货处置收入扣除相关处置税费后的差额按规定做应缴款项处理（差额为净收益时）或计入当期费用（差额为净损失时）。

5. 盘亏的存货

按规定报经批准后应当计入当期费用。

（五）存货的披露

政府会计主体应当在附注中披露与存货有关的下列信息：

（1）各类存货的期初和期末账面余额。

（2）确定发出存货成本所采用的方法。

（3）以名义金额计量的存货名称、数量，以及以名义金额计量的理由。

（4）其他有关存货变动的重要信息。

二、在途物品

（一）核算内容

本科目核算单位采购材料等物资时货款已付或已开出商业汇票但尚未验收入库的在途物品的采购成本。

（二）明细科目设置

本科目可按照供应单位和物品种类进行明细核算。

（三）主要账务处理与列表说明

1. 单位购入材料等物品，按照确定的物品采购成本的金额，借记本科目，按照实际支付的金额，贷记“财政拨款收入”、“零余额账户用款额度”、“银行存款”等科目。涉及增值税业务的，相关账务处理参见“应交增值税”科目。

2. 所购材料等物品到达验收入库，按照确定的库存物品成本金额，借记“库存物品”科目，按照物品采购成本金额，贷记本科目，按照使得入库物品达到目前场所和状态所发生的其他支出，贷记“银行存款”等科目。

在途物品的主要账务处理如表2－36所示。

表2－36　在途物品主要账务处理

序号	业务和事项内容	账务处理	
		财务会计	预算会计
1	购入材料等物资，结算凭证收到 货未到，款已付或已开出商业汇 票	借：在途物品 贷：财政拨款收入/零余额账户用款额度/银行存款/应付票据等	借：事业支出/经营支出等 贷：财政拨款预算收入/资金结存
2	所购材料等物资到达验收入库	借：库存物品 贷：在途物品	——

（四）会计实务示例

【例2－24】某事业单位已经纳入财政国库集中支付制度改革，该事业单位2019年4月10日购入自用A材料一批，材料价款40 000元，运杂费100元，以上款项均以单位零余额账户支付，使用科研项目甲项目经费，材料尚未送达。4月25日，材料到达并验收入库。该单位编制有关的会计分录如表2－37所示。

表2－37

时间	财务会计分录	预算会计分录
4月10日	借：在途物品——A材料 40 100 贷：零余额账户用款额度——项目支出用款额度——甲项目 40 100	借：事业支出——项目支出——商品和服务支出——专用材料费 40 100 贷：资金结存——零余额账户用款额度 40 100
4月25日	借：库存物品——材料（A） 40 100 贷：在途物品——A材料 40 100	不做账务处理

（五）期末余额

本科目期末借方余额，反映单位在途物品的采购成本。

三、加工物品

（一）核算内容

本科目核算单位自制或委托外单位加工的各种物品的实际成本。未完成的测绘、地质勘察、设计成果的实际成本，也通过本科目核算。

（二）明细科目设置

本科目应当设置“自制物品”、“委托加工物品”两个一级明细科目，并按照物品类别、品种、项目等设置明细账，进行明细核算。

本科目“自制物品”一级明细科目下应当设置“直接材料”、“直接人工”、“其他直接费用”等二级明细科目归集自制物品发生的直接材料、直接人工（专门从事物品制造人员的人工费）等直接费用；对于自制物品发生的间接费用，应当在本科目“自制物品”一级明细科目下单独设置“间接费用”二级明细科目予以归集，期末，再按照一定的分配标准和方法，分配计入有关物品的成本。

（三）主要账务处理与列表说明

第一，为自制物品领用材料等，按照材料成本，借记本科目（自制物品——直接材料），贷记“库存物品”科目。

第二，专门从事物品制造的人员发生的直接人工费用，按照实际发生的金额，借记本科目（自制物品——直接人工），贷记“应付职工薪酬”科目。

第三，为自制物品发生的其他直接费用，按照实际发生的金额，借记本科目（自制物品——其他直接费用），贷记“零余额账户用款额度”、“银行存款”等科目。

第四，为自制物品发生的间接费用，按照实际发生的金额，借记本科目（自制物品——间接费用），贷记“零余额账户用款额度”、“银行存款”、“应付职工薪酬”、“固定资产累计折旧”、“无形资产累计摊销”等科目。

间接费用一般按照生产人员工资、生产人员工时、机器工时、耗用材料的数量或成本、直接费用（直接材料和直接人工）或产品产量等进行分配。单位可根据具体情况自行选择间接费用的分配方法。分配方法一经确定，不得随意变更。

第五，已经制造完成并验收入库的物品，按照所发生的实际成本（包括耗用的直接材料费用、直接人工费用、其他直接费用和分配的间接费用），借记“库存物品”科目，贷记本科目（自制物品）。

自制物品的主要账务处理如表 2-38 所示。

表 2-38　　自制物品的主要账务处理

序号	业务和事项内容	账务处理	
		财务会计	预算会计
1	为自制物品领用材料时	借：加工物品——自制物品（直接材料） 贷：库存物品（相关明细科目）	——
2	专门从事物资制造的人员发生的直接人工费用	借：加工物品——自制物品（直接人工） 贷：应付职工薪酬	——
3	为自制物品发生其他直接和间接费用	借：加工物品——自制物品（其他直接费用、间接费用） 贷：财政拨款收入/零余额账户用款额度/银行存款等	借：事业支出/经营支出等［实际支付金额］ 贷：财政拨款预算收入/资金结存
4	自制加工完成、验收入库	借：库存物品（相关明细科目） 贷：加工物品——自制物品（直接材料、直接人工、其他直接费用、间接费用）	——

（四）自制物品的会计实务示例

【例 2-25】 某事业单位为自制某件产品 A，3 月 31 日，经过计算，领用材料甲 10 000 元，直接从事生产的人员工资 25 000 元，支付其他直接费用 2 000 元，同时还有分摊的固定资产折旧费 3 000 元。4 月 1 日，制作完成并验收入库。该单位编制有关的会计分录如表 2-39 所示。

表 2-39

时间	财务会计分录	预算会计分录
3月31日	借：加工物品——自制物品A（直接材料） 10 000 贷：库存物品——甲材料 10 000 借：加工物品——自制物品A（直接人工） 25 000 贷：应付职工薪酬 25 000 借：加工物品——自制物品A（直接费用） 2 000 贷：银行存款——基本账户存款 2 000 借：加工物品——自制物品A（间接费用） 3 000 贷：固定资产累计折旧 3 000	借：事业支出——基本支出——商品和服务支出 2 000 贷：资金结存——货币资金——银行存款 2 000
4月1日	借：库存物品——产成品（A） 40 000 贷：加工物品——自制物品A（直接材料） 10 000 加工物品——自制物品A（直接人工） 25 000 加工物品——自制物品A（直接费用） 2 000 加工物品——自制物品A（间接费用） 3 000	不做账务处理

（五）委托加工物品的账务处理及列表说明

发给外单位加工的材料等，按照其实际成本，借记本科目（委托加工物品），贷记“库存物品”科目。

支付加工费、运输费等费用，按照实际支付的金额，借记本科目（委托加工物品），贷记“零余额账户用款额度”、““银行存款”等科目。涉及增值税业务的，相关账务处理参见“应交增值税”科目。

委托加工完成的材料等验收入库，按照加工前发出材料的成本和加工、运输成本等，借记“库存物品”等科目，贷记本科目（委托加工物品）。

委托加工物品的主要账务处理如表2-40所示。

表 2-40 委托加工物品的主要账务处理

序号	业务和事项内容	账务处理	
		财务会计	预算会计
1	发给外单位加工材料	借：加工物品——委托加工物品 贷：库存物品（相关明细科目）	—
2	支付加工费用	借：加工物品——委托加工物品 贷：财政拨款收入/零余额账户用款额度/银行存款等	借：事业支出/经营支出等 贷：财政拨款预算收入/资金结存
3	委托加工完成的物品验收入库	借：库存物品（相关明细科目） 贷：加工物品——委托加工物品	—

（六）委托加工物品的会计实务示例

【例 2-26】某事业单位委托外单位某公司加工某产品 A，3 月 31 日，发出材料甲 10 000 元，并财政授权支付加工劳务费 22 000 元，5 月 1 日，制作完成并验收入库。该单位编制有关的会计分录如表 2-41 所示。

表 2-41

时间	财务会计分录	预算会计分录
3 月 31 日	借：加工物品——委托加工物品 10 000 贷：库存物品——甲材料 10 000 借：加工物品——委托加工物品 22 000 贷：零余额账户用款额度——基本支出用款额度 22 000	不做账务处理 借：事业支出——基本支出——商品和服务支出——劳务费 22 000 贷：资金结存——零余额账户用款额度 22 000
5 月 1 日	借：库存物品——产成品（A） 32 000 贷：加工物品——委托加工物品 32 000	不做账务处理

（七）期末余额

本科目期末借方余额，反映单位自制或委托外单位加工但尚未完工的各种物品的实际成本。

四、库存物品

（一）核算内容

本科目核算单位在开展业务活动及其他活动中为耗用或出售而储存的各种材料、产品、包装物、低值易耗品，以及达不到固定资产标准的用具、装具、动植物等的成本。

（1）已完成的测绘、地质勘察、设计成果等成本，通过本科目核算。

（2）政府储备物资和收储土地，不属于存货，不通过本科目核算。

（3）单位随买随用的零星办公用品，购买时直接列作费用，不通过本科目核算。

（4）单位受托保管的物资和受托转赠的物资，通过“受托代理资产”核算，不通过本科目核算。

（5）为在建工程购买使用的材料物资，应该通过“工程物资”核算，不通过本科目核算。

（二）明细科目设置

本科目应当按照库存物品的种类、规格、保管地点等进行明细核算。单位储存的低值易耗品、包装物较多的，可以在本科目（低值易耗品、包装物）下按照“在库”、“在用”和“摊销”等进行明细核算。

（三）主要账务处理与列表说明：

1. 取得库存物品时

（1）外购的库存物品验收入库，按照确定的成本，借记本科目，贷记“财政拨款收入”、“零余额账户用款额度”、“银行存款”、“应付账款”、“在途物品”等科目。涉及增值税业务的，相关账务处理参见“应交增值税”科目。

（2）自制的库存物品加工完成并验收入库，按照确定的成本，借记本科目，贷记“加工物品——自制物品”科目。

（3）委托外单位加工收回的库存物品验收入库，按照确定的成本，借记本科目，贷记“加工物品——委托加工物品”等科目。

（4）接受捐赠的库存物品验收入库，按照确定的成本，借记本科目，按照发生的相关税费、运输费等，贷记“银行存款”等科目，按照其差额，贷记“捐赠收入”科目。

接受捐赠的库存物品按照名义金额入账的，按照名义金额，借记本科目，贷记“捐赠收入”科目；同时，按照发生的相关税费、运输费等，借记“其他费用”科目，贷记“银行存款”等科目。

（5）无偿调入的库存物品验收入库，按照确定的成本，借记本科目，按照发生的相关税费、运输费等，贷记“银行存款”等科目，按照其差额，贷记“无偿调拨净资产”科目。

（6）置换换入的库存物品验收入库，按照确定的成本，借记本科目，按照换出资产的账面余额，贷记相关资产科目（换出资产为固定资产、无形资产的，还应当借记“固定资产累计折旧”、“无形资产累计摊销”科目），按照置换过程中发生的其他相关支出，贷记“银行存款”等科目，按照借贷方差额，借记“资产处置费用”科目或贷记“其他收入”科目。涉及补价的，分别以下情况处理：

第一种情况，支付补价的，按照确定的成本，借记本科目，按照换出资产的账面余额，贷记相关资产科目（换出资产为固定资产、无形资产的，还应当借记“固定资产累计折旧”、“无形资产累计摊销”科目），按照支付的补价和置换过程中发生的其他相关支出，贷记“银行存款”等科目，按照借贷方差额，借记“资产处置费用”科目或贷记“其他收入”科目。

第二种情况，收到补价的，按照确定的成本，借记本科目，按照收到的补价，借记“银行存款”等科目，按照换出资产的账面余额，贷记相关资产科目（换出资产为固定资产、无形资产的，还应当借记“固定资产累计折旧”、“无形资产累计摊销”科目），按照置换过程中发生的其他相关支出，贷记“银行存款”等科目，按照补价扣减其他相关支出后的净收入，贷记“应缴财政款”科目，按照借贷方差额，借记“资产处置费用”科目或贷记“其他收入”科目。

2. 发出库存物品时

（1）单位开展业务活动等领用、按照规定自主出售发出或加工发出库存物品，按照领用、出售等发出物品的实际成本，借记“业务活动费用”、“单位管理费用”、“经营费用”、“加工物品”等科目，贷记本科目。

采用一次转销法摊销低值易耗品、包装物的，在首次领用时将其账面余额一次性摊销计入有关成本费用，借记有关科目，贷记本科目。

采用五五摊销法摊销低值易耗品、包装物的，首次领用时，将其账面余额的50%摊销计入有关成本费用，借记有关科目，贷记本科目；使用完时，将剩余的账面余额转销计入有关成本费用，借记有关科目，贷记本科目。

（2）经批准对外出售的库存物品（不含可自主出售的库存物品）发出时，按照库存物品的账面余额，借记“资产处置费用”科目，贷记本科目；同时，按照收到的价款，借记“银行存款”等科目，按照处置过程中发生的相关费用，贷记“银行存款”等科目，按照其差额，贷记“应缴财政款”科目。

（3）经批准对外捐赠的库存物品发出时，按照库存物品的账面余额和对外捐赠过程中发生的归属于捐出方的相关费用合计数，借记“资产处置费用”科目，按照库存物品账面余额，贷记本科目，按照对外捐赠过程中发生的归属于捐出方的相关费用，贷记“银行存款”等科目。

（4）经批准无偿调出的库存物品发出时，按照库存物品的账面余额，借记“无偿调拨净资产”科目，贷记本科目；同时，按照无偿调出过程中发生的归属于调出方的相关费用，借记“资产处置费用”科目，贷记“银行存款”等科目。

（5）经批准置换换出的库存物品，参照本科目有关置换换入库存物品的规定进行账务处理。

3. 库存物品的清查盘点

单位应当定期对库存物品进行清查盘点，每年至少盘点一次。对于发生的库存物品盘盈、盘亏或者报废、毁损，应当先计入“待处理财产损溢”科目，按照规定报经批准后及时进行后续账务处理。

（1）盘盈的库存物品，其成本按照有关凭据注明的金额确定；没有相关凭据、但按照规定经过资产评估的，其成本按照评估价值确定；没有相关凭据、也未经过评估的，其成本按照重置成本确定。如无法采用上述方法确定盘盈的库存物品成本的，按照名义金额入账。盘盈的库存物品，按照确定的入账成本，借记本科目，贷记“待处理财产损溢”科目。

（2）盘亏或者毁损、报废的库存物品，按照待处理库存物品的账面余额，借记“待处理财产损溢”科目，贷记本科目。属于增值税一般纳税人的单位，若因非正常原因导致的库存物品盘亏或毁损，还应当将与该库存物品相关的增值税进项税额转出，按照其增值税进项税额，借记“待处理财产损溢”科目，贷记“应交增值税——应交税金（进项税额转出）”科目。

库存物品的主要账务处理如表2－42所示。

表2－42 库存物品的主要账务处理

序号	业务和事项内容	账务处理	
		财务会计	预算会计
1	外购的库存物品验收入库	借：库存物品 贷：财政拨款收入/财政应返还额度/零余额账户用款额度/银行存款/应付账款等	借：事业支出/经营支出等 贷：财政拨款预算收入/资金结存
2	自制的库存物品加工完成并验收入库	借：库存物品——相关明细科目 贷：加工物品——自制物品	——
3	委托外单位加工收回的库存物品验收入库	借：库存物品——相关明细科目 贷：加工物品——委托加工物品	——
4	接受捐赠的库存物品	借：库存物品（按照确定的成本） 贷：银行存款等（相关税费） 捐赠收入	借：其他支出（实际支付的相关税费） 贷：资金结存
	接受捐赠的库存物品按照名义金额入账	借：库存物品（名义金额） 贷：捐赠收入（接受捐赠）	——

续表

序号	业务和事项内容	账务处理	
		财务会计	预算会计
5	无偿调入的库存物品验收入库	借：库存物品（按照确定的成本） 贷：银行存款等（相关税费） 无偿调拨净资产	借：其他支出（实际支付的相关税费） 贷：资金结存
6	置换换入的库存物品	借：库存物品（换出资产评估价值+其他相关支出） 固定资产累计折旧/无形资产累计摊销 资产处置费用（借差） 贷：库存物品/固定资产/无形资产等（账面余额） 银行存款等（其他相关支出）其他收入（贷差）	借：其他支出（实际支付的其他相关支出） 贷：资金结存
	支付补价的	借：库存物品（换出资产评估价值+其他相关支出+补价） 固定资产累计折旧/无形资产累计摊销资产处置费用（借差） 贷：库存物品/固定资产/无形资产等（账面余额） 银行存款等（其他相关支出+补价）其他收入（贷差）	借：其他支出（实际支付的补价和其他相关支出） 贷：资金结存
	收到补价的	借：库存物品（换出资产评估价值+其他相关支出-补价）银行存款等（补价）固定资产累计折旧/无形资产累计摊销资产处置费用（借差） 贷：库存物品/固定资产/无形资产等（账面余额） 银行存款等（其他相关支出） 应缴财政款（补价-其他相关支出） 其他收入（贷差）	借：其他支出（其他相关支出大于收到的补价的差额） 贷：资金结存

续表

序号	业务和事项内容	账务处理	
		财务会计	预算会计
7	开展业务活动、按照规定自主出售或加工物品等领用、发出库存物品时	借：业务活动费用/单位管理费用/经营费用/加工物品等 贷：库存物品（按照领用、发出成本）	——
8	经批准对外出售（自主出售除外）的库存物品发出时	借：资产处置费用 贷：库存物品（账面余额） 借：银行存款等（收到的价款） 贷：银行存款等（发生的相关税费） 应缴财政款	——
9	经批准对外捐赠的库存物品发出时	借：资产处置费用 贷：库存物品（账面余额） 银行存款（归属于捐出方的相关费用）	借：其他支出（实际支付的相关费用） 贷：资金结存
10	经批准无偿调出的库存物品发出时	借：无偿调拨净资产 贷：库存物品（账面余额） 借：资产处置费用 贷：银行存款等（归属于调出方的相关费用）	借：其他支出（实际支付的相关费用） 贷：资金结存
11	经批准置换换出库存物品	参照置换换入“库存物品”的处理	
12	盘盈的库存物品	借：库存物品 贷：待处理财产损溢	——
13	盘亏或者毁损、报废的库存物品转入待处理资产	借：待处理财产损溢 贷：库存物品（账面余额）	——
14	增值税一般纳税人购进的非自用材料发生盘亏或者毁损、报废的	借：待处理财产损溢 贷：应交增值税——应交税金（进项税额转出）	——

（四）会计实务示例

【例 2－27】某事业单位 5 月 10 日购入一批物品 A 价值 20 000 元，用于某科研项目丙项目。使用财政授权支付。另有相关运杂费 2 000 元尚未支付给华天公司。物品已经到货并验收入库。不考虑增值税因素。该单位编制有关的会计分录如表2-43所示。

表2-43

时间	财务会计分录	预算会计分录
5月10日	借：库存物品——材料（A） 22 000 贷：零余额账户用款额度——项目支出用款额度——丙项目 20 000 应付账款——华天公司 2 000	借：事业支出——项目支出——商品和服务支出——专用材料费 20 000 贷：资金结存——零余额账户用款额度 20 000

【例2-28】某事业单位6月10日接受外单位东方公司捐赠一批物品H，市场上同类或类似资产的市场价格15 000元，另支付相关运杂费2 000元。物品已经到货并验收入库。6月30日另接受捐赠一批物品G，无相关凭据，市场也无同类或类似资产，无评估价值，暂时按照名义价格1元入账，同时支付相关运杂费1 000元。该单位编制有关的会计分录如表2-44所示。

表2-44

时间	财务会计分录	预算会计分录
6月10日	借：库存物品——材料（H） 17 000 贷：银行存款——基本账户存款 2 000 捐赠收入——东方公司 15 000	借：其他支出——运杂费 2 000 贷：资金结存——货币资金——银行存款 2 000
6月30日	借：库存物品——材料（G） 1 贷：捐赠收入——东方公司 1 借：其他费用——运杂费 1 000 贷：银行存款——基本账户存款 1 000	借：其他支出 ——运杂费 1 000 贷：资金结存——货币资金——银行存款 1 000

【例2-29】某事业单位6月10日从同一系统内部另一家事业单位无偿调入一批物品D，对方账面记载价值20 000元，另支付相关运杂费2 000元。物品已经到货并验收入库。该单位编制有关的会计分录如表2-45所示。

表2-45

时间	财务会计分录	预算会计分录
6月10日	借：库存物品——材料（D） 22 000 贷：银行存款——基本账户存款 2 000 无偿调拨净资产 20 000	借：其他支出——运杂费 2 000 贷：资金结存——货币资金——银行存款 2 000

【例 2－30】某事业单位与另一家事业单位经协商，以其拥有的一幢公寓楼与对方持有的一批物品进行交换，双方约定交换日为 2019 年 4 月 1 日。在交换日，该幢公寓楼的账面原价为 400 万元，已提折旧 80 万元，评估价值为 400 万元；另一家事业单位持有物品丁产品账面价值为 400 万元，在交换日的评估价值为 450 万元，同时支付了 50 万元补价给对方。假定该项交易过程中除支付了相关支出 10 万元外，不涉及其他相关税费。该单位编制有关的会计分录如表 2－46 所示。

表 2－46

时间	财务会计分录	预算会计分录
4 月 1 日	借：库存物品——材料（丁）（换出资产评估价值＋其他相关支出＋补价） 4 600 000 固定资产累计折旧 800 000 贷：固定资产——房屋建筑物 4 000 000 银行存款——基本账户存款（其他相关支出和补价） 600 000 其他收入——置换资产评估增值（贷方差） 800 000	借：其他支出——其他支出 600 000 贷：资金结存——货币资金——银行存款 600 000

【例 2－31】某事业单位与另一家事业单位经协商，以其拥有的一幢公寓楼与对方持有的一批物品丁产品进行交换，双方约定交换日为 2019 年 4 月 1 日。在交换日，该幢公寓楼的账面原价为 400 万元，已提折旧 80 万元，评估价值为 300 万元；另一家事业单位持有物品账面价值为 200 万元，在交换日的评估价值为 250 万元，同时收到 50 万元补价。假定该项交易过程中除支付了相关支出 10 万元外，不涉及其他相关税费。该单位编制有关的会计分录如表 2－47 所示。

表 2－47

时间	财务会计分录	预算会计分录
4 月 1 日	借：库存物品——材料（丁）（换出资产评估价值＋其他相关支出－补价） 2 600 000 银行存款——基本账户存款（补价） 500 000 固定资产累计折旧——房屋建筑物折旧 800 000 资产处置费用 600 000 贷：固定资产——房屋建筑物 4 000 000 银行存款——基本账户存款（其他相关支出） 100 000 应缴财政款——应缴国库款（补价－其他相关支出） 400 000	不做账务处理

【例 2 - 32】某事业单位 2019 年 3 月 10 日开展业务活动领用物品甲一批 2 000 元，综合部门领用办公耗材一批价值 3 000 元。该单位编制有关的会计分录如表 2 - 48 所示。

表 2 - 48

时间	财务会计分录	预算会计分录
3 月 10 日	借：业务活动费用——商品和服务费用 2 000 单位管理费用——商品和服务费用 3 000 贷：库存物品——材料（甲） 2 000 ——低值易耗品 3 000	不做账务处理

【例 2 - 33】某事业单位经过有关部门批准，2019 年 3 月 20 日对外处置物品甲一批 2 000 元，收到价款 2 500 元，处置相关支出 200 元，差额上缴财政。该单位编制有关的会计分录如表 2 - 49 所示。

表 2 - 49

时间	财务会计分录	预算会计分录
3 月 20 日	借：资产处置费用 2 000 贷：库存物品——材料（甲） 2 000 借：银行存款——基本账户存款 2 500 贷：应缴财政款——应缴国库款 2 300 银行存款——基本账户存款 200	不做账务处理

【例 2 - 34】某事业单位 6 月 10 日对外捐赠一批物品 H，价值 15 000 元，另支付相关运杂费 2 000 元。该单位编制有关的会计分录如表 2 - 50 所示。

表 2 - 50

时间	财务会计分录	预算会计分录
6 月 10 日	借：资产处置费用 17 000 贷：库存物品——H 15 000 银行存款——基本账户存款（属于捐出方费用） 2 000	借：其他支出——运杂费（捐出方费用） 2 000 贷：资金结存——货币资金——银行存款 2 000

【例 2 - 35】某事业单位 6 月 20 日向同一系统内部另一家事业单位无偿调出一批物品 D，账面记载价值 20 000 元，另支付相关运杂费 2 000 元。。该单位编制有关的会计分录如表 2 - 51 所示。

表 2-51

时间	财务会计分录	预算会计分录
6 月 20 日	借：无偿调拨净资产 20 000 贷：库存物品——D（账面余额） 20 000 借：资产处置费用（属于调出方费用） 2 000 贷：银行存款——基本账户存款 2 000	借：其他支出——运杂费（调出方费用） 2 000 贷：资金结存——货币资金——银行存款 2 000

【例 2-36】 某事业单位 2019 年年底盘点发现盘盈物品 A 一批，评估价为 1 000 元，同时发现账面盘亏物品 B 一批，价值 2 000 元。该单位编制有关的会计分录如表 2-52 所示。

表 2-52

时间	财务会计分录	预算会计分录
12 月 31 日	借：库存物品——A 1 000 贷：待处理财产损溢——存货 1 000 借：待处理财产损溢 ——存货 2 000 贷：库存物品——B 2 000	不做账务处理

（五）期末余额

本科目期末借方余额，反映单位库存物品的实际成本。

第五节 投资的核算

一、投资的概述

（一）投资的定义及分类

投资是指政府会计主体按规定以货币资金、实物资产、无形资产等方式形成的债权或股权投资。分为短期投资和长期投资。短期投资，是指政府会计主体取得的持有时间不超过 1 年（含 1 年）的投资。长期投资，是指政府会计主体取得的除短期投资以外的债权和股权性质的投资。政府会计主体外币投资的折算，适用其他相关政府会计准则。

《事业单位财务规则》规定："事业单位在保证单位正常运转和事业发展的前提下，按照国家有关规定可以对外投资的，应当履行相关审批程序。对外投资是事业单位业务活动的辅助活动，因此必须在保证单位正常运转和事业发展的前提下，按照国家有关规定开展对外投资活动，同时规定，不得使用财政拨款及其结余进行对外投资，不得从事股票、期货、基金、企业债券等投资，国家另有规定的除外。"

（二）短期投资的确认、计量与披露

1. 短期投资的确认

短期投资，是指政府会计主体取得的持有时间不超过 1 年（含 1 年）的投资，主要是指国债投资。

2. 短期投资的计量

（1）初始计量：短期投资在取得时，应当按照实际成本（包括购买价款和相关税费，下同）作为初始投资成本。实际支付价款中包含的已到付息期但尚未领取的利息，应当于收到时冲减短期投资成本。

（2）后续计量：短期投资持有期间的利息，应当于实际收到时确认为投资收益。期末，短期投资应当按照账面余额计量。政府会计主体按规定出售或到期收回短期投资，应当将收到的价款扣除短期投资账面余额和相关税费后的差额计入投资损益。

3. 短期投资的披露

短期投资的增减变动及期初、期末账面余额。

（三）长期股权投资的确认、计量与披露

1. 长期股权投资的确认

长期股权投资，是指政府会计主体取得的除短期投资以外的债权和股权性质的投资。

2. 长期股权投资的初始计量

长期股权投资在取得时，应当按照实际成本作为初始投资成本。

（1）以支付现金取得的长期股权投资，按照实际支付的全部价款（包括购买价款和相关税费）作为实际成本。

实际支付价款中包含的已宣告但尚未发放的现金股利，应当单独确认为

应收股利，不计入长期股权投资初始投资成本。

（2）以现金以外的其他资产置换取得的长期股权投资，其成本按照换出资产的评估价值加上支付的补价或减去收到的补价，加上换入长期股权投资发生的其他相关支出确定。

（3）接受捐赠的长期股权投资，其成本有三种计量方式：

a. 按照有关凭据注明的金额加上相关税费确定；

b. 没有相关凭据可供取得，但按规定经过资产评估的，其成本按照评估价值加上相关税费确定；

c. 没有相关凭据可供取得、也未经资产评估的，其成本比照同类或类似资产的市场价格加上相关税费确定。

（4）无偿调入的长期股权投资，其成本按照调出方账面价值加上相关税费确定。

3. 长期股权投资的后续计量

在持有期间，通常应当采用权益法进行核算。政府会计主体无权决定被投资单位的财务和经营政策或无权参与被投资单位的财务和经营政策决策的，应当采用成本法进行核算。

成本法，是指投资按照投资成本计量的方法。

权益法，是指投资最初以投资成本计量，以后根据政府会计主体在被投资单位所享有的所有者权益份额的变动对投资的账面余额进行调整的方法。

（1）在成本法下，长期股权投资的账面余额通常保持不变，但追加或收回投资时，应当相应调整其账面余额。长期股权投资持有期间，被投资单位宣告分派的现金股利或利润，政府会计主体应当按照宣告分派的现金股利或利润中属于政府会计主体应享有的份额确认为投资收益。

（2）在权益法下，政府会计主体取得长期股权投资后，对于被投资单位所有者权益的变动，应当按照下列规定进行处理：

①按照应享有或应分担的被投资单位实现的净损益的份额，确认为投资损益，同时调整长期股权投资的账面余额。

②按照被投资单位宣告分派的现金股利或利润计算应享有的份额，确认为应收股利，同时减少长期股权投资的账面余额。

③按照被投资单位除净损益和利润分配以外的所有者权益变动的份额，确认为净资产，同时调整长期股权投资的账面余额。

④政府会计主体确认被投资单位发生的净亏损，应当以长期股权投资的账面余额减记至零为限，政府会计主体负有承担额外损失义务的除外。被投

资单位发生净亏损，但以后年度又实现净利润的，政府会计主体应当在其收益分享额弥补未确认的亏损分担额等后，恢复确认投资收益。

（3）权益法改为成本法：政府会计主体因处置部分长期股权投资等原因无权再决定被投资单位的财务和经营政策或者参与被投资单位的财务和经营政策决策的，应当对处置后的剩余股权投资改按成本法核算，并以该剩余股权投资在权益法下的账面余额作为按照成本法核算的初始投资成本。其后，被投资单位宣告分派现金股利或利润时，属于已计入投资账面余额的部分，作为成本法下长期股权投资成本的收回，冲减长期股权投资的账面余额。

（4）成本法改为权益法：政府会计主体因追加投资等原因对长期股权投资的核算从成本法改为权益法的，应当自有权决定被投资单位的财务和经营政策或者参与被投资单位的财务和经营政策决策时，按成本法下长期股权投资的账面余额加上追加投资的成本作为按照权益法核算的初始投资成本。

（5）处置长期股权投资：政府会计主体按规定报经批准处置长期股权投资，应当冲减长期股权投资的账面余额，并按规定将处置价款扣除相关税费后的余额做应缴款项处理，或者按规定将处置价款扣除相关税费后的余额与长期股权投资账面余额的差额计入当期投资损益。采用权益法核算的长期股权投资，因被投资单位除净损益和利润分配以外的所有者权益变动而将应享有的份额计入净资产的，处置该项投资时，还应当将原计入净资产的相应部分转入当期投资损益。

4. 长期股权投资的披露

（1）各类长期股权投资的增减变动及期初、期末账面余额。

（2）长期股权投资的投资对象及核算方法。

（3）当期发生的投资净损益，其中重大的投资净损益项目应当单独披露。

（四）长期债券投资的确认、计量与披露

1. 长期债券投资的确认

长期债权投资是指事业单位购入的在1年内（不含1年）不能变现或不准备随时变现的国债等债权性质的投资。

2. 长期债券投资的计量

（1）长期债券投资的初始计量：长期债券投资在取得时，应当按照实际成本作为初始投资成本。实际支付价款中包含的已到付息期但尚未领取的债券利息，应当单独确认为应收利息，不计入长期债券投资初始投资成本。

（2）长期债券投资的后续计量：持有期间，应当按期以票面金额与票面

利率计算确认利息收入。对于分期付息、一次还本的长期债券投资，应当将计算确定的应收未收利息确认为应收利息，计入投资收益；对于一次还本付息的长期债券投资，应当将计算确定的应收未收利息计入投资收益，并增加长期债券投资的账面余额。政府会计主体按规定出售或到期收回长期债券投资，应当将实际收到的价款扣除长期债券投资账面余额和相关税费后的差额计入投资损益。

3. 长期债券投资的披露：(1) 各类长期债权投资的增减变动及期初、期末账面余额。

(2) 当期发生的投资净损益，其中重大的投资净损益项目应当单独披露。

二、短期投资

(一) 核算内容

本科目核算事业单位按照规定取得的，持有时间不超过 1 年（含 1 年）的投资。

(二) 明细科目设置

本科目应当按照投资的种类等进行明细核算。

(三) 主要账务处理与列表说明

1. 短期投资的初始计量

取得短期投资时，按照确定的投资成本，借记本科目，贷记“银行存款”等科目。收到取得投资时实际支付价款中包含的已到付息期但尚未领取的利息，于实际收到时冲减短期投资成本。(该部分利息在取得时不确认为应收利息) 借记“银行存款”科目，贷记本科目。

2. 短期投资的后续计量

(1) 收到短期投资持有期间的利息，按照实际收到的金额，借记“银行存款”科目，贷记“投资收益”科目。(2) 出售短期投资或到期收回短期投资本息，按照实际收到的金额，借记“银行存款”科目，按照出售或收回短期投资的账面余额，贷记本科目，按照其差额，借记或贷记“投资收益”科目。涉及增值税业务的，相关账务处理参见“应交增值税”科目。

短期投资的主要账务处理如表 2－53 所示。

表 2－53　　短期投资的主要账务处理

序号	业务和事项内容		财务会计	预算会计
1	短期投资的初始计量	取得短期投资时	借：短期投资 　贷：银行存款等	借：投资支出 　贷：资金结存——货币资金
		收到购买时已到付息期但尚未领取的利息时	借：银行存款 　贷：短期投资	借：资金结存——货币资金 　贷：投资支出
2	短期投资的后续计量	短期投资持有期间收到利息	借：银行存款 　贷：投资收益	借：资金结存——货币资金 　贷：投资预算收益
		出售短期投资或到期收回短期投资（国债）本息	借：银行存款（实际收到的金额） 　投资收益（借差） 　贷：短期投资（账面余额） 　　投资收益（贷差）	借：资金结存——货币资金（实收款） 　投资预算收益（实收款小于投资成本的差额） 　贷：投资支出（出售或收回当年投资的）/非财政拨款结余（出售或收回以前年度投资的） 　　投资预算收益（实收款大于投资成本的差额）

（四）会计实务示例

【例 2－37】某事业单位 2019 年 1 月 10 日取得某项短期投资——G 债券 110 万元，包括尚未支付的利息 10 万元，全部用银行存款支付。3 月 10 日收到前期尚未支付的利息 10 万元。6 月 30 日，收到持有期间利息 20 万元。7 月 30 日，以 130 万元将该短期投资售出。该单位编制有关的会计分录如表 2－54 所示。

表 2－54

时间	财务会计分录	预算会计分录
1 月 10 日	借：短期投资——G 债券　1 100 000 　贷：银行存款——基本账户存款 1 100 000	借：投资支出——G 债券 　　1 100 000 　贷：资金结存——货币资金——银行存款　1 100 000

续表

时间	财务会计分录	预算会计分录
3 月 10 日	借：银行存款——基本账户存款　100 000 贷：短期投资——G 债券　100 000	借：资金结存——货币资金——银行存款　100 000 贷：投资支出——G 债券　100 000
6 月 30 日	借：银行存款——基本账户存款　200 000 贷：投资收益——G 债券　200 000	借：资金结存——货币资金——银行存款　200 000 贷：投资预算收益——G 债券　200 000
7 月 30 日	借：银行存款——基本账户存款（实际收到的金额）　1 300 000 贷：短期投资——G 债券　1 000 000 投资收益——G 债券（贷方差）　300 000	借：资金结存——货币资金——银行存款　1 300 000 贷：投资支出——G 债券　1 000 000 投资预算收益——G 债券（贷方差）　300 000

（五）期末余额

本科目期末借方余额，反映事业单位持有短期投资的成本。

三、长期股权投资

（一）核算内容

本科目核算事业单位按照规定取得的，持有时间超过 1 年（不含 1 年）的股权性质的投资。

（二）明细科目设置

本科目应当按照被投资单位和长期股权投资取得方式等进行明细核算。

长期股权投资采用权益法核算的，还应当按照“成本”、“损益调整”、“其他权益变动”设置明细科目，进行明细核算。

（三）初始计量的主要账务处理与列表说明

长期股权投资的初始计量的主要账务处理：长期股权投资在取得时，应当按照其实际成本作为初始投资成本。

以现金取得的长期股权投资，按照确定的投资成本，借记本科目或本科目（成本），按照支付的价款中包含的已宣告但尚未发放的现金股利，借记“应收股利”科目，按照实际支付的全部价款，贷记“银行存款”等科目。实际收到取得投资时所支付价款中包含的已宣告但尚未发放的现金股利时，借记“银行存款”科目，贷记“应收股利”科目。

以现金以外的其他资产置换取得的长期股权投资，参照“库存物品”科目中置换取得库存物品的相关规定进行账务处理。

以未入账的无形资产取得的长期股权投资，按照评估价值加相关税费作为投资成本，借记本科目，按照发生的相关税费，贷记“银行存款”、“其他应交税费”等科目，按其差额，贷记“其他收入”科目。

接受捐赠的长期股权投资，按照确定的投资成本，借记本科目或本科目（成本），按照发生的相关税费，贷记“银行存款”等科目，按照其差额，贷记“捐赠收入”科目。

无偿调入的长期股权投资，按照确定的投资成本，借记本科目或本科目（成本），按照发生的相关税费，贷记“银行存款”等科目，按照其差额，贷记“无偿调拨净资产”科目。

长期股权投资初始计量的主要账务处理如表2－55所示。

表2－55　　长期股权投资初始计量的主要账务处理

序号	业务和事项内容	财务会计	预算会计
1	以现金取得的长期股权投资	借：长期股权投资——成本/长期股权投资 应收股利（实际支付价款中包含的已宣告但尚未发放的股利或利润） 贷：银行存款等（实际支付的价款）	借：投资支出（实际收到的价款） 贷：资金结存——货币资金
	收到取得投资时实际支付价款中所包含的已宣告但尚未发放的股利或利润时	借：银行存款 贷：应收股利	借：资金结存——货币资金 贷：投资支出等

续表

序号	业务和事项内容	财务会计	预算会计
2	以现金以外的其他资产置换取得长期股权投资	参照“库存物品”科目中置换取得库存物品的账务处理	——
3	以未入账的无形资产取得的长期股权投资	借：长期股权投资 贷：银行存款/其他应交税费 其他收入	借：其他支出（支付的相关税费） 贷：资金结存
4	接受捐赠的长期股权投资	借：长期股权投资——成本/长期股权投资 贷：银行存款等（相关税费） 捐赠收入	借：其他支出（支付的相关税费） 贷：资金结存
5	无偿调入的长期股权投资	借：长期股权投资 贷：无偿调拨净资产 银行存款等（相关税费）	借：其他支出（支付的相关税费） 贷：资金结存

（四）长期股权投资的后续计量的主要账务处理与列表说明

持有期间，应当按照规定采用成本法或权益法进行核算。

1. 采用成本法核算

被投资单位宣告发放现金股利或利润时，按照应收的金额，借记“应收股利”科目，贷记“投资收益”科目。

收到现金股利或利润时，按照实际收到的金额，借记“银行存款”等科目，贷记“应收股利”科目。

2. 采用权益法核算

被投资单位实现净利润的，按照应享有的份额，借记本科目（损益调整），贷记“投资收益”科目。被投资单位发生净亏损的，按照应分担的份额，借记“投资收益”科目，贷记本科目（损益调整），但以本科目的账面余额减记至零为限。发生亏损的被投资单位以后年度又实现净利润的，按照收益分享额弥补未确认的亏损分担额等后的金额，借记本科目（损益调整），贷记“投资收益”科目。

被投资单位宣告分派现金股利或利润的，按照应享有的份额，借记“应收股利”科目，贷记本科目（损益调整）。

被投资单位发生除净损益和利润分配以外的所有者权益变动的，按照应享有或应分担的份额，借记或贷记“权益法调整”科目，贷记或借记本科目

（其他权益变动）。

3. 成本法与权益法的转换

（1）单位因处置部分长期股权投资等原因而对处置后的剩余股权投资由权益法改按成本法核算的，应当按照权益法下本科目账面余额作为成本法下本科目账面余额（成本）。

其后，被投资单位宣告分派现金股利或利润时，属于单位已计入投资账面余额的部分，按照应分得的现金股利或利润份额，借记“应收股利”科目，贷记本科目。

（2）单位因追加投资等原因对长期股权投资的核算从成本法改为权益法的，应当按照成本法下本科目账面余额与追加投资成本的合计金额，借记本科目（成本），按照成本法下本科目账面余额，贷记本科目，按照追加投资的成本，贷记“银行存款”等科目。

4. 按照规定报经批准处置长期股权投资的账务处理

（1）按照规定报经批准出售（转让）长期股权投资时，应当区分长期股权投资取得方式分别进行处理。

①处置以现金取得的长期股权投资，按照实际取得的价款，借记“银行存款”等科目，按照被处置长期股权投资的账面余额，贷记本科目，按照尚未领取的现金股利或利润，贷记“应收股利”科目，按照发生的相关税费等支出，贷记“银行存款”等科目，按照借贷方差额，借记或贷记“投资收益”科目。

②处置以现金以外的其他资产取得的长期股权投资，按照被处置长期股权投资的账面余额，借记“资产处置费用”科目，贷记本科目；同时，按照实际取得的价款，借记“银行存款”等科目，按照尚未领取的现金股利或利润，贷记“应收股利”科目，按照发生的相关税费等支出，贷记“银行存款”等科目，按照贷方差额，贷记“应缴财政款”科目。按照规定将处置时取得的投资收益纳入本单位预算管理的，应当按照所取得价款大于被处置长期股权投资账面余额、应收股利账面余额和相关税费支出合计的差额，贷记“投资收益”科目。

（2）因被投资单位破产清算等原因，有确凿证据表明长期股权投资发生损失，按照规定报经批准后予以核销时，按照予以核销的长期股权投资的账面余额，借记“资产处置费用”科目，贷记本科目。

（3）报经批准置换转出长期股权投资时，参照“库存物品”科目中置换换入库存物品的规定进行账务处理。

(4) 采用权益法核算的长期股权投资的处置，除进行上述账务处理外，还应结转原直接计入净资产的相关金额，借记或贷记“权益法调整”科目，贷记或借记“投资收益”科目。

长期股权投资后续计量主要账务处理如表2－56所示。

表2－56　　长期股权投资后续计量主要账务处理

序号	业务和事项内容		财务会计	预算会计
1	持有期间，采用成本法核算	被投资单位宣告发放现金股利或利润时	借：应收股利 贷：投资收益	——
		收到被投资单位发放的现金股利时	借：银行存款 贷：应收股利	借：资金结存——货币资金 贷：投资预算收益
2	持有期间，采用权益法核算	被投资单位实现净利润的，按照其份额	借：长期股权投资——损益调整 贷：投资收益	——
		被投资单位发生净亏损的，按照其份额	借：投资收益 贷：长期股权投资——损益调整	——
		被投资单位发生净亏损，但以后年度又实现净利润的，按规定恢复确认投资收益的	借：长期股权投资——损益调整 贷：投资收益	——
		被投资单位宣告发放现金股利或利润的，按照其份额	借：应收股利 贷：长期股权投资——损益调整	——
		被投资单位除净损益和利润分配以外的所有者权益变动时，按照其份额	借：长期股权投资——其他权益变动 贷：权益法调整 或：借：权益法调整 贷：长期股权投资——其他权益变动	——
		权益法下收到被投资单位发放的现金股利	借：银行存款 贷：应收股利	借：资金结存——货币资金 贷：投资预算收益

续表

<table>
<tr><th>序号</th><th colspan="2">业务和事项内容</th><th>财务会计</th><th>预算会计</th></tr>
<tr><td rowspan="2">3</td><td rowspan="2">成本法与权益法的转换</td><td>追加投资成本法改为权益法</td><td>借：长期股权投资——成本
贷：长期股权投资（成本法下账面余额）
银行存款等（追加投资）</td><td>借：投资支出（实际支付的金额）
贷：资金结存——货币资金</td></tr>
<tr><td>权益法改为成本法</td><td>借：长期股权投资
贷：长期股权投资——成本
长期股权投资——损益调整长期股权投资——其他权益变动</td><td>——</td></tr>
<tr><td rowspan="3">4</td><td rowspan="3">按照规定报经批准处置长期股权投资</td><td>处置以现金取得的长期股权投资</td><td>借：银行存款（实际取得价款）
投资收益（借差）
贷：长期股权投资（账面余额）
应收股利（尚未领取的现金股利或利润）
银行存款等（支付的相关税费）
投资收益（贷差）</td><td>借：资金结存——货币资金（取得价款扣减支付的相关税费后的金额）
贷：投资支出/非财政拨款结余（投资款）
投资预算收益</td></tr>
<tr><td>处置净收入上缴财政的</td><td>借：资产处置费用
贷：长期股权投资
借：银行存款（实际取得价款）
贷：应收股利（尚未领取的现金股利或利润）
银行存款等（支付的相关税费）应缴财政款</td><td>借：资金结存——货币资金
贷：投资预算收益（获得的现金股利或利润）</td></tr>
<tr><td>按照规定投资益纳入单位预算管理的</td><td>借：资产处置费用
贷：长期股权投资
借：银行存款（实际取得价款）
贷：应收股利（尚未领取的现金股利或利润）
银行存款等（支付的相关税费）
投资收益（取得价款扣减投资账面余额、应收股利和相关税费后的差额）
应缴财政款（贷差）</td><td>借：资金结存——货币资金（取得价款扣减投资账面余额和相关税费后的差额）
贷：投资预算收益</td></tr>
</table>

续表

<table>
<tr><th>序号</th><th colspan="2">业务和事项内容</th><th>财务会计</th><th>预算会计</th></tr>
<tr><td rowspan="3">4</td><td rowspan="3">按照规定报经批准处置长期股权投资</td><td>按照规定核销时</td><td>借：资产处置费用
　贷：长期股权投资（账面余额）</td><td>——</td></tr>
<tr><td>置换转出时</td><td colspan="2">参照“库存物品”科目中置换取得库存物品的账务处理</td></tr>
<tr><td>权益法下，处置时结转原直接计入净资产的相关金额</td><td>借：权益法调整
　贷：投资收益
或做相反分录</td><td>——</td></tr>
</table>

（五）会计实务示例

【例 2-38】某事业单位 2019 年 1 月 20 日以货币资金 10 万元对外投资甲公司，其中含已经宣告但尚未发放的股利 1 万元。2 月 20 日收到该现金股利。该单位编制有关的会计分录如表 2-57 所示。

表 2-57

时间	财务会计分录	预算会计分录
1 月 20 日	借：长期股权投资——甲公司　90 000 应收股利——甲公司　10 000 贷：银行存款——基本账户存款　100 000	借：投资支出——甲公司　100 000 贷：资金结存——货币资金——银行存款　100 000
2 月 20 日	借：银行存款——基本账户存款　10 000 贷：应收股利——甲公司　10 000	借：资金结存——货币资金——银行存款　10 000 贷：投资支出——甲公司 10 000

【例 2-39】某事业单位 2019 年 1 月 20 日以某项专用设备置换对 B 公司投资，该项固定资产的评估价为 80 万元，账面原价为 100 万元，累计折旧 30 万元。支付了补价 10 万元，相关运杂费支出 5 万元。该单位编制有关的会计分录如表 2-58 所示。

表 2-58

时间	财务会计分录	预算会计分录
1月20日	借：长期股权投资——B公司（换出资产评估价值+其他相关支出+补价）950 000 固定资产累计折旧——专用设备 300 000 贷：固定资产——专用设备 1 000 000 银行存款——基本账户存款（其他相关支出和补价） 150 000 其他收入——置换资产评估增值（贷方差） 100 000	借：其他支出 ——运杂费 150 000 贷：资金结存——货币资金——银行存款 150 000

【例 2-40】某事业单位 2019 年 2 月 20 日以未入账的土地使用权对外投资 M 公司，该土地使用权经双方确定的评估价值为 20 万元，相关杂费支出 5 万元。该单位编制有关的会计分录如表 2-59 所示。

表 2-59

时间	财务会计分录	预算会计分录
2月20日	借：长期股权投资——M公司（评估价值+其他相关支出） 250 000 贷：银行存款——基本账户存款（其他相关支出） 50 000 其他收入——置换资产评估增值 200 000	借：其他支出——运杂费 50 000 贷：资金结存——货币资金——银行存款 50 000

【例 2-41】某事业单位 2019 年 2 月 20 日接受 B 公司的一笔捐赠，为对 N 公司的一笔长期股权投资，经双方确定的评估价值为 20 万元，相关杂费支出 5 万元。该单位编制有关的会计分录如表 2-60 所示。

表 2-60

时间	财务会计分录	预算会计分录
2月20日	借：长期股权投资——N公司（评估价值+其他相关支出） 250 000 贷：银行存款——基本账户存款（其他相关支出） 50 000 捐赠收入——B公司 200 000	借：其他支出——运杂费 50 000 贷：资金结存——货币资金——银行存款 50 000

【例2-42】某事业单位2019年2月20日无偿调入对B公司的长期股权投资，成本价为20万元，相关税费支出5万元。该单位编制有关的会计分录如表2-61所示。

表2-61

时间	财务会计分录	预算会计分录
2月20日	借：长期股权投资——B公司（成本价+其他相关支出） 250 000 贷：银行存款——基本账户存款（其他相关支出） 50 000 无偿调拨净资产 200 000	借：其他支出——运杂费 50 000 贷：资金结存——货币资金——银行存款 50 000

【例2-43（1）】（1）甲事业单位报经批准于2019年1月1日以自有房产出资，与乙共同成立丙。甲单位该房产账面余额700万元，累计折旧100万元，评估价值700万元。丙注册资本1 000万元，甲单位股权比例为70%，乙企业股权比例为30%。

（2）2019年丙公司全年实现净利润800万元、除净利润以外的所有者权益减少额为100万元。

（3）2020年3月丙公司宣告向股东分派利润600万元。

（4）2020年丙公司全年发生净亏损1 200万元。

（5）2021年丙公司全年实现净利润400万元。

甲单位2019—2021年持有丙公司股权期间采用权益法核算。

该单位编制有关的会计分录如表2-62所示。

表2-62

时间	财务会计分录	预算会计分录
2019年1月1日	借：长期股权投资-丙公司（成本） 7 000 000 固定资产累计折旧——房屋建筑物 1 000 000 贷：固定资产——房屋建筑物 7 000 000 其他收入——置换资产评估增值 1 000 000	不做账务处理
2019年12月31日	借：长期股权投资—丙公司（损益调整） 5 600 000 贷：投资收益——丙公司 5 600 000 借：权益法调整 ——丙公司 700 000 贷：长期股权投资——丙公司（其他权益变动） 700 000	不做账务处理

续表

时间	财务会计分录	预算会计分录
2020 年 3 月	借：应收股利——丙公司 4 200 000 贷：长期股权投资—丙公司（损益调整） 4 200 000 宣告分派利润后“长期股权投资——丙公司”科目的账面余额 = 700 + 560 - 70 - 420 = 770 万元	不做账务处理
2020 年 12 月 31 日	可减少“长期股权投资——丙公司”科目账面余额的金额为 770 万元 借：投资收益——丙公司 7 700 000 贷：长期股权投资—丙公司（损益调整） 7 700 000 备查登记中应记录未减记长期股权投资的金额为 70 万元（1 200 × 70% - 770 = 70 万元）	不做账务处理
2021 年 12 月 31 日	可恢复“长期股权投资——丙公司”科目账面余额 = 210 万元（400 × 70% - 70） 借：长期股权投资——丙公司（损益调整） 2 100 000 贷：投资收益——丙公司 2 100 000	不做账务处理

【例 2 - 43（2）】 承【例 2 - 43（2）】，（6）2022 年 1 月 1 日，甲事业单位出售了 50% 的股权，获得 200 万元银行存款，缴纳相关税费 10 万元，扣除投资收益后上缴国库，剩下的 20% 改为成本法核算。该单位编制有关的会计分录如表 2 - 63 所示。

表 2 - 63

时间	财务会计分录	预算会计分录
2022 年 1 月 1 日出售股权	借：资产处置费用 1 500 000 长期股权投资——丙公司（损益调整） 3 000 000 长期股权投资——丙公司（其他权益变动） 500 000 贷：长期股权投资——丙公司（成本） 5 000 000 借：投资收益 500 000 贷：权益法调整 500 000 借：银行存款——基本账户存款 2 000 000 贷：银行存款——基本账户存款 100 000 投资收益——丙公司 400 000 应缴财政款——应缴国库款 1 500 000	不做账务处理 借：资金结存——货币资金——银行存款 400 000 贷：投资预算收益——丙公司 400 000

续表

时间	财务会计分录	预算会计分录
2022 年 1 月 1 日权益法改成成本法	借：长期股权投资——丙公司 600 000 长期股权投资——丙公司（损益调整） 1 200 000 长期股权投资——丙公司（其他权益变动） 200 000 贷：长期股权投资——丙公司（成本） 2 000 000	不做账务处理

【例 2－43（3）】 承【例 2－43（2）】，（7）2022 年，丙公司宣告分发股利 100 万元，2023 年 1 月 1 日甲事业单位收到股利。甲事业单位于 2023 年 1 月 1 日再次支付了 250 万元购买了 50% 的股权，由成本法转为权益法核算。该单位编制有关的会计分录如表 2－64 所示。

表 2－64

时间	财务会计分录	预算会计分录
2022 年 12 月 31 日	借：应收股利——丙公司 200 000 贷：投资收益 ——丙公司 200 000	不做账务处理
2023 年 1 月 1 日	借：银行存款——基本账户存款 200 000 贷：应收股利——丙公司 200 000	借：资金结存——货币资金——银行存款 200 000 贷：投资预算收益——丙公司 200 000
2023 年 1 月 1 日	借：长期股权投资——丙公司（成本） 3 100 000 贷：长期股权投资——丙公司 600 000 银行存款——基本账户存款 2 500 000	借：投资支出——丙公司 2 500 000 贷：资金结存——货币资金——银行存款 2 500 000

【例 2－44】 甲事业单位于 2019 年 1 月 1 日支付了 250 万元购买了丙公司 30% 的股权，成本法核算。当年宣告股利 10 万元，2020 年 1 月 1 日处置该笔投资，发生相关税费支出 5 万元，实际取得对价 300 万元。该单位编制有关的会计分录如表 2－65 所示。

表 2－65

时间	财务会计分录	预算会计分录
2019 年 1 月 1 日	借：长期股权投资——丙公司（成本法） 2 500 000 贷：银行存款——基本账户存款 2 500 000	借：投资支出——丙公司 2 500 000 贷：资金结存——货币资金——银行存款 2 500 000
2019 年 12 月 31 日	借：应收股利——丙公司 100 000 贷：投资收益——丙公司 100 000	不做账务处理
2020 年 1 月 1 日	借：银行存款——基本账户存款 3 000 000 贷：长期股权投资——丙公司（成本法） 2 500 000 应收股利——丙公司 100 000 银行存款——基本账户存款 50 000 投资收益——丙公司 350 000	借：资金结存——货币资金——银行存款（取得价款——支付的相关税费） 2 950 000 贷：投资支出——丙公司 2 500 000 贷：投资预算收益——丙公司 450 000

（六）期末余额

本科目期末借方余额，反映事业单位持有的长期股权投资的价款。

四、长期债券投资

（一）核算内容

本科目核算事业单位按照规定取得的，持有时间超过 1 年（不含 1 年）的债券投资。

（二）明细科目设置

本科目应当设置“成本”和“应计利息”明细科目，并按照债券投资的种类进行明细核算。

（三）主要账务处理与列表说明

1. 长期债券投资的初始计量

在取得时，应当按照其实际成本作为投资成本。

取得的长期债券投资，按照确定的投资成本，借记本科目（成本），按照支付的价款中包含的已到付息期但尚未领取的利息，借记“应收利息”科目，按照实际支付的金额，贷记“银行存款”等科目。实际收到取得债券时所支付价款中包含的已到付息期但尚未领取的利息时，借“银行存款”科目，贷记“应收利息”科目。

2. 长期债券投资的后续计量

长期债券投资持有期间，按期以债券票面金额与票面利率计算确认利息收入时，如为到期一次还本付息的债券投资，借记本科目（应计利息），贷记“投资收益”科目；如为分期付息、到期一次还本的债券投资，借记“应收利息”科目，贷记“投资收益”科目。收到分期支付的利息时，按照实收的金额，借记“银行存款”等科目，贷记“应收利息”科目。

3. 到期收回长期债券投资

按照实际收到的金额，借记“银行存款”科目，按照长期债券投资的账面余额，贷记本科目，按照相关应收利息金额，贷记“应收利息”科目，按照其差额，贷记“投资收益”科目。

4. 对外出售长期债券投资

按照实际收到的金额，借记“银行存款”科目，按照长期债券投资的账面余额，贷记本科目，按照已记入“应收利息”科目但尚未收取的金额，贷记“应收利息”科目，按照其差额，贷记或借记“投资收益”科目。涉及增值税业务的，相关账务处理参见“应交增值税”科目。

长期债券投资的主要账务处理如表 2-66 所示。

表 2-66　　长期债券投资的主要账务处理

序号	业务和事项内容		财务会计	预算会计
1	取得长期债券投资	取得长期债券投资时	借：长期债券投资——成本 应收利息（实际支付价款中包含的已到付息期但尚未领取的利息） 贷：银行存款等（实际支付价款）	借：投资支出（实际支付价款） 贷：资金结存——货币资金
		收到取得投资所支付价款中包含的已到付息期但尚未领取的利息时	借：银行存款 贷：应收利息	借：资金结存——货币资金 贷：投资支出等

续表

序号	业务和事项内容		财务会计	预算会计
2	持有长期债券投资期间	按期以票面金额与票面利率计算确认利息收入时	借：应收利息（分期付息、到期还本）/长期债券投资——应计利息（到期一次还本付息） 贷：投资收益	——
		实际收到分期支付的利息时	借：银行存款 贷：应收利息	借：资金结存——货币资金 贷：投资预算收益
3	到期收回长期债券投资		借：银行存款等 贷：长期债券投资（账面余额）/应收利息/投资收益	借：资金结存——货币资金 贷：投资支出/非财政拨款结余（投资成本） 投资预算收益
4	对外出售长期债券投资		借：银行存款等（实际收到的款项） 投资收益（借差） 贷：长期债券投资（账面余额） 应收利息/投资收益（贷差）	借：资金结存——货币资金 贷：投资支出/非财政拨款结余（投资成本） 投资预算收益

（四）会计实务示例

【例 2－45】 某事业单位于 2019 年 1 月 10 日从证券市场上购入 A 公司于 2018 年 1 月 1 日发行的债券，该债券 4 年期、票面年利率为 4%、到期日为 2022 年 1 月 1 日，到期日一次归还本金付利息。购入债券的面值为 1 000 万元，实际支付银行存款 1 040 万元。其中 2020 年 1 月 10 日出售其中面值为 500 万元的长期债券投资，获得对价 550 万元。2022 年 1 月 1 日债券到期，获得对价 590 万元。该单位编制有关的会计分录如表 2－67 所示。

表 2－67

时间	财务会计分录	预算会计分录
2019 年 1 月 10 日	借：长期债券投资——成本 10 000 000 长期债券投资——应计利息 400 000 贷：银行存款——基本账户存款 10 400 000	借：投资支出 ——长期债券投资 10 400 000 贷：资金结存——货币资金——银行存款　　10 400 000

续表

时间	财务会计分录	预算会计分录
2019 年 12 月 31 日	借：长期债券投资——应计利息 400 000 贷：投资收益——A 公司债券 400 000	不做账务处理
2020 年 1 月 10 日	借：银行存款——基本账户存款 5 500 000 贷：长期债券投资——成本 5 000 000 长期债券投资——应计利息 400 000 投资收益——A 公司债券 100 000	借：资金结存——货币资金——银行存款 5 500 000 贷：投资支出——长期债券投资 5 200 000 投资预算收益——A 公司债券 300 000
2020 年 12 月 31 日	借：长期债券投资——应计利息 200 000 贷：投资收益——A 公司债务 200 000	不做账务处理
2021 年 12 月 31 日	借：长期债券投资——应计利息 200 000 贷：投资收益——A 公司债券 200 000	不做账务处理
2022 年 1 月 1 日	借：银行存款——基本账户存款 5 900 000 贷：长期债券投资——成本 5 000 长期债券投资——应计利息 800 000 投资收益 100 000	借：资金结存——货币资金 5 800 000 贷：投资支出——长期债券投资 5 200 000 投资预算收益——A 公司债券 600 000

（五）期末余额

本科目期末借方余额，反映事业单位持有的长期债券投资的价值。

第六节　固定资产的核算

一、固定资产的概述

（一）固定资产的定义及分类

1. 定义

政府会计主体为满足自身开展业务活动或其他活动需要而控制的，使用年限超过1年（不含1年）、单位价值在规定标准以上，并在使用过程中基本保持原有物质形态的资产，一般包括房屋及构筑物、专用设备、通用设备等。单位价值虽未达到规定标准，但是使用年限超过1年（不含1年）的大批同类物资，如图书、家具、用具、装具等，应当确认为固定资产。

公共基础设施、政府储备物资、保障性住房、自然资源资产等，不在固定资产核算范围。

其他需要注意的地方：

（1）购入需要安装的固定资产，应先通过“在建工程”科目核算；

（2）以借入、经营租赁方式取得的固定资产，不通过固定资产核算；

（3）以融资租赁方式取得的固定资产，在“固定资产”科目下设“融资租入固定资产”核算；

（4）在境外购得有所有权的土地，在“固定资产”科目下“境外土地”核算。

2. 分类

固定资产一般分为六类：房屋及构筑物；专用设备；通用设备；文物和陈列品；图书、档案；家具、用具、装具及动植物。

（二）固定资产的确认

1. 确认条件

固定资产同时满足下列条件的，应当予以确认：

（1）与该固定资产相关的服务潜力很可能实现或者经济利益很可能流入

政府会计主体；

（2）该固定资产的成本或者价值能够可靠地计量。

2. 确认时点

（1）通常情况下，购入、换入、接受捐赠、无偿调入不需安装的固定资产，在固定资产验收合格时确认；（2）购入、换入、接受捐赠、无偿调入需要安装的固定资产，在固定资产安装完成交付使用时确认；（3）自行建造、改建、扩建的固定资产，在建造完成交付使用时确认。

3. 其他特殊情况的确认

（1）组成部分。固定资产的各组成部分具有不同使用年限或者以不同方式为政府会计主体实现服务潜力或提供经济利益，适用不同折旧率或折旧方法且可以分别确定各自原价的，应当分别将各组成部分确认为单项固定资产。

（2）应用软件。应用软件构成相关硬件不可缺少的组成部分的，应当将该软件的价值包括在所属的硬件价值中，一并确认为固定资产；不构成相关硬件不可缺少的组成部分的，应当将该软件确认为无形资产。

（3）土地使用权。购建房屋及构筑物时，不能分清购建成本中的房屋及构筑物部分与土地使用权部分的，应当全部确认为固定资产；能够分清购建成本中的房屋及构筑物部分与土地使用权部分的，应当将其中的房屋及构筑物部分确认为固定资产，将其中的土地使用权部分确认为无形资产。

4. 资本化和费用化的区分

固定资产在使用过程中发生的后续支出，符合固定资产的确认条件的，应当计入固定资产成本；不符合固定资产的确认条件的，应当在发生时计入当期费用或者相关资产成本。将发生的固定资产后续支出计入固定资产成本的，应当同时从固定资产账面价值中扣除被替换部分的账面价值。

（三）固定资产的初始计量

固定资产在取得时应当按照成本进行初始计量。

1. 外购固定资产

其成本包括购买价款、相关税费以及固定资产交付使用前所发生的可归属于该项资产的运输费、装卸费、安装费和专业人员服务费等。

以一笔款项购入多项没有单独标价的固定资产，应当按照各项固定资产同类或类似资产市场价格的比例对总成本进行分配，分别确定各项固定资产的成本。

2. 自行建造的固定资产

其成本包括该项资产至交付使用前所发生的全部必要支出。(1) 在原有固定资产基础上进行改建、扩建、修缮后的固定资产，其成本按照原固定资产账面价值加上改建、扩建、修缮发生的支出，再扣除固定资产被替换部分的账面价值后的金额确定。(2) 为建造固定资产借入的专门借款的利息，属于建设期间发生的，计入在建工程成本；不属于建设期间发生的，计入当期费用。已交付使用但尚未办理竣工决算手续的固定资产，应当按照估计价值入账，待办理竣工决算后再按实际成本调整原来的暂估价值。

3. 置换获得的固定资产

其成本按照换出资产的评估价值加上支付的补价或减去收到的补价，加上换入固定资产发生的其他相关支出确定。

4. 捐赠获得的固定资产

政府会计主体接受捐赠的固定资产，其成本确认有四种方式：(1) 按照有关凭据注明的金额加上相关税费、运输费等确定；(2) 没有相关凭据可供取得，但按规定经过资产评估的，其成本按照评估价值加上相关税费、运输费等确定；(3) 没有相关凭据可供取得、也未经资产评估的，其成本比照同类或类似资产的市场价格加上相关税费、运输费等确定；(4) 没有相关凭据且未经资产评估、同类或类似资产的市场价格也无法可靠取得的，按照名义金额入账，相关税费、运输费等计入当期费用。如受赠的系旧的固定资产，在确定其初始入账成本时应当考虑该项资产的新旧程度。

5. 无偿调入的固定资产

其成本按照调出方账面价值加上相关税费、运输费等确定。

6. 盘盈的固定资产

按规定经过资产评估的，其成本按照评估价值确定；未经资产评估的，其成本按照重置成本确定。

(四) 固定资产的后续计量

政府会计主体按规定报经批准出售、转让固定资产或固定资产报废、毁损的，应当将固定资产账面价值转销计入当期费用，并将处置收入扣除相关处置税费后的差额按规定做应缴款项处理（差额为净收益时）或计入当期费用（差额为净损失时）。

政府会计主体按规定报经批准对外捐赠、无偿调出固定资产的，应当将固定资产的账面价值予以转销，对外捐赠、无偿调出中发生的归属于捐出方、调出方的相关费用应当计入当期费用。

政府会计主体按规定报经批准以固定资产对外投资的，应当将该固定资产的账面价值予以转销，并将固定资产在对外投资时的评估价值与其账面价值的差额计入当期收入或费用。

固定资产盘亏造成的损失，按规定报经批准后应当计入当期费用。

（五）固定资产折旧

第一，折旧是指在固定资产的预计使用年限内，按照确定的方法对应计的折旧额进行系统分摊。固定资产应计提的折旧额为其成本，计提折旧不考虑预计净残值。

第二，不计提折旧的固定资产：①文物和陈列品；②动植物；③图书、档案；④单独计价入账的土地；⑤以名义金额计量的固定资产。另外，已提足折旧的固定资产和提前报废的固定资产，也不再计提折旧。

第三，暂估入账的固定资产计提折旧，实际成本确定后不需调整原已计提的折旧额。因改、扩建或修缮等原因而延长其使用年限的，应当按照重新确定的固定资产的成本以及重新确定的折旧年限计算折旧额。

第四，折旧方法：一般应当采用年限平均法或者工作量法计提固定资产折旧。

（1）年限平均法也称为直线法，是指将固定资产的应折旧金额按均等的数额在其预计使用期内分配于每一会计期间的一种方法。因此，固定资产的折旧费可以均衡地摊配于其使用年限内的各个期间。平均年限法是会计实务中最常见的折旧计算方法。采用平均年限法固定资产年折旧额计算公式为：

固定资产年折旧额＝应折旧金额（成本）÷预计使用年限

固定资产月折旧额＝固定资产年折旧额÷12。

（2）工作量法是按照固定资产实际完成的工作总量计算折旧的一种方法。采用这种方法，每期计提的折旧随当期固定资产提供工作量的多少而变动，例如，按照车辆行驶的里程数来分别分摊车辆在使用年限内的折旧数额。

采用工作量法计提折旧，应先以固定资产在使用年限内预计总工作量（如总工作时数或总产量）去除应计折旧总额，算出每一工作量应分摊的折旧，然后乘以当期的实际工作量，求出该期应计提的折旧额。其计算公式为：

$$\text{单位折旧额}=\frac{\text{固定资产原值}}{\text{预计总工作量}}$$

当期折旧额＝当期工作量×单位折旧额

第五，折旧年限。应当根据相关规定以及固定资产的性质和使用情况，合理确定固定资产的使用年限。政府会计主体确定固定资产使用年限，应当考虑下列因素：

（1）预计实现服务潜力或提供经济利益的期限；

（2）预计有形损耗和无形损耗；

（3）法律或者类似规定对资产使用的限制。

各类固定资产具体折旧年限详见表2－68。

表2－68　　政府固定资产折旧年限表

<table>
<tr><th>固定资产类别</th><th colspan="2">内容</th><th>折旧年限（年）</th></tr>
<tr><td rowspan="7">房屋及构筑物</td><td rowspan="4">业务及管理用房</td><td>钢结构</td><td>不低于50</td></tr>
<tr><td>钢筋混凝土结构</td><td>不低于50</td></tr>
<tr><td>砖混结构</td><td>不低于30</td></tr>
<tr><td>砖木结构</td><td>不低于30</td></tr>
<tr><td colspan="2">简易房</td><td>不低于8</td></tr>
<tr><td colspan="2">房屋附属设施</td><td>不低于8</td></tr>
<tr><td colspan="2">构筑物</td><td>不低于8</td></tr>
<tr><td rowspan="12">通用设备</td><td colspan="2">计算机设备</td><td>不低于6</td></tr>
<tr><td colspan="2">办公设备</td><td>不低于6</td></tr>
<tr><td colspan="2">车辆</td><td>不低于8</td></tr>
<tr><td colspan="2">图书档案设备</td><td>不低于5</td></tr>
<tr><td colspan="2">机械设备</td><td>不低于10</td></tr>
<tr><td colspan="2">电气设备</td><td>不低于5</td></tr>
<tr><td colspan="2">雷达、无线电和卫星导航设备</td><td>不低于10</td></tr>
<tr><td colspan="2">通信设备</td><td>不低于5</td></tr>
<tr><td colspan="2">广播、电视、电影设备</td><td>不低于5</td></tr>
<tr><td colspan="2">仪器仪表</td><td>不低于5</td></tr>
<tr><td colspan="2">电子和通信测量设备</td><td>不低于5</td></tr>
<tr><td colspan="2">计量标准器具及量具、衡器</td><td>不低于5</td></tr>
<tr><td rowspan="6">专用设备</td><td colspan="2">探矿、采矿、选矿和造块设备</td><td>10—15</td></tr>
<tr><td colspan="2">石油天然气开采专用设备</td><td>10—15</td></tr>
<tr><td colspan="2">石油和化学工业专用设备</td><td>10—15</td></tr>
<tr><td colspan="2">炼焦和金属冶炼轧制设备</td><td>10—15</td></tr>
<tr><td colspan="2">电力工业专用设备</td><td>20—30</td></tr>
<tr><td colspan="2">非金属矿物制品工业专用设备</td><td>10—20</td></tr>
</table>

续表

固定资产类别	内容	折旧年限（年）
专用设备	核工业专用设备	20—30
	航空航天工业专用设备	20—30
	工程机械	10—15
	农业和林业机械	10—15
	木材采集和加工设备	10—15
	食品加工专用设备	10—15
	饮料加工设备	10—15
	烟草加工设备	10—15
	粮油作物和饲料加工设备	10—15
	纺织设备	10—15
	缝纫、服饰、制革和毛皮加工设备	10—15
	造纸和印刷机械	10—20
	化学药品和中药专用设备	5—10
	医疗设备	5—10
	电工、电子专用生产设备	5—10
	安全生产设备	10—20
	邮政专用设备	10—15
	环境污染防治设备	10—20
	公安专用设备	3—10
	水工机械	10—20
	殡葬设备及用品	5—10
	铁路运输设备	10—20
	水上交通运输设备	10—20
	航空器及其配套设备	10—20
	专用仪器仪表	5—10
	文艺设备	5—15
	体育设备	5—15
	娱乐设备	5—15
家具、用具及装具	家具	不低于15
	用具、装具	不低于5

国务院有关部门在遵循上表所规定的固定资产折旧年限的情况下，可以根据实际需要进一步细化本行业固定资产的类别，具体确定各类固定资产的折旧年限，并报财政部审核批准。政府会计主体应当在遵循本应用指南、主管部门有关折旧年限规定的情况下，根据固定资产的性质和实际使用情况，合理确定其折旧年限。

第六，折旧年限和折旧方法，一经确定，不得随意变更。

折旧计提时点：当月增加，当月开始计提；当月减少，当月不再计提。

第七，单位计提融资租入固定资产折旧时，应当采用与自有固定资产相一致的折旧政策。能够合理确定租赁期届满时将会取得租入固定资产所有权的，应当在租入固定资产尚可使用年限内计提折旧；无法合理确定租赁期届满时能够取得租入固定资产所有权的，应当在租赁期与租入固定资产尚可使用年限两者中较短的期间内计提折旧。

（六）固定资产的披露

政府会计主体应当在附注中披露与固定资产有关的下列信息：

（1）固定资产的分类和折旧方法。

（2）各类固定资产的使用年限、折旧率。

（3）各类固定资产账面余额、累计折旧额、账面价值的期初、期末数及其本期变动情况。

（4）以名义金额计量的固定资产名称、数量，以及以名义金额计量的理由。

（5）已提足折旧的固定资产名称、数量等情况。

（6）接受捐赠、无偿调入的固定资产名称、数量等情况。

（7）出租、出借固定资产以及以固定资产投资的情况。

（8）固定资产对外捐赠、无偿调出、毁损等重要资产处置的情况。

（9）暂估入账的固定资产账面价值变动情况。

二、固定资产

（一）核算内容

本科目核算单位固定资产的原值。

（二）明细科目设置

本科目应当按照固定资产类别和项目进行明细核算。

（三）固定资产的初始计量的主要账务处理与列表说明

固定资产在取得时，应当按照成本进行初始计量。

1. 外购固定资产

（1）购入不需安装的固定资产验收合格时，按照确定的固定资产成本，借记本科目，贷记“财政拨款收入”、“零余额账户用款额度”、“应付账款”、“银行存款”等科目。

（2）购入需要安装的固定资产，在安装完毕交付使用前通过“在建工程”科目核算，安装完毕交付使用时再转入本科目。

（3）购入固定资产扣留质量保证金的，应当在取得固定资产时，按照确定的固定资产成本，借记本科目（不需安装）或“在建工程”科目（需要安装），按照实际支付或应付的金额，贷记“财政拨款收入”、“零余额账户用款额度”、“应付账款”（不含质量保证金）、“银行存款”等科目，按照扣留的质量保证金数额，贷记“其他应付款”（扣留期在1年以内（含1年））或“长期应付款”（扣留期超过1年）科目。

质保期满支付质量保证金时，借记“其他应付款”、“长期应付款”科目，贷记“财政拨款收入”、“零余额账户用款额度”、“银行存款”等科目。

2. 自行建造的固定资产

该固定资产交付使用时，按照在建工程成本，借记本科目，贷记“在建工程”科目。已交付使用但尚未办理竣工决算手续的固定资产，按照估计价值入账，待办理竣工决算后再按照实际成本调整原来的暂估价值。

3. 融资租赁取得的固定资产

（1）其成本按照租赁协议或者合同确定的租赁价款、相关税费以及固定资产交付使用前所发生的可归属于该项资产的运输费、途中保险费、安装调试费等确定。

（2）融资租入的固定资产，按照确定的成本，借记本科目（不需安装）或“在建工程”科目（需安装），按照租赁协议或者合同确定的租赁付款额，贷记“长期应付款”科目，按照支付的运输费、途中保险费、安装调试费等金额，贷记“财政拨款收入”、“零余额账户用款额度”、“银行存款”等科目。

（3）定期支付租金时，按照实际支付金额，借记“长期应付款”科目，贷记“财政拨款收入”、“零余额账户用款额度”、“银行存款”等科目。

4. 分期付款购入固定资产

其账务处理，参照融资租入固定资产。

5. 接受捐赠的固定资产

按照确定的固定资产成本，借记本科目（不需安装）或“在建工程”科目（需安装），按照发生的相关税费、运输费等，贷记“零余额账户用款额度”、“银行存款”等科目，按照其差额，贷记“捐赠收入”科目。

接受捐赠的固定资产按照名义金额入账的，按照名义金额，借记本科目，贷记“捐赠收入”科目；按照发生的相关税费、运输费等，借记“其他费用”科目，贷记“零余额账户用款额度”、“银行存款”等科目。

6. 无偿调入的固定资产

按照确定的固定资产成本，借记本科目（不需安装）或“在建工程”科目（需安装），按照发生的相关税费、运输费等，贷记“零余额账户用款额度”、“银行存款”等科目，按照其差额，贷记“无偿调拨净资产”科目。

7. 置换取得的固定资产

参照“库存物品”科目中置换取得库存物品的相关规定进行账务处理。

固定资产初始计量主要账务处理如表 2－69 所示。

表 2－69　　　　固定资产初始计量主要账务处理

序号	业务和事项内容		财务会计	预算会计
1	外购固定资产	外购的固定资产不需安装的	借：固定资产 贷：财政拨款收入/零余额账户用款额度/应付账款/银行存款等	借：事业支出/经营支出等 贷：财政拨款预算收入/资金结存
		购入需要安装的固定资产	借：在建工程 贷：财政拨款收入/零余额账户用款额度/应付账款/银行存款等	借：事业支出/经营支出等 贷：财政拨款预算收入/资金结存
		安装交付时	借：固定资产 贷：在建工程	——
		购入固定资产扣留质量保证金的	借：固定资产（不需安装）/在建工程（需要安装） 贷：财政拨款收入/零余额账户用款额度/应付账款/银行存款等 其他应付款（扣留期在1年以内（含1年））/长期应付款（扣留期超过1年）	借：事业支出/经营支出等（购买固定资产实际支付的金额） 贷：财政拨款预算收入/资金结存
		质保期满支付质量保证金时	借：其他应付款/长期应付款 贷：财政拨款收入/零余额账户用款额度/银行存款等	借：事业支出/经营支出等 贷：财政拨款预算收入/资金结存

续表

<table>
<tr><th>序号</th><th colspan="2">业务和事项内容</th><th>财务会计</th><th>预算会计</th></tr>
<tr><td>2</td><td colspan="2">自行建造的固定资产</td><td>借：固定资产
　贷：在建工程</td><td>——</td></tr>
<tr><td rowspan="2">3</td><td rowspan="2">融资租赁取得的固定资产</td><td>融资租入（或跨年度分期付款购入）的固定资产</td><td>借：固定资产（不需安装）/在建工程（需安装）
　贷：长期应付款（协议或合同确定的租赁价款）
　　财政拨款收入/零余额账户用款额度/银行存款等（实际支付的相关税费、运输费等）</td><td>借：事业支出/经营支出等（际支付的相关税费、运输费等）
　贷：财政拨款预算收入/资金结存</td></tr>
<tr><td>定期支付租金</td><td>借：长期应付款
　贷：财政拨款收入/零余额账户用款额度/银行存款等</td><td>借：事业支出/经营支出等
　贷：财政拨款预算收入/资金结存</td></tr>
<tr><td>4</td><td colspan="2">分期付款购入固定资产</td><td colspan="2">参照融资租入固定资产</td></tr>
<tr><td rowspan="2">5</td><td colspan="2">接受捐赠的固定资产</td><td>借：固定资产（不需安装）/在建工程（需安装）
　贷：银行存款/零余额账户用款额度等（发生的相关税费、运输费等）
　　捐赠收入（差额）</td><td>借：其他支出（支付的相关税费、运输费等）
　贷：资金结存</td></tr>
<tr><td colspan="2">接受捐赠的固定资产按照名义金额入账的</td><td>借：固定资产（名义金额）
　贷：捐赠收入
借：其他费用
　贷：银行存款/零余额账户用款额度等（发生的相关税费、运输费等）</td><td>借：其他支出（支付的相关税费、运输费等）
　贷：资金结存</td></tr>
<tr><td>6</td><td colspan="2">无偿调入的固定资产</td><td>借：固定资产（不需安装）/在建工程（需安装）
　贷：银行存款/零余额账户用款额度等（发生的相关税费、运输费等）
　　无偿调拨净资产（差额）</td><td>借：其他支出（支付的相关税费、运输费等）
　贷：资金结存</td></tr>
<tr><td>7</td><td colspan="2">置换取得的固定资产</td><td colspan="2">参照“库存物品”科目中置换取得库存物品的账务处理。</td></tr>
</table>

（四）固定资产的后续计量的主要会计账务处理与列表说明

第一，符合固定资产确认条件的后续支出

通常情况下，将固定资产转入改建、扩建时，按照固定资产的账面价值，借记“在建工程”科目，按照固定资产已计提折旧，借记“固定资产累计折旧”科目，按照固定资产的账面余额，贷记本科目。为增加固定资产使用效能或延长其使用年限而发生的改建、扩建等后续支出，借记“在建工程”科目，贷记“财政拨款收入”、“零余额账户用款额度”、“银行存款”等科目。固定资产改建、扩建等完成交付使用时，按照在建工程成本，借记本科目，贷记“在建工程”科目。

第二，不符合固定资产确认条件的后续支出。

为保证固定资产正常使用发生的日常维修等支出，借记“业务活动费用”、“单位管理费用”等科目，贷记“财政拨款收入”、“零余额账户用款额度”、“银行存款”等科目。

第三，报经批准出售、转让固定资产，按照被出售、转让固定资产的账面价值，借记“资产处置费用”科目，按照固定资产已计提的折旧，借记“固定资产累计折旧”科目，按照固定资产账面余额，贷记本科目；同时，按照收到的价款，借记“银行存款”等科目，按照处置过程中发生的相关费用，贷记“银行存款”等科目，按照其差额，贷记“应缴财政款”科目。

第四，报经批准对外捐赠固定资产，按照固定资产已计提的折旧，借记“固定资产累计折旧”科目，按照被处置固定资产账面余额，贷记本科目，按照捐赠过程中发生的归属于捐出方的相关费用，贷记“银行存款”等科目，按照其差额，借记“资产处置费用”科目。

第五，报经批准无偿调出固定资产，按照固定资产已计提的折旧，借记“固定资产累计折旧”科目，按照被处置固定资产账面余额，贷记本科目，按照其差额，借记“无偿调拨净资产”科目；同时，按照无偿调出过程中发生的归属于调出方的相关费用，借记“资产处置费用”科目，贷记“银行存款”等科目。

第六，报经批准置换换出固定资产，参照“库存物品”中置换换入库存物品的规定进行账务处理。

第七，单位应当定期对固定资产进行清查盘点，每年至少盘点一次。对于发生的固定资产盘盈、盘亏或毁损、报废，应当先记入“待处理财产损溢”科目，按照规定报经批准后及时进行后续账务处理。

（1）盘盈的固定资产，其成本按照有关凭据注明的金额确定；没有相关凭据、但按照规定经过资产评估的，其成本按照评估价值确定；没有相关凭据、也未经过评估的，其成本按照重置成本确定。如无法采用上述方法确定盘盈固定资产成本的，按照名义金额（人民币1元）入账。盘盈的固定资产，按照确定的入账成本，借记本科目，贷记“待处理财产损溢”科目。

（2）盘亏、毁损或报废的固定资产，按照待处理固定资产的账面价值，借记“待处理财产损溢”科目，按照已计提折旧，借记“固定资产累计折旧”科目，按照固定资产的账面余额，贷记本科目。

固定资产后续计量的主要账务处理如表2－70所示。

表2－70　固定资产后续计量的主要账务处理

序号	业务和事项内容	财务会计	预算会计
1	符合固定资产确认条件的（增加固定资产使用效能或延长其使用年限而发生的改建、扩建等后续支出）	借：在建工程（固定资产账面价值）固定资产累计折旧 贷：固定资产（账面余额）	——
		借：在建工程 贷：财政拨款收入/零余额账户用款额度/应付账款/银行存款等	借：事业支出/经营支出等 贷：财政拨款预算收入/资金结存
2	不符合固定资产确认条件的	借：业务活动费用/单位管理费用/经营费用等 贷：财政拨款收入/零余额账户用款额度/银行存款等	借：事业支出/经营支出等 贷：财政拨款预算收入/资金结存
3	报经批准出售、转让固定资产	借：资产处置费用 固定资产累计折旧 贷：固定资产（账面余额）	——
		借：银行存款（处置固定资产收到的价款） 贷：应缴财政款 银行存款等（发生的相关费用）	——

续表

序号	业务和事项内容		财务会计	预算会计
4	对外捐赠固定资产		借：资产处置费用 固定资产累计折旧 贷：固定资产（账面余额） 银行存款等（归属于捐出方的相关费用）	按照对外捐赠过程中发生的归属于捐出方的相关费用 借：其他支出 贷：资金结存
5	报经批准无偿调出固定资产		借：无偿调拨净资产 固定资产累计折旧 贷：固定资产（账面余额）	——
			借：资产处置费用 贷：银行存款等（归属于调出方的相关费用）	借：其他支出 贷：资金结存
6	置换换出固定资产		参照“库存物品”科目中置换取得库存物品的规定进行账务处理	
7	固定资产定期盘点清查	盘盈的固定资产	借：固定资产 贷：待处理财产损溢	——
		盘亏、毁损或报废的固定资产	借：待处理财产损溢（账面价值） 固定资产累计折旧 贷：固定资产（账面余额）	——

（五）会计实务示例

【例 2 –46】某事业单位 2019 年 7 月 10 日用事业经费购买精密仪器专用设备一台，价款 28 000 元，运杂费 200 元，以财政授权支付。该单位编制有关的会计分录如表 2 –71 所示。

表 2 –71

时间	财务会计分录	预算会计分录
2019 年 7 月 10 日	借：固定资产——专用设备 28 200 贷：零余额账户用款额度——基本支出用款额度 28 200	借：事业支出——基本支出——资本性支出——专用设备 28 200 贷：资金结存——零余额账户用款额度 28 200

【例 2 –47】某事业单位 2019 年 7 月 10 日用项目 A 经费购买大型设备一台，价款 500 000 元，运杂费 20 000 元，以财政直接支付 470 000 元，剩下

50 000 元作为质量保证金，约定一年后没有问题再予以支付。2020 年 8 月 1 日，财政直接支付保证金 50 000 元。该单位编制有关的会计分录如表 2－72 所示。

表 2－72

时间	财务会计分录	预算会计分录
2019 年 7 月 10 日	借：固定资产——专用设备 520 000 贷：财政拨款收入——财政直接支付——项目支出——A 项目 470 000 长期应付款——质量保证金 50 000	借：事业支出——项目支出——A 项目——资本性支出——专用设备 470 000 贷：财政拨款预算收入——财政直接支付——项目支出——A 项目 470 000
2020 年 8 月 1 日	借：长期应付款——质量保证金 50 000 贷：财政拨款收入——财政直接支付——项目支出——A 项目 50 000	借：事业支出——项目支出——A 项目——资本性支出——专用设备 50 000 贷：财政拨款预算收入——财政直接支付——项目支出——A 项目 50 000

【例 2－48】 某事业单位 2019 年 7 月 20 日采用融资租赁方式向某公司租入专用设备一台，协议价为 24 万元，每年年底支付租金 3 万元，以银行存款支付，分 8 年付清。租入该专用设备时，发生运杂费、安装费等 1 万元，以银行存款支付。该单位编制有关的会计分录如表 2－73 所示。

表 2－73

时间	财务会计分录	预算会计分录
2019 年 7 月 20 日	借：固定资产——专用设备 250 000 贷：银行存款——基本账户存款 10 000 长期应付款——融资租赁费 240 000	借：事业支出——基本支出——资本性支出——专用设备 10 000 贷：资金结存——货币资金——银行存款 10 000
2019 年 12 月 31 日	借：长期应付款——融资租赁费 30 000 贷：银行存款——基本账户存款 30 000	借：事业支出 ——基本支出——资本性支出——专用设备 30 000 贷：资金结存——货币资金——银行存款 30 000

【例2-49】某事业单位2019年7月20日接受A公司捐赠的某种通用设备50台，该通用设备的市场价格为每台5 000元，发生其他运杂费3 000元。同时接受B公司捐赠的某种特种专用设备1台，无市场价格，暂按照名义价格入账，发生运杂费5 000元。均用银行存款支付。该单位编制有关的会计分录如表2-74所示。

表2-74

时间	财务会计分录	预算会计分录
2019年7月20日	借：固定资产——通用设备 253 000 贷：银行存款——基本账户存款 3 000 捐赠收入 250 000	借：其他支出——运杂费 3 000 贷：资金结存——货币资金——银行存款 3 000
2019年7月20日	借：固定资产——专用设备 1 贷：捐赠收入——A公司 1 借：其他费用——运杂费 5 000 贷：银行存款——基本账户存款 5 000	借：其他支出——运杂费 5 000 贷：资金结存——货币资金——银行存款 5 000

【例2-50】某事业单位6月10日从同一系统内部另一家事业单位无偿调入一台专用仪器，对方账面记载价值20 000元，另支付相关运杂费2 000元。该单位编制有关的会计分录如表2-75所示。

表2-75

时间	财务会计分录	预算会计分录
6月10日	借：固定资产——专用设备 22 000 贷：银行存款——基本账户存款 2 000 无偿调拨净资产 20 000	借：其他支出——运杂费 2 000 贷：资金结存——货币资金——银行存款 2 000

【例2-51】某事业单位与另一家事业单位经协商，以其持有的一批物品A与对方拥有的一幢公寓楼进行交换，双方约定交换日为2019年4月1日。在交换日，物品账面价值为400万元，在交换日的评估价值为450万元。该幢公寓楼的账面原价为400万元，已提折旧80万元，评估价值为400万元；同时收到50万补价。假定该项交易过程中除支付了相关支出10万元外，不涉及其他相关税费。该单位编制有关的会计分录如表2-76所示。

表 2-76

时间	财务会计分录	预算会计分录
4月1日	借：固定资产——房屋建筑物（换出资产评估价值+其他相关支出-补价） 4 100 000 银行存款（补价） 500 000 贷：库存物品——A 4 000 000 银行存款——基本账户存款（其他相关支出） 100 000 应缴财政款——应缴国库款 400 000 其他收入——置换资产评估增值（贷方差） 100 000	不做账务处理

【例 2-52】某事业单位 2019 年 4 月 1 日经批准出售专用设备一台，该设备原价 5 万元，已计提折旧 4 万元，出售时取得价款 1.5 万元，发生相关税费 0.6 万元，款项均通过银行存款收付。该单位编制有关的会计分录如表 2-77 所示。

表 2-77

时间	财务会计分录	预算会计分录
4月1日	借：资产处置费用 10 000 固定资产累计折旧——专用设备 40 000 贷：固定资产——专用设备 50 000 借：银行存款——基本账户存款（处置收到的价款） 15 000 贷：应缴财政款——应缴国库款 9 000 银行存款——基本账户存款（发生相关费用） 6 000	不做账务处理

【例 2-53】某事业单位 2019 年 4 月 1 日经批准捐赠专用设备一台，该设备原价 5 万元，已计提折旧 4 万元，发生相关税费 0.6 万元，款项均通过银行存款收付。该单位编制有关的会计分录如表 2-78 所示。

表 2-78

时间	财务会计分录	预算会计分录
4月1日	借：资产处置费用 16 000 固定资产累计折旧——专用设备 40 000 贷：固定资产——专用设备 50 000 银行存款——基本账户存款（属于捐出方的费用） 6 000	借：其他支出——相关税费 6 000 贷：资金结存——货币资金—银行存款 6 000

【例2－54】 某事业单位2019年4月1日经批准无偿调出专用设备一台，该设备原价5万元，已计提折旧4万元，发生相关税费0.6万元，款项均通过银行存款收付。该单位编制有关的会计分录如表2－79所示。

表2－79

时间	财务会计分录	预算会计分录
4月1日	借：无偿调拨净资产 10 000 固定资产累计折旧——专用设备 40 000 贷：固定资产——专用设备 50 000 借：资产处置费用 6 000 贷：银行存款——基本账户存款 6 000	不做账务处理 借：其他支出——相关税费 6 000 贷：资金结存——货币资金 6 000

【例2－55】 某事业单位2019年终盘点固定资产，发现盘盈通用设备一台，市场价值5万元，四成新，经批准作为本单位固定资产入账。该单位编制有关的会计分录如表2－80所示。

表2－80

时间	财务会计分录	预算会计分录
12月31日	借：固定资产——通用设备 20 000 贷：待处理财产损溢——固定资产 20 000	不做账务处理

【例2－56】 某事业单位年末盘点固定资产，发现盘亏某专用设备一台，价值6 000元，已提折旧5 000元，经查属于正常原因，已按规定程序批准核销。该单位编制有关的会计分录如表2－81所示。

表2－81

时间	财务会计分录	预算会计分录
12月31日	借：待处置财产损溢——固定资产 1 000 固定资产累计折旧——专用设备 5 000 贷：固定资产——专用设备 6 000	不做账务处理

【例2－57】 某事业单位经批准报废某通用设备一台，该通用设备的账面原值为14 000元，已计提折旧12 000元，支付清理费用600元，残料出售取得收入1 800元。该单位编制有关的会计分录如表2－82所示。

表 2 - 82

时间	财务会计分录	预算会计分录
12 月 31 日	借：待处置财产损溢——固定资产——待处理财产价值 2 000 固定资产累计折旧——通用设备 12 000 贷：固定资产 ——通用设备 14 000 借：资产处置费用 2 000 贷：待处置财产损溢——固定资产 2 000	不做账务处理
12 月 31 日	借：银行存款——基本账户存款 1 800 贷：待处置财产损溢 ——固定资产——处理净收入 1 800	不做账务处理
12 月 31 日	借：待处置财产损溢——固定资产——处理净收入 600 贷：银行存款——基本账户存款 600	不做账务处理
12 月 31 日	借：待处置财产损溢——固定资产——处理净收入 1 200 贷：应缴财政款——应缴国库款 1 200	不做账务处理

（六）期末余额

本科目期末借方余额，反映单位固定资产的原值。

三、固定资产累计折旧

（一）核算内容

本科目核算单位计提的固定资产累计折旧。

公共基础设施和保障性住房计提的累计折旧，应当分别通过“公共基础设施累计折旧（摊销）”科目和“保障性住房累计折旧”科目核算，不通过本科目核算。

（二）明细科目设置

本科目应当按照所对应固定资产的明细分类进行明细核算。

（三）主要账务处理与列表说明

按月计提固定资产折旧时，按照应计提折旧金额，借记“业务活动费用”、“单位管理费用”、“经营费用”、“加工物品”、“在建工程”等科目，贷记本科目。

经批准处置或处理固定资产时，按照所处置或处理固定资产的账面价值，借记“资产处置费用”、“无偿调拨净资产”、“待处理财产损溢”等科目，按照已计提折旧，借记本科目，按照固定资产的账面余额，贷记“固定资产”科目。

固定资产累计折旧的主要账务处理如表 7－83 所示。

表 2－83　　　　固定资产累计折旧的主要账务处理

序号	业务和事项内容	财务会计	预算会计
1	按月计提固定资产折旧时	借：业务活动费用/单位管理费用/经营费用等 贷：固定资产累计折旧	——
2	处置固定资产时	借：待处理财产损溢/无偿调拨净资产/资产处置费用等 固定资产累计折旧 贷：固定资产（账面余额）	涉及资金支付的，参照“固定资产”科目相关账务处理

（四）会计实务示例

【例 2－58】某事业单位 2019 年 1 月底按月计提折旧，其中计入业务活动费用折旧额为 12 000 元，计入单位管理费用折旧额为 10 000 元。2019 年 2 月加工一批物品，分摊固定资产折旧费 12 000 元。该单位编制有关的会计分录如表 2－84 所示。

表 2－84

时间	财务会计分录	预算会计分录
1 月 31 日	借：业务活动费用——固定资产折旧费　12 000 单位管理费用——固定资产折旧费　10 000 贷：固定资产累计折旧　22 000	不做账务处理
2 月 28 日	借：加工物品——自制物品　12 000 贷：固定资产累计折旧　12 000	不做账务处理

（五）期末余额

本科目期末贷方余额，反映单位计提的固定资产折旧累计数。

第七节 在建工程的核算

一、在建工程概述

在《政府会计制度》总说明中要求“单位对基本建设投资应当按照本制度规定统一进行会计核算，不再单独建账，但是应当按项目单独核算，并保证项目资料完整。”因此，在建工程的核算要按照《国有建设单位会计制度》和《基本建设财务规则》相关要求进行。在建工程是指已经发生必要支出，但尚未达到交付使用状态的建设项目工程。不论是基本建设项目，还是非基本建设项目，只要是涉及单位的新建、改建、扩建以及技术改造、设备更新等资本性支出，都纳入在建工程核算。

二、工程物资

（一）核算内容

本科目核算单位为在建工程准备的各种物资的成本，包括工程用材料、设备等。

（二）明细科目设置

本科目可按照“库存材料”、“库存设备”等工程物资类别进行明细核算。

（三）主要账务处理与列表说明

购入为工程准备的物资，按照确定的物资成本，借记本科目，贷记“财政拨款收入”、“零余额账户用款额度”、“银行存款”、“应付账款”等科目。

领用工程物资，按照物资成本，借记“在建工程”科目，贷记本科目。工程完工后将领出的剩余物资退库时做相反的会计分录。

工程完工后将剩余的工程物资转作本单位存货等的，按照物资成本，借记“库存物品”等科目，贷记本科目。涉及增值税业务的，相关账务处理参见“应交增值税”科目。

工程物资的主要账务处理如表2－85所示。

表2－85　　工程物资的主要账务处理

序号	业务和事项内容		账务处理	
			财务会计	预算会计
1	取得工程物资	购入工程物资	借：工程物资 贷：财政拨款收入/零余额账户用款额度/银行存款/应付账款/其他应付款等	借：事业支出/经营支出等（实际支付的款项） 贷：财政拨款预算收入/资金结存
2	领用工程物资	发出工程物资	借：在建工程 贷：工程物资	——
3	剩余工程物资	剩余工程物资转为存货	借：库存物品 贷：工程物资	——

（四）会计实务示例

【例2－59】某事业单位2019年4月10日购入一批为工程准备的物资A产品，财政授权支付20 000元，另外用银行存款支付运杂费1 000元。5月1日领用其中50%物资用于工程建设——B项目。6月1日再次领用40%。8月1日工程完工，剩下的物资转为本单位的库存物品管理。该单位编制有关的会计分录如表2－86所示。

表2－86

时间	财务会计分录	预算会计分录
4月10日	借：工程物资——库存材料——A　21 000 贷：银行存款——基本账户存款　1 000 零余额账户用款额度——基本支出用款额度　20 000	借：事业支出——基本支出——资本性支出　21 000 贷：资金结存——零余额账户用款额度　20 000 资金结存——货币资金——银行存款　1 000
5月1日	借：在建工程——B项目　10 500 贷：工程物资——库存材料——A　10 500	不做账务处理

续表

时间	财务会计分录	预算会计分录
6月1日	借：在建工程——B项目　8 400 　贷：工程物资——库存材料——A　8 400	不做账务处理
8月1日	借：库存物品——A　2 100 　贷：工程物资——库存材料——A　2 100	不做账务处理

（五）期末余额

本科目期末借方余额，反映单位为在建工程准备的各种物资的成本。

三、在建工程

（一）核算内容

本科目核算单位在建的建设项目工程的实际成本。单位在建的信息系统项目工程、公共基础设施项目工程、保障性住房项目工程的实际成本，也通过本科目核算。

（二）明细科目设置

本科目应当设置"建筑安装工程投资"、"设备投资"、"待摊投资"、"其他投资"、"待核销基建支出"、"基建转出投资"等明细科目，并按照具体项目进行明细核算。

1. "建筑安装工程投资"明细科目

本科目核算单位发生的构成建设项目实际支出的建筑工程和安装工程的实际成本，不包括被安装设备本身的价值以及按照合同规定支付给施工单位的预付备料款和预付工程款。本明细科目应当设置"建筑工程"和"安装工程"两个明细科目进行明细核算。

2. "设备投资"明细科目

本科目核算单位发生的构成建设项目实际支出的各种设备的实际成本。

3. "待摊投资"明细科目

本科目核算单位发生的构成建设项目实际支出的、按照规定应当分摊计入有关工程成本和设备成本的各项间接费用和税费支出。本明细科目的具体核算内容包括以下方面：

（1）勘察费、设计费、研究试验费、可行性研究费及项目其他前期费用。

（2）土地征用及迁移补偿费、土地复垦及补偿费、森林植被恢复费及其他为取得土地使用权、租用权而发生的费用。

（3）土地使用税、耕地占用税、契税、车船税、印花税及按照规定缴纳的其他税费。

（4）项目建设管理费、代建管理费、临时设施费、监理费、招投标费、社会中介审计（审查）费及其他管理性质的费用。

其中，项目建设管理费是指项目建设单位从项目筹建之日起至办理竣工财务决算之日止发生的管理性质的支出，包括不在原单位发工资的工作人员工资及相关费用、办公费、办公场地租用费、差旅交通费、劳动保护费、工具用具使用费、固定资产使用费、招募生产工人费、技术图书资料费（含软件）、业务招待费、施工现场津贴、竣工验收费等。

（5）项目建设期间发生的各类专门借款利息支出或融资费用。

（6）工程检测费、设备检验费、负荷联合试车费及其他检验检测类费用。

（7）固定资产损失、器材处理亏损、设备盘亏及毁损、单项工程或单位工程报废、毁损净损失及其他损失。

（8）系统集成等信息工程的费用支出。

（9）其他待摊性质支出。

本明细科目应当按照上述费用项目进行明细核算，其中有些费用（如项目建设管理费等），还应当按照更为具体的费用项目进行明细核算。

4. “其他投资”明细科目

本科目核算单位发生的构成建设项目实际支出的房屋购置支出，基本畜禽、林木等购置、饲养、培育支出，办公生活用家具、器具购置支出，软件研发和不能计入设备投资的软件购置等支出。单位为进行可行性研究而购置的固定资产，以及取得土地使用权支付的土地出让金，也通过本明细科目核算。本明细科目应当设置“房屋购置”、“基本畜禽支出”、“林木支出”、“办公生活用家具、器具购置”、“可行性研究固定资产购置”、“无形资产”等明细科目。

5. “待核销基建支出”明细科目

本科目核算建设项目发生的江河清障、航道清淤、飞播造林、补助群众造林、水土保持、城市绿化、取消项目的可行性研究费以及项目整体报废等不能形成资产部分的基建投资支出。本明细科目应按照待核销基建支出的类别进行明细核算。

6. "基建转出投资" 明细科目

本科目核算为建设项目配套而建成的、产权不归属本单位的专用设施的实际成本。本明细科目应按照转出投资的类别进行明细核算。

（三）主要账务处理与列表说明

1. 建筑安装工程投资

（1）将固定资产等资产转入改建、扩建等时，按照固定资产等资产的账面价值，借记本科目（建筑安装工程投资），按照已计提的折旧或摊销，借记"固定资产累计折旧"等科目，按照固定资产等资产的原值，贷记"固定资产"等科目。

固定资产等资产改建、扩建过程中涉及替换（或拆除）原资产的某些组成部分的，按照被替换（或拆除）部分的账面价值，借记"待处理财产损溢"科目，贷记本科目（建筑安装工程投资）。

（2）单位对于发包建筑安装工程，根据建筑安装工程价款结算账单与施工企业结算工程价款时，按照应承付的工程价款，借记本科目（建筑安装工程投资），按照预付工程款余额，贷记"预付账款"科目，按照其差额，贷记"财政拨款收入"、"零余额账户用款额度"、"银行存款"、"应付账款"等科目。

（3）单位自行施工的小型建筑安装工程，按照发生的各项支出金额，借记本科目（建筑安装工程投资），贷记"工程物资"、"零余额账户用款额度"、"银行存款"、"应付职工薪酬"等科目。

（4）工程竣工，办妥竣工验收交接手续交付使用时，按照建筑安装工程成本（含应分摊的待摊投资），借记"固定资产"等科目，贷记本科目（建筑安装工程投资）。

2. 设备投资

（1）购入设备时，按照购入成本，借记本科目（设备投资），贷记"财政拨款收入"、"零余额账户用款额度"、"银行存款"等科目；采用预付款方式购入设备的，有关预付款的账务处理参照本科目有关"建筑安装工程投资"明细科目的规定。

（2）设备安装完毕，办妥竣工验收交接手续交付使用时，按照设备投资成本（含设备安装工程成本和分摊的待摊投资），借记"固定资产"等科目，贷记本科目（设备投资、建筑安装工程投资——安装工程）。

将不需要安装的设备和达不到固定资产标准的工具、器具交付使用时，按照相关设备、工具、器具的实际成本，借记“固定资产”、“库存物品”科目，贷记本科目（设备投资）。

3. 待摊投资

建设工程发生的构成建设项目实际支出的、按照规定应当分摊计入有关工程成本和设备成本的各项间接费用和税费支出，先在本明细科目中归集；建设工程办妥竣工验收手续交付使用时，按照合理的分配方法，摊入相关工程成本、在安装设备成本等。

（1）单位发生的构成待摊投资的各类费用，按照实际发生金额，借记本科目（待摊投资），贷记“财政拨款收入”、“零余额账户用款额度”、“银行存款”、“应付利息”、“长期借款”、“其他应交税费”、“固定资产累计折旧”、“无形资产累计摊销”等科目。

（2）对于建设过程中试生产、设备调试等产生的收入，按照取得的收入金额，借记“银行存款”等科目，按照依据有关规定应当冲减建设工程成本的部分，贷记本科目（待摊投资），按照其差额贷记“应缴财政款”或“其他收入”科目。

（3）由于自然灾害、管理不善等原因造成的单项工程或单位工程报废或毁损，扣除残料价值和过失人或保险公司等赔款后的净损失，报经批准后计入继续施工的工程成本的，按照工程成本扣除残料价值和过失人或保险公司等赔款后的净损失，借记本科目（待摊投资），按照残料变价收入、过失人或保险公司赔款等，借记“银行存款”、“其他应收款”等科目，按照报废或毁损的工程成本，贷记本科目（建筑安装工程投资）。

（4）工程交付使用时，按照合理的分配方法分配待摊投资，借记本科目（建筑安装工程投资、设备投资），贷记本科目（待摊投资）。

待摊投资的分配方法，可按照下列公式计算：

①按照实际分配率分配。适用于建设工期较短、整个项目的所有单项工程一次竣工的建设项目。

实际分配率 = 待摊投资明细科目余额 ÷（建筑工程明细科目余额 + 安装工程明细科目余额 + 设备投资明细科目余额）×100%

②按照概算分配率分配。适用于建设工期长、单项工程分期分批建成投入使用的建设项目。

概算分配率 =（概算中各待摊投资项目的合计数 - 其中可直接分配部分）÷（概算中建筑工程、安装工程和设备投资合计）×100%

③某项固定资产应分配的待摊投资 = 该项固定资产的建筑工程成本或该项固定资产（设备）的采购成本和安装成本合计 × 分配率

4. 其他投资

（1）单位为建设工程发生的房屋购置支出，基本畜禽、林木等的购置、饲养、培育支出，办公生活用家具、器具购置支出，软件研发和不能计入设备投资的软件购置等支出，按照实际发生金额，借记本科目（其他投资），贷记“财政拨款收入”、“零余额账户用款额度”、“银行存款”等科目。

（2）工程完成将形成的房屋、基本畜禽、林木等各种财产以及无形资产交付使用时，按照其实际成本，借记“固定资产”、“无形资产”等科目，贷记本科目（其他投资）。

5. 待核销基建支出

（1）建设项目发生的江河清障、航道清淤、飞播造林、补助群众造林、水土保持、城市绿化等不能形成资产的各类待核销基建支出，按照实际发生金额，借记本科目（待核销基建支出），贷记“财政拨款收入”、“零余额账户用款额度”、“银行存款”等科目。

（2）取消的建设项目发生的可行性研究费，按照实际发生金额，借记本科目（待核销基建支出），贷记本科目（待摊投资）。

（3）由于自然灾害等原因发生的建设项目整体报废所形成的净损失，报经批准后转入待核销基建支出，按照项目整体报废所形成的净损失，借记本科目（待核销基建支出），按照报废工程回收的残料变价收入、保险公司赔款等，借记“银行存款”、“其他应收款”等科目，按照报废的工程成本，贷记本科目（建筑安装工程投资等）。

（4）建设项目竣工验收交付使用时，对发生的待核销基建支出进行冲销，借记“资产处置费用”科目，贷记本科目（待核销基建支出）。

6. 基建转出投资

为建设项目配套而建成的、产权不归属本单位的专用设施，在项目竣工验收交付使用时，按照转出的专用设施的成本，借记本科目（基建转出投资），贷记本科目（建筑安装工程投资）；同时，借记“无偿调拨净资产”科目，贷记本科目（基建转出投资）。

在建工程的主要账务处理如表 2 – 87 所示。

表 2-87　在建工程的主要账务处理

序号	业务和事项内容		账务处理：财务会计	账务处理：预算会计
1	建筑安装工程投资	将固定资产等转入改建、扩建时	借：在建工程——建筑安装工程投资 固定资产累计折旧等 贷：固定资产等	——
		改扩建过程中替换（拆除）原资产某些组成部分的	借：待处理财产损溢 贷：在建工程——建筑安装工程投资	——
		发包工程预付工程款时	借：预付账款——预付工程款 贷：财政拨款收入/零余额账户用款额度/银行存款等	借：事业支出等 贷：财政拨款预算收入/资金结存
		按照进度结算工程款时	借：在建工程——建筑安装工程投资 贷：预付账款——预付工程款财政拨款收入/零余额账户用款额度/银行存款/应付账款等	借：事业支出等（补付款项） 贷：财政拨款预算收入/资金结存
		自行施工小型建筑安装工程发生支出时	借：在建工程——建筑安装工程投资 贷：工程物资/零余额账户用款额度/银行存款/应付职工薪酬等	借：事业支出等（实际支付的款项） 贷：资金结存等
		工程竣工验收交付使用时	借：固定资产等 贷：在建工程——建筑安装工程投资	——
2	设备投资	购入设备时	借：在建工程——设备投资 贷：财政拨款收入/零余额账户用款额度/应付账款/银行存款等	借：事业支出等（实际支付的款项） 贷：财政拨款预算收入/资金结存
		安装完毕，交付使用时	借：固定资产等 贷：在建工程——设备投资——建筑安装工程投资——安装工程	——
		将不需要安装设备和达不到固定资产标准的工具器具交付使用时	借：固定资产/库存物品 贷：在建工程——设备投资	——

续表

序号	业务和事项内容		账务处理	
			财务会计	预算会计
3	待摊投资	发生构成待摊投资的各类费用时	借：在建工程——待摊投资 贷：财政拨款收入/零余额账户用款额度/银行存款/应付利息/长期借款/其他应交税费等	借：事业支出等（实际支付的款项） 贷：财政拨款预算收入/资金结存
		对于建设过程中试生产、设备调试等产生的收入	借：银行存款等 贷：在建工程——待摊投资（按规定冲减工程成本的部分） 应缴财政款/其他收入（差额）	借：资金结存 贷：其他预算收入
		经批准将单项工程或单位工程报废净损失计入继续施工的工程成本的	借：在建工程——待摊投资 银行存款/其他应收款等（残料变价收入、赔款等） 贷：在建工程——建筑安装工程投资（毁损报废工程成本）	借：资金结存 贷：其他预算收入
		工程交付使用时，按照一定的分配方法进行待摊投资分配	借：在建工程——建筑安装工程投资——设备投资 贷：在建工程——待摊投资	——
4	其他投资	发生其他投资支出时	借：在建工程——其他投资 贷：财政拨款收入/零余额账户用款额度/银行存款等	借：事业支出等（实际支付的款项） 贷：财政拨款预算收入/资金结存
		资产交付使用时	借：固定资产/无形资产等 贷：在建工程——其他投资	——

续表

序号	业务和事项内容		账务处理	
			财务会计	预算会计
5	待核销基建支出	发生各类待核销基建支出时	借：在建工程——待核销基建支出 贷：财政拨款收入/零余额账户用款额度/银行存款等	借：事业支出（实际支付的款项） 贷：财政拨款预算收入/资金结存
		取消的项目发生的可行性研究费	借：在建工程——待核销基建支出 贷：在建工程——待摊投资	——
		由于自然灾害等原因发生的项目整体报废所形成的净损失	借：在建工程——待核销基建支出/银行存款/其他应收款等（残料变价收入、保险赔款等） 贷：在建工程——建筑安装工程投资等	借：资金结存 贷：其他预算收入
		经批准冲销待核销基建支出时	借：资产处置费用 贷：在建工程——待核销基建支出	——
6	基建转出投资	建造的产权不归属本单位的专用设施转出时	借：在建工程——基建转出投资 贷：在建工程——建筑安装工程投资	——
		冲销转出的在建工程时	借：无偿调拨净资产 贷：在建工程——基建转出投资	——

（四）会计实务示例

【例 2 -60】 某事业单位一处办公用房于 2019 年 5 月 1 日进行改扩建，该办公用房原值 1 000 万元，累计折旧 800 万元，改扩建过程中拆除了部分楼层重新翻建，拆除部分约占 20%。该单位编制有关的会计分录如表 2 - 88 所示。

表 2-88

时间	财务会计分录	预算会计分录
5月1日	借：在建工程——建筑安装工程投资 2 000 000 固定资产累计折旧——房屋建筑物 8 000 000 贷：固定资产——房屋建筑物 10 000 000	不做账务处理
5月1日	借：待处理财产损溢——在建工程 400 000 贷：在建工程——建筑安装工程投资 400 000	不做账务处理

【例 2-61】 某事业单位经当地有关部门批准，新建一栋办公楼。建造的办公楼由 3 个单项工程组成，包括建造办公楼建筑、立体停车库以及安装配电设备。2019 年 2 月 1 日，该事业单位履行政府采购相关程序后，与乙公司签订合同，将该项目出包给乙公司承建。根据双方签订的合同，建造办公楼的价款为 5 000 000 元，建造立体停车库的价款为 300 000 元，安装发电设备需支付安装费用 500 000 元。建造期间发生的有关事项如下（假定不考虑相关税费）：

（1）2019 年 2 月 10 日，按合同约定向乙公司预付 10% 备料款 530 000 元，其中办公楼 500 000 元，立体停车库 30 000 元。

（2）2019 年 8 月 2 日，建造工程进度达到 50%，该事业单位与乙公司办理工程价款结算 2 650 000 元，其中办公楼 2 500 000 元，立体停车库 150 000 元。抵扣了预付备料款后，将余款用银行存款付讫。

（3）2019 年 10 月 1 日，购入需安装的配电设备，价款总计 3 500 000 元（含增值税进项税额），已用银行存款付讫。

（4）2020 年 3 月 10 日，建筑工程主体已完工，与乙公司办理工程价款结算 2 650 000 元，其中办公楼 2 500 000 元，立体停车库 150 000 元。用银行存款付讫。

（5）2020 年 4 月 1 日，将配电设备运抵现场，交乙公司安装。

（6）2020 年 5 月 10 日，配电设备安装到位，与乙公司办理设备安装价款结算 500 000 元，款项已支付。

（7）工程项目发生管理费、可行性研究费、公证费、监理费共计 136 000 元，已用银行存款付讫。

（8）2020 年 5 月，进行负荷联合试车，发生其他试车费用 50 000 元，用银行存款支付。

（9）2020 年 6 月 1 日，完成试车，各项指标达到设计要求。在建工程完工。同时转固定资产。

该单位编制有关的会计分录如表2－89所示。

表2－89

时间	财务会计分录	预算会计分录
2019年2月10日	借：预付账款——预付备料款 530 000 贷：银行存款——基本账户存款 530 000	借：事业支出——项目支出——资本性支出 530 000 贷：资金结存——货币资金——银行存款 530 000
2 019年8月2日	借：在建工程——建筑安装工程投资（办公楼） 2 500 000 在建工程——建筑安装工程投资（立体停车库） 150 000 贷：银行存款——基本账户存款 2 120 000 预付账款——预付备料款 530 000	借：事业支出——项目支出——资本性支出 2 120 000 贷：资金结存——货币资金——银行存款 2 120 000
2019年10月1日	借：工程物资——配电设备 3 500 000 贷：银行存款——基本账户存款 3 500 000	借：事业支出——项目支出——资本性支出 3 500 000 贷：资金结存——货币资金 3 500 000
2020年3月10日	借：在建工程——建筑安装工程投资（办公楼） 2 500 000 在建工程——建筑安装工程投资（立体停车库） 150 000 贷：银行存款——基本账户存款 2 650 000	借：事业支出——项目支出——资本性支出 2 650 000 贷：资金结存——货币资金——银行存款 2 650 000
2020年4月1日	借：在建工程——设备投资（配电设备） 3 500 000 贷：工程物资——配电设备 3 500 000	不做账务处理
2020年5月10日	借：在建工程——建筑安装工程投资（配电设备） 500 000 贷：银行存款——基本账户存款 500 000	借：事业支出——项目支出——资本性支出 500 000 贷：资金结存——货币资金——银行存款 500 000
2020年5月10日	借：在建工程——待摊投资 136 000 贷：银行存款——基本账户存款 136 000	借：事业支出——项目支出——资本性支出 136 000 贷：资金结存——货币资金——银行存款 136 000

续表

时间	财务会计分录	预算会计分录
2020 年 5 月	借：在建工程——待摊投资 50 000 贷：银行存款——基本账户存款 50 000	借：事业支出——项目支出——资本性支出 50 000 贷：资金结存——货币资金——银行存款 50 000
2020 年 6 月 1 日	待摊投资分配率 =（136 000 + 50 000）÷（5 000 000 + 300 000 + 500 000 + 3 500 000）× 100% = 186 000 ÷ 9 300 000 × 100% = 2% 办公楼应分配的待摊支出 = 5 000 000 × 2% = 100 000（元） 立体停车库应分配的待摊支出 = 300 000 × 2% = 6 000（元） 配电设备应分配的待摊支出 =（3 500 000 + 500 000）× 2% = 80 000（元） 借：在建工程——建筑安装工程投资（办公楼） 100 000 在建工程——建筑安装工程投资（立体停车库） 6 000 在建工程——建筑安装工程投资（配电设备） 10 000 在建工程——设备投资（配电设备） 70 000 贷：在建工程——待摊投资 186 000	不做账务处理
2020 年 6 月 1 日	借：固定资产——办公楼 5 100 000 固定资产——立体停车楼 306 000 固定资产——配电设备 4 080 000 贷：在建工程——建筑安装工程投资（办公楼） 5 100 000 在建工程——建筑安装工程投资（立体停车库） 306 000 在建工程——建筑安装工程投资（配电设备） 510 000 在建工程——设备投资（配电设备） 3 570 000	不做账务处理

【例 2－62】某事业单位 2019 年 5 月 10 日取消了一个项目发生的可行性研究费 30 000 元，年底该项目竣工交付使用，将该笔投资冲销。该单位编制有关的会计分录如表 2－90 所示。

表 2－90

时间	财务会计分录	预算会计分录
2019 年 5 月 10 日	借：在建工程——待核销基建支出　30 000 　　贷：在建工程——待摊投资　30 000	不做账务处理
2019 年 12 月 31 日	借：资产处置费用　30 000 　　贷：在建工程——待核销基建支出　30 000	不做账务处理

【例 2－63】某事业单位 2019 年 5 月 10 日某办公楼项目竣工验收交付使用时，某配套设施 300 万元不属于该事业单位的产权，将其转出。该单位编制有关的会计分录如表 2－91 所示。

表 2－91

时间	财务会计分录	预算会计分录
2019 年 5 月 10 日	借：在建工程——基建转出投资　3 000 000 　　贷：在建工程——建筑安装工程投资　3 000 000 同时，冲销转出的在建工程时 借：无偿调拨净资产　3 000 000 　　贷：在建工程——基建转出投资　3 000 000	不做账务处理

（五）期末余额

本科目期末借方余额，反映单位尚未完工的建设项目工程发生的实际成本。

第八节　无形资产的核算

一、无形资产的概述

（一）无形资产的定义及分类

1. 定义

无形资产是指政府会计主体控制的没有实物形态的可辨认非货币性资产，

如专利权、商标权、著作权、土地使用权、非专利技术等。“可辨认”的标准有两条，满足其一即可：

（1）能够从政府会计主体中分离或者划分出来，并能单独或者与相关合同、资产或负债一起，用于出售、转移、授予许可、租赁或者交换。

（2）源自合同性权利或其他法定权利，无论这些权利是否可以从政府会计主体或其他权利和义务中转移或者分离。

2. 无形资产的种类

（1）专利权，是指政府对事业单位在某一产品的造型、配方、结构、制造工艺或程序的发明上给予制造使用和出售等方面的专门权利。专利权受法律保护。

（2）土地使用权，是指事业单位依法取得的在一定期间内开发和利用土地的权利。在我国，土地归国家所有，任何单位或个人只有使用权，没有土地所有权。

（3）非专利技术，又称专有技术、技术秘密、技术诀窍，它是指发明者未申请专利或不够申请专利条件的而未经公开的先进技术，包括先进经验、技术设计资料、原料配方等。如事业单位在组织事业收入或经营收入过程中取得的在生产、经营和管理等方面未获得专利权的知识、经验和技巧等。非专利技术不受法律保护，但却是一种事实上的专利权，可以进行转让和投资。

（4）著作权，又称版权，是指文学、艺术和科学作品等著作人依法对其作品所拥有的权利，一般包括发表权、署名权、修改权、保护作品完整权、使用权和获得报酬权等。著作权受国家法律保护。

（5）商标权，是指事业单位专门在某类指定的商品或产品上使用特定的名称或图案的权利。商标一经注册，即受法律保护。

（二）无形资产的确认

第一，无形资产的确认条件；

（1）与该无形资产相关的服务潜力很可能实现或者经济利益很可能流入政府会计主体；

（2）该无形资产的成本或者价值能够可靠地计量。政府会计主体在判断无形资产的服务潜力或经济利益是否很可能实现或流入时，应当对无形资产在预计使用年限内可能存在的各种社会、经济、科技因素做出合理估计，并且应当有确凿的证据支持。

第二，政府会计主体购入的不构成相关硬件不可缺少组成部分的软件，应当确认为无形资产。

第三，研发支出：应当区分研究阶段支出与开发阶段支出。

（1）研究是指为获取并理解新的科学或技术知识而进行的独创性的有计划调查。研究阶段的特点：一是计划性。研究阶段是建立在有计划的调查基础上，即研发项目已经相关管理层的批准，并着手收集相关资料、进行市场调查等。二是探索性。研究阶段基本上是探索性的，为进一步的开发活动进行资料及相关方面的准备，这一阶段不会形成阶段性成果。从研究活动的特点看，其研究是否能在未来形成成果，即通过开发后是否会形成无形资产均有很大的不确定性，因此研究阶段的有关支出在发生时应当费用化计入当期损益。

（2）开发是指在进行生产或使用前，将研究成果或其他知识应用于某项计划或设计，以生产出新的或具有实质性改进的材料、装置、产品等。开发阶段的特点在于：一是具有针对性。开发阶段是建立在研究阶段基础上，因而，对项目的开发具有针对性。二是形成成果的可能性较大。进入开发阶段的研发项目往往形成成果的可能性较大。开发阶段的支出，先按合理方法进行归集，如果最终形成无形资产的，应当确认为无形资产；如果最终未形成无形资产的，应当计入当期费用。

（3）自行研发项目尚未进入开发阶段，或者确实无法区分研究阶段支出和开发阶段支出的，但按法律程序已申请取得无形资产的，应当将依法取得时发生的注册费、聘请律师费等费用确认为无形资产。

第四，政府会计主体自创商誉及内部产生的品牌、报刊名等，不应确认为无形资产。

第五，与无形资产有关的后续支出，符合本准则规定的确认条件的，应当计入无形资产成本，不符合本准则规定的确认条件的，应当在发生时计入当期费用。

（三）无形资产的初始计量

无形资产在取得时应当按照成本进行初始计量。非大批量购入，单价小于1 000元的无形资产，可以于购买的当期直接计入费用。

（1）外购的无形资产：其成本包括购买价款、相关税费以及可归属于该项资产达到预定用途前所发生的其他支出。政府会计主体委托软件公司开发的软件，视同外购无形资产确定其成本。

（2）自行开发的无形资产：其成本包括自该项目进入开发阶段后至达到预定用途前所发生的支出总额。

（3）置换获得的无形资产：其成本按照换出资产的评估价值加上支付的补价或减去收到的补价，加上换入无形资产发生的其他相关支出确定。

（4）接受捐赠的无形资产，其成本有四种确认方式：①按照有关凭据注明的金额加上相关税费确定；②没有相关凭据可供取得，但按规定经过资产评估的，其成本按照评估价值加上相关税费确定；③没有相关凭据可供取得、也未经资产评估的，其成本比照同类或类似资产的市场价格加上相关税费确定；④没有相关凭据且未经资产评估、同类或类似资产的市场价格也无法可靠取得的，按照名义金额入账，相关税费计入当期费用。

确定接受捐赠无形资产的初始入账成本时，应当考虑该项资产尚可为政府会计主体带来服务潜力或经济利益的能力。

（5）无偿调入的无形资产，其成本按照调出方账面价值加上相关税费确定。

（四）无形资产摊销

摊销是指在无形资产使用年限内，按照确定的方法对应摊销金额进行系统分摊。

（1）无形资产的摊销范围：政府会计主体应当对使用年限有限的无形资产进行摊销。应当于取得或形成无形资产时合理确定其使用年限。无形资产的使用年限为有限的，应当估计该使用年限。无法预见无形资产为政府会计主体提供服务潜力或者带来经济利益期限的，应当视为使用年限不确定的无形资产。

（2）下列无形资产不应摊销：

①使用年限不确定的无形资产；

②已摊销完毕仍继续使用的无形资产；

③以名义金额计量的无形资产。

（3）摊销年限的确定：

①法律规定了有效年限的，按照法律规定的有效年限作为摊销年限；

②法律没有规定有效年限的，按照相关合同或单位申请书中的受益年限作为摊销年限；

③法律没有规定有效年限、相关合同或单位申请书也没有规定受益年限的，应当根据无形资产为政府会计主体提供服务潜力或经济利益的实际情况，

预计其使用年限；

④非大批量购入、单价小于1 000元的无形资产，可以于购买的当期将其成本一次全部转销。

（4）摊销方法：采用年限平均法或者工作量法。

①年限平均法。年限平均法又称直线法，是指将无形资产的应计摊销额均衡地分摊到无形资产预计使用寿命内的一种方法。采用这种方法计算的每期摊销额均相等。计算公式如下：

每年摊销额＝无形资产应计摊销额÷预计摊销年限

每月摊销额＝无形资产年摊销额÷12

②工作量法。工作量法是指按照无形资产实际完成的工作总量计算摊销额的一种方法。采用这种方法，每期计提的摊销额随当期无形资产提供工作量的多少而变动，计算公式如下：

$$\text{单位摊销额}=\frac{\text{无形资产原值}}{\text{预计总工作量}}$$

当期摊销额＝当期工作量×单位摊销额

不考虑预计残值。因发生后续支出而增加无形资产成本的，应当按照重新确定的无形资产成本以及重新确定的摊销年限计算摊销额。

（5）摊销的会计处理：政府会计主体应当按月对使用年限有限的无形资产进行摊销，并根据用途计入当期费用或者相关资产成本。

（五）无形资产的后续计量

1. 出售无形资产

出售无形资产的应当将无形资产账面价值转销计入当期费用，并将处置收入大于相关处置税费后的差额按规定计入当期收入或者做应缴款项处理，将处置收入小于相关处置税费后的差额计入当期费用。

2. 对外捐赠、无偿调出无形资产

对外捐赠、无偿调出无形资产的，应当将无形资产的账面价值予以转销，对外捐赠、无偿调出中发生的归属于捐出方、调出方的相关费用应当计入当期费用。

3. 以无形资产对外投资

以无形资产对外投资的，应当将该无形资产的账面价值予以转销，并将无形资产在对外投资时的评估价值与其账面价值的差额计入当期收入或费用。

4. 转销无形资产

无形资产预期不能为政府会计主体带来服务潜力或者经济利益的，应当在报经批准后将该无形资产的账面价值予以转销。

（六）无形资产的披露

（1）无形资产账面余额、累计摊销额、账面价值的期初、期末数及其本期变动情况。

（2）自行开发无形资产的名称、数量，以及账面余额和累计摊销额的变动情况。

（3）以名义金额计量的无形资产名称、数量，以及以名义金额计量的理由。

（4）接受捐赠、无偿调入无形资产的名称、数量等情况。

（5）使用年限有限的无形资产，其使用年限的估计情况；使用年限不确定的无形资产，其使用年限不确定的确定依据。

（6）无形资产出售、对外投资等重要资产处置的情况。

二、无形资产

（一）核算内容

本科目核算单位无形资产的原值。

（二）明细科目设置

本科目应当按照无形资产的类别、项目等进行明细核算。

（三）无形资产的初始计量的主要账务处理与列表说明

无形资产在取得时，应当按照成本进行初始计量。

1. 外购的无形资产

按照确定的成本，借记本科目，贷记“财政拨款收入”、“零余额账户用款额度”、“应付账款”、“银行存款”等科目。

2. 委托软件公司开发软件

委托软件公司开发软件，视同外购无形资产进行处理。

合同中约定预付开发费用的，按照预付金额，借记“预付账款”科目，贷记“财政拨款收入”、“零余额账户用款额度”、“银行存款”等科目。软件开发完成交付使用并支付剩余或全部软件开发费用时，按照软件开发费用总额，借记本科目，按照相关预付账款金额，贷记“预付账款”科目，按照支付的剩余金额，贷记“财政拨款收入”、“零余额账户用款额度”、“银行存款”等科目。

3. 自行研究开发形成的无形资产

按照研究开发项目进入开发阶段后至达到预定用途前所发生的支出总额，借记本科目，贷记“研发支出——开发支出”科目。

自行研究开发项目尚未进入开发阶段，或者确实无法区分研究阶段支出和开发阶段支出，但按照法律程序已申请取得无形资产的，按照依法取得时发生的注册费、聘请律师费等费用，借记本科目，贷记“财政拨款收入”、“零余额账户用款额度”、“银行存款”等科目；按照依法取得前所发生的研究开发支出，借记“业务活动费用”等科目，贷记“研发支出”科目。

4. 接受捐赠的无形资产

按照确定的无形资产成本，借记本科目，按照发生的相关税费等，贷记“零余额账户用款额度”、“银行存款”等科目，按照其差额，贷记“捐赠收入”科目。接受捐赠的无形资产按照名义金额入账的，按照名义金额，借记本科目，贷记“捐赠收入”科目；同时，按照发生的相关税费等，借记“其他费用”科目，贷记“零余额账户用款额度”、“银行存款”等科目。

5. 无偿调入的无形资产

按照确定的无形资产成本，借记本科目，按照发生的相关税费等，贷记“零余额账户用款额度”、“银行存款”等科目，按照其差额，贷记“无偿调拨净资产”科目。

6. 置换取得的无形资产

参照“库存物品”科目中置换取得库存物品的相关规定进行账务处理。无形资产取得时涉及增值税业务的，相关账务处理参见“应交增值税”科目。

无形资产取得的主要账务处理如表 2 - 92 所示。

表 2－92　　　　无形资产取得的主要账务处理

<table>
<tr><th rowspan="2">序号</th><th rowspan="2" colspan="2">业务和事项内容</th><th colspan="2">账务处理</th></tr>
<tr><th>财务会计</th><th>预算会计</th></tr>
<tr><td>1</td><td colspan="2">外购的无形资产入账时</td><td>借：无形资产
　贷：财政拨款收入/零余额账户用款额度/应付账款/银行存款等</td><td>借：事业支出/经营支出等
　贷：财政拨款预算收入/资金结存</td></tr>
<tr><td rowspan="2">2</td><td rowspan="2">委托开发的软件</td><td>按照合同约定预付开发费时</td><td>借：预付账款
　贷：财政拨款收入/零余额账户用款额度/银行存款等</td><td>借：事业支出/经营支出等（预付的款项）
　贷：财政拨款预算收入/资金结存</td></tr>
<tr><td>支付剩余或全部软件开发费用时</td><td>借：无形资产（开发费总额）
　贷：预付账款
　　财政拨款收入/零余额账户用款额度/银行存款等（支付的剩余款项）</td><td>按照支付的剩余款项金额
借：事业支出/经营支出等
　贷：财政拨款预算收入/资金结存</td></tr>
<tr><td rowspan="2">3</td><td rowspan="2">自行开发的软件</td><td>开发完成，达到预定用途形成无形资产的</td><td>借：无形资产
　贷：研发支出——开发支出</td><td>——</td></tr>
<tr><td>自行研究开发无形资产尚未进入开发阶段，或者确实无法区分研究阶段支出和开发阶段支出，但按照法律程序已申请取得无形资产的</td><td>借：无形资产（依法取得时发生的注册费、聘请律师费等费用）
　贷：财政拨款收入/零余额账户用款额度/银行存款等</td><td>借：事业支出/经营支出等
　贷：财政拨款预算收入/资金结存</td></tr>
<tr><td rowspan="2">4</td><td rowspan="2">接受捐赠的无形资产</td><td>按实际金额入账的</td><td>借：无形资产
　贷：银行存款/零余额账户用款额度等（发生的相关税费等）
　　捐赠收入（差额）</td><td>借：其他支出（支付的相关税费等）
　贷：资金结存</td></tr>
<tr><td>按照名义金额入账的</td><td>借：无形资产（名义金额）
　贷：捐赠收入
借：其他费用
　贷：银行存款/零余额账户用款额度等（发生的相关税费等）</td><td>借：其他支出（支付的相关税费费等）
　贷：资金结存</td></tr>
</table>

续表

序号	业务和事项内容	账务处理	
		财务会计	预算会计
5	无偿调入的无形资产	借：无形资产 贷：银行存款/零余额账户用款额度等 （发生的相关税费等） 无偿调拨净资产（差额）	借：其他支出（支付的相关税费等） 贷：资金结存
6	置换取得的无形资产	参照“库存物品”科目中置换取得库存物品的相关规定进行账务处理	

（四）无形资产后续计量的主要账务处理与列表说明

1. 符合无形资产确认条件的后续支出

为增加无形资产的使用效能对其进行升级改造或扩展其功能时，如需暂停对无形资产进行摊销的，按照无形资产的账面价值，借记“在建工程”科目，按照无形资产已摊销金额，借记“无形资产累计摊销”科目，按照无形资产的账面余额，贷记本科目。

（1）无形资产后续支出符合无形资产确认条件的，按照支出的金额，借记本科目（无需暂停摊销的）或“在建工程”科目（需暂停摊销的），贷记“财政拨款收入”、“零余额账户用款额度”、“银行存款”等科目。

（2）暂停摊销的无形资产升级改造或扩展功能等完成交付使用时，按照在建工程成本，借记本科目，贷记“在建工程”科目。

2. 不符合无形资产确认条件的后续支出

为保证无形资产正常使用发生的日常维护等支出，借记“业务活动费用”、“单位管理费用”等科目，贷记“财政拨款收入”、“零余额账户用款额度”、“银行存款”等科目。

3. 出售、转让无形资产

报经批准出售、转让无形资产，按照被出售、转让无形资产的账面价值，借记“资产处置费用”科目，按照无形资产已计提的摊销，借记“无形资产累计摊销”科目，按照无形资产账面余额，贷记本科目；同时，按照收到的价款，借记“银行存款”等科目，按照处置过程中发生的相关费用，贷记“银行存款”等科目，按照其差额，贷记“应缴财政款”（按照规定应上缴无形资产转让净收入的）或“其他收入”（按照规定将无形资产转让收入纳入本单位预算管理的）科目。

4. 对外捐赠无形资产

报经批准对外捐赠无形资产，按照无形资产已计提的摊销，借记“无形资产累计摊销”科目，按照被处置无形资产账面余额，贷记本科目，按照捐赠过程中发生的归属于捐出方的相关费用，贷记“银行存款”等科目，按照其差额，借记“资产处置费用”科目。

5. 无偿调出无形资产

报经批准无偿调出无形资产，按照无形资产已计提的摊销，借记“无形资产累计摊销”科目，按照被处置无形资产账面余额，贷记本科目，按照其差额，借记“无偿调拨净资产”科目；同时，按照无偿调出过程中发生的归属于调出方的相关费用，借记“资产处置费用”科目，贷记“银行存款”等科目。

6. 置换换出无形资产

报经批准置换换出无形资产，参照“库存物品”科目中置换换入库存物品的规定进行账务处理。

7. 核销无形资产

无形资产预期不能为单位带来服务潜力或经济利益，按照规定报经批准核销时，按照待核销无形资产的账面价值，借记“资产处置费用”科目，按照已计提摊销，借记“无形资产累计摊销”科目，按照无形资产的账面余额，贷记本科目。

无形资产处置时涉及增值税业务的，相关账务处理参见“应交增值税”科目。

8. 无形资的清查盘点

单位应当定期对无形资产进行清查盘点，每年至少盘点一次。单位资产清查盘点过程中发现的无形资产盘盈、盘亏等，参照“固定资产”科目相关规定进行账务处理。

无形资产后续计量的主要账务处理如表 2－93 所示。

表 2-93　　无形资产后续计量的主要账务处理

序号	业务和事项内容	账务处理	
		财务会计	预算会计
1	符合无形资产确认条件的后续支出（如为增加无形资产的使用效能而发生的后续支出）	借：在建工程 　　无形资产累计摊销 　贷：无形资产 借：在建工程/无形资产（无需暂停计提摊销的） 　贷：财政拨款收入/零余额账户用款额度/银行存款等 借：无形资产 　贷：在建工程	借：事业支出/经营支出等（实际支付的资金） 　贷：财政拨款预算收入/资金结存
2	不符合无形资产确认条件的后续支出（为维护无形资产的正常使用而发生的后续支出）	借：业务活动费用/单位管理费用/经营费用等 　贷：财政拨款收入/零余额账户用款额度/银行存款等	借：事业支出/经营支出等 　贷：财政拨款预算收入/资金结存
3	出售、转让无形资产	借：资产处置费用 　　无形资产累计摊销 　贷：无形资产 借：银行存款等（收到的价款） 　贷：银行存款等（发生的相关费用） 　　　应缴财政款/其他收入	如转让收入按照规定纳入本单位预算 借：资金结存 　贷：其他预算收入
4	对外捐赠无形资产	借：资产处置费用 　　无形资产累计摊销 　贷：无形资产（账面余额） 　　　银行存款等（归属于捐出方的相关费用）	借：其他支出（归属于捐出方的相关费用） 　贷：资金结存
5	无偿调出无形资产	借：无偿调拨净资产 　　无形资产累计摊销 　贷：无形资产（账面余额） 借：资产处置费用 　贷：银行存款等（相关费用）	借：其他支出（归属于调出方的相关费用） 　贷：资金结存
6	置换换出无形资产	参照“库存物品”科目中置换取得库存物品的规定进行账务处理	
7	经批准核销无形资产时	借：资产处置费用 　　无形资产累计摊销 　贷：无形资产（账面余额）	——
8	盘盈、盘亏	无形资产盘盈、盘亏等，参照“固定资产”科目相关规定进行账务处理	

（五）会计实务示例

【例 2－64】某事业单位 2 019 年 1 月 8 日委托 B 公司开发一个业务信息系统，合同规定，该项信息系统总计 600 000 元，合同签订 10 个工作日内预付 200 000 元开发费用。项目周期三个月，于 4 月 8 日完成验收，并支付剩余开发费用，全部用信息化建设项目经费支出，采用财政授权支付。该单位编制有关的会计分录如表 2－94 所示。

表 2－94

时间	财务会计分录	预算会计分录
2019 年 1 月 18 日	借：预付账款——B 200 000 贷：零余额账户用款额度——项目支出用款额度 200 000	借：事业支出——项目支出——资本性支出 200 000 贷：资金结存——零余额账户用款额度 200 000
2019 年 4 月 8 日	借：无形资产——软件 600 000 贷：预付账款——B 200 000 零余额账户用款额度——项目支出用款额度 400 000	借：事业支出——项目支出——资本性支出 400 000 贷：资金结存——零余额账户用款额度 400 000

【例 2－65】某事业单位 2019 年 1 月 10 日自行研究开发一项新产品专利技术，在研究开发过程中发生材料费 A 一批价值 40 万元、人工工资 100 万元，以及用银行存款支付其他费用 30 万元，总计 170 万元。其中，符合资本化条件的支出为 140 万元，年末该专利技术已经达到预定用途。假定不考虑相关税费。该单位编制有关的会计分录如表 2－95 所示。

表 2－95

时间	财务会计分录	预算会计分录
2019 年 1 月 10 日	借：研发支出——研究支出 300 000 ——开发支出 1 400 000 贷：库存物品——A 400 000 应付职工薪酬——基本工资等 1 000 000 银行存款——基本账户存款 300 000	借：事业支出——基本支出——商品和服务支出 300 000 贷：资金结存——货币资金——银行存款 300 000
2019 年 12 月 31 日	借：业务活动费用——商品和服务费用 300 000 无形资产——专有技术 1 400 000 贷：研发支出——研究支出 300 000 ——开发支出 1 400 000	不做账务处理

【例2－66】某事业单位2019年1月20日接受外单位东风公司捐赠一项专利技术A，评估值为100万元，发生相关税费1万元，银行存款支付。同时接受捐赠一项土地使用权B，无账面价值，无法取得相关评估值和同类市场价值，拟按照名义金额入账，发生相关税费5万元，银行存款支付。该单位编制有关的会计分录如表2－96所示。

表2－96

时间	财务会计分录	预算会计分录
2019年1月20日	借：无形资产——专利技术——A 1 010 000 贷：捐赠收入——东风公司 1 000 000 银行存款——基本账户存款 10 000	借：其他支出——相关税费 10 000 贷：资金结存——货币资金——银行存款 10 000
2019年1月20日	借：无形资产——土地使用权——B 1 贷：捐赠收入——东风公司 1 借：其他费用——相关税费 50 000 贷：银行存款——基本账户存款 50 000	借：其他支出——相关税费 贷：资金结存——货币资金——银行存款 50 000

【例2－67】某事业单位2019年1月20日从同一系统内外单位B调入一项专利技术C，对方账面价值50万元，发生相关税费1万元，银行存款支付。该单位编制有关的会计分录如表2－97所示。

表2－97

时间	财务会计分录	预算会计分录
2019年1月20日	借：无形资产——专利技术——C 510 000 贷：无偿调拨净资产 500 000 银行存款——基本账户存款 10 000	借：其他支出——相关税费 10 000 贷：资金结存——货币资金——银行存款 10 000

【例2－68】2019年6月，为了业务发展需要，某事业单位以其持有的对丙公司的长期股权投资交换乙公司拥有的一项专利权。在6月30日的交换日，持有的长期股权投资账面余额为630万元，在交换日的评估价值为640万元；乙公司专利权的账面原价为800万元，累计已摊销金额为120万元，在交换日的评估价值为650万元，该事业单位支付补价10万元。假设整个交易过程中没有发生其他相关税费。该单位编制有关的会计分录如表2－98所示。

表 2－98

时间	财务会计分录	预算会计分录
2019 年 6 月 30 日	借：无形资产——专利权　6 500 000 贷：长期股权投资——丙公司　6 300 000 其他收入——置换资产评估增值　100 000 银行存款——基本账户存款　100 000	借：其他支出——相关税费　100 000 贷：资金结存——货币资金——银行存款　100 000

【例 2－69】 接续例 2－64，2020 年 4 月，该业务信息系统已经累计摊销 60 000 元，由于业务转型升级需要，对该系统进行升级改造，暂停使用，停止计提摊销。2020 年 6 月 30 日，支付了升级费用 20 万元，7 月 31 日交付使用。该单位编制有关的会计分录如表 2－99 所示。

表 2－99

时间	财务会计分录	预算会计分录
2020 年 4 月 30 日	借：在建工程——信息系统　540 000 无形资产累计摊销——软件　60 000 贷：无形资产——软件　600 000	不做账务处理
2020 年 6 月 30 日	借：在建工程——信息系统　200 000 贷：银行存款——基本账户存款　200 000	借：事业支出——项目支出——资本性支出　200 000 贷：资金结存——货币资金——银行存款　200 000
2020 年 7 月 31 日	借：无形资产——软件　740 000 贷：在建工程——信息系统　740 000	不做账务处理

【例 2－70】 某事业单位 2019 年 4 月 30 日转让一项专利权。其账面价值为 10 万元，已计提摊销 6 万元，转让时取得价款 5 万元，发生的相关税费 0.25 万元。该单位编制有关的会计分录如表 2－100 所示。

表 2－100

时间	财务会计分录	预算会计分录
2019 年 4 月 30 日	借：资产处置费用　40 000 无形资产累计摊销——专利权　60 000 贷：无形资产——专利权　100 000	——

续表

时间	财务会计分录	预算会计分录
2019 年 4 月 30 日	借：银行存款——基本账户存款　50 000 　贷：应缴财政款——应缴国库款（按规定上缴）　47 500 　或：其他收入——科技成果转化收入（按规定纳入本单位预算管理）　47 500 　　银行存款——基本账户存款　2 500	如果上缴财政，不做账务处理 如果转让收入纳入本单位预算管理， 借：资金结存——货币资金——银行存款　47 500 　贷：其他预算收入——科技成果转化收入　47 500

【例 2－71】某事业单位 2019 年 4 月 30 日对外捐出一项专有技术。其账面价值为 10 万元，已计提摊销 6 万元，支付相关税费 0.25 万元。该单位编制有关的会计分录如表 2－101 所示。

表 2－101

时间	财务会计分录	预算会计分录
2019 年 4 月 30 日	借：资产处置费用　42 500 　无形资产累计摊销——专有技术　60 000 　贷：无形资产——专有技术　100 000 　　银行存款——基本账户存款　2 500	借：其他支出——相关税费　2 500 　贷：资金结存——货币资金——银行存款　2 500

【例 2－72】某事业单位 2019 年 4 月 30 日无偿调出一项专有技术。其账面价值为 10 万元，已计提摊销 6 万元，支付相关税费 0.25 万元。该单位编制有关的会计分录如表 2－102 所示。

表 2－102

时间	财务会计分录	预算会计分录
2019 年 4 月 30 日	借：无偿调拨净资产　40 000 　无形资产累计摊销——专有技术　60 000 　贷：无形资产——专有技术　100 000 借：资产处置费用　2 500 　贷：银行存款 ——基本账户存款　2 500	借：其他支出——相关税费　2 500 　贷：资金结存——货币资金——银行存款　2 500

【例 2－73】2019 年 6 月，为了业务发展需要，某事业单位以其拥有的一项专利权交换乙公司持有的对丙公司的长期股权投资。在 6 月 30 日的交换日，专利权的账面原价为 800 万元，累计已摊销金额为 120 万元，在交换日

的评估价值为650万元，该事业单位收到补价10万元。乙公司持有的长期股权投资账面余额为630万元，在交换日的评估价值为640万元。乙公司假设整个交易过程中没有发生其他相关税费。该单位编制有关的会计分录如表2-103所示。

表2-103

时间	财务会计分录	预算会计分录
2019年6月30日	借：长期股权投资——丙公司　6 400 000 无形资产累计摊销——专利权　1 200 000 银行存款——基本账户存款　100 000 资产处置费用　400 000 贷：无形资产——专利权　8 000 000 应缴财政款——应缴国库款　100 000	不做账务处理

【例2-74】 某事业单位2019年年底按规定核销一项无形资产，多年不使用的商标权。其账面价值为10万元，已计提摊销6万元。该单位编制有关的会计分录如表2-104所示。

表2-104

时间	财务会计分录	预算会计分录
2019年12月31日	借：资产处置费用　40 000 无形资产累计摊销——商标权　60 000 贷：无形资产——商标权　100 000	不做账务处理

【例2-75】 某事业单位2019年年底对无形资产进行盘点，发现盘盈一项专利权技术A，市场评估价100 000元。同时发现，盘亏一项专利权技术B，账面价值200 000元，已经计提摊销180 000元。该单位编制有关的会计分录如表2-105所示。

表2-105

时间	财务会计分录	预算会计分录
2019年12月31日盘盈	借：无形资产——专利权　100 000 贷：待处理财产损溢——无形资产　100 000	不做账务处理
2019年12月31日盘亏	借：待处理财产损溢——无形资产　20 000 无形资产累计摊销——专利权　180 000 贷：无形资产——专利权　200 000	不做账务处理

（六）期末余额

本科目期末借方余额，反映单位无形资产的成本。

三、无形资产累计摊销

（一）核算内容

本科目核算单位对使用年限有限的无形资产计提的累计摊销。

（二）明细科目设置

本科目应当按照所对应无形资产的明细分类进行明细核算。

（三）主要账务处理与列表说明

按月对无形资产进行摊销时，按照应摊销金额，借记“业务活动费用”、“单位管理费用”、“加工物品”、“在建工程”等科目，贷记本科目。

经批准处置无形资产时，按照所处置无形资产的账面价值，借记“资产处置费用”、“无偿调拨净资产”、“待处理财产损溢”等科目，按照已计提摊销，借记本科目，按照无形资产的账面余额，贷记“无形资产”科目。

无形资产累计摊销主要账务处理如表 2－106 所示。

表 2－106　　无形资产累计摊销主要账务处理

序号	业务和事项内容	账务处理	
		财务会计	预算会计
1	按照月进行无形资产摊销时	借：业务活动费用/单位管理费用/加工物品等 贷：无形资产累计摊销	——
2	处置无形资产时	借：资产处置费用/无偿调拨净资产等 无形资产累计摊销 贷：无形资产（账面余额）	——

（四）会计实务示例

【例 2－76】某事业单位 2019 年 1 月 1 日因开展业务活动需要，从外单位购得一项商标权，支付价款 30 000 000 元，款项已支付，该商标权的使用寿命为10年，当月计提摊销有关的账务处理如表2－107所示。月摊销金额应是30 000 000÷10÷12＝250 000。

表2－107

时间	财务会计分录	预算会计分录
2019年1月31日	借：业务活动费用——无形资产摊销　250 000 　贷：无形资产累计摊销——商标权　250 000	不做账务处理

（五）期末余额

本科目期末贷方余额，反映单位计提的无形资产摊销累计数。

四、研发支出

（一）核算内容

本科目核算单位自行研究开发项目研究阶段和开发阶段发生的各项支出。建设项目中的软件研发支出，应当通过“在建工程”科目核算，不通过本科目核算。

（二）明细科目设置

本科目应当按照自行研究开发项目，分别“研究支出”、“开发支出”进行明细核算。

（三）主要账务处理与列表说明

自行研究开发项目研究阶段的支出，应当先在本科目归集。按照从事研究及其辅助活动人员计提的薪酬，研究活动领用的库存物品，发生的与研究活动相关的管理费、间接费和其他各项费用，借记本科目（研究支出），贷记“应付职工薪酬”、“库存物品”、“财政拨款收入”、“零余额账户用款额度”、“固定资产累计折旧”、“银行存款”等科目。期（月）末，应当将本科目归集的研究阶段的支出金额转入当期费用，借记“业务活动费用”等科目，贷记本科目（研究支出）。

自行研究开发项目开发阶段的支出，先通过本科目进行归集。按照从事开发及其辅助活动人员计提的薪酬，开发活动领用的库存物品，发生的与开发活动相关的管理费、间接费和其他各项费用，借记本科目（开发支出），贷记“应付职工薪酬”、“库存物品”、“财政拨款收入”、“零余额账户用款额度”、“固定资产累计折旧”、“银行存款”等科目。自行研究开发项目完成，达到预定用途形成无形资产的，按照本科目归集的开发阶段的支出金额，借记“无形资产”科目，贷记本科目（开发支出）。

单位应于每年年度终了评估研究开发项目是否能达到预定用途，如预计不能达到预定用途（如无法最终完成开发项目并形成无形资产的），应当将已发生的开发支出金额全部转入当期费用，借记“业务活动费用”等科目，贷记本科目（开发支出）。自行研究开发项目时涉及增值税业务的，相关账务处理参见“应交增值税”科目。

研发支出主要账务处理如表2-108所示。

表2-108　　研发支出主要账务处理

序号	业务和事项内容		账务处理	
			财务会计	预算会计
1	自行研究开发项目研究阶段的支出	应当按照合理的方法先归集	借：研发支出——研究支出 　贷：应付职工薪酬/库存物品/财政拨款收入/零余额账户用款额度/银行存款等	借：事业支出/经营支出等（实际支付的款项） 　贷：财政拨款预算收入/资金结存
		期（月）末转入当期费用	借：业务活动费用等 　贷：研发支出——研究支出	—
2	自行研究开发项目开发阶段的支出		借：研发支出——开发支出 　贷：应付职工薪酬库存物品财政拨款收入/零余额账户用款额度/银行存款等	借：事业支出/经营支出等（实际支付的款项） 　贷：财政拨款预算收入/资金结存
3	自行研究开发项目完成，达到预定用途形成无形资产		借：无形资产 　贷：研发支出——开发支出	—
	年末经评估，研发项目预计不能达到预定用途		借：业务活动费用等 　贷：研发支出——开发支出	—

（四）会计实务示例

具体核算参见［例2-65］。

（五）期末余额

本科目期末借方余额，反映单位预计能达到预定用途的研究开发项目在开发阶段发生的累计支出数。

第九节　经管资产的核算

一、公共基础设施及其累计折旧（摊销）

（一）公共基础设施的概述

公共基础设施与固定资产有一定的相似性，由于我国政府公共基础设施数量众多，在资金来源、建造和管理方式、产权关系、用途等方面与政府会计主体占有、使用的固定资产有较大区别，因此单独作为一个科目确认、核算、计量。

1. 定义

公共基础设施是指政府会计主体为满足社会公共需求而控制的，同时具有以下特征的有形资产：是一个有形资产系统或网络的组成部分；具有特定用途；一般不可移动。

2. 分类

（1）市政基础设施（如城市道路、桥梁、隧道、公交场站、路灯、广场、公园绿地、室外公共健身器材，以及环卫、排水、供水、供电、供气、供热、污水处理、垃圾处理系统等）

（2）交通基础设施（如公路、航道、港口等）

（3）水利基础设施（大坝、堤防、水闸、泵站、渠道等）

（4）其他公共基础设施。

3. 特殊情况

（1）独立于公共基础设施、不构成公共基础设施使用不可缺少组成部分的管理维护用房屋建筑物、设备、车辆等，适用固定资产准则。

（2）属于文物文化资产的公共基础设施，适用其他相关政府会计准则。

（3）采用政府和社会资本合作模式（即 PPP 模式）形成的公共基础设施的确认和初始计量，适用其他相关政府会计准则。

（二）公共基础设施的确认

1. 主体

（1）通常情况下，公共基础设施应当由按规定对其负有管理维护职责的政府会计主体予以确认。

（2）多个政府会计主体共同管理维护的，由对该资产负有主要管理维护职责或者承担后续主要支出责任的政府会计主体予以确认。

（3）分为多个组成部分由不同政府会计主体分别管理维护的，由各个政府会计主体分别对其负责管理维护的公共基础设施的相应部分予以确认。

（4）通过政府购买服务方式委托企业或其他会计主体代为管理维护的，由委托方（负有管理维护公共基础设施职责的政府会计主体）予以确认。

2. 条件

（1）与该公共基础设施相关的服务潜力很可能实现或者经济利益很可能流入政府会计主体；

（2）该公共基础设施的成本或者价值能够可靠地计量。

3. 确认的时点

（1）对于自建或外购的公共基础设施，政府会计主体应当在该项公共基础设施验收合格并交付使用时确认；（2）对于无偿调入、接受捐赠的公共基础设施，政府会计主体应当在开始承担该项公共基础设施管理维护职责时确认。

4. 分类确认

（1）政府会计主体应当根据公共基础设施提供公共产品或服务的性质或功能特征对其进行分类确认。

（2）公共基础设施的各组成部分具有不同使用年限或者以不同方式提供公共产品或服务，适用不同折旧率或折旧方法且可以分别确定各自原价的，应当分别将各组成部分确认为该类公共基础设施的一个单项公共基础设施。

（3）土地使用权问题：能够分清购建成本中的构筑物部分与土地使用权部分的，应当分别确认为公共基础设施；不能分清购建成本中的构筑物部分与土地使用权部分的，应当全部确认为公共基础设施。

5. 后续支出确认

为增加公共基础设施使用效能或延长其使用年限而发生的改建、扩建等后续支出，应当计入公共基础设施成本；为维护公共基础设施的正常使用而发生的日常维修、养护等后续支出，应当计入当期费用。

（三）公共基础设施的初始计量

公共基础设施在取得时应当按照成本进行初始计量。

第一，自行建造的公共基础设施，其成本包括完成批准的建设内容所发生的全部必要支出，包括建筑安装工程投资支出、设备投资支出、待摊投资支出和其他投资支出。

（1）在原有公共基础设施基础上进行改建、扩建等建造活动后的公共基础设施，其成本按照原公共基础设施账面价值加上改建、扩建等建造活动发生的支出，再扣除公共基础设施被替换部分的账面价值后的金额确定。

（2）为建造公共基础设施借入的专门借款的利息，属于建设期间发生的，计入该公共基础设施在建工程成本；不属于建设期间发生的，计入当期费用。

（3）已交付使用但尚未办理竣工决算手续的公共基础设施，应当按照估计价值入账，待办理竣工决算后再按照实际成本调整原来的暂估价值。

第二，无偿调入的公共基础设施，其成本按照该项公共基础设施在调出方的账面价值加上归属于调入方的相关费用确定。

第三，接受捐赠的公共基础设施，有三种确认方式：（1）其成本按照有关凭据注明的金额加上相关费用确定；（2）没有相关凭据可供取得，但按规定经过资产评估的，其成本按照评估价值加上相关费用确定；（3）没有相关凭据可供取得、也未经资产评估的，其成本比照同类或类似资产的市场价格加上相关费用确定。

如受赠的系旧的公共基础设施，在确定其初始入账成本时应当考虑该项资产的新旧程度。

第四，外购的公共基础设施，其成本包括购买价款、相关税费以及公共基础设施交付使用前所发生的可归属于该项资产的运输费、装卸费、安装费和专业人员服务费等。

第五，对于包括不同组成部分的公共基础设施，其只有总成本、没有单项组成部分成本的，政府会计主体可以按照各单项组成部分同类或类似资产的成本或市场价格比例对总成本进行分配，分别确定公共基础设施中各单项组成部分的成本。

第六，盘盈的公共基础设施其成本按照三种方式确定：a. 有关凭据注明的金额确定；b. 没有相关凭据、但按照规定经过资产评估的，其成本按照评估价值确定；c. 没有相关凭据、也未经过评估的，其成本按照重置成本确定。d. 盘盈的公共基础设施成本无法可靠取得的，单位应当设置备查簿进行登记，待成本确定后按照规定及时入账。

（四）公共基础设施折旧或摊销

1. 计提范围

一般情形都需要计提折旧。不得计提折旧的公共基础设施包括：①政府会计主体持续进行良好的维护使其性能得到永久维持的公共基础设施；②确认为公共基础设施的单独计价入账的土地使用权；③已经提足折旧的公共基础设施；④提前报废的公共基础设施。

2. 折旧方法

年限平均法或工作量法，不考虑预计净残值。折旧方法一经确定，不得变更。

3. 折旧年限

确定折旧年限应考虑的因素：①设计使用年限或设计基准期；②预计实现服务潜力或提供经济利益的期限；③预计有形损耗和无形损耗；④法律或者类似规定对资产使用的限制。折旧年限一经确定，不得随意变更，无偿调入和接收捐赠的公共基础设施按照尚可使用年限计提折旧。

4. 暂估入账的公共基础设施

暂估入账的公共基础设施，实际成本确定后不要调整原有折旧。

5. 改建、扩建的公共基础设施

暂停计提折旧。重新确定成本后，按照新的折旧年限重新计算，不需要调整原有折旧。

6. 确认为公共基础设施的单独计价入账的土地使用权

对于确认为公共基础设施的单独计价入账的土地使用权，政府会计主体应当按照《政府会计准则第4号——无形资产》的相关规定进行摊销。

（五）公共基础设施的处置

政府会计主体按规定报经批准无偿调出、对外捐赠公共基础设施的，应当将公共基础设施的账面价值予以转销，无偿调出、对外捐赠中发生的归属于调出方、捐出方的相关费用应当计入当期费用。

公共基础设施报废或遭受重大毁损的，政府会计主体应当在报经批准后将公共基础设施账面价值予以转销，并将报废、毁损过程中取得的残值变价收入扣除相关费用后的差额按规定做应缴款项处理（差额为净收益时）或计入当期费用（差额为净损失时）。

（六）公共基础设置的披露及首次入账问题

第一，政府会计主体应当在附注中披露与公共基础设施有关的下列信息。

（1）公共基础设施的分类和折旧方法。

（2）各类公共基础设施的折旧年限及其确定依据。

（3）各类公共基础设施账面余额、累计折旧额（或摊销额）、账面价值的期初、期末数及其本期变动情况。

（4）各类公共基础设施的实物量。

（5）公共基础设施在建工程的期初、期末金额及其增减变动情况。

（6）确认为公共基础设施的单独计价入账的土地使用权的账面余额、累计摊销额及其变动情况。

（7）已提足折旧继续使用的公共基础设施的名称、数量等情况。

（8）暂估入账的公共基础设施账面价值变动情况。

（9）无偿调入、接受捐赠的公共基础设施名称、数量等情况（包括未按照本准则第十二条和第十三条规定计量并确认入账的公共基础设施的具体情况）。

（10）公共基础设施对外捐赠、无偿调出、报废、重大毁损等处置情况。

（11）公共基础设施年度维护费用和其他后续支出情况。

第二，首次入账问题。

（1）对于应当确认为公共基础设施、但已确认为固定资产的资产，政府会计主体应当在本准则首次执行日将该资产按其账面价值重分类为公共基础设施。

（2）对于应当确认但尚未入账的存量公共基础设施，政府会计主体应当在首次执行日按照以下原则确定其初始入账成本：

①可以取得相关原始凭据的，其成本按照有关原始凭据注明的金额减去应计提的累计折旧后的金额确定；

②没有相关凭据可供取得，但按规定经过资产评估的，其成本按照评估价值确定；

③没有相关凭据可供取得、也未经资产评估的，其成本按照重置成本确定。

（3）首次执行日以后，政府会计主体应当对存量公共基础设施按其在首次执行日确定的成本和剩余折旧年限计提折旧。

（七）公共基础设施的核算

1. 核算内容

本科目核算单位控制的公共基础设施的原值。

2. 明细科目设置

本科目应当按照公共基础设施的类别、项目等进行明细核算。

事业单位应当根据行业主管部门对公共基础设施的分类规定，制定适合于本单位管理的公共基础设施目录、分类方法，作为进行公共基础设施核算的依据。

3. 公共基础设施初始计量的主要账务处理与列表说明

（1）自行建造的公共基础设施完工交付使用时，按照在建工程的成本，借记本科目，贷记“在建工程”科目。已交付使用但尚未办理竣工决算手续的公共基础设施，按照估计价值入账，待办理竣工决算后再按照实际成本调整原来的暂估价值。

（2）接受其他单位无偿调入的公共基础设施，按照确定的成本，借记本科目，按照发生的归属于调入方的相关费用，贷记“财政拨款收入”、“零余额账户用款额度”、“银行存款”等科目，按照其差额，贷记“无偿调拨净资产”科目。

（3）接受捐赠的公共基础设施，按照确定的成本，借记本科目，按照发生的相关费用，贷记“财政拨款收入”、“零余额账户用款额度”、“银行存款”等科目，按照其差额，贷记“捐赠收入”科目。

（4）外购的公共基础设施，按照确定的成本，借记本科目，贷记“财政拨款收入”、“零余额账户用款额度”、“银行存款”等科目。

（5）对于成本无法可靠取得的公共基础设施，单位应当设置备查簿进行登记，待成本能够可靠确定后按照规定及时入账。无偿调入和接受捐赠的公共基础设施成本无法可靠取得的，按照发生的相关税费、运输费等金额，借记“其他费用”科目，贷记“财政拨款收入”、“零余额账户用款额度”、“银行存款”等科目。

公共基础设施初始计量的主要账务处理如表 2－109 所示。

4. 公共基础设施后续计量的主要账务处理与列表说明

（1）将公共基础设施转入改建、扩建时，按照公共基础设施的账面价值，借记“在建工程”科目，按照公共基础设施已计提折旧，借记“公共基础设

表 2-109 公共基础设施初始计量的主要账务处理

序号	业务和事项内容	账务处理	
		财务会计	预算会计
1	自行建造公共基础设施完工交付使用时	借：公共基础设施 贷：在建工程	——
2	接受无偿调入的公共基础设施	借：公共基础设施 贷：无偿调拨净资产 财政拨款收入/零余额账户用款额度/银行存款等（发生的归属于调入方的相关费用） 如无偿调入的公共基础设施成本无法可靠取得的 借：其他费用（发生的归属于调入方的相关费用） 贷：财政拨款收入/零余额账户用款额度/银行存款等	借：其他支出（支付的归属于调入方的相关费用） 贷：财政拨款预算收入/资金结存
3	接受捐赠的公共基础设施	借：公共基础设施 贷：捐赠收入 财政拨款收入/零余额账户用款额度/银行存款等（发生的归属于捐入方的相关费用） 如接受捐赠的公共基础设施成本无法可靠取得的 借：其他费用（发生的归属于捐入方的相关费用） 贷：财政拨款收入/零余额账户用款额度/银行存款等	借：其他支出（支付的归属于捐入方的相关费用） 贷：财政拨款预算收入/资金结存
4	外购的公共基础设施	借：公共基础设施 贷：财政拨款收入/零余额账户用款额度/应付账款/银行存款等	借：事业支出 贷：财政拨款预算收入/资金结存

施累计折旧（摊销）”科目，按照公共基础设施的账面余额，贷记本科目。为增加公共基础设施使用效能或延长其使用年限而发生的改建、扩建等后续支出，借记“在建工程”科目，贷记“财政拨款收入”、“零余额账户用款额度”、“银行存款”等科目。公共基础设施改建、扩建完成，竣工验收交付使用时，按照在建工程成本，借记本科目，贷记“在建工程”科目。

（2）为保证公共基础设施正常使用发生的日常维修等支出，借记“业务活动费用”、“单位管理费用”等科目，贷记“财政拨款收入”、“零余额账户用款额度”、“银行存款”等科目。

（3）报经批准对外捐赠公共基础设施，按照公共基础设施已计提的折旧或摊销，借记“公共基础设施累计折旧（摊销）”科目，按照被处置公共基础设施账面余额，贷记本科目，按照捐赠过程中发生的归属于捐出方的相关费用，贷记“银行存款”等科目，按照其差额，借记“资产处置费用”科目。

（4）报经批准无偿调出公共基础设施，按照公共基础设施已计提的折旧或摊销，借记“公共基础设施累计折旧（摊销）”科目，按照被处置公共基础设施账面余额，贷记本科目，按照其差额，借记“无偿调拨净资产”科目；同时，按照无偿调出过程中发生的归属于调出方的相关费用，借记“资产处置费用”科目，贷记“银行存款”等科目。

（5）盘盈的公共基础设施：单位应当定期对公共基础设施进行清查盘点。对于发生的公共基础设施盘盈，应当先记入“待处理财产损溢”科目，按照规定报经批准后，借记本科目，贷记“待处理财产损溢”科目。

（6）盘亏、毁损或报废的公共基础设施，单位应当定期对公共基础设施进行清查盘点。对于发生的公共基础设施盘亏、毁损或报废，应当先记入“待处理财产损溢”科目，按照规定报经批准后按照待处置公共基础设施的账面价值，借记“待处理财产损溢”科目，按照已计提折旧或摊销，借记“公共基础设施累计折旧（摊销）”科目，按照公共基础设施的账面余额，贷记本科目。

公共基础设施后续计量的主要账务处理如表2－110所示。

表2－110　　公共基础设施后续计量的主要账务处理

序号	业务和事项内容	账务处理	
		财务会计	预算会计
1	为增加公共基础设施使用效能或延长其使用年限而发生的改建、扩建等后续支出	借：在建工程 公共基础设施累计折旧（摊销） 贷：公共基础设施（账面余额） 借：在建工程（发生的相关后续支出） 贷：财政拨款收入/零余额账户用款额度/应付账款/银行存款等	借：事业支出（实际支付的款项） 贷：财政拨款预算收入/资金结存

续表

序号	业务和事项内容	账务处理	
		财务会计	预算会计
2	为维护公共基础设施的正常使用而发生的日常维修、养护等后续支出	借：业务活动费用 贷：财政拨款收入/零余额账户用款额度/银行存款等	借：事业支出（实际支付的款项） 贷：财政拨款预算收入/资金结存
3	对外捐赠公共基础设施	借：资产处置费用 公共基础设施累计折旧（摊销） 贷：公共基础设施（账面余额） 银行存款等（归属于捐出方的相关费用）	借：其他支出（支付的归属于捐出方的相关费用） 贷：资金结存等
4	无偿调出公共基础设施	借：无偿调拨净资产 公共基础设施累计折旧（摊销） 贷：公共基础设施（账面余额） 借：资产处置费用 贷：银行存款等（归属于调出方的相关费用）	借：其他支出（支付的归属于调出方的相关费用） 贷：资金结存等
5	盘盈的公共基础设施	借：公共基础设施 贷：待处理财产损溢	
6	盘亏、毁损或报废的公共基础设施	借：待处理财产损溢 公共基础设施累计折旧（摊销） 贷：公共基础设施（账面余额）	——

5. 会计实务示例

【例 2－77】某事业单位建设一个室外公共健身器材，于 2019 年 6 月 1 日完工，交付使用，但尚未办理竣工决算暂时按照“在建工程”账面价值 240 000 元入账，2019 年 12 月 15 日竣工决算完成，工程竣工决算价 250 000 元（不考虑折旧问题）。该单位编制有关的会计分录如表 2－111 所示。

表 2－111

时间	财务会计分录	预算会计分录
2019 年 6 月 1 日	借：公共基础设施——公共健身器材 240 000 贷：在建工程——公共健身器材 240 000	不做账务处理

续表

时间	财务会计分录	预算会计分录
2019 年 12 月 15 日	借：公共基础设施——公共健身器材 10 000 贷：银行存款——基本账户存款 10 000	借：事业支出——项目支出——资本性支出 10 000 贷：资金结存——货币资金——银行存款 10 000

【例 2－78】某事业单位于 2019 年 6 月 1 日从同一系统内另外一家单位无偿调入一公园绿地归其维护管理，对方账面记载该绿地价值 200 000 元，同时发生相关税费 20 000 元，用银行存款支付。该单位编制有关的会计分录如表 2－112 所示。

表 2－112

时间	财务会计分录	预算会计分录
2019 年 6 月 1 日	借：公共基础设施——公园绿地220 000 贷：银行存款——基本账户存款 20 000 无偿调拨净资产 200 000	借：其他支出——相关税费 20 000 贷：资金结存——货币资金——银行存款 20 000

【例 2－79】某事业单位于 2019 年 6 月 1 日接受外单位 F 捐赠一公园绿地归其维护管理，对方账面记载该绿地价值 200 000 元，同时发生相关税费 20 000 元，用银行存款支付。该单位编制有关的会计分录如表 2－113 所示。

表 2－113

时间	财务会计分录	预算会计分录
2019 年 6 月 1 日	借：公共基础设施——公园绿地 220 000 贷：银行存款——基本账户存款 20 000 捐赠收入——F 200 000	借：其他支出——相关税费 20 000 贷：资金结存——货币资金——银行存款 20 000

【例 2－80】某事业单位于 2019 年 6 月 1 日购买一公园绿地，支付价款 200 000 元，同时发生相关税费 20 000 元，用银行存款支付。该单位编制有关的会计分录如表 2－114 所示。

表 2－114

时间	财务会计分录	预算会计分录
2019 年 6 月 1 日	借：公共基础设施——公园绿地 220 000 贷：银行存款——基本账户存款220 000	借：事业支出－项目支出——资本性支出 220 000 贷：资金结存——货币资金——银行存款 220 000

【例2-81】假设例2-78和例2-79中，该公共基础设施均无法可靠计量成本，则设置备查簿登记，暂不入账。但是对发生的相关税费20 000元需要做以下账务处理（见表2-115所示）。

表2-115

时间	财务会计分录	预算会计分录
2019年6月1日	借：其他费用——相关税费 20 000 贷：银行存款——基本账户存款 20 000	借：其他支出——相关税费 20 000 贷：资金结存——货币资金——银行存款 20 000

【例2-82】某事业单位一处所属市政桥梁于2019年5月1日进行改扩建，原值1 000万元，累计折旧800万元，改扩建过程中发生支出300万元，于2019年8月1日财政授权支付。2019年12月31日竣工验收，交付使用。该单位编制有关的会计分录如表2-116所示。

表2-116

时间	财务会计分录	预算会计分录
2019年5月1日	借：在建工程——市政桥梁 2 000 000 公共基础设施累计折旧——市政桥梁 8 000 000 贷：公共基础设施——市政桥梁10 000 000	不做账务处理
2019年8月1日	借：在建工程——市政桥梁 3 000 000 贷：零余额账户用款额度——项目支出额度 3 000 000	借：事业支出——项目支出——资本性支出 3 000 000 贷：资金结存——零余额账户用款额度 3 000 000
2019年12月31日	借：公共基础设施——市政桥梁 5 000 000 贷：在建工程 ——市政桥梁 5 000 000	不做账务处理

【例2-83】承［例2-82］，2020年1月5日发生日常维修费用50 000元，用银行存款支付。该单位编制有关的会计分录如表2-117所示。

表2-117

时间	财务会计分录	预算会计分录
2020年1月5日	借：业务活动费用——商品和服务费用——维修费 50 000 贷：银行存款——基本账户存款 50 000	借：事业支出——基本支出——商品和服务支出——维修费 50 000 贷：资金结存——货币资金——银行存款 50 000

【例 2 - 84】承［例 2 - 82］，2020 年 2 月 10 日将其桥梁对外无偿捐赠给另一家单位北方公司，已计提累计折旧 50 000 元，发生相关税费 50 000 元，用银行存款支付。该单位编制有关的会计分录如表 2 - 118 所示。

表 2 - 118

时间	财务会计分录	预算会计分录
2020 年 2 月 10 日	借：资产处置费用 5 000 000 公共基础设施累计折旧——市政桥梁 50 000 贷：公共基础设施——市政桥梁 5 000 000 银行存款——基本账户存款 50 000	借：其他支出——相关税费 50 000 贷：资金结存——货币资金——银行存款 50 000

【例 2 - 85】接例 2 - 82，2020 年 2 月 10 日将其桥梁对外无偿调出给另一家事业单位，已计提累计折旧 50 000 元，发生相关税费 50 000 元，用银行存款支付。该单位编制有关的会计分录如表 2 - 119 所示。

表 2 - 119

时间	财务会计分录	预算会计分录
2020 年 2 月 10 日	借：无偿调拨净资产 4 950 000 公共基础设施累计折旧——市政桥梁 50 000 贷：公共基础设施——市政桥梁 5 000 000 借：资产处置费用 50 000 贷：银行存款——基本账户存款 50 000	借：其他支出——相关税费 50 000 贷：资金结存——货币资金——银行存款 50 000

6. 期末余额

本科目期末借方余额，反映公共基础设施的原值。

（八）公共基础设施折旧（摊销）

1. 核算内容：

本科目核算单位计提的公共基础设施累计折旧和累计摊销。

2. 明细科目设置

本科目应当按照所对应公共基础设施的明细分类进行明细核算。

3. 主要账务处理与列表说明

按月计提公共基础设施折旧时，按照应计提的折旧额，借记“业务活动费用”科目，贷记本科目。

按月对确认为公共基础设施的单独计价入账的土地使用权进行摊销时，按照应计提的摊销额，借记“业务活动费用”科目，贷记本科目。

处置公共基础设施时，按照所处置公共基础设施的账面价值，借记“资产处置费用”、“无偿调拨净资产”、“待处理财产损溢”等科目，按照已提取的折旧和摊销，借记本科目，按照公共基础设施账面余额，贷记“公共基础设施”科目。

公共基础设施折旧（摊销）主要账务处理如表2－120所示。

表2－120　　公共基础设施折旧（摊销）主要账务处理

序号	业务和事项内容	账务处理	
		财务会计	预算会计
1	按月计提公共基础设施折旧或摊销时	借：业务活动费用 贷：公共基础设施累计折旧（摊销）	——
2	按月对确认为公共基础设施的单独计价入账的土地使用权进行摊销时	借：业务活动费用 贷：公共基础设施累计折旧（摊销）	——
3	处置公共基础设施时	借：待处理财产损溢 公共基础设施累计折旧（摊销） 贷：公共基础设施（账面余额）	——

4. 会计实务示例

【例2－86】接例2－80某事业单位于2019年6月1日购买一公园绿地，支付价款200 000元，同时发生相关税费20 000元，用银行存款支付，每月折旧2 000元。做计提折旧的会计处理。该单位编制有关的会计分录如表2－121所示。

表2－121

时间	财务会计分录	预算会计分录
每月计提折旧	借：业务活动费用——公共基础设施折旧 2 000 贷：公共基础设施累计折旧 2 000	不做账务处理

5. 期末余额

本科目期末贷方余额，反映单位提取的公共基础设施折旧和摊销的累计数。

二、政府储备物资

（一）政府储备物资的概述

政府储备物资与存货在物质形态上具有相似性，但在功能作用、管理方式、资金来源、业务流程和环节上有所不同，因此本次政府会计改革将政府储备物资作为单独一个科目核算。

1. 定义

政府储备物资，是指政府会计主体为满足实施国家安全与发展战略、进行抗灾救灾、应对公共突发事件等特定公共需求而控制的，同时具有下列特征的有形资产：

（1）在应对可能发生的特定事件或情形时动用；

（2）其购入、存储保管、更新（轮换）、动用等由政府及相关部门发布的专门管理制度规范。

2. 分类

政府储备物资包括战略及能源物资、抢险抗灾救灾物资、农产品、医药物资和其他重要商品物资。

通常情况下，由政府会计主体委托承储单位存储。企业以及纳入企业财务管理体系的事业单位接受政府委托收储并按企业会计准则核算的储备物资，不适用《政府会计准则第6号——政府储备物资》。该类储备物资的委托方和受托方均不适用本准则对储备物资进行核算。

（二）政府储备物资的确认

第一，确认主体：由按规定对政府储备物资负有行政管理职责的政府会计主体予以确认。

（1）行政管理职责主要指提出或拟定收储计划、更新（轮换）计划、动用方案等。

（2）相关行政管理职责由不同政府会计主体行使的政府储备物资，由负责提出收储计划的政府会计主体予以确认。

（3）对政府储备物资不负有行政管理职责但接受委托具体负责执行其存储保管等工作的政府会计主体，应当将受托代储的政府储备物资作为受托代理资产核算。

第二，确认条件：和其他资产确认条件相同：

(1) 与该政府储备物资相关的服务潜力很可能实现或者经济利益很可能流入政府会计主体。

(2) 该政府储备物资的成本或者价值能够可靠地计量。

（三）政府储备物资的初始计量

在取得政府储备物资时，应当按照成本进行初始计量。

第一，外购的政府储备物资，其成本包括购买价款和政府会计主体承担的相关税费、运输费、装卸费、保险费、检测费以及使政府储备物资达到目前场所和状态所发生的归属于政府储备物资成本的其他支出。

第二，委托加工的政府储备物资，其成本包括委托加工前物料成本、委托加工的成本（如委托加工费以及按规定应计入委托加工政府储备物资成本的相关税费等）以及政府会计主体承担的使政府储备物资达到目前场所和状态所发生的归属于政府储备物资成本的其他支出。

第三，接受捐赠的政府储备物资，其成本有三种方式：(1) 按照有关凭据注明的金额加上政府会计主体承担的相关税费、运输费等确定；(2) 没有相关凭据可供取得，但按规定经过资产评估的，其成本按照评估价值加上政府会计主体承担的相关税费、运输费等确定；(3) 没有相关凭据可供取得、也未经资产评估的，其成本比照同类或类似资产的市场价格加上政府会计主体承担的相关税费、运输费等确定。不能使用名义金额。

第四，接受无偿调入的政府储备物资，其成本按照调出方账面价值加上归属于政府会计主体的相关税费、运输费等确定。

第五，盘盈的政府储备物资，其成本确认方式有三种：(1) 按照有关凭据注明的金额确定；(2) 没有相关凭据，但按规定经过资产评估的，其成本按照评估价值确定；(3) 没有相关凭据、也未经资产评估的，其成本按照重置成本确定。

第六，下列各项不计入政府储备物资成本：

(1) 仓储费用；

(2) 日常维护费用；

(3) 不能归属于使政府储备物资达到目前场所和状态所发生的其他支出。

（四）政府储备物资的后续计量

第一，发出政府储备物资的成本计价方法，与存货相同，可以采用先进先出法、加权平均法或者个别计价法确定政府储备物资发出的成本。计价方法一经确定，不得随意变更。(1) 对于性质和用途相似的政府储备物资，政府会计主体应当采用相同的成本计价方法确定发出物资的成本。(2) 对于不能替代使用的政府储备物资、为特定项目专门购入或加工的政府储备物资，政府会计主体通常应采用个别计价法确定发出物资的成本。

第二，因动用而发出无需收回的政府储备物资的，应当在发出物资时将其账面余额予以转销，计入当期费用。

第三，因动用而发出需要收回或者预期可能收回的政府储备物资的，应当在按规定的质量验收标准收回物资时，将未收回物资的账面余额予以转销，计入当期费用。

第四，因行政管理主体变动等原因而将政府储备物资调拨给其他主体的，政府会计主体应当在发出物资时将其账面余额予以转销。

第五，政府会计主体对外销售政府储备物资的，应当在发出物资时将其账面余额转销计入当期费用，并按规定确认相关销售收入或将销售取得的价款大于所承担的相关税费后的差额做应缴款项处理。

第六，政府会计主体采取销售采购方式对政府储备物资进行更新（轮换）的，应当将物资轮出视为物资销售，按照对外销售处理；将物资轮入视为物资采购，按照本外购处理。

第七，政府储备物资报废、毁损的，政府会计主体应当按规定报经批准后将报废、毁损的政府储备物资的账面余额予以转销，确认应收款项（确定追究相关赔偿责任的）或计入当期费用（因储存年限到期报废或非人为因素致使报废、毁损的）；同时，将报废、毁损过程中取得的残值变价收入扣除政府会计主体承担的相关费用后的差额按规定作应缴款项处理（差额为净收益时）或计入当期费用（差额为净损失时）。

第八，政府储备物资盘亏的，政府会计主体应当按规定报经批准后将盘亏的政府储备物资的账面余额予以转销，确定追究相关赔偿责任的，确认应收款项；属于正常耗费或不可抗力因素造成的，计入当期费用。

（五）披露与新旧衔接问题

1. 披露

(1) 各类政府储备物资的期初和期末账面余额。

(2) 因动用而发出需要收回或者预期可能收回，但期末尚未收回的政府储备物资的账面余额。

(3) 确定发出政府储备物资成本所采用的方法。

(4) 其他有关政府储备物资变动的重要信息。

2. 新旧衔接

(1) 对于应当确认为政府储备物资，但已确认为存货、固定资产等其他资产的，政府会计主体应当在首次执行日将该资产按其账面余额重分类为政府储备物资。

(2) 对于应当确认但尚未入账的存量政府储备物资，政府会计主体应当在首次执行日按照下列原则确定其初始入账成本：a. 可以取得相关原始凭据的，其成本按照有关原始凭据注明的金额确定；b. 没有相关凭据可供取得，但按规定经过资产评估的，其成本按照评估价值确定；c. 没有相关凭据可供取得、也未经资产评估的，其成本按照重置成本确定。

(六) 政府储备物资的核算

1. 核算内容

本科目核算单位控制的政府储备物资的成本。

2. 明细科目设置

本科目应当按照政府储备物资的种类、品种、存放地点等进行明细核算。单位根据需要，可在本科目下设置“在库”、“发出”等明细科目进行明细核算。

3. 政府储备物资初始计量的主要账务处理与列表说明

(1) 购入的政府储备物资验收入库，按照确定的成本，借记本科目，贷记“财政拨款收入”、“零余额账户用款额度”、“银行存款”等科目。

(2) 涉及委托加工政府储备物资业务的，相关账务处理参照“加工物品”科目。

(3) 接受捐赠的政府储备物资验收入库，按照确定的成本，借记本科目，按照单位承担的相关税费、运输费等，贷记“零余额账户用款额度”、“银行存款”等科目，按照其差额，贷记“捐赠收入”科目。

(4) 接受无偿调入的政府储备物资验收入库，按照确定的成本，借记本科目，按照单位承担的相关税费、运输费等，贷记“零余额账户用款额度”、“银行存款”等科目，按照其差额，贷记“无偿调拨净资产”科目。

政府储备物资初始计量的主要账务处理如表 2－122 所示。

表 2－122　　政府储备物资初始计量的主要账务处理

序号	业务和事项内容	账务处理	
		财务会计	预算会计
1	购入的政府储备物资	借：政府储备物资 贷：财政拨款收入/零余额账户用款额度/银行存款等	借：事业支出 贷：财政拨款预算收入/资金结存
2	接受捐赠的政府储备物资	借：政府储备物资 贷：捐赠收入 零余额账户用款额度/银行存款（捐入方承担的相关税费）	借：其他支出（捐入方承担的相关税费） 贷：财政拨款预算收入/资金结存
3	无偿调入的政府储备物资	借：政府储备物资 贷：无偿调拨净资产 零余额账户用款额度/银行存款（调入方承担的相关税费）	借：其他支出（调入方承担的相关税费） 贷：财政拨款预算收入/资金结存

4. 发出政府储备物资的主要账务处理与列表说明

（1）因动用而发出无需收回的政府储备物资的，按照发出物资的账面余额，借记“业务活动费用”科目，贷记本科目。

（2）因动用而发出需要收回或者预期可能收回的政府储备物资的，在发出物资时，按照发出物资的账面余额，借记本科目（发出），贷记本科目（在库）；按照规定的质量验收标准收回物资时，按照收回物资原账面余额，借记本科目（在库），按照未收回物资的原账面余额，借记“业务活动费用”科目，按照物资发出时登记在本科目所属“发出”明细科目中的余额，贷记本科目（发出）。

（3）因行政管理主体变动等原因而将政府储备物资调拨给其他主体的，按照无偿调出政府储备物资的账面余额，借记“无偿调拨净资产”科目，贷记本科目。

（4）对外销售政府储备物资并将销售收入纳入单位预算统一管理的，发出物资时，按照发出物资的账面余额，借记“业务活动费用”科目，贷记本科目；实现销售收入时，按照确认的收入金额，借记“银行存款”、“应收账款”等科目，贷记“事业收入”等科目。

对外销售政府储备物资并按照规定将销售净收入上缴财政的，发出物资时，按照发出物资的账面余额，借记“资产处置费用”科目，贷记本科目；取得销售价款时，按照实际收到的款项金额，借记“银行存款”等科目，按照发生的相关税费，贷记“银行存款”等科目，按照销售价款大于所承担的相关税费后的差额，贷记“应缴财政款”科目。

（5）单位应当定期对政府储备物资进行清查盘点，每年至少盘点一次。对于发生的政府储备物资盘盈、盘亏或者报废、毁损，应当先记入“待处理财产损溢”科目，按照规定报经批准后及时进行后续账务处理。盘盈的政府储备物资，按照确定的入账成本，借记本科目，贷记“待处理财产损溢”科目。盘亏或者毁损、报废的政府储备物资，按照待处理政府储备物资的账面余额，借记“待处理财产损溢”科目，贷记本科目。

发出政府储备物资的主要账务处理如表2-123所示。

表2-123　　发出政府储备物资的主要账务处理

序号	业务和事项内容	账务处理	
		财务会计	预算会计
1	动用发出无需收回的政府储备物资	借：业务活动费用 　贷：政府储备物资（账面余额）	——
2	动用发出需要收回或预期可能收回的政府储备物资	发出物资时 借：政府储备物资——发出 　贷：政府储备物资——在库 按照规定的质量验收标准收回物资时 借：政府储备物资——在库（收回物资的账面余额） 　业务活动费用（未收回物资的账面余额） 　贷：政府储备物资——发出	——
3	因行政管理主体变动等原因而将政府储备物资调拨给其他主体的	借：无偿调拨净资产 　贷：政府储备物资（账面余额）	——

续表

<table>
<tr><th rowspan="2">序号</th><th rowspan="2" colspan="2">业务和事项内容</th><th colspan="2">账务处理</th></tr>
<tr><th>财务会计</th><th>预算会计</th></tr>
<tr><td rowspan="2">4</td><td rowspan="2">对外销售政府储备物资的</td><td>按照规定物资销售收入纳入本单位预算的</td><td>借：业务活动费用
贷：政府储备物资
借：银行存款/应收账款等
贷：事业收入等
借：业务活动费用
贷：银行存款等（发生的相关税费）</td><td>借：资金结存（收到的销售价款）
贷：事业预算收入等
借：事业支出
贷：资金结存（支付的相关税费）</td></tr>
<tr><td>按照规定销售收入扣除相关税费后上缴财政的</td><td>借：资产处置费用
贷：政府储备物资
借：银行存款等（收到的销售价款）
贷：银行存款（发生的相关税费）
应缴财政款</td><td>——</td></tr>
<tr><td rowspan="2">5</td><td rowspan="2">盘盈、盘亏、报废或毁损</td><td>盘盈的政府储备物资</td><td>借：政府储备物资
贷：待处理财产损溢</td><td>——</td></tr>
<tr><td>盘亏、报废或毁损的政府储备物资</td><td>借：待处理财产损溢
贷：政府储备物资</td><td>——</td></tr>
</table>

5. 会计实务示例

【例 2-87】某事业单位 2019 年 1 月 1 日购入一批救灾物资，已经验收入库，支付货款 50 000 元，并支付相关运输费、保管费等 500 元。该单位编制有关的会计分录如表 2-124 所示。

表 2-124

时间	财务会计分录	预算会计分录
2019 年 1 月 1 日	借：政府储备物资——救灾物资 50 500 贷：银行存款——基本账户存款 50 500	借：事业支出——项目支出——商品和服务支出 50 500 贷：资金结存——货币资金——银行存款 50 500

【例 2-88】某事业单位 2019 年 1 月 1 日从外单位 D 公司接受捐赠一批农产品储备物资，已经验收入库，市场上同类物资价值 50 000 元，并支付相关运输费、保管费等 500 元。该单位编制有关的会计分录如表 2-125 所示。

表 2－125

时间	财务会计分录	预算会计分录
2019 年 1 月 1 日	借：政府储备物资——农产品 50 500 贷：银行存款——基本账户存款 500 捐赠收入——D 公司 50 000	借：其他支出——运杂费 500 贷：资金结存——货币资金——银行存款 500

【例 2－89】某事业单位 2019 年 1 月 1 日从外单位无偿调入一批农产品储备物资，已经验收入库，市场上同类物资价值 50 000 元，并支付相关运输费、保管费等 500 元。该单位编制有关的会计分录如表 2－126 所示。

表 2－126

时间	财务会计分录	预算会计分录
2019 年 1 月 1 日	借：政府储备物资——农产品 50 500 贷：银行存款——基本账户存款 500 无偿调拨净资产 50 000	借：其他支出——运杂费 500 贷：资金结存——货币资金——银行存款 500

【例 2－90】某事业单位 2019 年 7 月 1 日因紧急救灾需要，发出一批储备医药品物资，价值 100 万元，不再收回。该单位编制有关的会计分录如表 2－127 所示。

表 2－127

时间	财务会计分录	预算会计分录
2019 年 7 月 1 日	借：业务活动费用——商品和服务费用 1 000 000 贷：政府储备物资——医药品 1 000 000	不做账务处理

【例 2－91】某事业单位 2019 年 7 月 1 日因紧急救灾需要，发出一批储备帐篷物资，价值 100 万元，预计救灾结束后能收回一部分。10 月 1 日收回 50%。该单位编制有关的会计分录如表 2－128 所示。

表 2－128

时间	财务会计分录	预算会计分录
2019 年 7 月 1 日	借：政府储备物资——救灾物资（发出）1 000 000 贷：政府储备物资——救灾物资（在库）1 000 000	不做账务处理
2019 年 10 月 1 日	借：政府储备物资——救灾物资（在库） 500 000 业务活动费用 ——商品和服务费用 500 000 贷：政府储备物资——救灾物资（发出） 1 000 000	不做账务处理

【例2－92】某事业单位因行政管理主体变动于2019年1月1日将库存的一批价值100万元的农产品储备物资调拨给另一个事业单位B管理。该单位编制有关的会计分录如表2－129所示。

表2－129

时间	财务会计分录	预算会计分录
2019年1月1日	借：无偿调拨净资产 1 000 000 贷：政府储备物资——农产品 1 000 000	不做账务处理

【例2－93】某事业单位2019年1月1日销售一批储备商品——医药品给南方公司，价值100万元，取得收入150万元，该收入属于单位事业收入。销售时，发生其他税费5万元，银行存款支付。2月1日收到款项。该单位编制有关的会计分录如表2－130所示。

表2－130

时间	财务会计分录	预算会计分录
2019年1月1日	借：业务活动费用——商品和服务费用 1 000 000 贷：政府储备物资 1 000 000	不做账务处理
2019年1月1日	借：应收账款——南方公司 1 500 000 贷：事业收入 1 500 000	不做账务处理
2019年1月1日	借：业务活动费用——商品和服务费用 50 000 贷：银行存款——基本账户存款 50 000	借：事业支出——项目支出——商品和服务支出 50 000 贷：资金结存——货币资金——银行存款 50 000
2019年2月1日	借：银行存款——基本账户存款 1 500 000 贷：应收账款——南方公司 1 500 000	借：资金结存——货币资金——银行存款 1 500 000 贷：事业预算收入 1 500 000

【例2－94】某事业单位2019年1月1日销售一批储备医药品，价值100万元，取得收入150万元，统一上缴财政。销售时，发生其他税费5万元，银行存款支付。该单位编制有关的会计分录如表2－131所示。

表 2-131

时间	财务会计分录	预算会计分录
2019 年 1 月 1 日	借：资产处置费用 1 000 000 贷：政府储备物资——医药品 1 000 000	不做账务处理
2019 年 1 月 1 日	借：银行存款——基本账户存款 1 500 000 贷：银行存款——基本账户存款 50 000 应缴财政款——应缴国库款 1 450 000	不做账务处理

6. 期末余额

本科目期末借方余额，反映政府储备物资的成本。

三、文物文化资产

（一）核算内容

本科目核算单位为满足社会公共需求而控制的文物文化资产的成本。单位为满足自身开展业务活动或其他活动需要而控制的文物和陈列品，应当通过"固定资产"科目核算，不通过本科目核算。因此，文物文化资产和固定资产的文物陈列品是有区别的：文物文化资产是本单位监管的，不是占有使用的，是为了满足社会公共需求；而固定资产的文物陈列品是本单位占有使用的。

（二）明细科目设置

本科目应当按照文物文化资产的类别、项目等进行明细核算。

（三）主要账务处理与列表说明

第一，文物文化资产在取得时，应当按照其成本入账。

（1）外购的文物文化资产，其成本包括购买价款、相关税费以及可归属于该项资产达到预定用途前所发生的其他支出（如运输费、安装费、装卸费等）。外购的文物文化资产，按照确定的成本，借记本科目，贷记"财政拨款收入"、"零余额账户用款额度"、"银行存款"等科目。

（2）接受其他单位无偿调入的文物文化资产，其成本按照该项资产在调出方的账面价值加上归属于调入方的相关费用确定。调入的文物文化资产，按照确定的成本，借记本科目，按照发生的归属于调入方的相关费用，贷记“零余额账户用款额度”、“银行存款”等科目，按照其差额，贷记“无偿调拨净资产”科目。

（3）接受捐赠的文物文化资产，其成本确定有三种方式：a. 按照有关凭据注明的金额加上相关费用确定；b. 没有相关凭据可供取得，但按照规定经过资产评估的，其成本按照评估价值加上相关费用确定；c. 没有相关凭据可供取得、也未经评估的，其成本比照同类或类似资产的市场价格加上相关费用确定。接受捐赠的文物文化资产，按照确定的成本，借记本科目，按照发生的相关税费、运输费等金额，贷记“零余额账户用款额度”、“银行存款”等科目，按照其差额，贷记“捐赠收入”科目。

（4）对于无偿调入和接受捐赠的文物文化资产，成本无法可靠取得的，单位应当设置备查簿进行登记，待成本能够可靠确定后按照规定及时入账。按照发生的归属于调入方、接受捐赠的相关费用，借记“其他费用”科目，贷记“零余额账户用款额度”、“银行存款”等科目。

第二，与文物文化资产有关的后续支出，参照“公共基础设施”科目相关规定进行处理。

第三，按照规定报经批准处置文物文化资产，应当分别以下情况处理。

（1）报经批准对外捐赠文物文化资产，按照被处置文物文化资产账面余额和捐赠过程中发生的归属于捐出方的相关费用合计数，借记“资产处置费用”科目，按照被处置文物文化资产账面余额，贷记本科目，按照捐赠过程中发生的归属于捐出方的相关费用，贷记“银行存款”等科目。

（2）报经批准无偿调出文物文化资产，按照被处置文物文化资产账面余额，借记“无偿调拨净资产”科目，贷记本科目；同时，按照无偿调出过程中发生的归属于调出方的相关费用，借记“资产处置费用”科目，贷记“银行存款”等科目。

（3）单位应当定期对文物文化资产进行清查盘点，每年至少盘点一次。对于发生的文物文化资产盘盈、盘亏、毁损或报废等，参照“公共基础设施”科目相关规定进行账务处理。

文物文化资产的主要账务处理如表 2－132 所示。

表 2－132　　文物文化资产的主要账务处理

<table>
<tr><th rowspan="2">序号</th><th rowspan="2" colspan="2">业务和事项内容</th><th colspan="2">账务处理</th></tr>
<tr><th>财务会计</th><th>预算会计</th></tr>
<tr><td rowspan="5">1</td><td rowspan="5">取得文物文化资产</td><td>外购的文物文化资产</td><td>借：文物文化资产
　贷：财政拨款收入/零余额账户用款额度/应付账款/银行存款等</td><td>借：事业支出
　贷：财政拨款预算收入/资金结存</td></tr>
<tr><td>接受无偿调入的文物文化资产</td><td>借：文物文化资产
　贷：无偿调拨净资产
　　财政拨款收入/零余额账户用款额度/银行存款等（发生的归属于调入方的相关费用）</td><td rowspan="2">借：其他支出（支付的归属于调入方的相关费用）
　贷：财政拨款预算收入/资金结存</td></tr>
<tr><td>如无偿调入的文物文化资产成本无法可靠取得的</td><td>借：其他费用（发生的归属于调入方的相关费用）
　贷：财政拨款收入/零余额账户用款额度/银行存款等</td></tr>
<tr><td>接受捐赠的文物文化资产</td><td>借：文物文化资产
　贷：捐赠收入
　　财政拨款收入/零余额账户用款额度/银行存款（发生的归属于捐入方的相关费用）</td><td rowspan="2">借：其他支出（支付的归属于捐入方的相关费用）
　贷：资金结存等</td></tr>
<tr><td>接受捐赠的文物文化资产成本无法可靠取得的</td><td>借：其他费用（发生的归属于调入方的相关费用）
　贷：财政拨款收入/零余额账户用款额度/银行存款等</td></tr>
<tr><td>2</td><td>后续处理</td><td>对外捐赠文物文化资产</td><td>借：资产处置费用
　贷：文物文化资产（账面余额）
　　银行存款等（归属于捐出方的相关费用）</td><td>借：其他支出（支付的归属于捐出方的相关费用）
　贷：资金结存等</td></tr>
</table>

续表

<table>
<tr><th rowspan="2">序号</th><th rowspan="2" colspan="2">业务和事项内容</th><th colspan="2">账务处理</th></tr>
<tr><th>财务会计</th><th>预算会计</th></tr>
<tr><td rowspan="3">2</td><td rowspan="3">后续处理</td><td>无偿调出文物文化资产</td><td>借：无偿调拨净资产
贷：文物文化资产（账面余额）
借：资产处置费用
贷：银行存款等（归属于调出方的相关费用）</td><td>借：其他支出（支付的归属于调出方的相关费用）
贷：资金结存等</td></tr>
<tr><td>盘盈时</td><td>借：文物文化资产
贷：待处理财产损溢</td><td>——</td></tr>
<tr><td>盘亏、毁损、报废时</td><td>借：待处理财产损溢
贷：文物文化资产（账面余额）</td><td>——</td></tr>
</table>

（四）会计实务示例

【例 2－95】某事业单位 2019 年 1 月 10 日购入一批文化资产，价值 50 000 元，运杂费 500 元，均以银行存款支付。该单位编制有关的会计分录如表 2－133 所示。

表 2－133

时间	财务会计分录	预算会计分录
2019 年 1 月 10 日	借：文物文化资产 50 500 贷：银行存款——基本账户存款 50 500	借：事业支出——项目支出——商品和服务支出 50 500 贷：资金结存——货币资金——银行存款 50 500

【例 2－96】某事业单位 2019 年 1 月 10 日从外单位调入一批文化资产，对方账面记载价值 50 000 元，运杂费 500 元，以银行存款支付。该单位编制有关的会计分录如表 2－134 所示。

表 2－134

时间	财务会计分录	预算会计分录
2019 年 1 月 10 日	借：文物文化资产 50 500 贷：银行存款——基本账户存款 500 无偿调拨净资产 50 000	借：其他支出——运杂费 500 贷：资金结存——货币资金——银行存款 500

【例 2 - 97】某事业单位 2019 年 1 月 10 日接受外单位 D 公司捐赠一批文化资产，资产评估价值 50 000 元，运杂费 500 元，以银行存款支付。该单位编制有关的会计分录如表 2 - 135 所示。

表 2 - 135

时间	财务会计分录	预算会计分录
2019 年 1 月 10 日	借：文物文化资产 50 500 贷：银行存款——基本账户存款 500 捐赠收入——D 公司 50 000	借：其他支出——运杂费 500 贷：资金结存——货币资金——银行存款 500

【例 2 - 98】承【例 2 - 97】，如果该批文化资产成本无法可靠取得，应单设备查账簿对该批文化资产进行登记，待成本能够确定后再及时入账。只对发生的运杂费等相关费用进行账务处理。该单位编制有关的会计分录如表 2 - 136 所示。

表 2 - 136

时间	财务会计分录	预算会计分录
2019 年 1 月 10 日	借：其他费用——运杂费 500 贷：银行存款——基本账户存款 500	借：其他支出——运杂费 500 贷：资金结存——货币资金——银行存款 500

【例 2 - 99】某事业单位 2019 年 2 月 10 日将其一批文化资产对外无偿捐赠给东方公司，账载金额 50 000 元，发生运杂费 500 元，用银行存款支付。该单位编制有关的会计分录如表 2 - 137 所示。

表 2 - 137

时间	财务会计分录	预算会计分录
2019 年 2 月 10 日	借：资产处置费用 50 500 贷：文物文化资产 50 000 银行存款 ——基本账户存款500	借：其他支出——运杂费 500 贷：资金结存——货币资金——银行存款 500

【例 2 - 100】某事业单位 2019 年 2 月 10 日将其一批文化资产对外无偿调出给同一系统另一家事业单位，账载金额 50 000 元，发生相关税费 500 元，用银行存款支付。该单位编制有关的会计分录如表 2 - 138 所示。

表 2－138

时间	财务会计分录	预算会计分录
2019 年 2 月 10 日	借：无偿调拨净资产 50 000 贷：文物文化资产 50 000 借：资产处置费用 500 贷：银行存款——基本账户存款 500	借：其他支出——相关税费 500 贷：资金结存——货币资金——银行存款 500

（五）期末余额

本科目期末借方余额，反映文物文化资产的成本。

四、保障性住房及保障性住房累计折旧

（一）核算内容

1. 保障性住房核算单位为满足社会公共需求而控制的保障性住房的原值。
2. 保障性住房累计折旧核算单位计提的保障性住房的累计折旧。

（二）明细科目设置

1. 保障性住房应当按照保障性住房的类别、项目等进行明细核算。
2. 保障性住房累计折旧应当按照所对应保障性住房的类别进行明细核算。

（三）保障性住房的主要账务处理与列表说明

第一，保障性住房在取得时，应当按其成本入账。

（1）外购的保障性住房，其成本包括购买价款、相关税费以及可归属于该项资产达到预定用途前所发生的其他支出。外购的保障性住房，按照确定的成本，借记本科目，贷记“财政拨款收入”、“零余额账户用款额度”、“银行存款”等科目。

（2）自行建造的保障性住房交付使用时，按照在建工程成本，借记本科目，贷记“在建工程”科目。已交付使用但尚未办理竣工决算手续的保障性住房，按照估计价值入账，待办理竣工决算后再按照实际成本调整原来的暂估价值。

（3）接受其他单位无偿调入的保障性住房，接受捐赠、融资租赁取得的保障性住房，参照“固定资产”科目相关规定进行处理。

（4）接受其他单位无偿调入的保障性住房，其成本按照该项资产在调出方的账面价值加上归属于调入方的相关费用确定。

无偿调入的保障性住房，按照确定的成本，借记本科目，按照发生的归属于调入方的相关费用，贷记“零余额账户用款额度”、“银行存款”等科目，按照其差额，贷记“无偿调拨净资产”科目。

第二，与保障性住房有关的后续支出，参照“固定资产”科目相关规定进行处理。

第三，按照规定出租保障性住房并将出租收入上缴同级财政，按照收取的租金金额，借“银行存款”等科目，贷记“应缴财政款”科目。

第四，按照规定报经批准处置保障性住房，应当分别以下情况处理。

（1）报经批准无偿调出保障性住房，按照保障性住房已计提的折旧，借记“保障性住房累计折旧”科目，按照被处置保障性住房账面余额，贷记本科目，按照其差额，借记“无偿调拨净资产”科目；同时，按照无偿调出过程中发生的归属于调出方的相关费用，借记“资产处置费用”科目，贷记“银行存款”等科目。

（2）报经批准出售保障性住房，按照被出售保障性住房的账面价值，借记“资产处置费用”科目，按照保障性住房已计提的折旧，借记“保障性住房累计折旧”科目，按照保障性住房账面余额，贷记本科目；同时，按照收到的价款，借记“银行存款”等科目，按照出售过程中发生的相关费用，贷记“银行存款”等科目，按照其差额，贷记“应缴财政款”科目。

（3）单位应当定期对保障性住房进行清查盘点。对于发生的保障性住房盘盈、盘亏、毁损或报废等，参照“固定资产”科目相关规定进行账务处理。

保障性住房的主要账务处理如表 2－139 所示。

表 2－139　　　　保障性住房的主要账务处理

序号	业务和事项内容		账务处理	
			财务会计	预算会计
1	保障性住房取得	外购的保障性住房	借：保障性住房 贷：财政拨款收入/零余额账户用款额度/银行存款等	借：事业支出 贷：财政拨款预算收入/资金结存
		自行建造的保障性住房，工程完工交付使用时	借：保障性住房 贷：在建工程	——

续表

序号	业务和事项内容		账务处理	
			财务会计	预算会计
1	保障性住房取得	无偿调入的保障性住房	借：保障性住房 贷：银行存款/零余额账户用款额度等（发生的相关费用） 无偿调拨净资产（差额）	借：其他支出（支付的相关税费） 贷：资金结存等
2	出租保障性住房	按照收取或应收的租金金额	借：银行存款 贷：应缴财政款	——
3	处置保障性住房	无偿调出保障性住房	借：无偿调拨净资产 保障性住房累计折旧 贷：保障性住房（账面余额）	——
			借：资产处置费用 贷：银行存款等（归属于调出方的相关费用）	借：其他支出 贷：资金结存等
		出售保障性住房	借：资产处置费用 保障性住房累计折旧 贷：保障性住房（账面余额）	——
			借：银行存款（处置保障性住房收到的价款） 贷：应缴财政款 银行存款等（发生的相关费用）	——
4	保障性住房定期盘点清查	盘盈的保障性住房	借：保障性住房 贷：待处理财产损溢	——
		盘亏、毁损或报废的保障性住房	借：待处理财产损溢（账面价值） 保障性住房累计折旧 贷：保障性住房（账面余额）	——

（四）保障性住房的会计实务示例

【例2－101】 某事业单位2019年1月10日购买100套保障性住房，每套价值10万元，用财政直接支付。该单位编制有关的会计分录如表2－140所示。

表 2-140

时间	财务会计分录	预算会计分录
2019 年 1 月 10 日	借：保障性住房　　10 000 000 　贷：财政拨款收入——财政直接支付——项目支出　　10 000 000	借：事业支出——项目支出——资本性支出　　10 000 000 　贷：财政拨款预算收入——财政直接支付　　10 000 000

【例 2-102】接［例 2-104］，2019 年 2 月 1 日起，出租其中 50 套，每月租金 1 000 元。以银行存款方式收讫。该单位编制有关的会计分录如表 2-141 所示。

表 2-141

时间	财务会计分录	预算会计分录
2019 年 2 月 1 日	借：银行存款——基本账户存款　　50 000 　贷：应缴财政款——应缴国库款　　50 000	不做账务处理

（五）保障性住房累计折旧的主要账务处理与列表说明

1. 按月计提保障性住房折旧时，按照应计提的折旧额，借记“业务活动费用”科目，贷记本科目。

2. 报经批准处置保障性住房时，按照所处置保障性住房的账面价值，借记“资产处置费用”、“无偿调拨净资产”、“待处理财产损溢”等科目，按照已计提折旧，借记本科目，按照保障性住房的账面余额，贷记“保障性住房”科目。

保障性住房累计折旧的主要账务处理如表 2-142 所示。

表 2-142　　保障性住房累计折旧的主要账务处理

序号	业务和事项内容	账务处理	
		财务会计	预算会计
1	按月计提保障性住房折旧时	借：业务活动费用 　贷：保障性住房累计折旧	—
2	处置保障性住房时	借：待处理财产损溢/无偿调拨净资产/资产处置费用等 　保障性住房累计折旧 　贷：保障性住房（账面余额）	涉及资金支付的，参照“保障性住房”科目的相关账务处理

（六）保障性住房累计折旧的会计实务示例

【例2－103】接［例2－101］，按照50年计提折旧。该单位编制有关的会计分录如表2－143所示。

表2－143

时间	财务会计分录	预算会计分录
2019年 1月10日	借：业务活动费用——保障性住房折旧　16 666.67 　贷：保障性住房累计折旧　16 666.67	不做账务处理

【例2－104】接［例2－101］、［例2－103］，2020年1月1日，无偿调出其中10套保障性住房，另支付相关税费5万元。该单位编制有关的会计分录如表2－144所示。

表2－144

时间	财务会计分录	预算会计分录
2020年 1月1日	借：无偿调拨净资产　980 000 　保障性住房累计折旧　20 000 　贷：保障性住房　1 000 000	不做账务处理
2020年 1月1日	借；资产处置费用　50 000 　贷：银行存款——基本账户存款　50 000	借：其他支出——相关税费　50 000 　贷：资金结存——货币资金——银行存款　50 000

【例2－105】接【例2－101】，【例2－103】，2020年1月1日，出售其中10套保障性住房，获得收入150万，上缴财政，另支付相关税费5万元。该单位编制有关的会计分录如表2－145所示。

表2－145

时间	财务会计分录	预算会计分录
2020年 1月1日	借：资产处置费用　980 000 　保障性住房累计折旧　20 000 　贷：保障性住房　1 000 000	不做账务处理
2020年 1月1日	借；银行存款——基本账户存款　1 500 000 　贷：应缴财政款——应缴国库款　1 450 000 　　银行存款——基本账户存款　50 000	不做账务处理

（七）期末余额

保障性住房科目期末借方余额，反映保障性住房的原值。保障性住房累计折旧期末贷方余额，反映单位计提的保障性住房折旧累计数。

第十节 其他资产的核算

一、待摊费用

（一）核算内容

本科目核算单位已经支付，但应当由本期和以后各期分别负担的分摊期在1年以内（含1年）的各项费用，如预付航空保险费、预付租金、供暖费等。这些费用的特点是：虽然在某月支付或发生，但是受益期是以后的几个月甚至全年，为了正确计算各个会计期间的业务成果，必须严格划分费用的归属期，分月摊入各月成本费用。待摊费用应当在其受益期限内分期平均摊销，如预付航空保险费应在保险期的有效期内、预付租金应在租赁期内分期平均摊销，计入当期费用。

摊销期限在1年以上的租入固定资产改良支出和其他费用，应当通过“长期待摊费用”科目核算，不通过本科目核算。

实务中，有些费用受益期限虽然超过一个月，如果费用金额较小，为了简化核算工作，也可以不作为待摊费用处理，而直接计入当期费用。

（二）明细科目设置

本科目应当按照待摊费用种类进行明细核算。

（三）主要账务处理与列表说明

发生待摊费用时，按照实际预付的金额，借记本科目，贷记“财政拨款收入”、“零余额账户用款额度”、“银行存款”等科目。

按照受益期限分期平均摊销时，按照摊销金额，借记“业务活动费用”、

“单位管理费用”、“经营费用”等科目，贷记本科目。

如果某项待摊费用已经不能使单位受益，应当将其摊余金额一次全部转入当期费用。按照摊销金额，借记“业务活动费用”、“单位管理费用”、“经营费用”等科目，贷记本科目。

待摊费用主要账务处理见表2－146所示。

表2－146　　待摊费用主要账务处理

序号	业务和事项内容	账务处理	
		财务会计	预算会计
1	发生待摊费用时	借：待摊费用 贷：财政拨款收入/零余额账户用款额度/银行存款等	借：事业支出等 贷：财政拨款预算收入/资金结存
2	按照受益期限分期平均摊销时	借：业务活动费用/单位管理费用/经营费用等 贷：待摊费用（每期摊销金额）	—
3	将摊余金额一次全部转入当期费用时	借：业务活动费用/单位管理费用/经营费用等 贷：待摊费用（全部未摊销金额）	—

（四）会计实务示例

【例2－106】某事业单位2019年1月1日预付了四个月的设备租金60 000元，用于业务活动，财政授权支付完毕。租期从2019年1月1日——2019年5月1日。2019年3月1日发现该设备已经不能发挥作用，将其剩余租金一次摊销完毕。该单位编制有关的会计分录如表2－147所示。

表2－147

时间	财务会计分录	预算会计分录
2019年1月1日	借：待摊费用——预付租金　60 000 贷：零余额账户用款额度——基本支出用款额度　60 000	借：事业支出——基本支出——商品和服务支出　60 000 贷：资金结存——零余额账户用款额度　60 000

续表

时间	财务会计分录	预算会计分录
2019 年 1 月 31 日	借：业务活动费用——商品和服务费用 15 000 贷：待摊费用——预付租金 15 000	不做账务处理
2019 年 2 月 28 日	借：业务活动费用——商品和服务费用 15 000 贷：待摊费用——预付租金 15 000	不做账务处理
2019 年 3 月 1 日	借：业务活动费用——商品和服务费用 30 000 贷：待摊费用——预付租金 30 000	不做账务处理

（五）期末余额

本科目期末借方余额，反映单位各种已支付但尚未摊销的分摊期在 1 年以内（含 1 年）的费用。

二、长期待摊费用

（一）核算内容

本科目核算单位已经支出，但应由本期和以后各期负担的分摊期限在 1 年以上（不含 1 年）的各项费用，如以经营租赁方式租入的固定资产发生的改良支出等。

（二）明细科目设置

本科目应当按照费用项目进行明细核算。

（三）主要账务处理与列表说明

发生长期待摊费用时，按照支出金额，借记本科目，贷记“财政拨款收入”、“零余额账户用款额度”、“银行存款”等科目。

按照受益期间摊销长期待摊费用时，按照摊销金额，借记“业务活动费用”、“单位管理费用”、“经营费用”等科目，贷记本科目。

如果某项长期待摊费用已经不能使单位受益，应当将其摊余金额一次全部转入当期费用。按照摊销金额，借记“业务活动费用”、“单位管理费用”、“经营费用”等科目，贷记本科目。

长期待摊费用的主要账务处理见表2－148。

表2－148　　长期待摊费用的主要账务处理

序号	业务和事项内容	账务处理	
		财务会计	预算会计
1	发生长期待摊费用	借：长期待摊费用 贷：财政拨款收入/零余额账户用款额度/银行存款等	借：事业支出等 贷：财政拨款预算收入/资金结存
2	按期摊销或一次转销长期待摊费用剩余账面余额	借：业务活动费用/单位管理费用/经营费用等 贷：长期待摊费用	—

（四）会计实务示例

【例2－107】 某事业单位2019年1月1日对租住的某办公楼进行维修改造，工程款96万元，使用办公楼改造项目经费支付，已经财政直接支付完毕。未来还有两年租赁期，于2020年12月31日租期届满。2020年3月1日因为客观原因，不再租赁该办公楼，将其剩余改造款一次摊销完毕。该单位编制有关的会计分录如表2－149所示。

表2－149

时间	财务会计分录	预算会计分录
2019年1月1日	借：长期待摊费用——装修费　960 000 贷：财政拨款收入——财政直接支付　960 000	借：事业支出——项目支出——资本性支出　960 000 贷：财政拨款预算收入——财政直接支付　960 000
2019年1月－2020年2月每月摊销	借：单位管理费用——商品和服务费用　40 000 贷：长期待摊费用——装修费　40 000	不做账务处理
2019年3月1日	借：单位管理费用——商品和服务费用　400 000 贷：长期待摊费用——装修费　400 000	不做账务处理

（五）期末余额

本科目期末借方余额，反映单位尚未摊销完毕的长期待摊费用。

三、受托代理资产

（一）核算内容

本科目核算单位接受委托方委托管理的各项资产，包括受托指定转赠的物资、受托存储保管的物资等的成本。单位管理的罚没物资也应当通过本科目核算。单位收到的受托代理资产为现金和银行存款的，不通过本科目核算，应当通过“库存现金”、“银行存款”科目进行核算。

（二）明细科目设置

本科目应当按照资产的种类和委托人进行明细核算：“受托转增物资”、“受托存储保管物资”、“罚没物资”；属于转赠资产的，还应当按照受赠人进行明细核算。

（三）主要账务处理与列表说明

1. 受托转赠物资

（1）接受委托人委托需要转赠给受赠人的物资，其成本按照有关凭据注明的金额确定。接受委托转赠的物资验收入库，按照确定的成本，借记本科目，贷记“受托代理负债”科目。

受托协议约定由受托方承担相关税费、运输费等的，还应当按照实际支付的相关税费、运输费等金额，借记“其他费用”科目，贷记“银行存款”等科目。

（2）将受托转赠物资交付受赠人时，按照转赠物资的成本，借记“受托代理负债”科目，贷记本科目。

（3）转赠物资的委托人取消了对捐赠物资的转赠要求，且不再收回捐赠物资的，应当将转赠物资转为单位的存货、固定资产等。按照转赠物资的成本，借记“受托代理负债”科目，贷记本科目；同时，借记“库存物品”、“固定资产”等科目，贷记“其他收入”科目。

2. 受托存储保管物资

(1) 接受委托人委托存储保管的物资，其成本按照有关凭据注明的金额确定。接受委托储存的物资验收入库，按照确定的成本，借记本科目，贷记“受托代理负债”科目。

(2) 发生由受托单位承担的与受托存储保管的物资相关的运输费、保管费等费用时，按照实际发生的费用金额，借记“其他费用”等科目，贷记“银行存款”等科目。

(3) 根据委托人要求交付或发出受托存储保管的物资时，按照发出物资的成本，借记“受托代理负债”科目，贷记本科目。

3. 罚没物资

(1) 取得罚没物资时，其成本按照有关凭据注明的金额确定。罚没物资验收（入库），按照确定的成本，借记本科目，贷记“受托代理负债”科目。罚没物资成本无法可靠确定的，单位应当设置备查簿进行登记。

(2) 按照规定处置或移交罚没物资时，按照罚没物资的成本，借记“受托代理负债”科目，贷记本科目。处置时取得款项的，按照实际取得的款项金额，借记“银行存款”等科目，贷记“应缴财政款”等科目。

4. 其他实物资产

单位受托代理的其他实物资产，参照本科目有关受托转赠物资、受托存储保管物资的规定进行账务处理。

受托代理资产的主要账务处理如表 2－150 所示。

表 2－150　　　　受托代理资产的主要账务处理

序号	业务和事项内容	账务处理	
		财务会计	预算会计
1	接受委托人委托需要转赠给受赠人的物资	借：受托代理资产 　贷：受托代理负债	——
	受托协议约定由受托方承担相关税费、运输费的	借：其他费用 　贷：财政拨款收入/零余额账户用款额度/银行存款等	借：其他支出（实际支付的相关税费、运输费等） 　贷：财政拨款预算收入/资金结存
2	将受托转赠物资交付受赠人时	借：受托代理负债 　贷：受托代理资产	——
3	转赠物资的委托人取消了对捐赠物资的转赠要求，且不再收回捐赠物资的	借：受托代理负债 　贷：受托代理资产 借：库存物品/固定资产等 　贷：其他收入	——

续表

序号	业务和事项内容	账务处理	
		财务会计	预算会计
4	接受委托人委托储存保管的物资	借：受托代理资产 贷：受托代理负债	——
5	支付由受托单位承担的与受托储存保管的物资相关的运输费、保管费等	借：其他费用等 贷：财政拨款收入/零余额账户用款额度/银行存款等	借：其他支出等（实际支付的运输费、保管费等） 贷：财政拨款预算收入/资金结存
6	根据委托人要求交付受托储存保管的物资时	借：受托代理负债 贷：受托代理资产	——
7	取得罚没物资时	借：受托代理资产 贷：受托代理负债	——
8	按照规定处置罚没物资时	借：受托代理负债 贷：受托代理资产 处置时取得款项的 借：银行存款等 贷：应缴财政款	——

（四）会计实务示例

【例2－108】某事业单位接受其他单位委托接受一批物资，转赠给另一事业单位A，根据委托单位提供的凭据该批物资价值100 000元，于2019年4月1日验收入库。双方约定由该事业单位承担相关运杂费2 000元，均以银行存款付讫。5月1日该事业单位将该批物资的一半转赠给A，剩余一半根据委托人要求不再转赠，同时委托人也不再收回。该单位编制有关的会计分录如表2－151所示。

表2－151

时间	财务会计分录	预算会计分录
2019年4月1日	借：受托代理资产——受托转赠物资 100 000 贷：受托代理负债 100 000	不做账务处理
2019年4月1日	借：其他费用——运杂费 2 000 贷：银行存款——基本账户存款 2 000	借：其他支出——运杂费 2 000 贷：资金结存——货币资金——银行存款 2 000

续表

时间	财务会计分录	预算会计分录
2019年5月1日 转赠物资	借：受托代理负债 50 000 贷：受托代理资产——受托转赠物资 50 000	不做账务处理
2019年5月1日 不再转赠	借：受托代理负债 50 000 贷：受托代理资产——受托转赠物资 50 000 借：库存物品 50 000 贷：其他收入 ——其他 50 000	不做账务处理

【例2-109】某事业单位接受其他单位委托保管一批物资，根据委托单位提供的凭据该批物资价值100 000元，于2019年4月1日验收入库。双方约定由该事业单位承担相关运杂费5 000元，以银行存款付讫。5月1日保管结束，根据委托人要求发出该批保管物资。该单位编制有关的会计分录如表2-152所示。

表2-152

时间	财务会计分录	预算会计分录
2019年 4月1日	借：受托代理资产——受托存储保管物资 100 000 贷：受托代理负债 100 000	不做账务处理
2019年 4月1日	借：其他费用——运杂费 5 000 贷：银行存款——基本账户存款 5 000	借：其他支出——运杂费 5 000 贷：资金结存——货币资金——银行存款 5 000
2019年 5月1日	借：受托代理负债 100 000 贷：受托代理资产 ——受托存储保管物资 100 000	不做账务处理

【例2-110】某事业单位在执法过程中获得一批罚没物资，根据对方单位提供的凭据该批物资价值100 000元，于2019年4月1日验收入库。按照有关规定，该批物资按照程序进行处置，6月1日完成处置，获得处置收益10 000元。该单位编制有关的会计分录如表2-153所示。

表 2-153

时间	财务会计分录	预算会计分录
2019 年 4 月 1 日	借：受托代理资产——罚没物资 100 000 贷：受托代理负债 100 000	不做账务处理
2019 年 5 月 1 日	借：受托代理负债 100 000 贷：受托代理资产 ——受托存罚没物资 100 000 借：银行存款——基本账户存款 10 000 贷：应缴财政款——应缴国库款 10 000	不做账务处理

（五）期末余额

本科目期末借方余额，反映单位受托代理实物资产的成本。

四、待处理财产损溢

（一）核算内容

本科目核算单位在资产清查过程中查明的各种资产盘盈、盘亏和报废、毁损的价值。

（二）明细科目设置

本科目应当按照待处理的资产项目进行明细核算；对于在资产处理过程中取得收入或发生相关费用的项目，还应当设置“待处理财产价值”、“处理净收入”明细科目，进行明细核算。

（三）主要账务处理与列表说明

单位资产清查中查明的资产盘盈、盘亏、报废和毁损，一般应当先记入本科目，按照规定报经批准后及时进行账务处理。年末结账前一般应处理完毕。

第一，账款核对时发现的库存现金短缺或溢余，具体核算参见“货币资金”科目。

第二，资产清查过程中发现的存货、固定资产、无形资产、公共基础设施、政府储备物资、文物文化资产、保障性住房等各种资产盘盈。

（1）转入待处理资产时，按照确定的成本，借记“库存物品”、“固定资产”、“无形资产”、“公共基础设施”、“政府储备物资”、“文物文化资产”、“保障性住房”等科目，贷记本科目。

（2）按照规定报经批准后处理时，对于盘盈的流动资产，借记本科目，贷记“单位管理费用”科目。对于盘盈的非流动资产，如属于本年度取得的，按照当年新取得相关资产进行账务处理；如属于以前年度取得的，按照前期差错处理，借记本科目，贷记“以前年度盈余调整”科目。

第三，资产资产清查过程中发现的存货、固定资产、无形资产、公共基础设施、政府储备物资、文物文化资产、保障性住房等各种资产盘亏或者毁损、报废的账务处理。

（1）转入待处理资产时，借记本科目（待处理财产价值）（盘亏、毁损、报废固定资产、无形资产、公共基础设施、保障性住房的，还应借记“固定资产累计折旧”、“无形资产累计摊销”、“公共基础设施累计折旧（摊销）”、“保障性住房累计折旧”科目），贷记“库存物品”、“固定资产”、“无形资产”、“公共基础设施”、“政府储备物资”、“文物文化资产”、“保障性住房”、“在建工程”等科目。涉及增值税业务的，相关账务处理参见“应交增值税”科目。

（2）报经批准处理时，借记“资产处置费用”科目，贷记本科目（待处理财产价值）。

（3）处理毁损、报废实物资产过程中取得的残值或残值变价收入、保险理赔和过失人赔偿等，借记“库存现金”、“银行存款”、“库存物品”、“其他应收款”等科目，贷记本科目（处理净收入）。

（4）处理毁损、报废实物资产过程中发生的相关费用，借记本科目（处理净收入），贷记“库存现金”、“银行存款”等科目。

（5）处理收支结清，如果处理收入大于相关费用的，按照处理收入减去相关费用后的净收入，借记本科目（处理净收入），贷记“应缴财政款”等科目；如果处理收入小于相关费用的，按照相关费用减去处理收入后的净支出，借记“资产处置费用”科目，贷记本科目（处理净收入）。

待处理财产损溢的主要账务处理见表2－154所示。

表2－154　　待处理财产损溢的主要账务处理

序号	业务和事项内容	账务处理	
		财务会计	预算会计
1	账款核对时发现的现金短缺或溢余	参照“库存现金”科目的账务处理	

续表

<table>
<tr><th rowspan="2">序号</th><th rowspan="2" colspan="3">业务和事项内容</th><th colspan="2">账务处理</th></tr>
<tr><th>财务会计</th><th>预算会计</th></tr>
<tr><td rowspan="3">2</td><td rowspan="3">盘盈的非现金资产</td><td colspan="2">转入待处理财产时</td><td>借：库存物品/固定资产/无形资产/公共基础设施/政府储备物资/文物文化资产/保障性住房等
贷：待处理财产损溢</td><td>——</td></tr>
<tr><td rowspan="2">报经批准后处理时</td><td>对于流动资产</td><td>借：待处理财产损溢
贷：单位管理费用</td><td>——</td></tr>
<tr><td>对于非流动资产</td><td>借：待处理财产损溢
贷：以前年度盈余调整</td><td>——</td></tr>
<tr><td rowspan="6">3</td><td rowspan="6">盘亏或毁损、报废的非现金资产</td><td colspan="2">转入待处理财产时</td><td>借：待处理财产损溢——待处理财产价值
固定资产累计折旧/公共基础设施累计折旧（摊销）/无形资产累计摊销/保障性住房累计折旧
贷：库存物品/固定资产/公共基础设施/无形资产/政府储备物资/文物文化资产/保障性住房等</td><td>——</td></tr>
<tr><td colspan="2">报经批准处理时</td><td>借：资产处置费用
贷：待处理财产损溢——待处理财产价值</td><td>——</td></tr>
<tr><td colspan="2">处理毁损、报废实物资产过程中取得的残值或残值变价收入、保险理赔或过失人赔偿等</td><td>借：库存现金/银行存款/库存物品/其他应收款等
贷：待处理财产损溢——处理净收入</td><td>——</td></tr>
<tr><td colspan="2">处理毁损、报废实物资产过程中发生的相关费用</td><td>借：待处理财产损溢——处理净收入
贷：库存现金/银行存款等</td><td>——</td></tr>
<tr><td colspan="2">处理收支结清，处理收入大于相关费用的</td><td>借：待处理财产损溢——处理净收入
贷：应缴财政款</td><td>——</td></tr>
<tr><td colspan="2">处理收支结清，处理收入小于相关费用的</td><td>借：资产处置费用
贷：待处理财产损溢——处理净收入</td><td>借：其他支出
贷：资金结存等（支付的处理净支出）</td></tr>
</table>

（四）会计实务示例

【例 2－111】某事业单位2019年年底资产清查时发现，盘盈一批物资H价值50 000元，盘盈一台空调，价值10 000元，均为以前年度取得，经过有关单位批准，做盘盈资产处理。该单位编制有关的会计分录如表2－155所示。

表 2－155

时间	财务会计分录	预算会计分录
2019年 12月31日	借：库存物品——H　50 000 　　固定资产——通用设备　10 000 　贷：待处理财产损溢——存货　50 000 　　　待处理财产损溢——固定资产　10 000	不做账务处理
2019年 12月31日	借：待处理财产损溢——存货　50 000 　贷：单位管理费用——商品和服务费用　50 000 借：待处理财产损溢——固定资产　10 000 　贷：以前年度盈余调整　10 000	不做账务处理

【例 2－112】某事业单位2019年年底拟报废3台计算机，价值共计15 000元，已经计提折旧12 000元。经过有关部门批准同意报废，处理时发生相关运费200元，用现金支付，并收到残值收入1 000元，对方银行转账。该单位编制有关的会计分录如表2－156所示。

表 2－156

时间	财务会计分录	预算会计分录
2019年 12月31日	借：待处理财产损溢——固定资产——待处理财产价值　3 000 　　固定资产累计折旧——通用设备　12 000 　贷：固定资产——通用设备　15 000	不做账务处理
2019年 12月31日	借：资产处置费用　3 000 　贷：待处理财产损溢——固定资产——待处理财产价值　3 000	不做账务处理
2019年 12月31日	借：银行存款——基本账户存款　1 000 　贷：待处理财产损溢——固定资产——处理净收入　1 000	不做账务处理

续表

时间	财务会计分录	预算会计分录
2019 年 12 月 31 日	借：待处理财产损溢——固定资产——处理净收入 200 　贷：库存现金 200	不做账务处理
2019 年 12 月 31 日	借：待处理财产损溢——固定资产——处理净收入 800 　贷：应缴财政款——应缴国库款 800	不做账务处理

（五）期末余额

本科目期末如为借方余额，反映尚未处理完毕的各种资产的净损失；期末如为贷方余额，反映尚未处理完毕的各种资产净溢余。年末，经批准处理后，本科目一般应无余额。

第三章

负　债

第一节　负债概述

《基本准则》第三十三条规定："负债是指政府会计主体过去的经济业务或者事项形成的，预期会导致经济资源流出政府会计主体的现时义务。现时义务是指政府会计主体在现行条件下已承担的义务。未来发生的经济业务或者事项形成的义务不属于现时义务，不应当确认为负债。"

现时义务包括法定义务和推定义务。法定义务，是指因合同、法律法规或其他司法解释等产生的义务。推定义务，是指根据政府会计主体以往的习惯做法、已公布的政策或者已公开的承诺或声明，政府会计主体向其他方表明其将承担并且其他方也合理预期政府会计主体将履行的相关义务。

一、负债的分类

政府会计主体的负债按照流动性分为流动负债和非流动负债。

（一）流动负债

流动负债是指预计在1年内（含1年）偿还的负债，包括应付及预收款项、应付职工薪应缴款项等。

（1）短期借款是指事业单位经批准向银行或其他金融机构等借入的期限在1年内（含1年）的各种借款。

（2）应交增值税是指单位按照税法规定计算应交纳的增值税。

（3）其他应交税费是指单位按照税法等规定计算应交纳的除增值税以外的各种税费，包括城市维护建设税、教育费附加、地方教育费附加、车船税、房产税、城镇土地使用税、企业所得税和单位代扣代缴的个人所得税等。

单位应缴纳的不需要预提应交税费，例如印花税，直接通过“业务活动费用”、“单位管理费用”、“经营费用”等科目核算，不通过“其他应交税费”核算。

（4）应缴财政款是指单位取得或应收的按照规定应当上缴财政的款项，包括应缴国库的款项和应缴财政专户的款项。

单位按照国家税法等有关规定应当缴纳的各种税费，通过“应交增值税”、“其他应交税费”科目核算，不通过“应缴财政款”核算。

（5）应付职工薪酬是单位按照有关规定应付给职工（含长期聘用人员）及为职工支付的各种薪酬，包括基本工资、国家统一规定的津贴补贴、规范津贴补贴（绩效工资）、改革性补贴、社会保险费（如职工基本养老保险费、职业年金、基本医疗保险费等）、住房公积金等。

（6）应付票据是指事业单位因购买材料、物资等而开出、承兑的商业汇票，包括银行承兑汇票和商业承兑汇票。

（7）应付账款是指单位因购买物资、接受服务、开展工程建设等而应付的偿还期限在 1 年以内（含 1 年）的款项。

（8）应付利息是指事业单位按照合同约定应支付的借款利息，包括短期借款、分期付息到期还本的长期借款等应支付的利息。

（9）预收账款是指事业单位预先收取但尚未结算的款项。

（10）其他应付款是指单位除应交增值税、其他应交税费、应缴财政款、应付职工薪酬、应付票据、应付账款、应付利息、预收账款以外，其他各项偿还期限在 1 年内（含 1 年）的应付及暂收款项，如收取的押金、存入保证金、已经报销但尚未偿还银行的本单位公务卡欠款等。

同级政府财政部门预拨的下期预算款和没有纳入预算的暂付款项，以及采用实拨资金方式通过本单位转拨给下属单位的财政拨款，也通过“其他应付款”核算。

（11）预提费用是指单位预先提取的已经发生但尚未支付的费用，如预提租金费用等。事业单位按照规定从科研项目收入中提取的项目间接费用或管理费，也通过“预提费用”科目核算。

事业单位计提的借款利息费用，通过“应付利息”、“长期借款”科目核算，不通过“预提费用”科目核算。

（二）非流动负债

非流动负债是指流动负债以外的负债，包括长期应付款、应付政府债券和政府依法担保形成的债务等。

（1）长期借款是指事业单位经批准向银行或其他金融机构等借入的期限超过1年（不含1年）的各种借款本息。行政单位无此业务。

（2）长期应付款是指单位发生的偿还期限超过1年（不含1年）的应付款项，如以融资租赁方式取得固定资产应付的租赁费等。

（3）预计负债是指单位对因或有事项所产生的现时义务而确认的负债，如对未决诉讼等确认的负债。

（4）受托代理负债是指单位接受委托，取得受托代理资产时形成的负债。

二、负债的确认与计量

（一）负债的确认

《基本准则》第三十五条规定：“符合负债定义的义务，在同时满足以下条件时，确认为负债：

（1）履行该义务很可能导致含有服务潜力或者经济利益的经济资源流出政府会计主体；

（2）该义务的金额能够可靠地计量。”

（二）负债的计量

《基本准则》第三十六条规定：“负债的计量属性主要包括历史成本、现值和公允价值。

（1）在历史成本计量下，负债按照因承担现时义务而实际收到的款项或者资产的金额，或者承担现时义务的合同金额，或者按照为偿还负债预期需要支付的现金计量。

（2）在现值计量下，负债按照预计期限内需要偿还的未来净现金流出量的折现金额计量。

（3）在公允价值计量下，负债按照市场参与者在计量日发生的有序交易中，转移负债所需支付的价格计量。”

政府会计主体在对负债进行计量时，一般应当采用历史成本。采用现值、公允价值计量的，应当保证所确定的负债金额能够持续、可靠计量。

符合负债定义和负债确认条件的项目，应当列入资产负债表。

第二节 流动负债的核算

一、短期借款

（一）核算内容

短期借款是指事业单位经批准向银行或其他金融机构等借入的期限在 1 年内（含 1 年）的各种借款。

（二）明细科目设置

短期借款科目应当按照债权人和借款种类进行明细核算。

（三）主要账务处理与列表说明

1. 借入各种短期借款时，按照实际借入的金额，借记“银行存款”科目，贷记本科目。

2. 银行承兑汇票到期，本单位无力支付票款的，按照应付票据的账面余额借记“应付票据”，贷记本科目。

3. 归还短期借款时，借记本科目，贷记“银行存款”科目。

短期借款的主要帐务处理如表 3－1 所示。

表 3－1　　短期借款的主要账务处理

序号	业务和事项内容	账务处理	
		财务会计	预算会计
1	借入各种短期借款	借：银行存款 　贷：短期借款	借：资金结存——货币资金 　贷：债务预算收入

续表

序号	业务和事项内容	账务处理	
		财务会计	预算会计
2	银行承兑汇票到期，本单位无力支付票款	借：应付票据 贷：短期借款	借：经营支出等 贷：债务预算收入
3	归还短期借款	借：短期借款 贷：银行存款	借：债务还本支出 贷：资金结存——货币资金

（四）会计实务示例

【例3－1】某事业单位于2019年3月1日向银行借入2 000 000元，期限3个月，年利率8%，该借款到期后一次还本，利息分月计提，偿还时支付。该单位编制有关的会计分录如表3－2所示。

表3－2

时间	财务会计分录	预算会计分录
2019年3月1日	借：银行存款——基本账户存款 2 000 000 贷：短期借款 2 000 000	借：资金结存—货币资金——银行存款 2 000 000 贷：债务预算收入 2 000 000
3月31日计提当月应付利息费用＝2 000 000×8%÷12＝13 333.34元	借：其他费用——利息费用 13 333.34 贷：应付利息 13 333.34	不做账务处理
4、5月计提当月利息	账务处理与3月相同	账务处理与3月相同
5月末，偿还短期借款本金及支付利息	借：短期借款 2 000 000 应付利息 40 000 贷：银行存款——基本账户存款 2 040 000	借：债务还本支出 2 000 000 其他支出——利息支出 40 000 贷：资金结存——货币资金——银行存款 2 040 000

【例3－2】某事业单位于2019年6月1日开出的一张金额40 000元的银行承兑汇票到期，单位无力支付票款，按照银行承兑汇票的票面金额，转为短期借款。该单位编制有关的会计分录如表3－3所示。

表 3-3

时间	财务会计分录	预算会计分录
2019 年 6 月 1 日	借：应付票据　40 000 　贷：短期借款　40 000	借：经营支出——债务利息及费用支出　40 000 　贷：债务预算收入　40 000

（五）期末余额

本科目期末贷方余额，反映事业单位尚未偿还的短期借款本金。

二、应交增值税

（一）核算内容

本科目核算单位按照税法规定计算应交纳的增值税。

（二）明细科目设置

根据税务核定事业单位增值税纳税类型分为增值税一般纳税人和增值税小规模纳税人，增值税一般纳税人又分为一般纳税人和简易计税纳税人。由于大多数事业单位属于增值税一般纳税人，本书以增值税一般纳税人的情况进行举例介绍。

建议事业单位在本科目下设置“应交税金”、“未交税金”、“预交税金”、“待抵扣进项税额”、“待认证进项税额”、“待转销项税额”、“简易计税”、“代扣代交增值税”、“转让金融商品应交增值税”等二级明细科目。

第一，“应交税金”明细科目下应当设置“进项税额”、“已交税金”、“转出未交增值税”、“减免税款”、“销项税额”、“进项税额转出”、“转出多交增值税”三级明细科目。

（1）进项税额，记录单位购进货物、加工修理修配劳务、服务、无形资产或不动产而支付或负担的，准予从当期销项税额中抵扣的增值税额；

（2）已交税金，记录单位当月已交纳的应交增值税额；

（3）转出未交增值税和转出多交增值税，分别记录一般纳税人月度终了转出当月应交未交或多交的增值税额；

（4）减免税款，记录单位按照现行增值税制度规定准予减免的增值税额；

（5）销项税额，记录单位销售货物、加工修理修配劳务、服务、无形资产或不动产应收取的增值税额；

（6）进项税额转出，记录单位购进货物、加工修理修配劳务、服务、无形资产或不动产等发生非正常损失以及其他原因而不应从销项税额中抵扣、按照规定转出的进项税额。

第二，“未交税金”明细科目，核算单位月度终了从“应交税金”或“预交税金”明细科目转入当月应交未交、多交或预缴的增值税额，以及当月交纳以前期间未交的增值税额。

第三，“预交税金”明细科目，核算单位转让不动产、提供不动产经营租赁服务等，以及其他按照现行增值税制度规定应预缴的增值税额。

第四，“待抵扣进项税额”明细科目，核算单位已取得增值税扣税凭证并经税务机关认证，按照现行增值税制度规定准予以后期间从销项税额中抵扣的进项税额。

第五，“待认证进项税额”明细科目，核算单位由于未经税务机关认证而不得从当期销项税额中抵扣的进项税额。包括：一般纳税人已取得增值税扣税凭证并按规定准予从销项税额中抵扣，但尚未经税务机关认证的进项税额；一般纳税人已申请稽核但尚未取得稽核相符结果的海关缴款书进项税额。

第六，“待转销项税额”明细科目，核算单位销售货物、加工修理修配劳务、服务、无形资产或不动产，已确认相关收入（或利得）但尚未发生增值税纳税义务而需于以后期间确认为销项税额的增值税额。

第七，“简易计税”明细科目，核算单位采用简易计税方法发生的增值税计提、扣减、预缴、缴纳等业务。

第八，“转让金融商品应交增值税”明细科目，核算单位转让金融商品发生的增值税额。

第九，“代扣代交增值税”明细科目，核算单位购进在境内未设经营机构的境外单位或个人在境内的应税行为代扣代缴的增值税。

（三）主要账务处理与列表说明

本书以增值税一般纳税人分 5 种情况举例介绍事业单位账务处理。

1. 取得资产或接受劳务等业务

（1）采购等业务进项税额允许抵扣情形。事业单位如为增值税一般纳税人购买用于增值税应税项目的资产或服务等时，按照应计入相关成本费用或资产的金额处理如下：借记“业务活动费用”、“在途物品”、“库存物品”、

“工程物资”、“在建工程”、“固定资产”、“无形资产”等科目，按照当月已认证的可抵扣增值税额，借记本科目，按照当月未认证的可抵扣增值税额，借记本科目，按照应付或实际支付的金额，贷记“应付账款”、“应付票据”、“银行存款”、“零余额账户用款额度”等科目。

（2）采购等业务进项税额不得抵扣情形。

①单位购进资产或服务等，用于简易计税方法计税项目、免征增值税项目、集体福利或个人消费等，其进项税额按照现行增值税制度规定不得从销项税额中抵扣的，取得增值税专用发票时，应按照增值税发票注明的金额。借记相关成本费用或资产科目，按照待认证的增值税进项税额，借记本科目，按照实际支付或应付的金额，贷记“银行存款”、“应付账款”、“零余额账户用款额度”等科目。

②经税务机关认证为不可抵扣进项税时，借记本科目，贷记本科目，同时，将进项税额转出，借记相关成本费用科目，贷记本科目。

（3）购进不动产或不动产在建工程按照规定进项税额分年抵扣。单位取得应税项目为不动产或者不动产在建工程，其进项税额按照现行增值税制度规定自取得之日起分两年从销项税额中抵扣的，分三种情形：

①按照当期可抵扣的增值税额。按照取得成本借记“固定资产”、“在建工程”等科目，借记本科目，按照应付或实际支付的金额，贷记“应付账款”、“应付票据”、“银行存款”、“零余额账户用款额度”等科目。

②按照以后期间可抵扣的增值税额。按照取得成本借记“固定资产”、“在建工程”等科目，借记本科目，按照应付或实际支付的金额，贷记“应付账款”、“应付票据”、“银行存款”、“零余额账户用款额度”等科目。

③尚未抵扣的进项税额待以后期间允许抵扣时，按照允许抵扣的金额。借记“应交增值税”科目，贷记本科目。

（4）进项税额抵扣情况发生改变。

情形1：单位因发生非正常损失或改变用途等，原已计入进项税额、待抵扣进项税额或待认证进项税额，但按照现行增值税制度规定不得从销项税额中抵扣的。

借记“待处理财产损益”“固定资产”、“无形资产”等科目，贷记本科目。

情形2：原不得抵扣且未抵扣进项税额的固定资产、无形资产等，因改变用途等用于允许抵扣进项税额的应税项目的，应按照允许抵扣的进项税额。

借记本科目，贷记“固定资产”、“无形资产””等科目。

注：固定资产、无形资产等经上述调整后，应按照调整后的账面价值在剩余尚可使用年限内计提折旧或摊销。

情形3：单位购进时已全额计入进项税额的货物或服务等转用于不动产在建工程的，对于结转以后期间的进项税额。

借记本科目，贷记本科目。

（5）购买方作为扣缴义务人。

情形1：按照现行增值税制度规定，境外单位或个人在境内发生应税行为，在境内未设有经营机构的，以购买方为增值税扣缴义务人。

事业单位如为一般纳税人购进服务或资产时，按照应计入相关成本费用或资产的金额，借记"业务活动费用"、"在途物品"、"库存物品"、"工程物资"、"在建工程"、"固定资产"、"无形资产"等科目，按照可抵扣的增值税额，借记本科目，按照应付或实际支付的金额，贷记"银行存款"、"应付账款"等科目，按照应代扣代缴的增值税额，贷记本科目。

情形2：实际缴纳代扣代缴增值税时，按照代扣代缴的增值税额。

借记本科目，贷记"银行存款"、"零余额账户用款额度"等科目。

2. 销售资产或提供服务等业务

（1）销售资产或提供服务业务。

情形1：销售货物或提供服务：事业单位如为一般纳税人销售货物或提供服务，应当按照应收或已收的金额，借记"应收账款"、"应收票据"、"银行存款"等科目，按照确认的收入金额，贷记"经营收入"、"事业收入"等科目，按照现行增值税制度规定计算的销项税额，贷记"应交增值税——应交税金——销项税额"或"应交增值税——简易计税"。

情形2：按照政府会计制度及相关政府会计准则确认收入的时点早于按照增值税制度确认增值税纳税义务发生时点的。

借记"应交增值税——待转销项税额"科目，待实际发生纳税义务时再转入"应交增值税——应交税金——销项税额"科目或"应交增值税——简易计税"科目。

情形3：按照增值税制度确认增值税纳税义务发生时点早于按照政府会计制度及相关政府会计准则确认收入的时点的，应按照应纳增值税额。

借记"应收账款"科目，贷记"应交增值税——应交税金——销项税额"，借记"应收账款"科目，贷记"应交增值税——应交税金——销项税额"科目或"应交增值税——简易计税"科目。

（2）金融商品转让按照规定以盈亏相抵后的余额作为销售额。

情形1：金融商品实际转让月末，如产生转让收益，则按照应纳税额。

借记“投资收益”科目，贷记“应交增值税——转让金融商品应交增值税”。

情形2：如产生转让损失，则按照可结转下月抵扣税额。

借记“应交增值税——转让金融商品应交增值税”，贷记“投资收益”。

情形3：交纳增值税时。

应借记“应交增值税——转让金融商品应交增值税”，贷记“银行存款”等。

情形4：年末处理。

“应交增值税——转让金融商品应交增值税”科目如有借方余额，则借记“投资收益”，贷记“应交增值税——转让金融商品应交增值税”。

3. 月末转出多交增值税和未交增值税

月度终了，单位应当将当月未交或多交的增值税自“应交税金”明细科目转入“未交税金”明细科目。

情形1：对于当月应交未交的增值税。

借记“应交增值税——应交税金——转出未交增值税”、贷记“应交增值税——未交税金”；

情形2：对于当月多交增值税。

借记“应交增值税——未交税金”，贷记“应交增值税——应交税金——转出未交增值税”。

4. 交纳增值税业务

（1）交纳当月应交增值税。事业单位如为增值税一般纳税人，交纳当月应交的增值税。

借记“应交增值税——应交税金——已交税金，贷记“银行存款”等科目；

（2）交纳以前期间未交增值税。事业单位如为增值税一般纳税人，单位交纳以前期间未交的增值税。

借记“应交增值税——未交税金”，贷记“银行存款”等科目。

（3）预交增值税，单位预交增值税时。

借记“应交增值税——预交税金”，贷记“银行存款”等科目。月末，单位应将“预交税金”明细科目余额转入“未交税金”明细科目，借记“应交增值税——未交税金”，贷记“应交增值税——未预交税金”。

（4）减免增值。对于当期直接减免的增值税。

借记“应交增值税——应交税金——减免税款”，贷记“业务活动费用”、“经营费用”等科目。

按照现行增值税的规定，单位初次购买增值税税控系统专用设备支付的费用以及缴纳的技术维护费允许在增值税应纳税额中全额抵减的，按照规定递减的增值税应纳税额，借记“应交增值税——应交税金——减免税额”。应交增值税的主要账务处理如表3－4所示。

表3－4　　应交增值税主要账务处理

<table>
<tr><th rowspan="2">序号</th><th colspan="3" rowspan="2">业务和事项内容</th><th colspan="2">账务处理</th></tr>
<tr><th>财务会计</th><th>预算会计</th></tr>
<tr><td></td><td colspan="3"></td><td></td><td></td></tr>
<tr><td rowspan="2">1</td><td rowspan="2">增值税一般纳税人</td><td rowspan="2">购入资产或接受劳务</td><td>购入应税资产或服务时</td><td>借：业务活动费用/在途物品/库存物品/工程物资/在建工程/固定资产/无形资产等
应交增值税——应交税金（进项税额）（当月已认证可抵扣）
应交增值税——待认证进项税额（当月未认证可抵扣）
贷：银行存款/零余额账户用款额度等（实际支付的金额）/应付票据（开出并承兑的商业汇票）/应付账款等（应付的金额）</td><td>借：事业支出/经营支出等
贷：资金结存等（实际支付的金额）</td></tr>
<tr><td>经税务机关认证为不可抵扣进项税时</td><td>借：应交增值税——应交税金（进项税额）
贷：应交增值税——待认证进项税额
同时：
借：业务活动费用等
贷：应交增值税——应交税金（进项税额转出）</td><td>——</td></tr>
</table>

续表

序号	业务和事项内容			账务处理：财务会计	账务处理：预算会计
1	增值税一般纳税人	购入资产或接受劳务	购进应税不动产或在建工程按规定分年抵扣进项税额的	借：固定资产/在建工程等 应交增值税——应交税金（进项税额）（当期可抵扣） 应交增值税——待抵扣进项税额（以后期间可抵扣） 贷：银行存款/零余额账户用款额度等（实际支付的金额）/应付票据（开出并承兑的商业汇票）/应付账款等（应付的金额）	借：事业支出/经营支出等 贷：资金结存等（实际支付的金额）
			尚未抵扣的进项税额以后期间抵扣时	借：应交增值税——应交税金（进项税额） 贷：应交增值税——待抵扣进项税额	——
			购进属于增值税应税项目的资产后，发生非正常损失或改变用途的	借：待处理财产损溢/固定资产/无形资产等（按照现行增值税制度规定不得从销项税额中抵扣的进项税额） 贷：应交增值税——应交税金（进项税额转出）/应交增值税——待认证进项税额/应交增值税——待抵扣进项税额	——
			原不得抵扣且未抵扣进项税额的固定资产、无形资产等，因改变用途等用于允许抵扣进项税额的应税项目	借：应交增值税——应交税金（进项税额）（可以抵扣的进项税额） 贷：固定资产/无形资产等	——

续表

序号	业务和事项内容			账务处理	
				财务会计	预算会计
1	增值税一般纳税人	购入资产或接受劳务	购进时已全额计入进项税额的货物或服务等转用于不动产在建工程的，对于结转以后期间的进项税额	借：应交增值税——待抵扣进项税额 贷：应交增值税——应交税金（进项税额转出）	——
			购进资产或服务时作为扣缴义务人	借：业务活动费用/在途物品/库存物品/工程物资/固定资产/无形资产等 应交增值税——应交税金（进项税额）（当期可抵扣） 贷：银行存款（实际支付的金额）/应付账款等 应交增值税——代扣代交增值税	借：事业支出/经营支出等 贷：资金结存（实际支付的金额）
				实际缴纳代扣代缴增值税时 借：应交增值税——代扣代交增值税 贷：银行存款、零余额账户用款额度等	借：事业支出/经营支出等 贷：资金结存（实际支付的金额）
		销售应税产品或提供应税服务	销售应税产品或提供应税服务	借：银行存款/应收账款/应收票据等（包含增值税的价款总额） 贷：事业收入/经营收入等（扣除增值税销项税额后的价款） 应交增值税——应交税金（销项税额）/应交增值税——简易计税	借：资金结存（实际收到的含税金额） 贷：事业预算收入/经营预算收入等

续表

序号	业务和事项内容				账务处理：财务会计	账务处理：预算会计
1	增值税一般纳税人	销售应税产品或提供应税服务	金融商品转让	产生收益	借：投资收益（按净收益计算的应纳增值税） 贷：应交增值税——转让金融商品应交增值税	——
				产生损失	借：应交增值税——转让金融商品应交增值税 贷：投资收益（按净损失计算的应纳增值税）	——
				交纳增值税时	借：应交增值税——转让金融商品应交增值税 贷：银行存款等	借：投资预算收益等 贷：资金结存（实际支付的金额）
				年末，如有借方余额	借：投资收益 贷：应交增值税——转让金融商品应交增值税	——
		月末转出未交	月末转出未交增值税		借：应交增值税——应交税金（转出未交增值税） 贷：应交增值税——未交税金	——
		月末转出多交	月末转出本月多交增值税		借：应交增值税——未交税金 贷：应交增值税——应交税金（转出多交增值税）	——
		缴纳增值税	本月缴纳本月增值税时		借：应交增值税——应交税金（已交税金） 贷：银行存款/零余额账户用款额度等	借：事业支出/经营支出等 贷：资金结存
			本月缴纳以前期间未交增值税		借：应交增值税——未交税金 贷：银行存款/零余额账户用款额度等	借：事业支出/经营支出等 贷：资金结存
			按规定预缴增值税		预缴时： 借：应交增值税——预交税金 贷：银行存款/零余额账户用款额度等 月末： 借：应交增值税——未交税金 贷：应交增值税——预交税金	借：事业支出/经营支出等 贷：资金结存
			当期直接减免的增值税应纳税额		借：应交增值税——应交税金（减免税款） 贷：业务活动费用/经营费用等	——

续表

<table>
<tr><th rowspan="2">序号</th><th rowspan="2" colspan="4">业务和事项内容</th><th colspan="2">账务处理</th></tr>
<tr><th>财务会计</th><th>预算会计</th></tr>
<tr><td rowspan="8">2</td><td rowspan="8">增值税小规模纳税人</td><td rowspan="2">购入应税资产或服务</td><td colspan="2">购入应税资产或服务时</td><td>借：业务活动费用/在途物品/库存物品等（按价税合计金额）
贷：银行存款等（实际支付的金额）/应付票据（开出并承兑的商业汇票）/应付账款等（应付的金额）</td><td>借：事业支出/经营支出等
贷：资金结存（实际支付的金额）</td></tr>
<tr><td colspan="2">购进资产或服务时作为扣缴义务人</td><td>借：在途物品/库存物品/固定资产/无形资产等
贷：应付账款/银行存款等
应交增值税——代扣代交增值税
实际缴纳增值税时参见一般纳税人的账务处理</td><td>借：事业支出/经营支出等
贷：资金结存（实际支付的金额）</td></tr>
<tr><td rowspan="4">销售资产或提供应税服务</td><td colspan="2">销售资产或提供服务</td><td>借：银行存款/应收账款/应收票据（包含增值税的价款总额）
贷：事业收入/经营收入等（扣除增值税金额后的价款）
应交增值税</td><td>借：资金结存（实际收到的含税金额）
贷：事业预算收入/经营预算收入等</td></tr>
<tr><td rowspan="3">金融商品转让</td><td>产生收益</td><td>借：投资收益（按净收益计算的应纳增值税）
贷：应交增值税——转让金融商品应交增值税</td><td>——</td></tr>
<tr><td>产生损失</td><td>借：应交增值税——转让金融商品应交增值税
贷：投资收益（按净损失计算的应纳增值税）</td><td>——</td></tr>
<tr><td>实际缴纳时</td><td>参见一般纳税人的账务处理</td><td>——</td></tr>
<tr><td colspan="3">缴纳增值税时</td><td>借：应交增值税
贷：银行存款等</td><td>借：事业支出/经营支出等
贷：资金结存</td></tr>
<tr><td colspan="3">减免增值税</td><td>借：应交增值税
贷：业务活动费用/经营费用等</td><td>——</td></tr>
</table>

（四）会计实务示例

【例3-3】某事业单位为增值税一般纳税人，于2019年2月5日购进存货10 000元，取得可以抵扣的增值税专用发票1 700元，用银行存款支付11 700元．于2019年2月20日取得技术服务收入100 000元，开具增值税专用发票100 000元（含税），该笔款项已存入银行。假设本月无其他涉及增值税业务，3月缴纳增值税12 826.91元。该单位编制有关的会计分录如表3-5所示。

表3-5

时间	财务会计分录	预算会计分录
2019年2月5日	借：库存物品　10 000 应交增值税——应交税金——进项税额　1 700 贷：银行存款——基本账户存款　11 700	借：事业支出——商品和服务支出　11 700 贷：资金结存——货币资金——银行存款11 700
2019年2月20日	借：银行存款——基本账户存款　100 000 贷：事业收入　85 470.09 应交增值税——应交税金——销项税额　12 529.91	借：资金结存——货币资金——银行存款　100 000 贷：事业预算收入　100 000
2019年3月初	借：应交增值税——应交税金——已交税金12 826.91 贷：银行存款——基本账户存款　12 826.91	借：事业支出——商品和服务支出　12 826.91 贷：资金结存——货币资金——银行存款　12 826.91

【例3-4】某事业单位为增值税一般纳税人，2019年3月1日发生购进科研物资器材一批，器材已验收入库，取得增值税专用发票，含税价30 000元，其中进项税额5 100元，款项已经通过银行支付。该单位编制有关的会计分录如表3-6所示。

表 3－6

时间	财务会计分录	预算会计分录
2019 年 3 月 1 日	借：库存物品 24 900 应交增值税——应交税金——进项税额 5 100 贷：银行存款——基本账户存款 30 000	借：事业支出——商品和服务支出 30 000 贷：资金结存——货币资金——银行存款 30 000

【例 3－5】某事业单位 2019 年 4 月 1 日补购器材一件，价款 100 元，进项税额 17 元，款项已经通过银行支付。未收到增值税专用发票，但是器材已验收入库。事业单位 4 月未认证发票，在 5 月份才认证。该单位编制有关的会计分录如表 3－7 所示。

表 3－7

时间	财务会计分录	预算会计分录
2019 年 4 月 1 日	借：库存物品 100 应交增值税——待认证进项税额 17 贷：银行存款——基本账户存款 117	借：事业支出——商品和服务支出 117 贷：资金结存——货币资金——银行存款 117
2019 年 5 月	借：应交增值税——应交税金——进项税额 17 贷：应交增值税——待认证进项税额 17	不做账务处理

【例 3－6】承【例 3－5】，该笔发票由于会计人员的原因，超过 180 天未认证，有两种处理方法。该单位编制有关的会计分录如表 3－8 所示。

表 3－8

	财务会计分录	预算会计分录
1. 放弃抵扣	借：库存物品 17 贷：应交增值税——待认证进项税额 17	不做账务处理
2. 发票退回并红字冲销	借：应交增值税——应交税金——进项税额 17 贷：应交增值税——待认证进项税额 17	不做账务处理

【例 3－7】某事业单位为增值税一般纳税人，2019 年 7 月 1 日发生购进防雾霾口罩，取得增值税专用发票，价款 1 000 元，进项税额 170 元，准备用于

职工福利。该单位编制有关的会计分录如表 3－9 所示。

表 3－9

时间	财务会计分录	预算会计分录
2019 年 7 月 1 日	借：库存物品 1 000 应交增值税——应交税金——进项税额 170 贷：银行存款——基本账户存款 1 170	借：事业支出——商品和服务支出——福利费 1 170 贷：资金结存——货币资金——银行存款 1 170
2019 年 7 月 1 日	借：库存物品 170 贷：应交增值税——应交税金——进项税额转出 170	不做账务处理

【例 3－8】某事业单位于 2019 年 7 月 1 日使用专项资金购入楼房，作为办公用房，当日取得大楼的增值税专用发票并认证相符。专用发票注明该楼房价款 10 000 000 元，增值税额 1 100 000 元。假设折旧使用平均年限法，预计尚可使用年限 20 年，无残值。

根据《不动产进项税额分期抵扣暂行办法》（国家税务总局公告 2016 年第 15 号）（以下简称“国税公告第 15 号”）第二条：增值税一般纳税人（以下称纳税人）2016 年 5 月 1 日后取得并在会计制度上按固定资产核算的不动产，以及 2016 年 5 月 1 日后发生的不动产在建工程，其进项税额应按照本办法有关规定分 2 年从销项税额中抵扣，第一年抵扣比例为 60%，第二年抵扣比例为 40%。

因此，该事业单位 1 100 000 元进项税额中的 60% 将在本期（2019 年 7 月）抵扣，剩余的 40% 于取得扣税凭证的当月起第 13 个月（2020 年 7 月）抵扣。该单位编制有关的会计分录如表 3－10 所示。

表 3－10

时间	财务会计分录	预算会计分录
2019 年 7 月 1 日	借：固定资产 10 000 000 应交增值税——应交税金——进项税额 660 000 应交增值税——待抵扣进项税额 440 000 贷：银行存款——基本账户存款 111 000 000	借：事业支出——项目支出——资本性支出 111 000 000 贷：资金结存——货币资金——银行存款 111 000 000

续表

时间	财务会计分录	预算会计分录
2020 年 7 月	借：应交增值税——应交税金——进项税额 440 000 贷：应交增值税——待抵扣进项税额 440 000	不做账务处理

【例 3-9】接【例 3-8】，某事业单位因实际需要，决定将此办公楼改为员工宿舍。

按照国税公告第 15 号第七条规定，已抵扣进项税额的不动产，发生非正常损失，或者改变用途，专用于简易计税方法计税项目、免征增值税 项目、集体福利或者个人消费的，按照下列公式计算不得抵扣的进项税额：

不得抵扣的进项税额 =（已抵扣进项税额 + 待抵扣进项 税额）× 不动产净值率

不动产净值率 =（不动产净值 ÷ 不动产原值）× 100%

不得抵扣的进项税额小于或等于该不动产已抵扣进项税额的，应于该不动产改变用途的当期，将不得抵扣的进项税额从进项税额中扣减。

不得抵扣的进项税额大于该不动产已抵扣进项税额的，应于该不动产改变用途的当期，将已抵扣进项税额从进项税额中扣减，并从该不动产待抵扣进项税额中扣减不得抵扣进项税额与已抵扣进项税额的差额。

因此，可分为以下三种情况：

（1）某事业单位于 2019 年 12 月将该办公楼转为员工宿舍，计算方法如下：

①计算不得抵扣的进项税额：

不动产净值率 =（10 000 000 - 10 000 000 ÷ 20 ÷ 12 × 6）÷ 10 000 000 = 97.5%

不得抵扣的进项税额 =（660 000 + 440 000）× 97.5% = 1 072 500

②比较不得抵扣的进项税额与已抵扣进项税额：

由于 1 072 500 元大于 660 000 元，则应首先将 660 000 元做进项税额转出，接着计算“差额” = 1 072 500 - 660 000 = 412 500 元，然后将 412 500 元“差额”从 440 000 元的待抵扣进项税额中扣除。该单位编制有关的会计分录如表 3-11 所示。

表 3－11

时间	财务会计分录	预算会计分录
将该办公楼转为员工宿舍	借：固定资产　1 072 500 　贷：应交增值税——应交税金——进项税额转出　660 000 　　应交增值税——待抵扣进项税额　412 500	不做账务处理
2020 年 7 月继续抵扣待抵扣进项税额中的剩余部分	借：应交增值税——应交税金——进项税额　27 500 　贷：应交增值税——待抵扣进项税额　27 500	不做账务处理

（2）假如事业单位于 2020 年 5 月将该办公楼转为员工宿舍，假设该办公楼当时的净值因故减为 5 500 000 元，则计算方法如下：

①计算不得抵扣的进项税额：

不动产净值率＝5 500 000÷10 000 000＝55%

不得抵扣的进项税额＝(660 000＋440 000)×55%＝605 000 元

②比较不得抵扣的进项税额与已抵扣进项税额：

由于 605 000 元小于 660 000 元，则应直接将 605 000 元做进项税额转出。该单位编制有关的会计分录如表 3－12 所示。

表 3－12

时间	财务会计分录	预算会计分录
2020 年 5 月	借：固定资产　605 000 　贷：应交增值税——应交税金——进项税额转出　605 000	不做账务处理
2020 年 6 月	借：应交增值税——应交税金——进项税额　440 000 　贷：应交增值税——待抵扣进项税额　440 000	不做账务处理

（3）假设该事业单位于 2021 年 7 月将该厂房转为员工宿舍，则计算方法如下：

计算不得抵扣的进项税额：

不动产净值率＝(10 000 000－10 000 000÷20×2)÷10 000 000＝90%

不得抵扣的进项税额 =（660 000 +440 000）×90% =990 000

该厂房 60% 的进项税额 660 000 元已经于 2019 年 7 月抵扣；该厂房 40% 的待抵扣进项税额 440 000 元已经于 2020 年 7 月抵扣。则已抵扣进项税额总额 =（660 000 +440 000）=1 100 000（元）。

因为计算的不得抵扣的进项税额小于该不动产前期已抵扣进项税额，纳税人应在当期按照不得抵扣的进项税额进行进项税额转出处理。该 990 000 元应于 2021 年 7 月做进项税转出。

该单位编制有关的会计分录如表 3 – 13 所示。

表 3 – 13

时间	财务会计分录	预算会计分录
2021 年 7 月	借：固定资产 990 000 贷：应交增值税——应交税金——进项税额转出 990 000	不做账务处理。

【例 3 – 10】 2020 年 3 月某事业单位对食堂进行改建，领用已抵扣进项税额的原材料，已抵扣增值税 4 000 元。该单位编制有关的会计分录如表 3 – 14 所示。

表 3 – 14

时间	财务会计分录	预算会计分录
2020 年 3 月	借：应交增值税——应交税金——进项税额 4 000 贷：应交增值税——应交增值税——进项税额转出 4 000	不做账务处理。

【例 3 – 11】 某省事业单位是一般纳税人，于 2019 年 5 月斥资 11 100 000 元购进一栋楼用作食堂，购进时取得增值税专用发票并已认证，但因用于集体福利故未抵扣增值税进项税额。11 月，决定将该食堂改建为生产经营场所，假设不动产净值率为 90%，增值税税率 11%。

国税公告第 15 号第九条规定："按照规定不得抵扣进项税额的不动产，发生用途改变，用于允许抵扣进项税额项目的，按照下列公式在改变用途的次月计算可抵扣进项税额。"

可抵扣进项税额 = 增值税扣税凭证注明或计算的进项税额 × 不动产净值率

则某省事业单位应在 2019 年 12 月

（1）计算可抵扣进项税额：

可抵扣进项税额 = 11 100 000 ÷（1 + 11%）× 11% × 90% = 990 000（元）

（2）其中，990 000 × 60% = 594 000 元可在当期用于进项税额抵扣，剩余 990 000 × 40% = 396 000 元转入待抵扣进项税额，可以于 2020 年 12 月抵扣进项税额。该单位编制有关的会计分录如表 3 - 15 所示。

表 3 - 15

时间	财务会计分录	预算会计分录
2019 年 5 月	借：固定资产　11 100 000 贷：银行存款——基本账户存款　11 100 000	借：事业支出—项目支出——资本性支出　11 100 000 贷：资金结存——货币资金——银行存款　11 100 000
2019 年 12 月	借：应交增值税——待抵扣进项税额　990 000 贷：固定资产　990 000 借：应交增值税——应交税金——进项税额　594 000 贷：应交增值税——待抵扣进项税额　594 000	不做账务处理
2020 年 12 月	借：应交增值税——应交税金——进项税额　396 000 贷：应交增值税——待抵扣进项税额　396 000	不做账务处理

【例 3 - 12】 某省事业单位为增值税一般纳税人，2019 年 1 月从某外国企业购入一项服务，价税合计 10 600 元（款项尚未支付）进项税额为 600 元。按相关规定履行代扣代缴义务，取得《税收通用缴款书》作为抵扣凭证。该单位编制有关的会计分录如表 3 - 16 所示。

表 3 - 16

时间	财务会计分录	预算会计分录
2019 年 1 月	借：业务活动费用　10 000 应交增值税——应交税金——进项税额　600 贷：应付账款　10 000 应交增值税——代扣代交增值税　600	不做账务处理

续表

时间	财务会计分录	预算会计分录
实际缴纳代扣代缴增值税时	借：应交增值税——代扣代交增值税 600 贷：银行存款——基本账户存款 600	借：事业支出——商品和服务支出 600 贷：资金结存——货币资金——银行存款 600

【例3-13】某市事业单位是一般纳税人，2019年8月份处置一批2019年之前购入的设备，符合简易计税减按3%征收增值税，2019年10月取得变卖收入20 600元，全部上缴国库。该单位编制有关的会计分录如表3-17所示。

表3-17

时间	财务会计分录	预算会计分录
2019年8月	借：银行存款——基本账户存款 20 600 贷：应缴财政款——应缴国库款 20 000 应交增值税—简易计税 600	不做账务处理
9月初缴纳增值税时	借：应交增值税——应交税金——已交税金 600 贷：银行存款——基本账户存款 600	借：事业支出——商品和服务支出 600 贷：资金结存——货币资金——银行存款 600

【例3-14】某事业单位将闲置的办公楼对外出租，协议约定2019年7月至2020年6月每季度末交纳当季房租，每季度房租30 000元（不含税），税率为11%，2019年9月末该事业单位收到2019年7月至9月房租。该房租收入不需要上缴财政。

该单位编制有关的会计分录如表3-18所示。2019年7月末，应收房租=30 000÷3=10 000（元），应交增值税=10 000×11%=1 100（元）。

表 3－18

时间	财务会计分录	预算会计分录
2019 年 7 月末	借：应收账款　　11 100 　贷：租金收入　　10 000 　　应交增值税——待转销项税额 　　　　1 100	不做账务处理
2019 年 8 月末	借：应收账款　　11 100 　贷：租金收入　　10 000 　　应交增值税——待转销项税额 　　　　1 100	不做账务处理
2019 年 9 月末	借：银行存款——基本账户存款 　　　　33 300 　贷：应收账款　　22 200 　　租金收入　　10 000 　　应交增值税——应交税金——销项税额　　1 100 借：应交增值税——待转销项税额 　　　　2 200 　贷：应交增值税——应交税金——销项税额　　2 200	借：资金结存——货币资金——银行存款　　333 000 　贷：其他预算收入——租金预算收入　　333 000

（五）期末余额

本科目期末贷方余额，反映单位应交未交的增值税；期末如为借方余额，反映单位尚未抵扣或多交的增值税。

三、其他应交税费

（一）核算内容

其他应交税费核算单位按照税法等规定计算应交纳的除增值税以外的各种税费，包括城市维护建设税、教育费附加、地方教育费附加、车船税、房产税、城镇土地使用税和企业所得税、单位代扣代缴的个人所得税等。

单位应缴纳的印花税不需要预提应交税费，直接通过“业务活动费用”、“单位管理费用”、“经营费用”等科目核算，不通过本科目核算。

（二）明细科目设置

“其他应交税费科目应当按照应交纳的税费种类进行明细核算。单位应当在“其他应交税费”下设“应交城市维护建设税”、“应交车船税”、“应交房产税”、“应交土地增值税”、“应交城镇土地使用税”、“应交教育费附加”、“应交地方教育费附加”、“应交个人所得税”、“应交企业所得税”和“其他税费”。

（三）主要账务处理与列表说明

第一，发生城市维护建设税、教育费附加、地方教育费附加、车船税、房产税、城镇土地使用税等纳税义务时：

（1）按照税法规定计算的应交税费金额，借记“业务活动费用”、“单位管理费用”、“经营费用”等科目，贷记“其他应交税费”。

（2）实际交纳时借记“其他应交税费”，贷记“银行存款”等科目。

第二，按照税法规定计算应代扣代缴职工（含长期聘用人员）的个人所得税：

（1）按照税法规定计算的应交税费金额。借记“应付职工薪酬”、“业务活动费用”、“单位管理费用”等科目，贷记“其他应交税费——应交个人所得税”科目。

（2）实际交纳时。借记“其他应交税费——应交个人所得税”科目，贷记“财政拨款收入”、“零余额账户用款额度”、“银行存款”等科目。

第三，发生企业所得税纳税义务时：

（1）按照税法规定计算的应缴税费金额。借记“所得税费用”科目，贷记“其他应交税费——应交企业所得税”科目。

（2）实际交纳时。借记“其他应交税费——应交企业所得税”科目，贷记“银行存款”科目。

其他应交税费的主要账务处理如表 3 - 19 所示。

表 3－19 其他应交税费主要账务处理

<table>
<tr><th rowspan="2">序号</th><th rowspan="2" colspan="2">业务和事项内容</th><th colspan="2">账务处理</th></tr>
<tr><th>财务会计</th><th>预算会计</th></tr>
<tr><td rowspan="2">1</td><td rowspan="2">城市维护建设税、教育费附加、地方教育费附加、车船税、房产税、城镇土地使用税等</td><td>发生时，按照税法规定计算的应缴税费金额</td><td>借：业务活动费用/单位管理费用/经营费用等
贷：其他应交税费——应交城市维护建设税/应交教育费附加/应交地方教育费附加/应交车船税/应交房产税/应交城镇土地使用税等</td><td>—</td></tr>
<tr><td>实际缴纳时</td><td>借：其他应交税费——应交城市维护建设税/应交教育费附加/应交地方教育费附加/应交车船税/应交房产税/应交城镇土地使用税等
贷：银行存款等</td><td>借：事业支出/经营支出等
贷：资金结存</td></tr>
<tr><td rowspan="3">2</td><td rowspan="3">代扣代缴职工个人所得税</td><td>计算应代扣代缴职工的个人所得税金额</td><td>借：应付职工薪酬
贷：其他应交税费——应交个人所得税</td><td>—</td></tr>
<tr><td>计算应代扣代缴职工以外其他人员个人所得税</td><td>借：业务活动费用/单位管理费用等
贷：其他应交税费——应交个人所得税</td><td>—</td></tr>
<tr><td>实际缴纳时</td><td>借：其他应交税费——应交个人所得税
贷：财政拨款收入/零余额账户用款额度/银行存款等</td><td>借：事业支出/经营支出等
贷：财政拨款预算收入/资金结存</td></tr>
<tr><td rowspan="2">3</td><td rowspan="2">发生企业所得税纳税义务</td><td>按照税法规定计算的应缴税费金额</td><td>借：所得税费用
贷：其他应交税费——单位应交所得税</td><td>—</td></tr>
<tr><td>实际缴纳时</td><td>借：其他应交税费——单位应交所得税
贷：银行存款等</td><td>借：非财政拨款结余
贷：资金结存</td></tr>
</table>

（四）会计实务示例

【例 3－15】某省行政单位下属事业单位为增值税一般纳税人，2019 年 1

月销售收入100 000元，上交增值税12 826.91元，1月末计提增值税附加税1 539.23元：城市维护建设税897.88元、教育费附加384.81元、地方教育费附加256.54元，2月10日缴纳应交税费。该单位编制有关的会计分录如表3－20所示。

表3－20

时间	财务会计分录	预算会计分录
2019年1月底计提其他应交税费1 539.23元	借：业务活动费用——商品和服务支出——税金及附加费用（城市维护建设税） 897.88 业务活动费用——商品和服务支出——税金及附加费用（教育费附加） 384.81 业务活动费用——商品和服务支出——税金及附加费用（地方教育费附加） 256.54 贷：其他应交税费——应交城市维护建设税 897.88 其他应交税费——应交教育费附加 384.81 其他应交税费——应交地方教育费附加 256.54	不做账务处理
2019年2月10日，缴纳增值税附加税	借：其他应交税费——应交城市维护建设税 897.88 其他应交税费——应交教育费附加 384.81 其他应交税费——应交地方教育费附加 256.54 贷：银行存款——基本账户存款 1 539.23	借：事业支出——商品和服务支出——税金及附加费用 897.88 事业支出——商品和服务支出——税金及附加费用 384.81 事业支出——商品和服务支出——税金及附加费用 256.54 贷：资金结存——货币资金——银行存款 1 539.23

【例3－16】某单位机关服务中心2019年12月计算应交纳所得税50 000元，2020年5月汇算清缴50 000元，以银行存款支付。该单位编制有关的会计分录如表3－21所示。

表 3－21

时间	财务会计分录	预算会计分录
2019 年 12 月	借：所得税费用 50 000 贷：其他应交税费——单位应交所得税 50 000	不做账务处理
2020 年 5 月	借：其他应交税费——单位应交所得税 50 000 贷：银行存款——基本账户存款 50 000	借：非财政拨款结余 50 000 贷：资金结存——货币资金——银行存款 50 000

【例 3－17】某省行政单位下属事业单位发放职工工资，2019 年 11 月应发工资总额为 200 000 元（用于业务活动的人员工资 150 000 元，用于管理的人员工资 50 000 元），其中代扣住房公积金 10 000 元，代扣养老保险费1 000，代扣个人所得税 5 000 元。该单位编制有关的会计分录如表 3－22 所示。

表 3－22

时间	财务会计分录	预算会计分录
2019 年 11 月底	借：业务活动费用——工资福利支出 150 000 单位管理费用——工资福利支出 50 000 贷：应付职工薪酬——基本工资（含离退休费） 200 000	不做账务处理
计提代扣保险、公积金、个税	借：应付职工薪酬——基本工资（含离退休费） 16 000 贷：应付职工薪酬——住房公积金 10 000 应付职工薪酬——机关事业单位基本养老保险缴费 1 000 其他应交税费——应交个人所得税 5 000	不做账务处理
实际交纳个税时	借：其他应交税费——应交个人所得税 5 000 贷：银行存款——基本账户存款 5 000	借：事业支出——基本支出——商品和服务支出 5 000 贷：资金结存——货币资金——银行存款 5 000

（五）期末余额

本科目期末贷方余额，反映单位应交未交的除增值税以外的税费金额；期末如为借方余额，反映单位多交纳的除增值税以外的税费金额。

四、应缴财政款

（一）核算内容

“应缴财政款”科目核算单位取得或应收的按照规定应当上缴财政的款项，包括应缴国库的款项和应缴财政专户的款项。

单位按照国家税法等有关规定应当缴纳的各种税费，通过“应交增值税”、“其他应交税费”科目核算，不通过本科目核算。

（二）明细科目设置

本科目应当按照应缴财政款项的类别进行明细核算，单位应当在本科目下设“应缴国库款”、“应缴财政专户款”二级明细科目。

（三）主要账务处理与列表说明

单位取得或应收按照规定应缴财政的款项时，借记“银行存款”、“应收账款”等科目，贷记本科目。

单位处置资产取得的应上缴财政的处置净收入，参照“待处理财产损溢”等科目。

单位上缴应缴财政的款项时，按实际上缴的金额，借记本科目，贷记“银行存款”科目。

应缴财政款的主要账务处理如表 3－23 所示。

表 3－23　　应缴财政款的主要账务处理

序号	业务和事项内容	账务处理	
		财务会计	预算会计
1	取得或应收按照规定应缴财政的款项时	借：银行存款/应收账款等 　贷：应缴财政款	——

续表

序号	业务和事项内容	账务处理	
		财务会计	预算会计
2	处置资产取得应上缴财政的处置净收入的	参照“待处理财产损溢”科目的相关账务处理	——
3	上缴财政款项时	借：应缴财政款 　　贷：银行存款等	——

(四) 会计实务示例

【例 3-18】 某省行政单位下属事业单位 2019 年 3 月 1 日报废一批固定资产，收到变价收入 20 000 元，保险赔款 4 000 元，相关款项已存入银行，用银行存款支付发生处置费用 1 000 元。按照该单位资产管理规定，资产处置收入直接上缴国库。该单位编制有关的会计分录如表 3-24 所示。

表 3-24

时间	财务会计分录	预算会计分录
2019 年 3 月 1 日	借：银行存款——基本账户存款　24 000 　　贷：待处理财产损溢——固定资产——处理净收入　24 000 借：待处理财产损溢——固定资产——处理净收入　1 000 　　贷：银行存款——基本账户存款　1 000	不做账务处理
2019 年 3 月 1 日	借：待处理财产损溢——固定资产——处理净收入　23 000 　　贷：应缴财政款——应缴国库款　23 000	不做账务处理

【例 3-19】 2019 年 5 月 3 日某事业单位报废一批固定资产，收到变价收入 20 000 元，保险赔款 4 000 元，相关款项已存入银行，用银行存款支付发生处置费用 1 000 元。按照该事业单位资产管理规定，资产处置收入纳入预算管理。该单位编制有关的会计分录如表 3-25 所示。

表 3－25

时间	财务会计分录	预算会计分录
2019 年 5 月 3 日	借：银行存款——基本账户存款 24 000 贷：待处理财产损溢——固定资产——处理净收入 24 000 借：待处理财产损溢——固定资产——处理净收入 1 000 贷：银行存款——基本账户存款 1 000	不做账务处理
2019 年 5 月 3 日	借：待处理财产损溢——固定资产——处理净收入 23 000 贷：其他收入 23 000	借：资金结存——货币资金——银行存款 23 000 贷：其他预算收入 23 000

【**例 3－20**】某事业单位 2019 年 3 月 20 日取得非税收入 10 000 元，存入非税账户，2019 年 12 月 20 日上缴财政专户。该单位编制有关的会计分录如表 3－26 所示。

表 3－26

时间	财务会计分录	预算会计分录
2019 年 3 月 20 日	借：银行存款——基本账户存款 10 000 贷：应缴财政款——应缴财政专户款 10 000	不做账务处理
2019 年 12 月 20 日	借：应缴财政款——应缴财政专户款 10 000 贷：银行存款——基本账户存款 10 000	不做账务处理

（五）期末余额

本科目期末贷方余额，反映单位应当上缴财政但尚未缴纳的款项。年终清缴后，本科目一般应无余额。

五、应付职工薪酬

（一）核算内容

应付职工薪酬科目核算单位按照有关规定应付给职工（含长期聘用人员）及为职工支付的各种薪酬，包括基本工资、国家统一规定的津贴补贴、规范津贴补贴（绩效工资）、改革性补贴、社会保险费（如职工基本养老保险费、职业年金、基本医疗保险费等）、住房公积金等。

（二）明细科目设置

单位应当在本科目下根据国家有关规定按照“基本工资（含离退休费)”、“国家统一规定的津贴补贴”、“规范津贴补贴（绩效工资)”、“改革性补贴”、“社会保险费”、“住房公积金”、“其他个人收入”等进行二级明细科目核算。其中，“社会保险费”、“住房公积金”明细科目核算内容包括单位从职工工资中代扣代缴的社会保险费、住房公积金，以及单位为职工计算缴纳的社会保险费、住房公积金。

（三）主要账务处理与列表说明

第一，计算确认当期应付职工薪酬（含单位为职工计算缴纳的社会保险费、住房公积金)。

（1）计提从事专业及其辅助活动人员的职工薪酬，借“业务活动费用”、“单位管理费用”科目，贷记本科目。

（2）计提应由在建工程、加工物品、自行研发无形资产负担的职工薪酬，借记“在建工程”、“加工物品”、“研发支出”等科目，贷记本科目。

（3）计提从事专业及其辅助活动之外的经营活动人员的职工薪酬，借记“经营费用”科目，贷记本科目。

（4）因解除与职工的劳动关系而给予的补偿，借记“单位管理费用”等科目，贷记本科目。

第二，向职工支付工资、津贴补贴等薪酬时，按照实际支付的金额，借记本科目，贷记“财政拨款收入”、“零余额账户用款额度”、“银行存款”等科目。

第三，从应付职工薪酬中代扣各种款项。

（1）按照税法规定代扣职工个人所得税时，借记“应付职工薪酬——基本工资（含离退休费)”科目，贷记“其他应交税费——应交个人所得税”科目。

（2）从应付职工薪酬中代扣为职工垫付的水电费、房租等费用时，按照实际扣除的金额，借记“应付职工薪酬——基本工资（含离退休费)”科目，贷记“其他应收款”等科目。

（3）从应付职工薪酬中代扣社会保险费和住房公积金，按照代扣的金额，借记“应付职工薪酬——基本工资（含离退休费)”科目，贷记“应付职工薪酬”相关明细科目。

第四，按照国家有关规定缴纳职工社会保险费和住房公积金时，按照实际支付的金额，借记本科目相关明细科目，贷记“财政拨款收入”、“零余额账户用款额度”、“银行存款”等科目。

第五，从应付职工薪酬中支付的其他款项，借记本科目，贷记“零余额账户用款额度”、“银行存款”等科目。

应付职工薪酬的主要账务处理如表3－27所示。

表3－27　　应付职工薪酬主要账务处理

<table>
<tr><th rowspan="2">序号</th><th rowspan="2" colspan="2">业务和事项内容</th><th colspan="2">账务处理</th></tr>
<tr><th>财务会计</th><th>预算会计</th></tr>
<tr><td rowspan="4">1</td><td rowspan="4">计算确认当期应付职工薪酬</td><td>从事专业及其辅助活动人员的职工薪酬</td><td>借：业务活动费用/单位管理费用
贷：应付职工薪酬</td><td>—</td></tr>
<tr><td>应由在建工程、加工物品、自行研发无形资产负担的职工薪酬</td><td>借：在建工程/加工物品/研发支出等
贷：应付职工薪酬</td><td>—</td></tr>
<tr><td>从事专业及其辅助活动以外的经营活动人员的职工薪酬</td><td>借：经营费用
贷：应付职工薪酬</td><td>—</td></tr>
<tr><td>因解除与职工的劳动关系而给予的补偿</td><td>借：单位管理费用
贷：应付职工薪酬</td><td>—</td></tr>
<tr><td>2</td><td colspan="2">向职工支付工资、津贴补贴等薪酬</td><td>借：应付职工薪酬
贷：财政拨款收入/零余额账户用款额度/银行存款等</td><td>借：事业支出/经营支出等
贷：财政拨款预算收入/资金结存</td></tr>
<tr><td rowspan="3">3</td><td rowspan="3">从职工薪酬中代扣各种款项</td><td>代扣代缴个人所得税</td><td>借：应付职工薪酬——基本工资
贷：其他应交税费——应交个人所得税</td><td>—</td></tr>
<tr><td>代扣社会保险费和住房公积金</td><td>借：应付职工薪酬——基本工资
贷：应付职工薪酬——社会保险费/住房公积金</td><td>—</td></tr>
<tr><td>代扣为职工垫付的水电费、房租等费用时</td><td>借：应付职工薪酬——基本工资
贷：其他应收款等</td><td>—</td></tr>
</table>

续表

序号	业务和事项内容	账务处理	
		财务会计	预算会计
4	按照规定缴纳职工社会保险费和住房公积金	借：应付职工薪酬——社会保险费/住房公积金 贷：财政拨款收入/零余额账户用款额度/银行存款等	借：事业支出/经营支出等 贷：财政拨款预算收入/资金结存
5	从应付职工薪酬中支付的其他款项	借：应付职工薪酬 贷：零余额账户用款额度/银行存款等	借：事业支出/经营支出等 贷：资金结存等

（四）会计实务示例

【例 3－21】 某事业单位统发职工工资，2019 年 1 月应发工资总额为 200 000元（用于行政部门的人员工资 40 000 元，用于后勤部门的人员工资 30 000元，用于离退休人员的工资 80 000 元，用于科研业务的人员工资50 000 元），其中代扣住房公积金 10 000 元，代扣养老保险费 1 000，代扣医疗保险 300，代扣个人所得税 5 000 元，代扣职工水电费、房租 10 000 元。该单位编制有关的会计分录如表 3－28 所示。

表 3－28

时间	财务会计分录	预算会计分录
2019 年 1 月 31 日	借：单位管理费用——工资福利支出 150 000 业务活动费用——工资福利支出 50 000 贷：应付职工薪酬 ——基本工资（含离退休费） 200 000	不做账务处理
2019 年 1 月 31 日	借：应付职工薪酬——基本工资（含离退休费） 26 300 贷：应付职工薪酬——机关事业单位基本养老保险缴费 1 000 应付职工薪酬——职工基本医疗保险缴费 300 应付职工薪酬——住房公积金 10 000 其他应交税费——应交个人所得税 5 000 其他应收款——代扣款项 10 000	不做账务处理

续表

时间	财务会计分录	预算会计分录
2019 年 1 月 31 日	借：其他应交税费——应交个人所得税 5 000 贷：银行存款——基本账户存款 5 000	借：事业支出——基本支出——工资福利支出 5 000 贷：资金结存——货币资金 5 000
2019 年 1 月 31 日	借：应付职工薪酬——基本工资（含离退休费） 173 700 贷：零余额账户用款额度——基本支出用款额度 173 700	借：事业支出——基本支出——工资福利支出 173 700 贷：资金结存——零余额账户用款额度 173 700
2019 年 1 月 31 日	借：应付职工薪酬——机关事业单位基本养老保险缴费 1 000 应付职工薪酬——职工基本医疗保险缴费 300 应付职工薪酬——住房公积金 10 000 其他应收款——代扣款项 10 000 贷：零余额账户用款额度——基本支出用款额度 21 300	借：事业支出——基本支出——工资福利支出 21 300 贷：资金结存——零余额账户用款额度 21 300

【例 3-22】2019 年 5 月 9 日某事业单位机关服务中心解除与职工的劳动关系，经有关部门批准给予职工补偿 100 000 元。该单位编制有关的会计分录如表 3-29 所示。

表 3-29

时间	财务会计分录	预算会计分录
2019 年 5 月 9 日	借：单位管理费用——对个人和家庭的补助支出——退职（役）费 100 000 贷：应付职工薪酬——其他 100 000	不做账务处理

（五）期末余额

本科目期末贷方余额，反映单位应付未付的职工薪酬。

六、应付票据

（一）核算内容

应付票据科目核算事业单位因购买材料、物资等而开出、承兑的商业汇票，包括银行承兑汇票和商业承兑汇票。按照国家有关规定，单位之间只有在商品交易的情况下才能使用商业汇票结算方式。在会计核算中，购买商品在采用商业汇票结算的方式下，如果开出的是商业承兑汇票必须由付款方（购买单位）承兑；如果是银行承兑汇票，必须经出票银行承兑。在商业汇票尚未到期前，视为一笔负债，期末反映在资产负债表的应付票据项目内。付款单位应在商业汇票到期前，及时将款项足额交存其开户银行，可使银行在到期日凭票将款项划转给收款人、背书人或贴现银行。单位在收到银行的付款通知时，据以编制付款凭证。

（二）明细科目设置

本科目应当按照债权人进行核算。单位应当在本科目下设“银行承兑汇票”和“商业承兑汇票”二级明细科目进行核算。

单位应当设置“应付票据备查簿”，详细登记每一应付票据的种类、号数、出票日期、到期日、票面金额、交易合同号、收款人姓名或单位名称，以及付款日期和金额等。应付票据到期结清票款后，应当在备查簿内逐笔注销。

（三）主要账务处理与列表说明

（1）开出、承兑商业汇票时，借记“库存物品”、“固定资产”等科目，贷记本科目。

（2）以商业汇票抵付应付账款时，借记本科目，贷记本科目。

（3）支付银行承兑汇票的手续费，借记“业务活动费用”、“经营费用”等科目，贷记“银行存款”科目。

（4）商业汇票到期时：

①收到银行支付到期票据的付款通知时，借记本科目，贷记“银行存款”科目。

②银行承兑汇票到期，单位无力支付票款的，按照应付票据账面余额，

借记本科目，贷记“短期借款”科目。

③商业承兑汇票到期，单位无力支付票款的，按照应付票据账面余额，借记本科目，贷记“应付账款”科目。

应付票据的主要账务处理如表 3－30 所示。

表 3－30　　应付票据主要账务处理

<table>
<tr><th rowspan="2">序号</th><th rowspan="2" colspan="2">业务和事项内容</th><th colspan="2">账务处理</th></tr>
<tr><th>财务会计</th><th>预算会计</th></tr>
<tr><td>1</td><td colspan="2">开出、承兑商业汇票</td><td>借：库存物品/固定资产等
贷：应付票据</td><td>——</td></tr>
<tr><td>2</td><td colspan="2">以商业汇票抵付应付账款时</td><td>借：应付账款
贷：应付票据</td><td>——</td></tr>
<tr><td>3</td><td colspan="2">支付银行承兑汇票的手续费</td><td>借：业务活动费用/经营费用等
贷：银行存款等</td><td>借：事业支出/经营支出
贷：资金结存——货币资金</td></tr>
<tr><td rowspan="3">4</td><td rowspan="3">商业汇票到期时</td><td>收到银行支付到期票据的付款通知时</td><td>借：应付票据
贷：银行存款</td><td>借：事业支出/经营支出
贷：资金结存——货币资金</td></tr>
<tr><td>银行承兑汇票到期，本单位无力支付票款</td><td>借：应付票据
贷：短期借款</td><td>借：事业支出/经营支出
贷：债务预算收入</td></tr>
<tr><td>商业承兑汇票到期，本单位无力支付票款</td><td>借：应付票据
贷：应付账款</td><td>——</td></tr>
</table>

（四）会计实务示例

【例 3－23】某市事业单位有关应付票据业务如下：

2019 年 6 月 15 日，向 W 公司购入一批原材料，价款 30 000 元，材料已验收入库。开出一张面值为 30 000 元，期限为 3 个月的商业承兑汇票。该单位编制有关的会计分录如表 3－31、表 3－32 所示。

（1）假设该票据为不带息商业汇票：

表 3－31

时间	财务会计分录	预算会计分录
2019 年 6 月 15 日	借：库存物品 30 000 贷：应付票据——商业承兑汇票——W 公司 30 000	不做账务处理
2019 年 9 月 15 日	借：应付票据——商业承兑汇票——W 公司 30 000 贷：银行存款——基本账户存款 30 000	借：事业支出——基本支出——商品和服务支出 30 000 贷：资金结存——货币资金——银行存款 30 000

（2）假设该票据为带息商业承兑汇票，票面利率为10%，偿还时

表 3－32

时间	财务会计分录	预算会计分录
2019 年 6 月 15 日	借：库存物品 30 000 贷：应付票据——商业承兑汇票——W 公司 30 000	不做账务处理
2019 年 9 月 15 日	借：应付票据——商业承兑汇票——W 公司 30 000 业务活动费用——商品和服务支出——手续费 (30 000 * 10% * 3/12) 750 贷：银行存款——基本账户存款 30 750	借：事业支出——基本支出——商品和服务支出 30 750 贷：资金结存——货币资金——银行存款 30 750

（五）期末余额

本科目期末贷方余额，反映事业单位开出、承兑的尚未到期的应付票据金额。

七、应付账款

（一）核算内容

应付账款科目核算单位因购买物资、接受服务、开展工程建设等而应付

的偿还期限在1年以内（含1年）的款项。应付账款因单位购进商品或接受劳务等经济业务发生时间与付款时间不一致而产生。应付账款的入账时间为所购买商品的所有权转移之日，即对所购的材料、物资等验收入库后，按发票金额登记入账。入账时间一般是到期的应付金额，即发票金额。

（二）明细科目设置

本科目应当按照债权人进行明细核算。对于建设项目，单位可以按照具体项目进行明细核算。对于核销的应付账款，应设立备查簿在备查簿中保留登记。

（三）主要账务处理与列表说明

收到所购材料、物资、设备或服务以及确认完成工程进度但尚未付款时，根据发票及账单等有关凭证，按照应付未付款项的金额，借记“库存物品”、“固定资产”、“在建工程”等科目，贷记本科目。

偿付应付账款时，按照实际支付的金额，借记本科目，贷记“财政拨款收入”、“零余额账户用款额度”、“银行存款”等科目。

开出、承兑商业汇票抵付应付账款时，借记本科目，贷记“应付票据”科目。

无法偿付或债权人豁免偿还的应付账款，应当按照规定报经批准后进行账务处理。经批准核销时，借记本科目，贷记“其他收入”。

应付账款的主要账务处理如表3－33所示。

表3－33　　应付账款主要账务处理

序号	业务和事项内容	账务处理	
		财务会计	预算会计
1	购入物资、设备或服务以及完成工程进度但尚未付款	借：库存物品/固定资产/在建工程等 贷：应付账款	——
2	偿付应付账款	借：应付账款 贷：财政拨款收入/零余额账户用款额度/银行存款等	借：事业支出等 贷：财政拨款预算收入/资金结存
3	开出、承兑商业汇票抵付应付账款	借：应付账款 贷：应付票据	——

续表

序号	业务和事项内容	账务处理	
		财务会计	预算会计
4	无法偿付或债权人豁免偿还的应付账款	借：应付账款 　　贷：其他收入	——

（四）会计实务示例

【例3－24】某事业单位2019年5月有关应付账款业务如下：

（1）5月1日，向甲公司购进实验室材料一批，价值10 000元，货物已验收入库，款项尚未支付。

（2）5月10日，用银行存款支付前欠乙公司的实验室材料款50 000元。

（3）5月12日，开出商业承兑汇票一张，抵付丙公司货款30 000元。

（4）5月15日，经与丁公司协商，豁免前欠货款1 000元。

该单位编制有关的会计分录如表3－34所示。

表3－34

时间	财务会计分录	预算会计分录
2019年5月1日	借：库存物品　10 000 　　贷：应付账款——甲公司　10 000	不做账务处理
2019年5月10日	借：应付账款——乙公司　50 000 　　贷：银行存款——基本账户存款　50 000	借：事业支出——基本支出——商品和服务支出　50 000 　　贷：资金结存——货币资金——银行存款　50 000
2019年5月12日	借：应付账款——丙公司　30 000 　　贷：应付票据——商业承兑汇票——丙公司　30 000	不做账务处理
2019年5月15日	借：应付账款——丁公司　1 000 　　贷：其他收入——无法支付的应付款　1 000	不做账务处理

（五）期末余额

本科目期末贷方余额，反映单位尚未支付的应付账款金额。

八、应付利息

（一）核算内容

应付利息科目核算事业单位按照合同约定应支付的借款利息，包括短期借款、分期付息到期还本的长期借款等应支付的利息。

（二）明细科目设置

事业单位应当设置“应付利息”总账科目。本科目应当按照债权人等进行明细核算。

（三）主要账务处理与列表说明

（1）为建造固定资产、公共基础设施等借入的专门借款的利息：

①属于建设期间发生的，按期计提利息费用时，借记“在建工程”科目，贷记本科目；

②不属于建设期间发生的，按期计提利息费用时，按照计算确定的金额，借记“其他费用”科目，贷记本科目。

（2）对于其他借款，按期计提利息费用时，按照计算确定的金额，借记“其他费用”科目，贷记本科目。

（3）实际支付应付利息时，按照支付的金额，借记本科目，贷记“银行存款”等科目。

应付利息的主要账务处理如表 3－35 所示。

表 3－35　　应付利息主要账务处理

序号	业务和事项内容	账务处理	
		财务会计	预算会计
1	按期计提利息费用	借：在建工程/其他费用 　贷：应付利息	——
2	实际支付利息时	借：应付利息 　贷：银行存款等	借：其他支出 　贷：资金结存——货币资金

（四）会计实务示例

【例 3-25】某事业单位建造职工食堂向银行借款 10 000 000 元，借款利率为 5%，年末计提利息。该单位编制有关的会计分录如表 3-36 所示。

表 3-36

时间	财务会计分录	预算会计分录
计提利息时	借：在建工程 500 000 贷：应付利息 500 000	不做账务处理

【例 3-26】某事业单位 2019 年 1 月 3 日向银行借款 100 000 元，用于日常业务发展需要，借款年利率 5% 归还短期借款，2019 年 4 月 3 日归还利息。该单位编制有关的会计分录如表 3-37 所示。

表 3-37

时间	财务会计分录	预算会计分录
2019 年 1 月 3 日	借：其他费用——利息支出 1 250 贷：应付利息 1 250	不做账务处理
2019 年 4 月 3 日	借：应付利息 1 250 贷：银行存款——基本账户存款 1 250	借：其他支出——利息支出 1 250 贷：资金结存——货币资金——银行存款 1 250

（五）应付利息

本科目期末贷方余额，反映事业单位应付未付的利息金额。

九、预收账款

（一）核算内容

预收账款科目核算事业单位预先收取但尚未结算的款项。

（二）明细科目设置

“预收账款”科目核算事业单位预先收取但尚未结算的款项。贷方增加反映事业单位收到的预收款项；借方增加放映事业单位结算的款项；“预收账款”科目期末贷方余额，反映事业单位预收但尚未结算的款项。

“预收账款”科目应当按照债权人进行明细核算，核销的预收账款应在备查簿中保留登记。

（三）主要账务处理与列表说明

从付款方预收款项时，按照实际预收的金额，借记“银行存款”等科目，贷记本科目。

确认有关收入时，按照预收账款账面余额，借记本科目，按照应确认的收入金额，贷记“事业收入”、“经营收入”等科目，按照付款方补付或退回付款方的金额，借记或贷记“银行存款”等科目。

无法偿付或债权人豁免偿还的预收账款，应当按照规定报经批准后进行账务处理。经批准核销时，借记本科目，贷记“其他收入”科目。

预收账款的主要账务处理如表 3－38 所示。

表 3－38　　预收账款的主要账务处理

序号	业务和事项内容	账务处理	
		财务会计	预算会计
1	从付款方预收款项时	借：银行存款等 　贷：预收账款	借：资金结存——货币资金 　贷：事业预算收入/经营预算收入等
2	确认有关收入时	借：预收账款 　银行存款（收到补付款） 　贷：事业收入/经营收入等 　　银行存款（退回预收款）	借：资金结存——货币资金 　贷：事业预算收入/经营预算收入等（收到补付款） 　退回预收款的金额做相反会计分录
3	无法偿付或债权人豁免偿还的预收账款	借：预收账款 　贷：其他收入	——

（四）会计实务示例

【例 3－27】某省机关服务中心 2019 年 3 月发生如下预收账款业务：

（1）3 月 10 日，预收 H 公司服务费 5 000 元，存入银行。

(2) 3月15日，广告服务完成后，实际结算价款5 500元，H公司已经通过银行存款补付。

(3) 3月17日，以前年度的预收账款1 000元无法偿付，经批准核销。

该单位编制有关的会计分录如表3-39所示。

表3-39

时间	财务会计分录	预算会计分录
2019年3月10日	借：银行存款——基本账户存款　5 000 贷：预收账款——H公司　5 000	借：资金结存——货币资金——银行存款　5 000 贷：经营预算收入　5 000
2019年3月15日	借：预收账款——H公司　5 000 银行存款——基本账户存款 500 贷：经营收入——影视广告收入　5 500	借：资金结存——货币资金　500 贷：经营预算收入　500
2019年3月17日	借：预收账款　1 000 贷：其他收入——无法支付的预收款　1 000	不做账务处理

(五) 期末余额

本科目期末贷方余额，反映事业单位预收但尚未结算的款项金额。

十、其他应付款

(一) 核算内容

其他应付款科目核算单位除应交增值税、其他应交税费、应缴财政款、应付职工薪酬、应付票据、应付账款、应付利息、预收账款以外，其他各项偿还期限在1年内（含1年）的应付及暂收款项，如收取的押金、存入保证金、已经报销但尚未偿还银行的本单位公务卡欠款。

同级政府财政部门预拨的下期预算款和没有纳入预算的暂付款项，以及采用实拨资金方式通过本单位转拨给下属单位的财政拨款等，也通过本科目核算。

（二）明细科目设置

本科目应按照其他应付款的类别以及债权人等进行明细核算。核销的其他应付款应在备查簿中保留登记。

（三）主要账务处理与列表说明

第一，发生其他应付及暂收款项时：

（1）取得暂收款项时，借记“银行存款”等科目，贷记本科目。

（2）支付（或退回）其他应付及暂收款项时，借记本科目，贷记“银行存款”等科目。

（3）将暂收款项转为收入时，借记本科目，贷记“事业收入”等科目。

第二，收到同级政府财政部门预拨的下期预算款和没有纳入预算的暂付款项：

（1）按照实际收到的金额，借记“零余额账户用款额度”等科目，贷记本科目。

（2）待到下一预算期或批准纳入预算时，借记本科目，贷记“财政拨款收入”科目。

（3）采用实拨资金方式通过本单位转拨给下属单位的财政拨款，按照实际收到的金额，借记“银行存款”科目，贷记本科目；向下属单位转拨财政拨款时，按照转拨的金额，借记“其他应付款”科目，贷记“银行存款”科目。

第三，本单位公务卡持卡人报销时：

（1）按照审核报销的金额，借记“业务活动费用”、“单位管理费用”等科目，贷记本科目。

（2）偿还公务卡欠款时，借记本科目，贷记“零余额账户用款额度”等科目。

第四，涉及质保金形成其他应付款的，借记“固定资产/在建工程”等，贷记本科目。

第五，无法偿付或债权人豁免偿还的其他应付款项，应当按照规定报经批准后进行账务处理。经批准核销时，借记本科目，贷记“其他收入”科目。

其他应付款的主要账务处理如表 3－40 所示。

表 3－40　　　　其他应付款主要账务处理

序号	业务和事项内容		账务处理	
			财务会计	预算会计
1	发生暂收款项	取得暂收款项时	借：银行存款等 贷：其他应付款	—
		确认收入时	借：其他应付款 贷：事业收入等	借：资金结存 贷：事业预算收入等
		退回（转拨）暂收款时	借：其他应付款 贷：银行存款等	—
2	收到同级财政部门预拨的下期预算款和没有纳入预算的暂付款项	按照实际收到的金额	借：银行存款等 贷：其他应付款	—
		待到下一预算期或批准纳入预算时	借：其他应付款 贷：财政拨款收入	借：资金结存 贷：财政拨款预算收入
3	发生其他应付义务	确认其他应付款项时	借：业务活动费用/单位管理费用等 贷：其他应付款	—
		支付其他应付款项	借：其他应付款 贷：银行存款等	借：事业支出等 贷：资金结存
4	无法偿付或债权人豁免偿还的其他应付款项		借：其他应付款 贷：其他收入	—

（四）会计实务示例

【例 3－28】 某省事业单位 2019 年 12 月 31 日收到省财政厅拨付 2020 年的财政拨款授权支付额度 50 000 元，2020 年 1 月 1 日转做收入。该单位编制有关的会计分录如表 3－41 所示。

表 3－41

时间	财务会计分录	预算会计分录
2019 年 12 月 31 日	借：零余额账户用款额度——基本支出用款额度 50 000 贷：其他应付款——其他 50 000	不做账务处理
2020 年 1 月 1 日	借：其他应付款 ——其他 50 000 贷：财政拨款收入——基本支出收入 50 000	借：资金结存——零余额账户用款额度 50 000 贷：财政拨款预算收入——基本支出收入 50 000

【例 3－29】某事业单位职工甲某（业务部门）2019 年 3 月 10 日用公务卡购买办公用品 2 000 元，取得发票并报销，财务做公务卡归还操作。该单位编制有关的会计分录如表 3－42 所示。

表 3－42

时间	财务会计分录	预算会计分录
2019 年 3 月 10 日	借：业务活动费用——商品和服务费用 2 000 贷：其他应付款——待清算报销额度——待清算公务卡报销额度 2 000	不做账务处理
2019 年 3 月 10 日	借：其他应付款——待清算报销额度——待清算公务卡报销额度 2 000 贷：零余额账户用款额度基本支出用款额度 2 000	借：事业支出——基本支出——商品和服务支出 2 000 贷：资金结存——零余额账户用款额度——基本支出用款额度 2 000

【例 3－30】2019 年 3 月 1 日，某省机关服务中心开展业务活动收取申请者押金 10 000 元，收取供应商保证金 20 000 元，银行账户已收到款项。该单位编制有关的会计分录如表 3－43 所示。

表 3－43

时间	财务会计分录	预算会计分录
2019 年 3 月 1 日	借：银行存款——基本账户存款 30 000 贷：其他应付款——押金 20 000 其他应付款——其他 10 000	不做账务处理

【例3-31】承【例3-30】，2019年3月31日，机关服务中心开展的业务活动结算，退回申请者押金9 000元，1 000元转做业务活动收入；退回供应商保证金20 000元，银行账户已经支付款项。该单位编制有关的会计分录如表3-44所示。

表3-44

时间	财务会计分录	预算会计分录
2019年3月31日	借：其他应付款——押金 20 000 其他应付款——其他 10 000 贷：银行存款——基本账户存款 29 000 事业收入——后勤服务收入 1 000	借：资金结存——货币资金——银行存款 1 000 贷：事业预算收入 1 000

【例3-32】某事业单位2019年3月1日清理其他应付款，发现1笔多年的应付款项1 000元已无法偿付，经批准核销处理。该单位编制有关的会计分录如表3-45所示。

表3-45

时间	财务会计分录	预算会计分录
2019年3月1日	借：其他应付款 1 000 贷：其他收入——无法偿付的应付款 1 000	不做账务处理

（五）期末余额

本科目期末贷方余额，反映单位尚未支付的其他应付款金额。

十一、预提费用

（一）核算内容

预提费用科目核算单位预先提取的已经发生但尚未支付的费用，如预提租金费用、事业单位按规定从科研项目收入中提取的项目间接费用或管理费等。

事业单位计提的借款利息费用，通过“应付利息”、“长期借款”科目核算，不通过本科目核算。

（二）明细科目设置

为了核算和监督预提费用的提取及支付情况，单位应设置本科目，“预提费用”科目应当按照预提费用的种类进行明细核算。对于事业单位提取的项目间接费用或管理费，应当在本科目下设置“项目间接费用或管理费”明细科目，并按项目进行明细核算。

（三）主要账务处理与列表说明

1. 项目间接费用或管理费

（1）按规定从科研项目收入中提取项目间接费用或管理费时：按照提取的金额，借记“单位管理费用”科目，贷记“预提费用——项目间接费用或管理费”科目。

（2）实际使用计提的项目间接费用或管理费时，按照实际支付的金额，借记“预提费用——项目间接费用或管理费”科目，贷记“银行存款”、“库存现金”等科目。

2. 其他预提费用

按期预提租金等费用时：

（1）按照预提的金额，借记“业务活动费用”、“单位管理费用”、“经营费用”等科目，贷记本科目。

（2）实际支付款项时，按照支付金额，借记本科目，贷记“零余额账户用款额度”、“银行存款”等科目。

预提费用的主要账务处理如表3－46所示。

表3－46　　　　预提费用主要账务处理

序号	业务和事项内容	账务处理	
		财务会计	预算会计
1	按规定计提项目间接费用或管理费时	借：单位管理费用 贷：预提费用——项目间接费用或管理费	借：非财政拨款结转——项目间接费用或管理费 贷：非财政拨款结余——项目间接费用或管理费
	实际使用计提的项目间接费用或管理费时	借：预提费用——项目间接费用或管理费 贷：银行存款/库存现金	借：事业支出等 贷：资金结存

续表

序号	业务和事项内容	账务处理	
		财务会计	预算会计
2	按照规定预提每期租金等费用	借：业务活动费用/单位管理费用/经营费用等 贷：预提费用	——
	实际支付款项时	借：预提费用 贷：银行存款/零余额账户用款额度等	借：事业支出/经营支出等 贷：资金结存

（四）会计实务示例

【例3－33】某研究所2019年4月2日从科研项目收入中提取项目管理费5 000元。该单位编制有关的会计分录如表3－47所示。

表3－47

时间	财务会计分录	预算会计分录
2019年 4月2日	借：单位管理费用——其他费用 5 000 贷：预提费用——项目间接费用或管理费 5 000	借：非财政补助结转——项目管理费 5 000 贷：非财政拨款结余——项目管理费 5 000

【例3－34】承【例3－33】，2019年5月1日，该研究所购办公用品3 000元，用银行存款支出从该笔单位管理费用列支。该单位编制有关的会计分录如表3－48所示。

表3－48

时间	财务会计分录	预算会计分录
2019年 5月1日	借：预提费用——项目间接费用或管理费 3 000 贷：银行存款——基本账户存款 3 000	借：事业支出——基本支出——商品和服务支出——办公费 3 000 贷：资金结存——货币资金——银行存款 3 000

【例3－35】某事业单位2019年每月预提业务用房房屋租金6 000元，下月初支付。该单位编制有关的会计分录如表3－49所示。

表 3-49

时间	财务会计分录	预算会计分录
每月预提时	借：业务活动费用——商品和服务费用 6 000 贷：预提费用——其他预提费用 6 000	不做账务处理
每月支付时	借：预提费用——其他预提费用 6 000 贷：银行存款——基本账户存款 6 000	借：事业支出——基本支出——商品和服务支出——租赁费 6 000 贷：资金结存——货币资金——银行存款 6 000

（五）期末余额

本科目期末贷方余额，反映单位已预提但尚未支付的各项费用。

第三节　非流动负债的核算

一、长期借款

（一）核算内容

长期借款科目核算事业单位经批准向银行或其他金融机构等借入的期限超过 1 年（不含 1 年）的各种借款本息。

（二）明细科目设置

单位应设置“长期借款”总账科目，核算应付的偿还期限在 1 年以上（不含 1 年）的应付款项。对于建设项目借款，还应按照具体项目进行明细核算。

（三）主要账务处理与列表说明

第一，借入各项长期借款时，按照实际借入的金额，借记“银行存款”科目，贷记“长期借款”科目。

第二，为建造固定资产、公共基础设施等应支付的专门借款利息，按期计提利息时，分别以下情况处理：

（1）属于工程项目建设期间发生的利息，计入工程成本，按照计算确定的应支付的利息金额，借记“在建工程”科目，贷记“应付利息”科目。

（2）属于工程项目完工交付使用后发生的利息，计入当期费用，借记“其他费用”科目，贷记“应付利息”科目。

（3）按照计算确定的应支付的利息金额，借记“应付利息”科目，贷记“银行存款”科目。

第三，按期计提其他长期借款的利息时：

（1）计提时，借记“其他费用”科目，贷记“应付利息”或“长期借款”科目。

（2）按照计算确定的应支付的利息金额，借记“应付利息”科目，贷记“银行存款”科目。

第四，到期归还长期借款本金、利息时，借记“长期借款”科目，贷记“银行存款”科目。

长期借款的主要账务处理如表 3－50 所示。

表 3－50　　长期借款主要账务处理

<table>
<tr><th rowspan="2">序号</th><th rowspan="2" colspan="2">业务和事项内容</th><th colspan="2">账务处理</th></tr>
<tr><th>财务会计</th><th>预算会计</th></tr>
<tr><td>1</td><td colspan="2">借入各项长期借款时</td><td>借：银行存款
贷：长期借款——本金</td><td>借：资金结存——货币资金
贷：债务预算收入（本金）</td></tr>
<tr><td rowspan="3">2</td><td rowspan="3">为购建固定资产、公共基础设施等应支付的专门借款利息</td><td>属于工程项目建设期间发生的</td><td>借：在建工程
贷：应付利息（分期付息、到期还本）
长期借款——应计利息（到期一次还本付息）</td><td>——</td></tr>
<tr><td>属于工程项目完工交付使用后发生的</td><td>借：其他费用
贷：应付利息（分期付息、到期还本）
长期借款——应计利息（到期一次还本付息）</td><td>——</td></tr>
<tr><td>实际支付利息时</td><td>借：应付利息
贷：银行存款等</td><td>借：其他支出
贷：资金结存</td></tr>
</table>

续表

序号	业务和事项内容		账务处理	
			财务会计	预算会计
3	其他长期借款利息	计提利息时	借：其他费用 贷：应付利息（分期付息、到期还本） 长期借款——应计利息（到期一次还本付息）	——
		分期实际支付利息时	借：应付利息 贷：银行存款等	借：其他支出 贷：资金结存
4	归还长期借款本息		借：长期借款——本金——应计利息（到期一次还本付息） 贷：银行存款	借：债务还本支出（支付的本金） 贷：资金结存

（四）会计实务示例

【例3－36】某事业单位于2019年1月1日从工商银行借入款项2 000 000元，借款期限为3年，年利率为8%，款项已存入银行，本息于到期日一次性偿还。该借款全部用于建造一业务车间，该项目建造期为6个月，即6月30日完工交付使用。该单位编制有关的会计分录如表3－51所示。

表3－51

时间	财务会计分录	预算会计分录
2019年1月1日	借：银行存款——基本账户存款 2 000 000 贷：长期借款——本金 2 000 000	借：资金结存——货币资金——银行存款 2 000 000 贷：债务预算收入 2 000 000
2019年1－6月	借：在建工程 2 000 000 贷：银行存款——基本账户存款 2 000 000	借：事业支出——项目支出——资金性支出 2 000 000 贷：资金结存——货币资金——银行存款 2 000 000
2019年6月30日	借：在建工程 80 000 贷：长期借款——应计利息 80 000	不做账务处理

续表

时间	财务会计分录	预算会计分录
2019 年 6 月 30 日	借：固定资产——房屋建筑物 280 000 贷：在建工程 280 000	不做账务处理
2019 年 12 月 31 日	借：其他费用——利息支出 80 000 贷：长期借款——应计利息 80 000	不做账务处理
2020 年 12 月 31 日	借：其他费用——利息支出 160 000 贷：长期借款——应计利息 160 000	不做账务处理
2021 年 12 月 31 日	借：其他费用——利息支出 160 000 贷：长期借款——应计利息 160 000	不做账务处理
2022 年 1 月 1 日	借：长期借款——本金 2 000 000 长期借款——应计利息 480 000 贷：银行存款——基本账户存款 2 480 000	借：债务还本支出 2 000 000 其他支出——利息支出 480 000 贷：资金结存——货币资金——银行存款 2 480 000

（五）期末余额

本科目期末贷方余额，反映事业单位尚未偿还的长期借款本息金额。

二、长期应付款

（一）核算内容

长期应付款科目核算单位发生的偿还期限超过 1 年（不含 1 年）的应付款项，如以融资租赁方式取得固定资产应付的租赁费等。

（二）明细科目设置

本科目应当按照长期应付款的类别以及债权人进行明细核算。核销的长期应付款应在备查簿中保留登记。

（三）主要账务处理与列表说明

发生长期应付款时，借记“固定资产”、“在建工程”等科目，贷记本科目。

支付长期应付款时，按照实际支付的金额，借记本科目，贷记“财政拨款收入”、“零余额账户用款额度”、“银行存款”等科目。

无法偿付或债权人豁免偿还的长期应付款，应当按照规定报经批准后进行账务处理。经批准核销时，借记本科目，贷记“其他收入”科目。

涉及质保金形成长期应付款的，相关账务处理参见“固定资产”科目。

长期应付款的主要账务处理如表3－52所示。

表3－52　　长期应付款主要账务处理

序号	业务和事项内容	账务处理	
		财务会计	预算会计
1	发生长期应付款时	借：固定资产/在建工程等 贷：长期应付款	——
2	支付长期应付款	借：长期应付款 贷：财政拨款收入/零余额账户用款额度/银行存款	借：事业支出/经营支出等 贷：财政拨款预算收入/资金结存
3	无法偿付或债权人豁免偿还的长期应付款	借：长期应付款 贷：其他收入	——

（四）会计实务示例

【例3－37】某科研单位2019年3月1日购买设备100 000元，进项税额为17 000元，作为固定资产管理，款项尚未支付。该单位编制有关的会计分录如表3－53所示。

表 3-53

时间	财务会计分录	预算会计分录
2019 年 3 月 1 日	借：固定资产　100 000 应交增值税——应交税金——进项税额　17 000 贷：长期应付款　117 000	不做账务处理

【例 3-38】承【例 3-37】，2021 年 3 月 1 日用银行存款偿还该笔长期应付款。该单位编制有关的会计分录如表 3-54 所示。

表 3-54

时间	财务会计分录	预算会计分录
2011 年 3 月 1 日	借：长期应付款　117 000 贷：银行存款——基本账户存款　117 000	借：事业支出——基本支出——资本性支出　117 000 贷：资金结存——货币资金——银行存款　117 000

（五）期末余额

本科目期末贷方余额，反映单位尚未支付的长期应付款金额。

三、预计负债

（一）核算内容

预计负债是指单位对因或有事项所产生的现时义务而确认的负债，如对未决诉讼等确认的负债。政府会计主体常见的或有事项主要包括：未决诉讼或未决仲裁、对外国政府或国际经济组织的贷款担保、承诺（补贴、代偿）、环境污染整治、自然灾害或公共事件的救助等。

预计负债应当按照履行相关现时义务所需支出的最佳估计数进行初始计量。所需支出存在一个连续范围，且该范围内各种结果发生的可能性相同的，最佳估计数应当按照该范围内的中间值确定。

在其他情况下，最佳估计数应当分别下列情况处理：

（1）或有事项涉及单个项目的，按照最可能发生金额确定。

（2）或有事项涉及多个项目的，按照各种可能结果及相关概率计算确定。

各单位在确定最佳估计数时，应当综合考虑与或有事项有关的风险和不确定性、未来事项和资产的预期处置等因素。

各单位清偿预计负债所需支出预期全部或部分由第三方补偿的，补偿金额只有在能够收到时才能作为资产单独确认。确认的补偿金额不应当超过预计负债的账面余额。

（二）明细科目设置

为核算预计负债的计算及支付情况，单位应设置本科目，单位应当按照预计负债的项目进行明细核算。

（三）主要账务处理与列表说明

（1）确认预计负债时，按照预计的金额，借记“业务活动费用”、“单位管理费用费用”“经营费用”、“其他费用”等科目，贷记本科目。

（2）实际偿付预计负债时，按照偿付的金额，借记本科目，贷记“银行存款”、“零余额账户用款额度”等科目。

（3）根据确凿证据需要对已确认的预计负债账面余额进行调整的：

①按照调整增加的金额，借记“业务活动费用”、“经营费用”、“其他费用”等科目，贷记本科目。

②按照调整减少的金额，借记本科目，贷记“业务活动费用”、“经营费用”、“其他费用”等科目。

预计负债的主要账务处理如表3－55所示。

表3－55　　预计负债的主要账务处理

序号	业务和事项内容	账务处理	
		财务会计	预算会计
1	确认预计负债	借：业务活动费用/经营费用/其他费用等 贷：预计负债	——
2	实际偿付预计负债	借：预计负债 贷：银行存款等	借：事业支出/经营支出/其他支出等 贷：资金结存

续表

序号	业务和事项内容	账务处理	
		财务会计	预算会计
3	对预计负债账面余额进行调整的	借：业务活动费用/经营费用/其他费用等 贷：预计负债 或做相反会计分录	——

（四）会计实务示例

【例3－39】某省事业单位2019年3月1日接到法院起诉，单位预计要支付赔偿金额为1 600 000—2 000 000元的某一金额，而且这个区间内每个金额的可能性都大致相同，假设这是一起因经营引起的案件。该单位编制有关的会计分录如表3－56所示。

表3－56

时间	财务会计分录	预算会计分录
2019年3月1日	借：经营费用——其他费用　1 800 000 贷：预计负债　1 800 000	不做账务处理

【例3－40】承【例3－39】，2019年4月1日，单位用银行存款偿付赔偿金1 800 000元。该单位编制有关的会计分录如表3－57所示。

表3－57

时间	财务会计分录	预算会计分录
2019年4月1日	借：预计负债　1 800 000 贷：银行存款——基本账户存款　1 800 000	借：经营支出——其他支出　1 800 000 贷：资金结存——货币资金——银行存款　1 800 000

（五）期末余额

本科目期末贷方余额，反映单位已确认但尚未支付的预计负债金额。

四、受托代理负债

（一）核算内容

受托代理负债核算单位接受委托，取得受托代理资产时形成的负债。受托代理负债反映了单位对受托代理资产的支付义务。虽然单位受托代理的现金和银行存款不在“受托代理资产”科目核算，但是单位受托代理现金和银行存款仍然属于受托代理资产，在编制资产负债表时列入受托代理资产项目。所以，在单位收到和支付受托代理的现金和银行存款时，也要确认受托代理负债的增加和减少。

（二）明细科目设置

为核算和监督单位受托代理资产形成的负债情况，设置本科目，属负债类科目。建议本科目按照负债的种类和委托人进行明细核算。

（三）主要账务处理与列表说明

本科目反映的是受托代理资产时形成的负债，对应受托代理资产有三种情况的账务处理：

1. 受托转赠物资时形成的负债

（1）接受委托人委托需要转赠给受赠人的物资，其成本按照有关凭据注明的金额确定。接受委托转赠的物资验收入库，按照确定的成本，借记“受托代理资产”科目，贷记本科目。

（2）将受托转赠物资交付受赠人时，按照转赠物资的成本，借记本科目，贷记“受托代理资产”科目。

（3）转赠物资的委托人取消了对捐赠物资的转赠要求，且不再收回捐赠物资的，应当将转赠物资转为单位的存货、固定资产等。按照转赠物资的成本，借记本科目，贷记“受托代理资产”科目。

2. 受托存储保管物资形成的负债

（1）接受委托人委托存储保管的物资，其成本按照有关凭据注明的金额确定。接受委托储存的物资验收入库，按照确定的成本，借记“受托代理资产”科目，贷记本科目。

（2）根据委托人要求交付或发出受托存储保管的物资时，按照发出物资的成本，借记本科目，贷记“受托代理资产”科目。

3. 罚没物资形成的负债

（1）取得罚没物资时，其成本按照有关凭据注明的金额确定。罚没物资验收（入库），按照确定的成本，借记“受托代理资产”科目，贷记“受托代理负债”科目。

（2）按照规定处置或移交罚没物资时，按照罚没物资的成本，借记“受托代理负债”科目，贷记“受托代理资产”科目。

受托代理负债的账务处理参照“受托代理资产”、“库存现金”、“银行存款”等科目的相关账务处理。

（四）会计实务示例

【例 3-41】2019 年 3 月 1 日 A 省事业单位接受 B 市事业单位委托将一设备转赠给 D 省科研所（或替某省科研所保管），设备价值 100 000 元，设备验收入库。A 省单位编制有关的会计分录如表 3-58 所示。

表 3-58

时间	财务会计分录	预算会计分录
2019 年 3 月 1 日	借：受托代理资产——受托存储保管物资 100 000 贷：受托代理负债 100 000	不做账务处理

【例 3-42】承【例 3-41】，4 月 10 日 A 省事业单位将此设备转交给 D 省科研所。A 省单位编制有关的会计分录如表 3-59 所示。

表 3-59

时间	财务会计分录	预算会计分录
2019 年 4 月 10 日	借：受托代理负债 100 000 贷：受托代理资产——受托存储保管物资 100 000	不做账务处理

【例 3-43】承【例 3-42】，2019 年 5 月 10 日，B 市事业单位决定不将此设备转赠 D 省科研所，并不再收回此设备，2019 年 5 月 12 日，A 省事业单位将此设备作为固定资产。A 省单位编制有关的会计分录如表 3-60 所示。

表 3-60

时间	财务会计分录	预算会计分录
2019 年 5 月 10 日	借：受托代理负债 100 000 贷：受托代理资产——受托存储保管物资100 000	不做账务处理

续表

时间	财务会计分录	预算会计分录
2019年5月12日	借：固定资产　100 000 　贷：其他收入——其他　100 000	不做账务处理

（五）期末余额

本科目期末贷方余额，反映单位尚未交付或发出受托代理资产形成的受托代理负债金额。

第四章

收入与预算收入

第一节 收入与预算收入概述

一、收入与预算收入的概念及分类

（一）收入的概念与分类

收入是财务会计要素，《基本准则》第四十二条规定，是指报告期内导致政府会计主体净资产增加的、含有服务潜力或者经济利益的经济资源的流入。

事业单位的收入主要分为：财政拨款收入、事业收入、上级补助收入、附属单位上缴收入、经营收入、非同级财政拨款收入、投资收益、捐赠收入、利息收入、租金收入和其他收入。

（二）预算收入的概念与分类

预算收入是预算会计要素，指政府会计主体在预算年度内依法取得的并纳入预算管理的现金流入。

事业单位的预算收入主要分为：财政拨款预算收入、事业预算收入、上级补助预算收入、附属单位上缴预算收入、经营预算收入、债务预算收入、非同级财政拨款预算收入、投资预算收益、其他预算收入。

二、收入与预算收入的确认

第一，《基本准则》第四十三条规定，收入的确认应当同时满足以下条件：

（1）与收入相关的含有服务潜力或者经济利益的经济资源很可能流入政府会计主体；

（2）含有服务潜力或者经济利益的经济资源流入会导致政府会计主体资产增加或者负债减少；

（3）流入金额能够可靠地计量。

第二，确认时点：

收入的确认时点一般为收入实现时，即应收或者实际收到收入时确认的收入。这里需要说明的是，财政拨款收入属于非交换性质的收入，收入确认的时点仍然维持现行确认方法不变，即财政直接支付收入在支出时确认收入，财政授权支付时在收到零余额账户用款额度时确认收入。财政返还资金、上级补助收入、附属单位上缴收入、非同级财政拨款收入等，可以在实际收到时确认收入；提供服务的事业收入、经营收入等，在提供服务以后收到资金或取得收款权利时确认收入；对外投资收入、接受捐赠收入、其他收入等，在享有权益收到资金或取得收款权利时确认收入。

第三，预算收入一般在实际收到时予以确认，以实际收到的金额计量。

第二节　财政拨款收入与财政拨款预算收入的核算

一、财政拨款收入与财政拨款预算收入

（一）核算内容

财政拨款收入核算单位从同级政府财政部门取得的各类财政拨款。同级政府财政部门预拨的下期预算款和没有纳入预算的暂付款项，以及采用实拨资金方式通过本单位转拨给下属单位的财政拨款，通过“其他应付款”科目核

算，不通过本科目核算。

财政拨款预算收入核算单位从同级政府财政部门取得的各类财政拨款。

（二）明细科目设置

财政拨款收入可按照一般公共预算财政拨款、政府性基金预算财政拨款等拨款种类进行明细核算。

财政拨款预算收入应当设置“基本支出”和“项目支出”两个明细科目，并按照《政府收支分类科目》中“支出功能分类科目”的项级科目进行明细核算；同时，在“基本支出”明细科目下按照“人员经费”和“日常公用经费”进行明细核算，在“项目支出”明细科目下按照具体项目进行明细核算。有一般公共预算财政拨款、政府性基金预算财政拨款等两种或两种以上财政拨款的单位，还应当按照财政拨款的种类进行明细核算。每个事业单位可以根据各自的核算需要和预算管理需要，设置明细科目。

（三）财政拨款收入的主要账务处理

（1）财政直接支付方式下，根据收到的“财政直接支付入账通知书”及相关原始凭证，按照通知书中的直接支付入账金额，借记“库存物品”、“固定资产”、“业务活动费用”、“单位管理费用”、“应付职工薪酬”等科目，贷记本科目。涉及增值税业务的，相关账务处理参见“应交增值税”科目。

年末，根据本年度财政直接支付预算指标数与当年财政直接支付实际支付数的差额，借记“财政应返还额度——财政直接支付”科目，贷记本科目。

（2）财政授权支付方式下，根据收到的“财政授权支付额度到账通知书”，按照通知书中的授权支付额度，借记“零余额账户用款额度”科目，贷记本科目。

年末，本年度财政授权支付预算指标数大于零余额账户用款额度下达数的，根据未下达的用款额度，借记“财政应返还额度——财政授权支付”科目，贷记本科目。

（3）其他方式下收到财政拨款收入时，按照实际收到的金额，借记“银行存款”等科目，贷记本科目。

（4）因差错更正或购货退回等发生国库直接支付款项退回的，属于以前年度支付的款项，按照退回金额，借记“财政应返还额度——财政直接支付”科目，贷记“以前年度盈余调整”、“库存物品”等科目；属于本年度支付的款项，按照退回金额，借记本科目，贷记“业务活动费用”、“库存物品”等科目。

（5）期末，将本科目本期发生额转入本期盈余，借记本科目，贷记“本期盈余”科目。

（四）财政拨款预算收入的主要账务处理

（1）财政直接支付方式下，单位根据收到的“财政直接支付入账通知书”及相关原始凭证，按照通知书中的直接支付金额，借记“事业支出”等科目，贷记本科目。

年末，根据本年度财政直接支付预算指标数与当年财政直接支付实际支出数的差额，借记“资金结存——财政应返还额度”科目，贷记本科目。

（2）财政授权支付方式下，单位根据收到的“财政授权支付额度到账通知书”，按照通知书中的授权支付额度，借记“资金结存——零余额账户用款额度”科目，贷记本科目。

年末，单位本年度财政授权支付预算指标数大于零余额账户用款额度下达数的，按照两者差额，借记“资金结存——财政应返还额度”科目，贷记本科目。

（3）其他方式下，单位按照本期预算收到财政拨款预算收入时，按照实际收到的金额，借记“资金结存——货币资金”科目，贷记本科目。单位收到下期预算的财政预拨款，应当在下个预算期，按照预收的金额，借记“资金结存——货币资金”科目，贷记本科目。

（4）因差错更正、购货退回等发生国库直接支付款项退回的，属于本年度支付的款项，按照退回金额，借记本科目，贷记“事业支出”等科目。

（5）年末，将本科目本年发生额转入财政拨款结转，借记本科目，贷记“财政拨款结转——本年收支结转”科目。

财政拨款收入与财政拨款预算收入的主要账务处理如表4－1所示。

表4－1　财政拨款收入与财政拨款预算收入的主要账务处理

<table>
<tr><th rowspan="2">序号</th><th rowspan="2" colspan="2">业务和事项内容</th><th colspan="2">账务处理</th></tr>
<tr><th>财务会计</th><th>预算会计</th></tr>
<tr><td>1</td><td>收到拨款</td><td>财政直接支付方式下</td><td>借：库存物品/固定资产/业务活动费用/单位管理费用/应付职工薪酬等
贷：财政拨款收入</td><td>借：事业支出等
贷：财政拨款预算收入</td></tr>
</table>

续表

序号	业务和事项内容		账务处理	
			财务会计	预算会计
1	收到拨款	财政授权支付方式下	借：零余额账户用款额度 贷：财政拨款收入	借：资金结存——零余额账户用款额度 贷：财政拨款预算收入
		其他方式下	借：银行存款等 贷：财政拨款收入	借：资金结存——货币资金 贷：财政拨款预算收入
2	年末确认拨款差额	根据本年度财政直接支付预算指标数与当年财政直接支付实际支付数的差额	借：财政应返还额度——财政直接支付 贷：财政拨款收入	借：资金结存——财政应返还额度 贷：财政拨款预算收入
		本年度财政授权支付预算指标数大于零余额账户用款额度下达数的差额	借：财政应返还额度——财政授权支付 贷：财政拨款收入	借：资金结存——财政应返还额度 贷：财政拨款预算收入
3	因差错更正或购货退回等发生的国库直接支付款项退回的	属于本年度支付的款项	借：财政拨款收入 贷：业务活动费用/库存物品等	借：财政拨款预算收入 贷：事业支出等
		属于以前年度支付的款项（财政拨款结转资金）	借：财政应返还额度——财政直接支付 贷：以前年度盈余调整/库存物品等	借：资金结存——财政应返还额度 贷：财政拨款结转——年初余额调整
		属于以前年度支付的款项（财政拨款结余资金）		借：资金结存——财政应返还额度 贷：财政拨款结余——年初余额调整
4	期末/年末结转		借：财政拨款收入 贷：本期盈余	借：财政拨款预算收入 贷：财政拨款结转——本年收支结转

（五）会计实务示例

【例4－1】某事业单位已经纳入财政国库集中支付改革。2019年1月5日，收到财政直接支付到账通知书，财政部门为事业单位支付了为开展日常业务活动所发生的事业经费500万元。该单位编制有关的会计分录如表4－2所示。

表4－2

时间	财务会计分录	预算会计分录
1月5日	借：业务活动费用——商品和服务费用 5 000 000 贷：财政拨款收入——财政直接支付——基本支出 5 000 000	借：事业支出——基本支出——商品和服务支出 5 000 000 贷：财政拨款预算收入——财政直接支付——基本支出 5 000 000

【例4－2】某事业单位已经纳入财政国库集中支付改革。2019年全年财政直接支付预算指标1 000万元，当年实际支出700万元，有300万元截至年底尚未支付。该单位编制有关的会计分录如表4－3所示。

表4－3

时间	财务会计分录	预算会计分录
12月31日	借：财政应返还额度——财政直接支付 3 000 000 贷：财政拨款收入——财政直接支付 3 000 000	借：资金结存——财政应返还额度 3 000 000 贷：财政拨款预算收入——财政直接支付 3 000 000

【例4－3】某事业单位已经纳入财政国库集中支付改革。2019年1月5日，收到财政授权支付到账通知书，财政部门为事业单位支付了为开展日常业务活动的用款额度30万元。该单位编制有关的会计分录如表4－4所示。

表4－4

时间	财务会计分录	预算会计分录
1月5日	借：零余额账户用款额度——基本支出用款额度 300 000 贷：财政拨款收入——财政授权支付 300 000	借：资金结存——零余额账户用款额度 300 000 贷：财政拨款预算收入——财政授权支付 300 000

【例 4－4】某事业单位已经纳入财政国库集中支付改革。2019 年全年财政授权支付预算指标 1 000 万元，当年下达数 700 万元，还有 300 万元截至年底尚未下达。该单位编制有关的会计分录如表 4－5 所示。

表 4－5

时间	财务会计分录	预算会计分录
12 月 31 日	借：财政应返还额度——财政授权支付 3 000 000 贷：财政拨款收入——财政授权支付 3 000 000	借：资金结存——财政应返还额度 3 000 000 贷：财政拨款预算收入——财政授权支付 3 000 000

【例 4－5】某事业单位尚未纳入财政国库集中支付改革。2019 年 1 月 5 日，收到项目支出财政拨款 30 万元。该单位编制有关的会计分录如表 4－6 所示。

表 4－6

时间	财务会计分录	预算会计分录
1 月 5 日	借：银行存款——基本账户存款 300 000 贷：财政拨款收入 300 000	借：资金结存——货币资金——银行存款 300 000 贷：财政拨款预算收入 300 000

【例 4－6】某事业单位纳入财政国库集中支付改革。2019 年 4 月 5 日，发现两批材料因质量问题退回，均为财政直接支付。其中一笔是当年 1 月购买的一批材料发生退回，金额 100 万元；另一笔是去年购买的一批低值易耗品发生退回，金额 50 万元，该笔授权支付资金要求结转至财政拨款结转科目。该单位编制有关的会计分录如表 4－7 所示。

表 4－7

时间	财务会计分录	预算会计分录
4 月 5 日	借：财政拨款收入——财政直接支付 1 000 000 贷：库存物品 1 000 000	借：财政拨款预算收入——财政直接支付 1 000 000 贷：事业支出 1 000 000

续表

时间	财务会计分录	预算会计分录
4月5日	借：财政应返还额度——财政直接支付 500 000 贷：库存物品 500 000	借：资金结存——财政应返还额度 500 000 贷：财政拨款结转——年初余额调整 500 000

（六）期末余额

期末结转后，上述两个科目应无余额。

二、非同级财政拨款收入与非同级财政拨款预算收入

（一）核算内容

（1）非同级财政拨款收入核算单位从非同级政府财政部门取得的经费拨款，包括从同级政府其他部门取得的横向转拨财政款、从上级或下级政府财政部门取得的经费拨款等。事业单位因开展科研及其辅助活动从非同级政府财政部门取得的经费拨款，应当通过“事业收入——非同级财政拨款”科目核算，不通过本科目核算。

（2）非同级财政拨款预算收入核算单位从非同级政府财政部门取得的财政拨款，包括本级横向转拨财政款和非本级财政拨款。对于因开展科研及其辅助活动从非同级政府财政部门取得的经费拨款，应当通过“事业预算收入——非同级财政拨款”科目进行核算，不通过本科目核算。

（二）明细科目设置

（1）非同级财政拨款收入应当按照本级横向转拨财政款和上级部门拨款、下级部门拨款进行明细核算，并按照收入来源进行明细核算。

（2）非同级财政拨款预算收入应当按照非同级财政拨款预算收入的类别、来源、《政府收支分类科目》中“支出功能分类科目”的项级科目等进行明细核算。非同级财政拨款预算收入中如有专项资金收入，还应按照具体项目进行明细核算。

（三）非同级财政拨款收入的主要账务处理

（1）确认非同级财政拨款收入时，按照应收或实际收到的金额，借记“其他应收款”、“银行存款”等科目，贷记本科目。

（2）期末，将本科目本期发生额转入本期盈余，借记本科目，贷记“本期盈余”科目。期末结转核算参见“本期盈余”科目。

（四）非同级财政拨款预算收入的主要账务处理

（1）取得非同级财政拨款预算收入时，按照实际收到的金额，借记“资金结存——货币资金”科目，贷记本科目。

（2）年末，将本科目本年发生额中的专项资金收入转入非财政拨款结转，借记本科目下各专项资金收入明细科目，贷记“非财政拨款结转——本年收支结转”科目；将本科目本年发生额中的非专项资金收入转入其他结余，借记本科目下各非专项资金收入明细科目，贷记“其他结余”科目。

非同级财政拨款收入与非同级财政拨款预算收入的主要账务处如表4-8所示。

表4-8　非同级财政拨款收入与非同级财政拨款预算收入的主要账务处理

序号	业务和事项内容		账务处理	
			财务会计	预算会计
1	确认收入时	按照应收或实际收到的金额	借：其他应收款/银行存款等 贷：非同级财政拨款收入	借：资金结存——货币资金（按照实际收到的金额） 贷：非同级财政拨款预算收入
2	期末/年末结转	专项资金	借：非同级财政拨款收入 贷：本期盈余	借：非同级财政拨款预算收入 贷：非财政拨款结转——本年收支结转
		非专项资金		借：非同级财政拨款预算收入 贷：其他结余

（五）会计实务示例

【例4-7】某事业单位2019年11月10日确认从属地医疗机构取得医疗费财政拨款15万元，当年12月20日收到该笔拨款。该单位编制有关的会计分录如表4－9所示。

表4－9

时间	财务会计分录	预算会计分录
11月10日	借：其他应收款——医疗费 150 000 贷：非同级财政拨款收入——横向财政拨款 150 000	不做账务处理
12月20日	借：银行存款——基本账户存款 150 000 贷：其他应收款——医疗费 150 000	借：资金结存——货币资金——银行存款 150 000 贷：非同级财政拨款预算收入——横向财政拨款 150 000

（六）期末余额

期末结转后，上述两个科目应无余额。

第三节 业务收入与业务预算收入的核算

一、事业收入与事业预算收入

（一）核算内容

事业收入核算事业单位开展专业业务活动及其辅助活动实现的收入，不包括从同级政府财政部门取得的各类财政拨款。其中，事业单位因开展科研及其辅助活动从非同级政府财政部门取得的经费拨款，应当通过“事业收入——非同级财政拨款”科目核算。

事业预算收入核算事业单位开展专业业务活动及其辅助活动取得的现金流入。事业单位因开展科研及其辅助活动从非同级政府财政部门取得的经费拨款，也通过本科目核算。

（二）明细科目设置

事业收入应当按照事业收入的类别、来源等进行明细核算。对于因开展科研及其辅助活动从非同级政府财政部门取得的经费拨款，应当在本科目下单设“非同级财政拨款”明细科目进行核算。

事业预算收入应当按照事业预算收入类别、项目、来源、《政府收支分类科目》中“支出功能分类科目”项级科目等进行明细核算。对于因开展科研及其辅助活动从非同级政府财政部门取得的经费拨款，应当在本科目下单设“非同级财政拨款”明细科目进行明细核算；事业预算收入中如有专项资金收入，还应按照具体项目进行明细核算。

（三）事业收入的主要账务处理

1. 采用财政专户返还方式管理的事业收入（如学校收取的学费、住宿费等）

（1）实现应上缴财政专户的事业收入时，按照实际收到或应收的金额，借记“银行存款”、“应收账款”等科目，贷记“应缴财政款”科目。

（2）向财政专户上缴款项时，按照实际上缴的款项金额，借记“应缴财政款”科目，贷记“银行存款”等科目。

（3）收到从财政专户返还的事业收入时，按照实际收到的返还金额，借记“银行存款”等科目，贷记本科目。

2. 采用预收款方式确认的事业收入

（1）实际收到预收款项时，按照收到的款项金额，借记“银行存款”等科目，贷记“预收账款”科目。

（2）以合同完成进度确认事业收入时，按照基于合同完成进度计算的金额，借记“预收账款”科目，贷记本科目。

3. 采用应收款方式确认的事业收入

（1）根据合同完成进度计算本期应收的款项，借记“应收账款”科目，贷记本科目。

（2）实际收到款项时，借记“银行存款”等科目，贷记“应收账款”科目。

4. 其他方式下确认的事业收入

其他方式下确认的事业收入，按照实际收到的金额，借记“银行存款”、“库存现金”等科目，贷记本科目。涉及增值税业务的，相关账务处理参见本书应交增值税章节。

（四）事业预算收入的账务处理

采用财政专户返还方式管理的事业预算收入，收到从财政专户返还的事业预算收入时，按照实际收到的返还金额，借记“资金结存——货币资金”科目，贷记本科目。

收到其他事业预算收入时，按照实际收到的款项金额，借记“资金结存——货币资金”科目，贷记本科目。

年末，将本科目本年发生额中的专项资金收入转入非财政拨款结转，借记本科目下各专项资金收入明细科目，贷记“非财政拨款结转——本年收支结转”科目；将本科目本年发生额中的非专项资金收入转入其他结余，借记本科目下各非专项资金收入明细科目，贷记“其他结余”科目。

事业收入与事业预算收入的主要账务处理如表4-10所示。

表4-10　　事业收入与事业预算收入的主要账务处理

<table>
<tr><th rowspan="2">序号</th><th rowspan="2" colspan="2">业务和事项内容</th><th colspan="2">账务处理</th></tr>
<tr><th>财务会计</th><th>预算会计</th></tr>
<tr><td rowspan="3">1</td><td rowspan="3">采用财政专户返还方式</td><td>实际收到或应收应上缴财政专户的事业收入时</td><td>借：银行存款/应收账款等
贷：应缴财政款</td><td>——</td></tr>
<tr><td>向财政专户上缴款项时</td><td>借：应缴财政款
贷：银行存款等</td><td>——</td></tr>
<tr><td>收到从财政专户返还的款项时</td><td>借：银行存款等
贷：事业收入</td><td>借：资金结存——货币资金
贷：事业预算收入</td></tr>
<tr><td rowspan="2">2</td><td rowspan="2">采用预收款方式</td><td>实际收到款项时</td><td>借：银行存款等
贷：预收账款</td><td>借：资金结存——货币资金
贷：事业预算收入</td></tr>
<tr><td>按合同完成进度确认收入时</td><td>借：预收账款
贷：事业收入</td><td>——</td></tr>
<tr><td rowspan="2">3</td><td rowspan="2">采用应收款方式</td><td>根据合同完成进度计算本期应收的款项</td><td>借：应收账款
贷：事业收入</td><td>——</td></tr>
<tr><td>实际收到款项时</td><td>借：银行存款等
贷：应收账款</td><td>借：资金结存——货币资金
贷：事业预算收入</td></tr>
</table>

续表

序号	业务和事项内容		账务处理	
			财务会计	预算会计
4	其他方式下		借：银行存款/库存现金等 贷：事业收入	借：资金结存——货币资金 贷：事业预算收入
5	期末/年末结转	专项资金收入	借：事业收入 贷：本期盈余	借：事业预算收入 贷：非财政拨款结转——本年收支结转
		非专项资金收入		借：事业预算收入 贷：其他结余

（五）会计实务示例

【例4－8】某事业单位2019年9月1日收到学生2019年第一学期的学费400 000元、住宿费100 000元。2019年9月30日统一存入财政专户。2019年11月1日收到中央财政专户核拨返还的学费、住宿费500 000元。该单位编制有关的会计分录如表4－11所示。

表4－11

时间	财务会计分录	预算会计分录
9月1日	借：银行存款——基本账户存款 500 000 贷：应缴财政款——应缴财政专户款 500 000	不做账务处理
9月30日	借：应缴财政款——应缴财政专户款 500 000 贷：银行存款——基本账户存款 500 000	不做账务处理
11月1日	借：银行存款——基本账户存款 500 000 贷：事业收入——财政专户返还收入 500 000	借：资金结存——货币资金——银行存款 500 000 贷：事业预算收入——财政专户返还收入 500 000

【例4－9】某事业单位2019年1月1日同东风公司签订了某项技术合同，

为期1年，共计1 000 000元。2019年2月1日收到该公司预付的1 000 000元时，2019年7月1日完成了该技术合同规定内容的一半，提供的技术服务获得了对方的认可，可以确认50%的技术服务收入。该单位编制有关的会计分录如表4－12所示。

表4－12

时间	财务会计分录	预算会计分录
2月1日	借：银行存款——基本账户存款 1 000 000 贷：预收账款——东风公司 1 000 000	借：资金结存——货币资金——银行存款 1 000 000 贷：事业预算收入——科研收入 1 000 000
7月1日	借：预收账款——东风公司 500 000 贷：事业收入——科研收入 500 000	不做账务处理

【例4－10】 某事业单位2019年1月1日同东风公司签订了某项技术合同，为期1年，共计1 000 000元。2019年7月1日完成了该技术合同规定内容的一半，提供的技术服务获得了对方的认可，确认50%的技术服务收入。2019年8月1日收到款项。该单位编制有关的会计分录如表4－13所示。

表4－13

时间	财务会计分录	预算会计分录
7月1日	借：应收账款——东风公司 500 000 贷：事业收入——科研收入 500 000	不做账务处理
8月1日	借：银行存款——基本账户存款 500 000 贷：应收账款——东风公司 500 000	借：资金结存——货币资金——银行存款 500 000 贷：事业预算收入——科研收入 500 000

【例4－11】 某事业单位2019年5月10日收到后勤服务费100 000元。该单位编制有关的会计分录如表4－14所示。

表 4-14

时间	财务会计分录	预算会计分录
5 月 10 日	借：银行存款——基本账户存款 100 000 贷：事业收入——后勤服务收入 100 000	借：资金结存——货币资金——银行存款 100 000 贷：事业预算收入——后勤服务收入 100 000

（六）期末余额

期末，上述两个科目均无余额。

二、经营收入与经营预算收入

（一）核算内容

经营收入核算事业单位在专业业务活动及其辅助活动之外开展非独立核算经营活动取得的收入。

经营预算收入核算事业单位在专业业务活动及其辅助活动之外开展非独立核算经营活动取得的现金流入。

（二）明细科目设置

经营收入应当按照经营活动类别、项目和收入来源等进行明细核算。

经营预算收入应当按照经营活动类别、项目、《政府收支分类科目》中“支出功能分类科目”的项级科目等进行明细核算。

（三）经营收入的账务处理

经营收入应当在提供服务或发出存货，同时收讫价款或者取得索取价款的凭据时，按照实际收到或应收的金额予以确认。

实现经营收入时，按照确定的收入金额，借记“银行存款”、“应收账款”、“应收票据”等科目，贷记本科目。涉及增值税业务的，相关账务处理参见“应交增值税”科目。

期末，将本科目本期发生额转入本期盈余，借记本科目，贷记“本期盈余”科目。

（四）经营预算收入的账务处理

收到经营预算收入时，按照实际收到的金额，借记“资金结存——货币资金”科目，贷记本科目。

年末，将本科目本年发生额转入经营结余，借记本科目，贷记“经营结余”科目。

经营收入和经营预算收入的主要账务处理如表4－15所示。

表4－15　经营收入和经营预算收入的主要账务处理

序号	业务和事项内容		账务处理	
			财务会计	预算会计
1	确认经营收入时	按照确定的收入金额	借：银行存款/应收账款/应收票据等 贷：经营收入	借：资金结存——货币资金（按照实际收到的金额） 贷：经营预算收入
2	期末/年末结转		借：经营收入 贷：本期盈余	借：经营预算收入 贷：经营结余

（五）会计实务示例

【例4－12】某事业单位开展经营活动，2019年1月10日确认发生经营收入150 000元，并于当日收讫。该单位编制有关的会计分录如表4－16所示。

表4－16

时间	财务会计分录	预算会计分录
1月10日	借：银行存款——基本账户存款 150 000 贷：经营收入 150 000	借：资金结存——货币资金——银行存款 150 000 贷：经营预算收入 150 000

（六）期末余额

期末，上述两个科目均无余额。

三、投资收益与投资预算收益

（一）核算内容

投资收益科目核算事业单位股权投资和债券投资所实现的收益或发生的损失。

投资预算收益科目核算核算事业单位取得的按照规定纳入部门预算管理的属于投资收益性质的现金流入，包括股权投资收益、出售或收回债券投资所取得的收益和债券投资利息收入。

（二）明细科目设置

投资收益科目应当按照投资的种类等进行明细核算。

投资预算收益科目应当按照《政府收支分类科目》中“支出功能分类科目”的项级科目等进行明细核算。

（三）投资收益的主要账务处理

（1）收到短期投资持有期间的利息，按照实际收到的金额，借记“银行存款”科目，贷记“投资收益”科目。

（2）出售或到期收回短期债券本息，按照实际收到的金额，借记“银行存款”科目，按照出售或收回短期投资的成本，贷记“短期投资”科目，按照其差额，贷记或借记本科目。涉及增值税业务的，相关账务处理参见“应交增值税”科目。

（3）持有的分期付息、一次还本的长期债券投资，按期确认利息收入时，按照计算确定的应收未收利息，借记“应收利息”科目，贷记本科目；持有的到期一次还本付息的债券投资，按期确认利息收入时，按照计算确定的应收未收利息，借记“长期债券投资——应计利息”科目，贷记本科目。

（4）出售长期债券投资或到期收回长期债券投资本息，按照实际收到的金额，借记“银行存款”等科目，按照债券初始投资成本和已计未收利息金额，贷记“长期债券投资——成本、应计利息”科目（到期一次还本付息债券）或“长期债券投资”、“应收利息”科目（分期付息债券），按照其差额，贷记或借记本科目。涉及增值税业务的，相关账务处理参见“应交增值税”科目。

(5) 采用成本法核算的长期股权投资持有期间，被投资单位宣告分派现金股利或利润时，按照宣告分派的现金股利或利润中属于单位应享有的份额，借记“应收股利”科目，贷记本科目。

采用权益法核算的长期股权投资持有期间，按照应享有或应分担的被投资单位实现的净损益的份额，借记或贷记“长期股权投资——损益调整”科目，贷记或借记本科目；被投资单位发生净亏损，但以后年度又实现净利润的，单位在其收益分享额弥补未确认的亏损分担额等后，恢复确认投资收益，借记“长期股权投资——损益调整”科目，贷记本科目。

需要说明的是，在事业单位报送年度决算报告时，被投资单位大多未完成年度财务报告审计。在这种情况下，事业单位可以先根据被投资单位未经审计的年度财务报告的净损益以及持股比例确认投资收益；待下一年度收到经审计的年度财务报告时，按照应确认的投资收益与原确认的投资收益的差额，调整“以前年度盈余调整”。

(6) 按照规定处置长期股权投资时有关投资收益的账务处理，参见“长期股权投资”科目。

(7) 期末，将本科目本期发生额转入本期盈余，借记或贷记本科目，贷记或借记“本期盈余”科目。

(四) 投资预算收益的账务处理

(1) 出售或到期收回本年度取得的短期、长期债券，按照实际取得的价款或实际收到的本息金额，借记“资金结存——货币资金”科目，按照取得债券时“投资支出”科目的发生额，贷记“投资支出”科目，按照其差额，贷记或借记本科目。

出售或到期收回以前年度取得的短期、长期债券，按照实际取得的价款或实际收到的本息金额，借记“资金结存——货币资金”科目，按照取得债券时“投资支出”科目的发生额，贷记“其他结余”科目，按照其差额，贷记或借记本科目。

出售、转让以货币资金取得的长期股权投资的，其账务处理参照出售或到期收回债券投资。

(2) 持有的短期投资以及分期付息、一次还本的长期债券投资收到利息时，按照实际收到的金额，借记“资金结存——货币资金”科目，贷记本科目。

(3) 持有长期股权投资取得被投资单位分派的现金股利或利润时，按照实际收到的金额，借记“资金结存——货币资金”科目，贷记本科目。

（4）出售、转让以非货币性资产取得的长期股权投资时，按照实际取得的价款扣减支付的相关费用和应缴财政款后的余额（按照规定纳入单位预算管理的），借记“资金结存——货币资金”科目，贷记本科目。

（5）年末，将本科目本年发生额转入其他结余，借记或贷记本科目，贷记或借记“其他结余”科目。

投资收益与投资预算收益的主要账务处理如表4-17所示。

表4-17　　投资收益与投资预算收益的主要账务处理

序号	业务和事项内容		账务处理	
			财务会计	预算会计
1	出售或到期收回短期债券本息		借：银行存款 投资收益（借差） 贷：短期投资（成本） 投资收益（贷差）	借：资金结存——货币资金（实际收到的款项） 投资预算收益（借差） 贷：投资支出/其他结余（投资成本） 投资预算收益（贷差）
2	持有的分期付息、一次还本的长期债券投资	确认应收未收利息	借：应收利息 贷：投资收益	—
		实际收到利息时	借：银行存款 贷：应收利息	借：资金结存——货币资金 贷：投资预算收益
3	持有的一次还本付息的长期债券投资	计算确定的应收未收利息增加长期债券投资的账面余额	借：长期债券投资——应计利息 贷：投资收益	—
4	出售长期债券投资或到期收回长期债券投资本息		借：银行存款 投资收益（借差） 贷：长期债券投资 应收利息 投资收益（贷差）	借：资金结存——货币资金（实际收到的款项） 投资预算收益（借差） 贷：投资支出/其他结余 投资预算收益（贷差）

续表

序号	业务和事项内容		账务处理	
			财务会计	预算会计
5	成本法下长期股权投资持有期间，被投资单位宣告分派利润或股利	按照宣告分派的利润或股利中属于单位应享有的份额	借：应收股利 贷：投资收益	——
		取得分派的利润或股利，按照实际收到的金额	借：银行存款 贷：应收股利	借：资金结存——货币资金 贷：投资预算收益
6	采用权益法核算的长期股权投资持有期间	按照应享有或应分担的被投资单位实现的净损益的份额	借：长期股权投资——损益调整 贷：投资收益（被投资单位实现净利润） 借：投资收益（被投资单位发生净亏损） 贷：长期股权投资——损益调整	——
		收到被投资单位发放的现金股利	借：银行存款 贷：应收股利	借：资金结存——货币资金 贷：投资预算收益
		被投资单位发生净亏损，但以后年度又实现净利润的，按规定恢复确认投资收益	借：长期股权投资——损益调整 贷：投资收益	——
7	期末/年末结转	投资收益为贷方余额时	借：投资收益 贷：本期盈余	借：投资预算收益 贷：其他结余

（五）会计实务示例

相关会计实务示例参见“短期投资”、“长期债券投资”和“长期股权投资”。

（六）期末余额

期末，上述两个科目均无余额。

四、捐赠收入

（一）核算内容

本科目核算单位接受其他单位或者个人捐赠取得的收入。

（二）明细科目设置

本科目应当按照捐赠资产的用途和捐赠单位等进行明细核算。

（三）主要账务处理与列表说明

（1）接受捐赠的货币资金，按照实际收到的金额，借记“银行存款”、“库存现金”等科目，贷记本科目。

（2）接受捐赠的存货、固定资产等非现金资产，按照确定的成本，借记“库存物品”、“固定资产”等科目，按照发生的相关税费、运输费等，贷记“银行存款”等科目，按照其差额，贷记本科目。

（3）接受捐赠的资产按照名义金额入账的，按照名义金额，借记“库存物品”、“固定资产”等科目，贷记本科目；同时，按照发生的相关税费、运输费等，借记“其他费用”科目，贷记“银行存款”等科目。

（4）期末，将本科目本期发生额转入本期盈余，借记本科目，贷记“本期盈余”科目。

捐赠收入的主要账务处理如表4-18所示。

表4-18　　捐赠收入的主要账务处理

序号	业务和事项内容		账务处理	
			财务会计	预算会计
1	接受捐赠的货币资金	按照实际收到的金额	借：银行存款/库存现金 贷：捐赠收入	借：资金结存——货币资金 贷：其他预算收入——捐赠收入

续表

<table>
<tr><th rowspan="2">序号</th><th rowspan="2" colspan="2">业务和事项内容</th><th colspan="2">账务处理</th></tr>
<tr><th>财务会计</th><th>预算会计</th></tr>
<tr><td rowspan="2">2</td><td rowspan="2">接受捐赠的存货、固定资产等</td><td>按照确定的成本</td><td>借：库存物品/固定资产等
贷：银行存款等（相关税费支出）
捐赠收入</td><td>借：其他支出（支付的相关税费等）
贷：资金结存</td></tr>
<tr><td>如按照名义金额入账</td><td>借：库存物品/固定资产等（名义金额）
贷：捐赠收入
借：其他费用
贷：银行存款等（相关税费支出）</td><td>借：其他支出（支付的相关税费等）
贷：资金结存</td></tr>
<tr><td rowspan="2">3</td><td rowspan="2">期末/年末结转</td><td>专项资金</td><td rowspan="2">借：捐赠收入
贷：本期盈余</td><td>借：其他预算收入——捐赠收入
贷：非财政拨款结转——本年收支结转</td></tr>
<tr><td>非专项资金</td><td>借：其他预算收入——捐赠收入
贷：其他结余</td></tr>
</table>

（四）会计实务示例

【例4－13】某事业单位2019年4月1日收到某大学捐赠现金100 000元。该单位编制有关的会计分录如表4－19所示。

表4－19

时间	财务会计分录	预算会计分录
1月10日	借：银行存款——基本账户存款 100 000 贷：捐赠收入——某大学 100 000	借：资金结存——货币资金——银行存款 100 000 贷：其他预算收入——捐赠预算收入 100 000

（五）期末余额

期末结转后，本科目应无余额。

五、利息收入

（一）核算内容

本科目核算单位取得的银行存款利息收入。

（二）明细科目设置

本科目可以按照不同开户银行设置明细。

（三）主要账务处理与列表说明

取得银行存款利息时，按照实际收到的金额，借记“银行存款”科目，贷记本科目。

期末，将本科目本期发生额转入本期盈余，借记本科目，贷记“本期盈余”科目。

利息收入的主要账务处理如表 4－20 所示。

表 4－20　　利息收入的主要账务处理

序号	业务和事项内容		账务处理	
			财务会计	预算会计
1	确认银行存款利息收入	实际收到利息时	借：银行存款 　贷：利息收入	借：资金结存——货币资金 　贷：其他预算收入——利息预算收入
2	期末/年末结转		借：利息收入 　贷：本期盈余	借：其他预算收入——利息预算收入 　贷：其他结余

（四）会计实务示例

【例 4－14】某事业单位 2019 年 3 月 20 日收到银行基本账户第一季度存款利息 8 000 元。该单位编制有关的会计分录如表 4－21 所示。

表 4－21

时间	财务会计分录	预算会计分录
3月20日	借：银行存款——基本账户存款 8 000 贷：利息收入 8 000	借：资金结存——货币资金——银行存款 8 000 贷：其他预算收入——利息预算收入 8 000

（五）期末余额

期末结转后，本科目应无余额。

六、租金收入

（一）核算内容

本科目核算单位经批准利用国有资产出租取得并按照规定纳入本单位预算管理的租金收入。

（二）明细科目设置

本科目应当按照出租国有资产类别和收入来源等进行明细核算。

（三）主要账务处理与列表说明

1. 国有资产出租收入，应当在租赁期内各个期间按照直线法予以确认。

（1）采用预收租金方式的，预收租金时，按照收到的金额，借记“银行存款”等科目，贷记“预收账款”科目；分期确认租金收入时，按照各期租金金额，借记“预收账款”科目，贷记本科目。

（2）采用后付租金方式的，每期确认租金收入时，按照各期租金金额，借记“应收账款”科目，贷记本科目；收到租金时，按照实际收到的金额，借记“银行存款”等科目，贷记“应收账款”科目。

（3）采用分期收取租金方式的，每期收取租金时，按照租金金额，借记“银行存款”等科目，贷记本科目。涉及增值税业务的，相关账务处理参见“应交增值税”科目。

2. 期末，将本科目本期发生额转入本期盈余，借记本科目，贷记“本期盈余”科目。

租金收入的主要账务处理如表 4－22 所示。

表 4－22　　租金收入的主要账务处理

序号	业务和事项内容		《政府会计制度》账务处理	
			财务会计	预算会计
1	预收租金方式	收到预付的租金时	借：银行存款等 贷：预收账款	借：资金结存——货币资金 贷：其他预算收入——租金预算收入
		按照直线法分期确认租金收入时	借：预收账款 贷：租金收入	——
2	后付租金方式	确认租金收入时	借：应收账款 贷：租金收入	——
		收到租金时	借：银行存款等 贷：应收账款	借：资金结存——货币资金 贷：其他预算收入——租金预算收入
3	分期收取租金	按期收取租金	借：银行存款等 贷：租金收入	借：资金结存——货币资金 贷：其他预算收入——租金预算收入
4	期末/年末结转		借：租金收入 贷：本期盈余	借：其他预算收入——租金预算收入 贷：其他结余

（四）会计实务示例

【例 4－15】某事业单位将临街门面对外出租给了北方公司，每年租金 120 000 元，纳入单位预算管理。有如下三种方式：

（1）采用预收租金、分期确认租金收入方式；（2）采用后付租金，每期确认租金收入方式；（3）分期收取租金方式。每种方式下该单位编制有关的会计分录如表 4－23 所示。

表 4－23

方式	财务会计分录	预算会计分录
预收租金	借：银行存款——基本账户存款 120 000 贷：预收账款——北方公司 120 000 每期确认收入： 借：预收账款——北方公司 10 000 贷：租金收入 10 000	借：资金结存——货币资金——银行存款 120 000 贷：其他预算收入——租金预算收入 120 000 不做账务处理
后付租金	每期确认收入： 借：应收账款——北方公司 10 000 贷：租金收入 10 000 借：银行存款——基本账户存款 120 000 贷：应收账款——北方公司 120 000	不做账务处理 借：资金结存——货币资金——银行存款 120 000 贷：其他预算收入——租金预算收入 120 000
分期收取租金	借：银行存款——基本账户存款 10 000 贷：租金收入 10 000	借：资金结存——货币资金——银行存款 10 000 贷：其他预算收入——租金预算收入 10 000

（五）期末余额

期末结转后，本科目应无余额。

七、其他收入与其他预算收入

（一）核算内容

其他收入核算单位取得的除财政拨款收入、事业收入、上级补助收入、附属单位上缴收入、经营收入、非同级财政拨款收入、投资收益、捐赠收入、利息收入、租金收入以外的各项收入，包括现金盘盈收入、按照规定纳入单位预算管理的科技成果转化收入、无法偿付的应付及预收款项、置换换出资产评估增值等。

其他预算收入核算单位除财政拨款预算收入、事业预算收入、上级补助预算收入、附属单位上缴预算收入、经营预算收入、债务预算收入、非同级财政拨款预算收入、投资预算收益之外的纳入部门预算管理的现金流入，包括捐赠预算收入、利息预算收入、租金预算收入、现金盘盈收入等。单位发生的捐赠预算收入、利息预算收入、租金预算收入金额较大或业务较多的，可单独设置“捐赠预算收入”、“利息预算收入”、“租金预算收入”等科目。

（二）明细科目设置

其他收入科目应当按照其他收入的类别、来源等进行明细核算。

其他预算收入科目应当按照其他收入类别、《政府收支分类科目》中“支出功能分类科目”的项级科目等进行明细核算。其他预算收入中如有专项资金收入，还应按照具体项目进行明细核算。

（三）其他收入的账务处理

第一，现金盘盈收入。

每日现金账款核对中发现的现金溢余，属于无法查明原因的部分，报经批准后，借记“待处理财产损溢”科目，贷记本科目。

第二，科技成果转化收入。

单位科技成果转化所取得的收入，按照规定留归本单位的，按照所取得收入扣除相关费用之后的净收益，借记“银行存款”等科目，贷记本科目。

第三，无法偿付的应付及预收款项。

无法偿付或债权人豁免偿还的应付账款、预收账款、其他应付款及长期应付款，借记“应付账款”、“预收账款”、“其他应付款”、“长期应付款”等科目，贷记本科目。

第四，置换换出资产评估增值。

资产置换过程中，换出资产评估增值的，按照评估价值高于资产账面价值或账面余额的金额，借记有关科目，贷记本科目。具体账务处理参见“库存物品”等科目。

以未入账的无形资产取得的长期股权投资，按照评估价值加相关税费作为投资成本，借记“长期股权投资”科目，按照发生的相关税费，贷记“银行存款”、“其他应交税费”等科目，按其差额，贷记本科目。

第五，确认上述收入之外的其他收入时，按照应收或实际收到的金额，借记“其他应收款”、“银行存款”、“库存现金”等科目，贷记本科目。涉及增值税业务的，相关账务处理参见“应交增值税”科目。

第六，期末，将本科目本期发生额转入本期盈余，借记本科目，贷记“本期盈余”科目。

（四）其他预算收入的账务处理

接受捐赠现金资产、收到银行存款利息、收到资产承租人支付的租金时，按照实际收到的金额，借记“资金结存——货币资金”科目，贷记本科目。

每日现金账款核对中如发现现金溢余，按照溢余的现金金额，借记“资金结存——货币资金”科目，贷记本科目。经核实，属于应支付给有关个人和单位的部分，按照实际支付的金额，借记本科目，贷记“资金结存——货币资金”科目。

收到其他预算收入时，按照收到的金额，借记“资金结存——货币资金”科目，贷记本科目。

年末，将本科目本年发生额中的专项资金收入转入非财政拨款结转，借记本科目下各专项资金收入明细科目，贷记“非财政拨款结转——本年收支结转”科目；将本科目本年发生额中的非专项资金收入转入其他结余，借记本科目下各非专项资金收入明细科目，贷记“其他结余”科目。

其他收入与其他预算收入的主要账务处理列表如表4-24所示。

表4-24　　其他收入与其他预算收入的主要账务处理

序号	业务和事项内容		账务处理	
			财务会计	预算会计
1	现金盘盈收入	属于无法查明原因的部分，报经批准后	借：待处理财产损溢 贷：其他收入	—
2	科技成果转化收入	按照规定留归本单位的	借：银行存款等 贷：其他收入	借：资金结存——货币资金 贷：其他预算收入
3	行政单位收回已核销的其他应收款	按照实际收回的金额	借：银行存款等 贷：其他收入	借：资金结存——货币资金 贷：其他预算收入

续表

<table>
<tr><th rowspan="2">序号</th><th rowspan="2" colspan="2">业务和事项内容</th><th colspan="2">账务处理</th></tr>
<tr><th>财务会计</th><th>预算会计</th></tr>
<tr><td>4</td><td colspan="2">无法偿付的应付及预收款项</td><td>借：应付账款/预收账款/其他应付款/长期应付款
贷：其他收入</td><td>——</td></tr>
<tr><td>5</td><td>置换换出资产评估增值</td><td>按照换出资产评估价值高于资产账面价值的金额</td><td>借：有关科目
贷：其他收入</td><td>——</td></tr>
<tr><td>6</td><td>其他情况</td><td>按照应收或实际收到的金额</td><td>借：其他应收款/银行存款/库存现金等
贷：其他收入</td><td>借：资金结存——货币资金（按照实际收到的金额）
贷：其他预算收入</td></tr>
<tr><td rowspan="2">7</td><td rowspan="2">期末/年末结转</td><td>专项资金</td><td rowspan="2">借：其他收入
贷：本期盈余</td><td>借：其他预算收入
贷：非财政拨款结转——本年收支结转</td></tr>
<tr><td>非专项资金</td><td>借：其他预算收入
贷：其他结余</td></tr>
</table>

（五）会计实务示例

【4－16】某事业单位2019年4月30日清点现金时发现长款1 000元，原因不明，报经领导批准后做现金盘盈处理。该单位编制有关的会计分录如表4－25所示。

表4－25

时间	财务会计分录	预算会计分录
4月30日	借：待处理财产损溢——货币资金——待处理财产价值 1 000 贷：其他收入——现金盘盈收入 1 000	不做账务处理

【例4－17】某事业单位2019年5月10日收到科技服务创收成果款40 000元。该单位编制有关的会计分录如表4－26所示。

表 4－26

时间	财务会计分录	预算会计分录
5 月 10 日	借：银行存款——基本账户存款 40 000 贷：其他收入——科技成果转化收入 40 000	借：资金结存——货币资金——银行存款 40 000 贷：其他预算收入——其他 40 000

【例 4－18】某事业单位 2019 年 4 月 30 日从 A 公司购入业务用备件一批，总价 100 000 元，因设备未达到使用要求，剩余 50 000 元未支付，2023 年年底清理往来账款时发现该公司已经注销工商登记，该款项无法支付。该单位编制有关的会计分录如表 4－27 所示。

表 4－27

时间	财务会计分录	预算会计分录
2023 年 12 月 31 日	借：应付账款——A 公司 50 000 贷：其他收入——无法支偿付的应付预收款 50 000	不做账务处理

（六）期末余额

期末，上述两个科目均无余额。

八、债务预算收入

（一）核算内容

本科目核算事业单位按照规定从银行和其他金融机构等借入的、纳入部门预算管理的、不以财政资金作为偿还来源的债务本金。

（二）明细科目设置

本科目应当按照贷款单位、贷款种类、《政府收支分类科目》中“支出功能分类科目”的项级科目等进行明细核算。债务预算收入中如有专项资金收入，还应按照具体项目进行明细核算。

（三）主要账务处理与列表说明

借入各项短期或长期借款时，按照实际借入的金额，借记“资金结存——货币资金”科目，贷记本科目。

年末，将本科目本年发生额中的专项资金收入转入非财政拨款结转，借记本科目下各专项资金收入明细科目，贷记“非财政拨款结转——本年收支结转”科目；将本科目本年发生额中的非专项资金收入转入其他结余，借记本科目下各非专项资金收入明细科目，贷记“其他结余”科目。

债务预算收入的主要账务处理如表 4－28 所示。

表 4－28　　债务预算收入的主要账务处理

<table>
<tr><th rowspan="2">序号</th><th rowspan="2" colspan="3">业务和事项内容</th><th colspan="2">账务处理</th></tr>
<tr><th>财务会计</th><th>预算会计</th></tr>
<tr><td rowspan="2">1</td><td rowspan="2">短期借款</td><td colspan="2">借入各种短期借款</td><td>借：银行存款
　贷：短期借款</td><td>借：资金结存——货币资金
　贷：债务预算收入</td></tr>
<tr><td colspan="2">归还短期借款本金</td><td>借：短期借款
　贷：银行存款</td><td>借：债务还本支出
　贷：资金结存——货币资金</td></tr>
<tr><td rowspan="2">2</td><td rowspan="2">长期借款</td><td colspan="2">借入各项长期借款时</td><td>借：银行存款
　贷：长期借款——本金</td><td>借：资金结存——货币资金
　贷：债务预算收入</td></tr>
<tr><td colspan="2">归还长期借款本金</td><td>借：长期借款——本金
　贷：银行存款</td><td>借：债务还本支出
　贷：资金结存——货币资金</td></tr>
<tr><td rowspan="3">3</td><td rowspan="3">期末/年末结转</td><td rowspan="2">债务预算收入结转</td><td>专项资金</td><td>——</td><td>借：债务预算收入
　贷：非财政拨款结转——本年收支结转</td></tr>
<tr><td>非专项资金</td><td>——</td><td>借：债务预算收入
　贷：其他结余</td></tr>
<tr><td colspan="2">债务还本支出结转</td><td>——</td><td>借：其他结余
　贷：债务还本支出</td></tr>
</table>

（四）会计实务示例

【例 4－19】2019 年 5 月 30 日某事业单位经上级主管部门批准，从当地工商银行借入 1 000 000 元，为期 3 年，年利率 5.2% ，纳入部门预算管理，以自有资金作为偿还来源，作为单位工程项目专用。6 月 1 日收到该收入时，该单位编制会计分录如表 4 - 29 所示。

表 4 - 29

时间	财务会计分录	预算会计分录
2019 年 6 月 1 日	借：银行存款——基本账户存款 1 000 000 贷：长期借款 1 000 000	借：资金结存——货币资金——银行存款 1 000 000 贷：债务预算收入——专项资金收入 1 000 000

（五）期末处理

期末结转后本科目应无余额。

第四节　调剂性收入的核算

一、上级补助收入与上级补助预算收入

（一）核算内容

上级补助收入科目核算事业单位从主管部门和上级单位取得的非财政拨款收入。

上级补助预算收入科目核算事业单位从主管部门和上级单位取得的非财政补助现金流入。

（二）明细科目设置

上级补助收入科目应当按照发放补助单位、补助项目等进行明细核算。

上级补助预算收入科目应当按照发放补助单位、补助项目、《政府收支分类科目》中“支出功能分类科目”的项级科目等进行明细核算。上级补助预算收入中如有专项资金收入，还应按照具体项目进行明细核算。

（三）上级补助收入的账务处理

确认上级补助收入时，按照应收或实际收到的金额，借记“其他应收款”、“银行存款”等科目，贷记本科目。实际收到应收的上级补助款时，按照实际收到的金额，借记“银行存款”等科目，贷记“其他应收款”科目。

期末，将本科目本期发生额转入本期盈余，借记本科目，贷记“本期盈余”科目。

（四）上级补助预算收入的账务处理

收到上级补助预算收入时，按照实际收到的金额，借记“资金结存——货币资金”科目，贷记本科目。

年末，将本科目本年发生额中的专项资金收入转入非财政拨款结转，借记本科目下各专项资金收入明细科目，贷记“非财政拨款结转——本年收支结转”科目；将本科目本年发生额中的非专项资金收入转入其他结余，借记本科目下各非专项资金收入明细科目，贷记“其他结余”科目。

上级补助收入与上级补助预算收入的主要账务处理如表 4－30 所示。

表 4－30　　上级补助收入与上级补助预算收入的主要账务处理

<table>
<tr><th rowspan="2">序号</th><th rowspan="2" colspan="2">业务和事项内容</th><th colspan="2">账务处理</th></tr>
<tr><th>财务会计</th><th>预算会计</th></tr>
<tr><td rowspan="2">1</td><td rowspan="2">日常核算</td><td>确认时，按照应收或实际收到的金额</td><td>借：其他应收款/银行存款等
贷：上级补助收入</td><td rowspan="2">借：资金结存——货币资金（按照实际收到的金额）
贷：上级补助预算收入</td></tr>
<tr><td>收到应收的上级补助收入时</td><td>借：银行存款等
贷：其他应收款</td></tr>
<tr><td rowspan="2">2</td><td rowspan="2">期末/年末结转</td><td>专项资金收入</td><td rowspan="2">借：上级补助收入
贷：本期盈余</td><td>借：上级补助预算收入
贷：非财政拨款结转——本年收支结转</td></tr>
<tr><td>非专项资金收入</td><td>借：上级补助预算收入
贷：其他结余</td></tr>
</table>

（五）会计实务示例

【例 4－20】某事业单位于 2019 年 3 月 20 日确认应收到上级补助收入

40 000元，其中：专项资金收入 25 000 元，非专项资金收入 15 000 元，4 月 1 日收到上述款项。该单位编制有关的会计分录如表 4－31 所示。

表 4－31

时间	财务会计分录	预算会计分录
3 月 20 日	借：其他应收款——上级补助收入 40 000 贷：上级补助收入——专项资金收入 25 000 ——非专项资金收入 15 000	不做账务处理
4 月 1 日	借：银行存款——基本账户存款 40 000 贷：其他应收款——上级补助收入款 40 000	借：资金结存——货币资金——银行存款 40 000 贷：上级补助预算收入——专项资金收入 25 000 ——非专项资金收入 15 000

（六）期末余额

期末，上述两个科目均无余额。

二、附属单位上缴收入与附属单位上缴预算收入

（一）核算内容

附属单位上缴收入核算事业单位取得的附属独立核算单位按照有关规定上缴的收入。

附属单位上缴预算收入科目核算事业单位取得附属独立核算单位根据有关规定上缴的现金流入。

（二）明细科目设置

附属单位上缴收入科目应当按照附属单位、缴款项目等进行明细核算。

附属单位上缴预算收入科目应当按照附属单位、缴款项目、《政府收支分

类科目》中“支出功能分类科目”的项级科目等进行明细核算。附属单位上缴预算收入中如有专项资金收入，还应按照具体项目进行明细核算。

（三）附属单位上缴收入的主要账务处理

确认附属单位上缴收入时，按照应收或收到的金额，借记“其他应收款”、“银行存款”等科目，贷记本科目。实际收到应收附属单位上缴款时，按照实际收到的金额，借记“银行存款”等科目，贷记“其他应收款”科目。

期末，将本科目本期发生额转入本期盈余，借记本科目，贷记“本期盈余”科目。

（四）附属单位上缴预算收入的主要账务处理

收到附属单位缴来款项时，按照实际收到的金额，借记“资金结存——货币资金”科目，贷记本科目。

年末，将本科目本年发生额中的专项资金收入转入非财政拨款结转，借记本科目下各专项资金收入明细科目，贷记“非财政拨款结转——本年收支结转”科目；将本科目本年发生额中的非专项资金收入转入其他结余，借记本科目下各非专项资金收入明细科目，贷记“其他结余”科目。

附属单位上缴收入与附属单位上缴预算收入的主要账务处理如表4－32所示。

表4－32　　附属单位上缴收入与附属单位上缴预算收入的主要账务处理

序号	业务和事项内容		账务处理	
			财务会计	预算会计
1	日常核算	确认时，按照应收或实际收到的金额	借：其他应收款/银行存款等 贷：附属单位上缴收入	借：资金结存——货币资金（按照实际收到的金额） 贷：附属单位上缴预算收入
		实际收到应收附属单位上缴收入款时	借：银行存款等 贷：其他应收款	

续表

<table>
<tr><th rowspan="2">序号</th><th rowspan="2" colspan="2">业务和事项内容</th><th colspan="2">账务处理</th></tr>
<tr><th>财务会计</th><th>预算会计</th></tr>
<tr><td rowspan="2">2</td><td rowspan="2">期末/年末结转</td><td>专项资金收入</td><td rowspan="2">借：附属单位上缴收入
贷：本期盈余</td><td>借：附属单位上缴预算收入
贷：非财政拨款结转——本年收支结转</td></tr>
<tr><td>非专项资金收入</td><td>借：附属单位上缴预算收入
贷：其他结余</td></tr>
</table>

（五）会计实务示例

【例 4－21】某事业单位于 2019 年 3 月 20 日确认应收附属单位上缴收入 400 000 元，其中，A 单位上缴 250 000 元，B 单位上缴 150 000 元，4 月 1 日收到上述款项。该单位编制有关的会计分录如表 4－33 所示。

表 4－33

时间	财务会计分录	预算会计分录
3 月 20 日	借：其他应收款——附属单位上交款 400 000 贷：附属单位上缴收入——A 单位 250 000 ——B 单位 150 000	不做账务处理
4 月 1 日	借：银行存款——基本账户存款 400 000 贷：其他应收款——附属单位上交款 400 000	借：资金结存——货币资金——银行存款 400 000 贷：附属单位上缴预算收入 ——A 单位 250 000 ——B 单位 150 000

（六）期末余额

期末，上述两个科目均无余额。

第五章

费用及预算支出

第一节　费用与预算支出概述

一、费用与预算支出的概念

《基本准则》第四十五条规定："费用是指报告期内导致政府会计主体净资产减少的、含有服务潜力或者经济利益的经济资源的流出。"

根据《基本准则》第二十一条，预算支出是指政府会计主体在预算年度内依法发生并纳入预算管理的现金流出。

二、费用与预算支出的确认

（一）费用

《基本准则》第四十六条规定："费用的确认应当同时满足以下条件：

（1）与费用相关的含有服务潜力或者经济利益的经济资源很可能流出政府会计主体；

（2）含有服务潜力或者经济利益的经济资源流出会导致政府会计主体资产减少或者负债增加；

（3）流出金额能够可靠地计量。"

符合费用定义和费用确认条件的项目，应当列入收入费用表。

（二）预算支出

预算支出一般在实际支付时予以确认，以实际支付的金额计量。

第二节　业务费用与业务预算支出

一、业务活动费用、单位管理费用与事业支出

（一）核算内容

业务活动费用是单位为实现其职能目标，依法履职或开展专业业务活动及其辅助活动所发生的各项费用。

单位管理费用是事业单位本级行政及后勤管理部门开展管理活动发生的各项费用，包括单位行政及后勤管理部门发生的人员经费、公用经费、资产折旧（摊销）等费用，以及有单位统一负担的离退休人员经费、工会经费、诉讼费、中介费等。

业务活动费用和单位管理费用是事业单位会计核算反映和监督的主要对象，也是考核事业单位职能目标实现情况、事业发展成果、资金使用效益和预算执行情况的主要依据。

事业支出是事业单位开展专业业务活动及其辅助活动实际发生的各项现金流出。

（二）业务活动费用、单位管理费用与事业支出的分类

业务活动费用、单位管理费用与事业支出可以按照按费用（支出）性质划分，按费用（支出）的资金来源划分，按费用（支出）内容和方向划分和按费用（支出）关联的活动内容划分。

1. 按费用（支出）性质划分

业务活动费用和单位管理费用（事业支出）包括了保障其机构正常运转、完成日常工作任务而实现其职能目标，依法履职发生的人员费用和日常公用

费用等基本经费，也包括了在基本经费外所发生的为了完成特定工作任务和事业发展目标，依法开展专业业务活动及其辅助活动的各种项目经费。因此，按其支出性质可划分为基本支出和项目支出。

2. 按费用（支出）的资金来源划分

业务活动费用和单位管理费用（事业支出）包括了通过财政拨款收入、事业收入、上级补助收入、附属单位上缴收入、其他收入等安排的用于履职、开展专业业务活动及其辅助活动和单位管理活动发生的各项费用。因此，按其资金来源可以划分为财政拨款支出、非财政专项资金支出和其他资金支出。

3. 按费用（支出）内容和方向划分

业务活动费用和单位管理费用（事业支出）包括了用于人员方面的支出、维持机构运转的日常公用方面的支出、购置办公设备等方面的支出。因此，按其支出内容和方向可以划分为人员支出（工资和福利支出、对个人和家庭的补助支出）、商品和服务支出、资本性支出等。

4. 按费用（支出）关联的活动内容划分

业务活动费用更多的是事业单位依法履职和开展专业业务活动及其辅助活动发生的费用，对应预算会计中的事业支出；而单位管理费用更多的是事业单位行政及后勤管理部门开展管理活动发生的费用，既包括事业单位行政及后勤管理部门发生的人员经费、公用经费、资产折旧（摊销）等费用，也包括由事业单位统一负担的离退休人员经费、工会经费、诉讼费、中介费等，对应预算会计中的事业支出。

（三）明细科目设置

《政府会计制度》规定，业务活动费用应当按照项目、服务或者业务类别、支付对象等进行明细核算；单位管理费用应当按照项目、费用类别、支付对象等进行明细核算。为了满足成本核算需要，还可按照“工资福利费用”、“商品和服务费用”、“对个人和家庭的补助费用”、“固定资产折旧费”、“无形资产摊销费”等成本项目设置明细科目，归集能够直接计入业务活动（或单位管理活动）或采用一定方法计算后计入业务活动（或单位管理活动）的费用。事业单位发生教育、科研、医疗、行政管理、后勤保障等活动的，可在“事业支出”科目下设置相应的明细科目进行核算，或单设“教育支出”、“科研支出”、“医疗支出”、“行政管理支出”、“后勤保障支出”等一级会计科目进行核算。

事业支出应当分别按照“财政拨款支出”、“非财政专项资金支出”和“其他资金支出”，“基本支出”和“项目支出”等进行明细核算，并按照《政府收支分类科目》中“支出功能分类科目”的项级科目进行明细核算；“基本支出”和“项目支出”明细科目下应当按照《政府收支分类科目》中“部门预算支出经济分类科目”的款级科目进行明细核算，同时在“项目支出”明细科目下按照具体项目进行明细核算。

（四）主要账务处理与列表说明

1. 单位管理费用的主要账务处理

（1）为管理活动人员计提的薪酬，按照计算确定的金额，借记本科目，贷记“应付职工薪酬”科目。

（2）为开展管理活动发生的外部人员劳务费，按照计算确定的费用金额，借记本科目，按照代扣代缴个人所得税的金额，贷记“其他应交税费——应交个人所得税”科目，按照扣税后应付或实际支付的金额，贷记“其他应付款”、“财政拨款收入”、“零余额账户用款额度”、“银行存款”等科目。

（3）开展管理活动内部领用库存物品，按照领用物品实际成本，借记本科目，贷记“库存物品”科目。

（4）为管理活动所使用固定资产、无形资产计提的折旧、摊销，按照应提折旧、摊销额，借记本科目，贷记“固定资产累计折旧”、“无形资产累计摊销”科目。

（5）为开展管理活动发生城市维护建设税、教育费附加、地方教育费附加、车船税、房产税、城镇土地使用税等，按照计算确定应交纳的金额，借记本科目，贷记“其他应交税费”等科目。

（6）为开展管理活动发生的其他各项费用，按照费用确认金额，借记本科目，贷记“财政拨款收入”、“零余额账户用款额度”、“银行存款”、“其他应付款”、“其他应收款”等科目。

（7）发生当年购货退回等业务，对于已计入本年单位管理费用的，按照收回或应收的金额，借记“财政拨款收入”、“零余额账户用款额度”、“银行存款”、“其他应收款”等科目，贷记本科目。

（8）期末，将本科目本期发生额转入本期盈余，借记“本期盈余”科目，贷记本科目。

单位管理费用的主要账务处理如表 5－1 所示。

表 5－1　　单位管理费用的主要账务处理

序号	业务和事项内容		账务处理	
			财务会计	预算会计
1	管理活动人员职工薪酬	计提时，按照计算的金额	借：单位管理费用 贷：应付职工薪酬	——
		实际支付给职工并代扣个人所得税时	借：应付职工薪酬 贷：财政拨款收入/零余额账户用款额度/银行存款等 其他应交税费——应交个人所得税	借：事业支出（按照支付给个人部分） 贷：财政拨款预算收入/资金结存
		实际缴纳税款时	借：其他应交税费——应交个人所得税 贷：银行存款/零余额账户用款额度等	借：事业支出（按照实际缴纳额） 贷：资金结存等
2	为开展管理活动发生的外部人员劳务费	计提时，按照计算的金额	借：单位管理费用 贷：其他应付款	——
		实际支付并代扣个人所得税时	借：其他应付款 贷：财政拨款收入/零余额账户用款额度/银行存款等 其他应交税费——应交个人所得税	借：事业支出（按照实际支付给个人部分） 贷：财政拨款预算收入/资金结存
		实际支付税款时	借：其他应交税费——应交个人所得税 贷：银行存款/零余额账户用款额度等	借：事业支出（按照实际缴纳额） 贷：资金结存等

续表

<table>
<tr><th rowspan="2">序号</th><th rowspan="2" colspan="3">业务和事项内容</th><th colspan="2">账务处理</th></tr>
<tr><th>财务会计</th><th>预算会计</th></tr>
<tr><td rowspan="4">3</td><td rowspan="4">开展管理活动发生的预付款项</td><td rowspan="2">预付账款</td><td>支付款项时</td><td>借：预付账款
贷：财政拨款收入/零余额账户用款额度/银行存款等</td><td>借：事业支出
贷：财政拨款预算收入/资金结存</td></tr>
<tr><td>结算时</td><td>借：单位管理费用
贷：预付账款
财政拨款收入/零余额账户用款额度/银行存款等（补付金额）</td><td>借：事业支出
贷：财政拨款预算收入/资金结存（补付金额）</td></tr>
<tr><td rowspan="2">暂付款项</td><td>支付款项时</td><td>借：其他应收款
贷：银行存款等</td><td>——</td></tr>
<tr><td>结算或报销时</td><td>借：单位管理费用
贷：其他应收款</td><td>借：事业支出
贷：资金结存等</td></tr>
<tr><td>4</td><td colspan="3">发生的其他与管理活动相关的各项费用</td><td>借：单位管理费用
贷：财政拨款收入/零余额账户用款额度/银行存款/应付账款等</td><td>借：事业支出（按照实际支付的金额）
贷：财政拨款预算收入/资金结存</td></tr>
<tr><td>5</td><td>为开展管理活动购买资产或支付在建工程款</td><td colspan="2">按照实际支付或应付的价款</td><td>借：库存物品/固定资产/无形资产在建工程等
贷：财政拨款收入/零余额账户用款额度/银行存款/应付账款等</td><td>借：事业支出（按照实际支付价款）
贷：财政拨款预算收入/资金结存</td></tr>
<tr><td>6</td><td>管理活动所用固定资产、无形资产计提折旧</td><td colspan="2">按照计提的折旧、摊销额</td><td>借：单位管理费用
贷：固定资产累计折旧/无形资产累计摊销</td><td>——</td></tr>
<tr><td>7</td><td>开展管理活动内部领用库存物品</td><td colspan="2">按照库存物品的成本</td><td>借：单位管理费用
贷：库存物品</td><td>——</td></tr>
</table>

续表

序号	业务和事项内容		账务处理	
			财务会计	预算会计
8	开展管理活动发生应负担的税金及附加时	按照计算确定应交纳的金额	借：单位管理费用 贷：其他应交税费	——
		实际缴纳时	借：其他应交税费 贷：银行存款等	借：事业支出 贷：资金结存等
9	购货退回等	当年发生的	借：财政拨款收入/零余额账户用款额度/银行存款/应收账款等 贷：库存物品/单位管理费用等	借：财政拨款预算收入/资金结存 贷：事业支出
10	期末/年末结转		借：本期盈余 贷：单位管理费用	借：财政拨款结转——本年收支结转（财政拨款支出） 非财政拨款结转——本年收支结转（非财政专项资金支出） 其他结余（非财政、非专项资金支出） 贷：事业支出

2. 业务活动费用的主要账务处理

（1）为履职或开展业务活动人员计提的薪酬，按照计算确定的金额，借记本科目，贷记“应付职工薪酬”科目。

（2）为履职或开展业务活动发生的外部人员劳务费，按照计算确定的金额，借记本科目，按照代扣代缴个人所得税的金额，贷记“其他应交税费——应交个人所得税”科目，按照扣税后应付或实际支付的金额，贷记“其他应付款”、“财政拨款收入”、“零余额账户用款额度”、“银行存款”等科目。

（3）为履职或开展业务活动领用库存物品，以及动用发出相关政府储备物资，按照领用库存物品或发出相关政府储备物资的账面余额，借记本科目，贷记“库存物品”、“政府储备物资”科目。

（4）为履职或开展业务活动所使用的固定资产、无形资产以及为所控制的公共基础设施、保障性住房计提的折旧、摊销，按照计提金额，借记本科目，贷记“固定资产累计折旧”、“无形资产累计摊销”、“公共基础设施累计折旧（摊销）”、“保障性住房累计折旧”科目。

(5) 为履职或开展业务活动发生的城市维护建设税、教育费附加、地方教育费附加、车船税、房产税、城镇土地使用税等，按照计算确定应交纳的金额，借记本科目，贷记“其他应交税费”等科目。

(6) 为履职或开展业务活动发生其他各项费用时，按照费用确认金额，借记本科目，贷记“财政拨款收入”、“零余额账户用款额度”、“银行存款”、“应付账款”、“其他应付款”、“其他应收款”等科目。

(7) 按照规定从收入中提取专用基金并计入费用的，一般按照预算会计下基于预算收入计算提取的金额，借记本科目，贷记“专用基金”科目。国家另有规定的，从其规定。

(8) 发生当年购货退回等业务，对于已计入本年业务活动费用的，按照收回或应收的金额，借记“财政拨款收入”、“零余额账户用款额度”、“银行存款”、“其他应收款”等科目，贷记本科目。

(9) 期末，将本科目本期发生额转入本期盈余，借记“本期盈余”科目，贷记本科目。

业务活动费用的主要账务处理如表5-2所示。

表5-2　业务活动费用的主要账务处理

序号	业务和事项内容		账务处理	
			财务会计	预算会计
1	为履职或开展业务活动人员计提并支付职工薪酬	计提时，按照计算的金额	借：业务活动费用 贷：应付职工薪酬	——
		实际支付给职工并代扣个人所得税时	借：应付职工薪酬 贷：财政拨款收入/零余额账户用款额度/银行存款等 其他应交税费——应交个人所得税	借：事业支出（按照支付给个人部分） 贷：财政拨款预算收入/资金结存
		实际缴纳税款时	借：其他应交税费——应交个人所得税 贷：银行存款/零余额账户用款额度等	借：事业支出（按照实际缴纳额） 贷：资金结存等

续表

<table>
<tr><th rowspan="2">序号</th><th rowspan="2" colspan="3">业务和事项内容</th><th colspan="2">账务处理</th></tr>
<tr><th>财务会计</th><th>预算会计</th></tr>
<tr><td rowspan="3">2</td><td rowspan="3">为履职或开展业务活动发生的外部人员劳务费</td><td colspan="2">计提时，按照计算的金额</td><td>借：业务活动费用
贷：其他应付款</td><td>——</td></tr>
<tr><td colspan="2">实际支付并代扣个人所得税时</td><td>借：其他应付款
贷：财政拨款收入/零余额账户用款额度/银行存款等
其他应交税费——应交个人所得税</td><td>借：事业支出（按照实际支付给个人部分）
贷：财政拨款预算收入/资金结存</td></tr>
<tr><td colspan="2">实际缴纳税款时</td><td>借：其他应交税费——应交个人所得税
贷：银行存款/零余额账户用款额度等</td><td>借：事业支出（按照实际缴纳额）
贷：资金结存等</td></tr>
<tr><td rowspan="4">3</td><td rowspan="4">为履职或开展业务活动发生的预付款项</td><td rowspan="2">预付账款</td><td>支付款项时</td><td>借：预付账款
贷：财政拨款收入/零余额账户用款额度/银行存款等</td><td>借：事业支出
贷：财政拨款预算收入/资金结存</td></tr>
<tr><td>结算时</td><td>借：业务活动费用
贷：预付账款
财政拨款收入/零余额账户用款额度/银行存款等［补付金额］</td><td>借：事业支出
贷：财政拨款预算收入/资金结存［补付金额］</td></tr>
<tr><td rowspan="2">暂付款项</td><td>支付款项时</td><td>借：其他应收款
贷：银行存款等</td><td>——</td></tr>
<tr><td>结算或报销时</td><td>借：业务活动费用
贷：其他应收款</td><td>借：事业支出
贷：资金结存等</td></tr>
<tr><td>4</td><td>为履职或开展业务活动购买资产或支付在建工程款等</td><td colspan="2">按照实际支付或应付的价款</td><td>借：库存物品/固定资产/无形资产/在建工程等
贷：财政拨款收入/零余额账户用款额度/银行存款/应付账款等</td><td>借：事业支出
贷：财政拨款预算收入/资金结存</td></tr>
</table>

续表

<table>
<tr><th rowspan="2">序号</th><th colspan="2" rowspan="2">业务和事项内容</th><th colspan="2">账务处理</th></tr>
<tr><th>财务会计</th><th>预算会计</th></tr>
<tr><td>5</td><td>为履职或开展业务活动领用库存物品</td><td>按照领用库存物品的成本</td><td>借：业务活动费用
贷：库存物品等</td><td>——</td></tr>
<tr><td>6</td><td>为履职或开展业务活动计提的固定资产、无形资产、公共基础设施、保障性住房的折旧（摊销）</td><td>按照计提的折旧、摊销额</td><td>借：业务活动费用
贷：固定资产累计折旧/无形资产累计摊销/公共基础设施累计折旧（摊销）/保障性住房累计折旧</td><td>——</td></tr>
<tr><td rowspan="2">7</td><td rowspan="2">为履职或开展业务活动发生应负担的税金及附加时</td><td>确认其他应交税费时</td><td>借：业务活动费用
贷：其他应交税费</td><td>——</td></tr>
<tr><td>支付其他应交税费时</td><td>借：其他应交税费
贷：银行存款等</td><td>借：事业支出
贷：资金结存等</td></tr>
<tr><td>8</td><td colspan="2">为履职或开展业务活动发生其他各项费用</td><td>借：业务活动费用
贷：财政拨款收入/零余额账户用款额度/银行存款/应付账款/其他应付款等</td><td>借：事业支出（按照实际支付的金额）
贷：财政拨款预算收入/资金结存</td></tr>
<tr><td>9</td><td>计提专用基金</td><td>从收入中按照一定比例提取基金并计入费用</td><td>借：业务活动费用
贷：专用基金</td><td>——</td></tr>
<tr><td>10</td><td>购货退回等</td><td>当年发生的</td><td>借：财政拨款收入/零余额账户用款额度/银行存款/应收账款等
贷：库存物品/业务活动费用</td><td>借：财政拨款预算收入/资金结存
贷：事业支出</td></tr>
</table>

续表

序号	业务和事项内容	账务处理	
		财务会计	预算会计
11	期末/年末结转	借：本期盈余 　贷：业务活动费用	借：财政拨款结转——本年收支结转（财政拨款支出） 非财政拨款结转——本年收支结转（非同级财政专项资金支出） 其他结余（非同级财政、非专项资金支出） 贷：事业支出

3. 事业支出的主要账务处理

（1）支付单位职工（经营部门职工除外）薪酬向单位职工个人支付薪酬时，按照实际支付的数额，借记本科目，贷记“财政拨款预算收入”、“资金结存”科目。

按照规定代扣代缴个人所得税以及代扣代缴或为职工缴纳职工社会保险费、住房公积金等时，按照实际缴纳的金额，借记本科目，贷记“财政拨款预算收入”、“资金结存”科目。

（2）为专业业务活动及其辅助活动支付外部人员劳务费按照实际支付给外部人员个人的金额，借记本科目，贷记“财政拨款预算收入”、“资金结存”科目。

按照规定代扣代缴个人所得税时，按照实际缴纳的金额，借记本科目，贷记“财政拨款预算收入”、“资金结存”科目。

（3）开展专业业务活动及其辅助活动过程中为购买存货、固定资产、无形资产等以及在建工程支付相关款项时，按照实际支付的金额，借记本科目，贷记“财政拨款预算收入”、“资金结存”科目。

（4）开展专业业务活动及其辅助活动过程中发生预付账款时，按照实际支付的金额，借记本科目，贷记“财政拨款预算收入”、“资金结存”科目。

对于暂付款项，在支付款项时可不做预算会计处理，待结算或报销时，按照结算或报销的金额，借记本科目，贷记“资金结存”科目。

（5）开展专业业务活动及其辅助活动过程中缴纳的相关税费以及发生的

其他各项支出，按照实际支付的金额，借记本科目，贷记“财政拨款预算收入”、“资金结存”科目。

（6）开展专业业务活动及其辅助活动过程中因购货退回等发生款项退回，或者发生差错更正的，属于当年支出收回的，按照收回或更正金额，借记“财政拨款预算收入”、“资金结存”科目，贷记本科目。

（7）年末，将本科目本年发生额中的财政拨款支出转入财政拨款结转，借记“财政拨款结转——本年收支结转”科目，贷记本科目下各财政拨款支出明细科目；将本科目本年发生额中的非财政专项资金支出转入非财政拨款结转，借记“非财政拨款结转——本年收支结转”科目，贷记本科目下各非财政专项资金支出明细科目；将本科目本年发生额中的其他资金支出（非财政非专项资金支出）转入其他结余，借记“其他结余”科目，贷记本科目下其他资金支出明细科目。

事业支出的主要账务处理如表5－3所示。

表5－3　　　　事业支出的主要账务处理

序号	业务和事项内容		账务处理	
			财务会计	预算会计
1	为履职或开展业务活动人员计提并支付职工薪酬	计提时，按照计算的金额	借：业务活动费用 　贷：应付职工薪酬	—
		实际支付给职工并代扣个人所得税时	借：应付职工薪酬 　贷：财政拨款收入/零余额账户用款额度/银行存款等 　　其他应交税费——应交个人所得税	借：事业支出（按照支付给个人部分） 　贷：财政拨款预算收入/资金结存
		实际缴纳税款时	借：其他应交税费——应交个人所得税 　贷：银行存款/零余额账户用款额度等	借：事业支出（按照实际缴纳额） 　贷：资金结存等

续表

序号	业务和事项内容			财务会计	预算会计
2	为履职或开展业务活动发生的外部人员劳务费	计提时，按照计算的金额		借：业务活动费用 贷：其他应付款	——
		实际支付并代扣个人所得税时		借：其他应付款 贷：财政拨款收入/零余额账户用款额度/银行存款等 其他应交税费——应交个人所得税	借：事业支出（按照实际支付给个人部分） 贷：财政拨款预算收入/资金结存
		实际缴纳税款时		借：其他应交税费——应交个人所得税 贷：银行存款/零余额账户用款额度等	借：事业支出（按照实际缴纳额） 贷：资金结存等
3	为履职或开展业务活动发生的预付款项	预付账款	支付款项时	借：预付账款 贷：财政拨款收入/零余额账户用款额度/银行存款等	借：事业支出 贷：财政拨款预算收入/资金结存
			结算时	借：业务活动费用 贷：预付账款 财政拨款收入/零余额账户用款额度/银行存款等（补付金额）	借：事业支出 贷：财政拨款预算收入/资金结存（补付金额）
		暂付款项	支付款项时	借：其他应收款 贷：银行存款等	——
			结算或报销时	借：业务活动费用 贷：其他应收款	借：事业支出 贷：资金结存等
4	为履职或开展业务活动购买资产或支付在建工程款等	按照实际支付或应付的价款		借：库存物品/固定资产/无形资产/在建工程等 贷：财政拨款收入/零余额账户用款额度/银行存款/应付账款等	借：事业支出 贷：财政拨款预算收入/资金结存

注：原表表头为两行，"账务处理"同时覆盖"财务会计"和"预算会计"两列。

续表

序号	业务和事项内容		账务处理	
			财务会计	预算会计
5	为履职或开展业务活动领用库存物品	按照领用库存物品的成本	借：业务活动费用 贷：库存物品等	——
6	为履职或开展业务活动计提的固定资产、无形资产、公共基础设施、保障性住房的折旧（摊销）	按照计提的折旧、摊销额	借：业务活动费用 贷：固定资产累计折旧/无形资产累计摊销/公共基础设施累计折旧（摊销）/保障性住房累计折旧	——
7	为履职或开展业务活动发生应负担的税金及附加时	确认其他应交税费时	借：业务活动费用 贷：其他应交税费	——
		支付其他应交税费时	借：其他应交税费 贷：银行存款等	借：事业支出 贷：资金结存等
8	为履职或开展业务活动发生其他各项费用		借：业务活动费用 贷：财政拨款收入/零余额账户用款额度/银行存款/应付账款/其他应付款等	借：事业支出（按照实际支付的金额） 贷：财政拨款预算收入/资金结存
9	计提专用基金	从收入中按照一定比例提取基金并计入费用	借：业务活动费用 贷：专用基金	——
10	购货退回等	当年发生的	借：财政拨款收入/零余额账户用款额度/银行存款/应收账款等 贷：库存物品/业务活动费用	借：财政拨款预算收入/资金结存 贷：事业支出

续表

序号	业务和事项内容	账务处理	
		财务会计	预算会计
11	期末/年末结转	借：本期盈余 　贷：业务活动费用	借：财政拨款结转——本年收支结转（财政拨款支出） 非财政拨款结转——本年收支结转（非同级财政专项资金支出） 其他结余（非同级财政、非专项资金支出） 贷：事业支出

（五）会计实务示例

【例5-1】2019年6月23日，某事业单位后勤部门为了维修暖气设备，从仓库里领用了2套备件，每套备件单价100元，共计200元。该单位编制有关的会计分录如表5-4所示。

表5-4

时间	财务会计分录	预算会计分录
2019年6月23日	借：单位管理费用——商品和服务费用——维修（护）费　200 贷：库存物品——材料　200	不做账务处理

【例5-2】2019年4月5日，某事业单位用基本户支付水费1 500元，污水处理费300元，共计1 800元。该单位编制有关的会计分录如表5-5所示。

表5-5

时间	财务会计分录	预算会计分录
2019年4月5日	借：单位管理费用——商品和服务费用——水费　1 800 贷：银行存款——基本账户存款　1 800	借：事业支出——基本支出——商品和服务支出——水费　1 800 贷：资金结存——货币资金——银行存款　1 800

【例 5－3】2019 年 4 月 18 日，某事业单位用基本户支付电费 4 500 元，尚未收到供电公司的发票。该单位编制有关的会计分录如表 5－6 所示。

表 5－6

时间	财务会计分录	预算会计分录
2019 年 4 月 18 日	借：其他应收款——供电公司 4 500 贷：银行存款——基本账户存款 4 500	不做账务处理

【例 5－4】2019 年 4 月 26 日，某事业单位通过政府采购方式购置 1 台复印机，用中央财政资金授权支付 13 600 元，复印机已运到、验收使用。该单位编制有关的会计分录如表 5－7 所示。

表 5－7

时间	财务会计分录	预算会计分录
2019 年 4 月 26 日	借：固定资产——通用设备 7 200 贷：零余额账户用款额度——基本支出用款额度 7 200	借：事业支出——基本支出——资本性支出——办公设备购置 7 200 贷：资金结存——零余额账户用款额度 7 200

【例 5－5】2019 年 5 月 3 日，某事业单位发生维修维护计算机费用 1 500 元，从中央财政项目支出列支，授权支付。该单位编制有关的会计分录如表 5－8所示。

表 5－8

时间	财务会计分录	预算会计分录
2019 年 5 月 3 日	借：业务活动费用——商品和服务费用——维修（护）费 1 500 贷：零余额账户用款额度——项目支出用款额度 1 500	借：事业支出——项目支出——商品和服务支出——维修（护）费 1 500 贷：资金结存——零余额账户用款额度 1 500

【例 5－6】2019 年 5 月 3 日，某事业单位财务部门根据月工资发放表（见表 5－9）计发工资。该单位编制有关的会计分录如表 5－10 所示。

表5－9　　工资发放表

部门	应发项目					代扣代缴项目				实发
	基本工资	津补贴	住房补贴	公务交通补贴	合计	养老保险	医疗保险	公积金	合计	
机关	103 000	45 000	13 000	6 500	167 500	33 600	7 200	11 600	52 400	115 100
业务	10 800	40 200	11 000		62 000	10 230	5 400	7 200	22 830	39 170
后勤管理	12 700	44 300	12 000		69 000	10 280	6 256	7 680	24 216	44 784
离退休	61 000	40 200			101 200				0	101 200
合计	187 500	169 700	36 000	6 500	399 700	54 110	18 856	26 480	99 446	300 254

表5－10

时间	财务会计分录	预算会计分录
2019年5月3日	借：业务活动费用——工资福利费用　62 000 单位管理费用——商品和服务费用　6 500 单位管理费用——工资福利费用　230 000 单位管理费用——对个人和家庭的补助费用　101 200 贷：应付职工薪酬——基本工资（含离退休费）　187 500 应付职工薪酬——国家统一规定的津贴补贴　169 700 应付职工薪酬——改革性补贴　36 000 应付职工薪酬——其他　6 500 同时： 借：应付职工薪酬——基本工资（含离退休费）　99 446 贷：应付职工薪酬——机关事业单位基本养老保险缴费　54 110 ——职工基本医疗保险缴费　18 856 ——住房公积金　26 480	不做账务处理

【例5－7】承【例5－6】，2019年5月4日，某事业单位财务部门通过代理银行发放职工工资薪金。该单位编制有关的会计分录如表5－11所示。

表 5－11

时间	财务会计分录	预算会计分录
2019 年 5 月 4 日	借：应付职工薪酬——基本工资（含离退休费） 88 054 应付职工薪酬——国家统一规定的津贴补贴 169 700 应付职工薪酬——改革性补贴 36 000 应付职工薪酬——其他 6 500 贷：零余额账户用款额度——基本支出用款额度 300 254	借：事业支出——基本支出——工资福利支出——基本工资 27 054 事业支出——基本支出——工资福利支出——津贴补贴 129 500 事业支出——基本支出——工资福利支出——改革性补贴 36 000 事业支出——基本支出——商品和服务支出 6 500 事业支出——基本支出——对个人和家庭的补助支出 101 200 贷：资金结存——零余额账户用款额度 300 254

【例 5－8】承【例 5－6】，2019 年 6 月 2 日，某事业单位财务部门计提本月在职职工的基本养老保险和医疗保险（明细见表 5－12）。该单位编制有关的会计分录如表 5－13 所示。

表 5－12 单位基本养老保险和医疗保险缴费明细表 单位：元

部门	合计	养老保险			医疗保险		
		小计	单位缴交部分	个人缴交部分	小计	单位缴交部分	个人缴交部分
机关	129 200	107 600	74 000	33 600	21 600	14 400	7 200
业务	49 430	33 230	23 000	10 230	16 200	10 800	5 400
后勤管理	52 348	33 580	23 300	10 280	18 768	12 512	6 256
离退休	0	0			0		
合计	230 978	174 410	120 300	54 110	56 568	37 712	18 856

表 5 - 13

时间	财务会计分录	预算会计分录
2019 年 5 月 4 日	借：业务活动费用——工资福利费用 33 800 单位管理费用——工资福利费用 124 212 贷：应付职工薪酬——机关事业单位基本养老保险缴费 120 300 应付职工薪酬——职工基本医疗保险缴费 37 712	不做账务处理

【例 5 - 9】2019 年 6 月 9 日，某事业单位组织开展某项目的专家评审会，邀请有关专家 2 人参加，通过银行支付 2 位专家的评审费各 800 元。经批准，这些费用全部在中央财政资金列支。该单位编制有关的会计分录如表 5 - 14 所示。

表 5 - 14

时间	财务会计分录	预算会计分录
2019 年 6 月 9 日	借：业务活动费用——商品和服务费用——劳务费 1 600 贷：零余额账户用款额度——项目支出用款额度 1 600	借：事业支出——项目支出——商品和服务支出——劳务费 1 600 贷：资金结存——零余额账户用款额度 1 600

【例 5 - 10】承【例 5 - 6】，2019 年 6 月 10 日，某事业单位财务部门收到代理银行转来的银行已支付的当月在职职工的基本养老保险和医疗保险托收单据，共 230 978 元。该单位编制有关的会计分录如表 5 - 15 所示。

表 5 - 15

时间	财务会计分录	预算会计分录
2019 年 6 月 10 日	借：应付职工薪酬——机关事业单位基本养老保险缴费 174 410 应付职工薪酬——职工基本医疗保险缴费 56 568 贷：零余额账户用款额度——基本支出用款额度 230 978	借：事业支出——基本支出——工资福利支出——机关事业单位基本养老保险缴费 120 300 事业支出——基本支出——工资福利支出——基本工资 54 110 事业支出——基本支出——工资福利支出——职工基本医疗保险缴费 37 712 事业支出——基本支出——工资福利支出——基本工资 18 856 贷：资金结存——零余额账户用款额度——基本支出用款额度 230 978

【例5－11】承【例5－6】，2019年6月10日，某事业单位财务部门通过网银支付全体在职职工本月的住房公积金52 960元，从中央财政当年预算中列支。该单位编制有关的会计分录如表5－16所示。

表5－16

时间	财务会计分录	预算会计分录
2019年6月10日	借：业务活动费用——工资福利费用 19 280 单位管理费用——工资福利费用 7 200 贷：应付职工薪酬——住房公积金 26 480 同时： 借：应付职工薪酬——住房公积金 52 960 贷：零余额账户用款额度——基本支出用款额度 52 960	借：事业支出——基本支出——工资福利支出——基本工资 26 480 事业支出——基本支出——工资福利支出——住房公积金 26 480 贷：资金结存——零余额账户用款额度——基本支出用款额度 52 960

【例5－12】2019年6月15日，某事业单位支付电费2 300元，其中本单位负担部分2 000元，经批准在中央财政当年预算安排的项目支出中列支，代垫300元待向职工个人收回。该单位编制有关的会计分录如表5－17所示。

表5－17

时间	财务会计分录	预算会计分录
2019年6月15日	借：业务活动费用——商品和服务费用 2 000 其他应收款——其他 300 贷：零余额账户用款额度——项目支出用款额度 2 300	借：事业支出——项目支出——商品和服务支出 2 300 贷：资金结存——货币资金——银行存款 2 300

【例5－13】承【例5－12】，2019年6月15日收到个人交回的电费300元。该单位编制有关的会计分录如表5－18所示。

表5－18

时间	财务会计分录	预算会计分录
2019年6月15日	借：库存现金——零余额现金 300 贷：其他应收款——其他 300	借：资金结存——货币资金——库存现金 300 贷：事业支出——项目支出——商品和服务支出 300

【例 5－14】 2019 年 6 月 16 日，某事业单位王某从课题中报销材料费 3 500元。该单位编制有关的会计分录如表 5－19 所示。

表 5－19

时间	财务会计分录	预算会计分录
2019 年 6 月 16 日	借：业务活动费用——商品和服务费用　3 500 贷：零余额账户用款额度——项目支出用款额度　3 500	借：事业支出——项目支出——商品和服务支出　3 500 贷：资金结存——零余额账户用款额度——项目支出用款额度　3 500

【例 5－15】 2019 年 6 月 16 日，某事业单位机关职工李某使用公务卡购买办公用品 800 元，经审批从中央财政资金列支，李某办理了报销手续，尚未还公务卡款。该单位编制有关的会计分录如表 5－20 所示。

表 5－20

时间	财务会计分录	预算会计分录
2019 年 6 月 16 日	借：单位管理费用——商品和服务费用　800 贷：其他应付款——待清算报销额度——待清算公务卡报销额度　800	不做账务处理

【例 5－16】 承【例 5－15】，2019 年 6 月，该单位局机关职工李某于 17－19 日去省局开会，20 日回到办公室上班后，报销往返路途的差旅费 1 360 元，其中用公务卡支付往返高铁票款 1 000 元，余下的伙食补助费 200 元和市内交通费 160 元以现金支付。已知该差旅费全部使用中央财政资金，财政授权支付。该单位编制有关的会计分录如表 5－21 所示。

表 5－21

时间	财务会计分录	预算会计分录
2019 年 6 月	借：单位管理费用——商品和服务费用　1 360 贷：其他应付款——待清算报销额度——待清算公务卡报销额度　1 000 库存现金——零余额现金　360	借：事业支出——基本支出——商品和服务支出——差旅费　360 贷：资金结存——货币资金——库存现金　360

【例 5－17】承【例 5－15】、【例 5－16】，2019 年 6 月 22 日，该单位通过公务卡管理系统集中付还职工李某本月的公务卡消费欠款共 1 800 元。该单位编制有关的会计分录如表 5－22 所示。

表 5－22

时间	财务会计分录	预算会计分录
2019 年 6 月 22 日	借：其他应付款——待清算报销额度——待清算公务卡报销额度 1 800 贷：零余额账户用款额度——基本支出用款额度 1 800	借：事业支出——基本支出——商品和服务支出——办公费 800 事业支出——基本支出——商品和服务支出——差旅费 1 000 贷：资金结存——零余额账户用款额度 1 800

【例 5－18】2019 年 6 月 23 日，某事业单位为某县政府提供科技服务费收到 3 000 元，开出增值税普通发票，发票注明增值税额为 180 元。该单位编制有关的会计分录如表 5－23 所示。

表 5－23

时间	财务会计分录	预算会计分录
2019 年 6 月 23 日	借：银行存款——基本账户存款 3 000 贷：事业收入——科研收入 2 820 应交增值税——应交税金——销项税额 180	借：资金结存——货币资金——银行存款 3 000 贷：事业预算收入——科研收入 3 000

【例 5－19】承【例 5－18】，同日，该单位据此计算应缴纳的城市维护建设税为 12.6 元，教育费附加为 3.6 元，地方教育费附加为 1.8 元。该单位编制有关的会计分录如表 5－24 所示。

表 5－24

时间	财务会计分录	预算会计分录
2019 年 6 月 23 日	借：业务活动费用——税金及附加费用 18 贷：其他应交税费——应交城市维护建设税 12.6 其他应交税费——应交教育费附加 3.6 其他应交税费——应交地方教育费附加 1.8	不做账务处理

【例 5－20】承【例 5－19】，2019 年 7 月 3 日，该单位按照银行托收的税费单，缴纳本月税款 198 元。该单位编制有关的会计分录如表 5－25 所示。

表 5－25

时间	财务会计分录	预算会计分录
2019 年 7 月 3 日	借：应交增值税——应交税金——已交税金 180 其他应交税费——应交城市维护建设税 12.6 其他应交税费——应交教育费附加 3.6 其他应交税费——应交地方教育费附加 1.8 贷：银行存款 198	借：事业支出——基本支出——商品和服务支出——税金及附加费用 180 事业支出——基本支出——商品和服务支出——税金及附加费用 12.6 事业支出——基本支出——商品和服务支出——税金及附加费用 3.6 事业支出——基本支出——商品和服务支出——税金及附加费用 1.8 贷：资金结存——货币资金——银行存款 198

【例 5－21】某事业单位自办了职工食堂，2019 年 3 月末，通过银行转账方式支付聘用食堂人员劳务费 12 000 元，支付肉菜配送公司食材款项 3 200 元，食堂人员现金交回当月自行负担的工作餐费 1 350 元。该单位编制有关的会计分录如表 5－26 所示。

表 5－26

时间	财务会计分录	预算会计分录
2019 年 3 月末	借：专用基金——职工福利基金 12 000 贷：银行存款——基本账户存款 12 000 或者 借：单位管理费用——基本支出——商品和服务费用 12 000 贷：银行存款——基本账户存款 12 000	使用从非财政拨款结余或经营结余中提取的专用基金时： 借：专用结余 12 000 贷：资金结存——货币资金——银行存款 12 000 或者 借：事业支出——基本支出——商品和服务支出——福利费 12 000 贷：资金结存——货币资金——银行存款 12 000
2019 年 3 月末	借：专用基金——职工福利基金 3 200 贷：银行存款——基本账户存款 3 200	借：专用结余 3 200 贷：资金结存——货币资金 3 200
2019 年 3 月末	借：库存现金——非零余额现金 1 350 贷：专用基金——职工福利基金 1 350	借：资金结存——货币资金——库存现金 1 350 贷：专用结余 1 350

【例 5－22】某事业单位 2019 年 3 月 10 日接待地方单位检查指导工作人员 3 人，中午在内部食堂安排工作餐，在每人每餐 80 元的接待标准内，实际发生费用 230 元。该单位编制有关的会计分录如表 5－27 所示。

表 5－27

时间	财务会计分录	预算会计分录
2019 年 3 月 10 日	借：单位管理费用——商品和服务费用 230 贷：银行存款——基本账户存款 230	借：事业支出——基本支出——商品和服务支出——公务接待费 230 贷：资金结存——货币资金——银行存款 230

【例 5－23】承【例 5－22】，被接待人员离开时共交了就餐费 230 元，2019 年 4 月 5 日收到该笔费用，某事业单位开具了收款收据。该单位编制有

关的会计分录如表 5－28 所示。

表 5－28

时间	财务会计分录	预算会计分录
2019 年 4 月 5 日	借：库存现金——非零余额现金　230 贷：单位管理费用——商品和服务费用——公务接待费　230	借：资金结存——货币资金——库存现金　230 贷：事业支出——基本支出——商品和服务支出——公务接待费　230

【**例 5－24**】某事业单位 2019 年 2 月末按在职职工工资总额的 3% 计提职工福利费 1 380 元（其中计入业务活动费用 1 116 元，单位管理费用 264 元）。春节前慰问困难职工支出 2 000 元。该单位编制有关的会计分录如表 5－29 所示。

表 5－29

时间	财务会计分录	预算会计分录
2019 年 2 月末	借：业务活动费用——商品和服务费用——福利费　1 116 单位管理费用——基本支出——商品和服务费用——福利费　264 贷：其他应付款——职工福利费　1 380	不做账务处理
2019 年 2 月末	借：其他应付款——职工福利费　2 000 贷：库存现金——零余额现金　2 000	借：事业支出——基本支出——商品和服务支出——福利费　2 000 贷：资金结存——货币资金——库存现金　2 000

【**例 5－25**】2019 年 3 月末，某事业单位按在职职工工资总额的 2% 计提工会经费 2 830 元（其中计入业务活动费用 2 030 元，单位管理费用 800 元），并转入独立开设的工会账户。该单位编制有关的会计分录如表 5－30 所示。

表 5－30

时间	财务会计分录	预算会计分录
2019 年 3 月末	借：单位管理费用——商品和服务费用——工会经费　2 830 贷：零余额账户用款额度——基本支出用款额度　2 830	借：事业支出——基本支出——商品和服务支出——工会经费　2 830 贷：资金结存——零余额账户用款额度　2 830

【例 5－26】2019 年 3 月末，某事业单位根据固定资产折旧和无形资产摊销表（见表 5－31），计提固定资产折旧和无形资产摊销。该单位编制有关的会计分录如表 5－32 所示。

表 5－31　　固定资产折旧明细表　　（金额单位：元）

资产类别	使用部门	资产原值	每月应计提折旧
房屋	管理部门	3 000 000	3 000
房屋	业务部门	6 500 000	4 500
通用设备	管理部门	520 000	500
通用设备	业务部门	360 000	100
合计		10 380 000	8 100

表 5－32

时间	财务会计分录	预算会计分录
2019 年 3 月末	借：单位管理费用——固定资产折旧费　3 000 业务活动费用——固定资产折旧费　4 500 单位管理费用——固定资产折旧费　500 业务活动费用——固定资产折旧费　100 贷：固定资产累计折旧——房屋及构筑物折旧　7 500 固定资产累计折旧——通用设备折旧　600	不做账务处理

【例 5－27】2019 年 4 月末，根据无形资产摊销表（见表 5－33），进行无形资产摊销。该单位编制有关的会计分录如表 5－34 所示。

表 5 - 33　　无形资产摊销明细表　　（金额单位：元）

资产类别	使用部门	资产原值	每月应计提摊销
无形资产	业务部门	650 000	3 500
合计		650 000	3 500

表 5 - 34

时间	财务会计分录	预算会计分录
2019 年 4 月末	借：业务活动费用——无形资产摊销　3 500 贷：无形资产累计摊销　3 500	不做账务处理

（六）期末余额

期末结转后，本科目应无余额。

二、经营费用与经营支出

（一）核算内容

经营费用（支出）是指事业单位在专业业务活动及其辅助活动之外开展非独立核算经营活动发生的各项费用（现金流出）。从其概念或定义中可以看出，经营费用（支出）是为了扩大服务，发展事业，利用自身技术、资源等优势，在专业业务活动及其辅助活动之外开展的经营活动所发生的资金、资产的耗费。如果事业单位开展经营活动实行独立财务核算的，则不属于本节所述的“经营费用（支出）”核算范围。

（二）明细科目设置

经营费用应当按照经营活动类别、项目、支付对象等进行明细核算，为了满足成本核算需要，还可按照“工资福利费用”、“商品和服务费用”、“对个人和家庭的补助费用”、“固定资产折旧费”、“无形资产摊销费”等成本项目设置明细科目，归集能够直接计入单位经营活动或采用一定方法计算后计入单位经营活动的费用。

经营支出应当按照经营活动类别、项目、《政府收支分类科目》中“支出功能分类科目”的项级科目和“部门预算支出经济分类科目”的款级科目等进行明细核算。对于预付款项，可先通过在“经营支出”科目下设置“待处理”明细科目进行明细核算，待确认具体支出项目后再转入“经营支出”科目下相关明细科目。年末结账前，应将“经营支出——待处理”明细科目余额全部转入“经营支出”科目下相关明细科目。

（三）主要账务处理与列表说明

1. 经营费用的主要账务处理

（1）为经营活动人员计提的薪酬，按照计算确定的金额，借记本科目，贷记“应付职工薪酬”科目。

（2）开展经营活动领用或发出库存物品，按照物品实际成本，借记本科目，贷记“库存物品”科目。

（3）为经营活动所使用固定资产、无形资产计提的折旧、摊销，按照应提折旧、摊销额，借记本科目，贷记“固定资产累计折旧”、“无形资产累计摊销”科目。

（4）开展经营活动发生城市维护建设税、教育费附加、地方教育费附加、车船税、房产税、城镇土地使用税等，按照计算确定应交纳的金额，借记本科目，贷记“其他应交税费”等科目。

（5）发生与经营活动相关的其他各项费用时，按照费用确认金额，借记本科目，贷记“银行存款”、“其他应付款”、“其他应收款”等科目。涉及增值税业务的，相关账务处理参见“应交增值税”科目。

（6）发生当年购货退回等业务，对于已计入本年经营费用的，按照收回或应收的金额，借记“银行存款”、“其他应收款”等科目，贷记本科目。

（7）期末，将经营费用期发生额转入本期盈余，借记“本期盈余”科目，贷记本科目。

经营费用的账务处理如表 5－35 所示。

2. 经营支出的主要账务处理

（1）支付经营部门职工薪酬。向职工个人支付薪酬时，按照实际的金额，借记本科目，贷记“资金结存”科目。

按照规定代扣代缴个人所得税以及代扣代缴或为职工缴纳职工社会保险费、住房公积金时，按照实际缴纳的金额，借记本科目，贷记“资金结存”科目。

表 5－35 经营费用的主要账务处理

序号	业务和事项内容		账务处理	
			财务会计	预算会计
1	为经营活动人员支付职工薪酬	计提时，按照计算的金额	借：经营费用 贷：应付职工薪酬	——
		实际支付给职工时	借：应付职工薪酬 贷：银行存款等 其他应交税费——应交个人所得税	借：经营支出（按照支付给个人部分） 贷：资金结存——货币资金
		实际支付税款时	借：其他应交税费——应交个人所得税 贷：银行存款等	借：经营支出（按照实际缴纳额） 贷：资金结存——货币资金
2	为开展经营活动购买资产或支付在建工程款	按照实际支付或应付的金额	借：库存物品/固定资产/无形资产/在建工程 贷：银行存款/应付账款等	借：经营支出 贷：资金结存——货币资金（按照实际支付金额）
3	开展经营活动内部领用材料或出售发出物品等	按照实际成本	借：经营费用 贷：库存物品	——
4	开展经营活动发生的预付款项	预付时，按照预付的金额	借：预付账款 贷：银行存款等	借：经营支出 贷：资金结存——货币资金
		结算时	借：经营费用 贷：预付账款 银行存款等（补付金额）	借：经营支出 贷：资金结存——货币资金（补付金额）

续表

序号	业务和事项内容		账务处理	
			财务会计	预算会计
5	开展经营活动发生应负担的税金及附加时	按照计算确定的缴纳金额	借：经营费用 贷：其他应交税费	——
		实际缴纳时	借：其他应交税费 贷：银行存款等	借：经营支出 贷：资金结存——货币资金
6	开展经营活动发生的其他各项费用		借：经营费用 贷：银行存款/应付账款等	借：经营支出（按照实际支付的金额） 贷：资金结存——货币资金
7	经营活动用固定资产、无形资产计提的折旧、摊销	按照计提的折旧、摊销额	借：经营费用 贷：固定资产累计折旧/无形资产累计摊销	——
8	计提专用基金	按照预算收入的一定比例计提并列入费用	借：经营费用 贷：专用基金	——
9	购货退回等	当年发生的	借：银行存款/应收账款等 贷：库存物品/经营费用等	借：资金结存——货币资金（按照实际收到的金额） 贷：经营支出
10	期末/年末结转		借：本期盈余 贷：经营费用	借：经营结余 贷：经营支出

（2）为经营活动支付外部人员劳务费。按照实际支付给外部人员个人的金额，借记本科目，贷记“资金结存”科目。

按照规定代扣代缴个人所得税时，按照实际缴纳的金额，借记本科目，贷记“资金结存”科目。

（3）开展经营活动过程中为购买存货、固定资产、无形资产等以及在建工程支付相关款项时，按照实际支付的金额，借记本科目，贷记“资金结存”

科目。

（4）开展经营活动过程中发生预付账款时，按照实际支付的金额，借记本科目，贷记“资金结存”科目。

对于暂付款项，在支付款项时可不做预算会计处理，待结算或报销时，按照结算或报销的金额，借记本科目，贷记“资金结存”科目。

（5）因开展经营活动缴纳的相关税费以及发生的其他各项支出，按照实际支付的金额，借记本科目，贷记“资金结存”科目。

（6）开展经营活动中因购货退回等发生款项退回，或者发生差错更正的，属于当年支出收回的，按照收回或更正金额，借记“资金结存”科目，贷记本科目。

（7）年末，将本科目本年发生额转入经营结余，借记“经营结余”科目，贷记本科目。

结营支出的主要账务处理如表 5 – 36 所示。

表 5 – 36　　经营支出的主要账务处理

序号	业务和事项内容		账务处理	
			财务会计	预算会计
1	为经营活动人员支付职工薪酬	计提时，按照计算的金额	借：经营费用 贷：应付职工薪酬	——
		实际支付给职工时	借：应付职工薪酬 贷：银行存款等 其他应交税费——应交个人所得税	借：经营支出（按照支付给个人部分） 贷：资金结存——货币资金
		实际支付税款时	借：其他应交税费——应交个人所得税 贷：银行存款等	借：经营支出（按照实际缴纳额） 贷：资金结存——货币资金
2	为开展经营活动购买资产或支付在建工程款	按照实际支付或应付的金额	借：库存物品/固定资产/无形资产/在建工程 贷：银行存款/应付账款等	借：经营支出 贷：资金结存——货币资金（按照实际支付金额）

续表

序号	业务和事项内容		账务处理	
			财务会计	预算会计
3	开展经营活动内部领用材料或出售发出物品等	按照实际成本	借：经营费用 贷：库存物品	——
4	开展经营活动发生的预付款项	预付时，按照预付的金额	借：预付账款 贷：银行存款等	借：经营支出 贷：资金结存——货币资金
		结算时	借：经营费用 贷：预付账款 银行存款等（补付金额）	借：经营支出 贷：资金结存——货币资金（补付金额）
5	开展经营活动发生应负担的税金及附加时	按照计算确定的缴纳金额	借：经营费用 贷：其他应交税费	——
		实际缴纳时	借：其他应交税费 贷：银行存款等	借：经营支出 贷：资金结存——货币资金
6	开展经营活动发生的其他各项费用		借：经营费用 贷：银行存款/应付账款等	借：经营支出（按照实际支付的金额） 贷：资金结存——货币资金
7	经营活动用固定资产、无形资产计提的折旧、摊销	按照计提的折旧、摊销额	借：经营费用 贷：固定资产累计折旧/无形资产累计摊销	——
8	计提专用基金	按照预算收入的一定比例计提并列入费用	借：经营费用 贷：专用基金	——

续表

序号	业务和事项内容		账务处理	
			财务会计	预算会计
9	购货退回等	当年发生的	借：银行存款/应收账款等 贷：库存物品/经营费用等	借：资金结存——货币资金（按照实际收到的金额） 贷：经营支出
10	期末/年末结转		借：本期盈余 贷：经营费用	借：经营结余 贷：经营支出

（四）会计实务示例

【例5-28】2019年1月初，某事业单位为经营部门的长期外聘人员计发当月工资薪酬75 000元，在工资中代扣个人应缴的社会保险费2 500元（养老险1 500元，医疗保险1 000元）、住房公积金1 800元、个人所得税900元。该单位编制有关的会计分录如表5-37所示。

表5-37

时间	财务会计分录	预算会计分录
2019年1月初	借：经营费用——工资福利费用——其他工资福利费用 75 000 贷：应付职工薪酬——基本工资（含离退休费） 69 800 ——机关事业单位基本养老保险缴费 1 500 ——职工基本医疗保险缴费 1 000 ——住房公积金 1 800 其他应交税费——应交个人所得税 900	不做账务处理

【例5-29】承【例5-28】，当月13日，该单位银行发放经营活动职工本月的工资薪酬69 800元。该单位编制有关的会计分录如表5-38所示。

表5-38

时间	财务会计分录	预算会计分录
2019年1月13日	借：应付职工薪酬——基本工资（含离退休费） 69 800 贷：银行存款——基本账户存款 69 800	借：经营支出——工资福利支出——其他工资福利支出 69 800 贷：资金结存——货币资金——银行存款 69 800

【例 5－30】承【例 5－28】15 日，该单位通过银行缴纳经营活动职工本月的社保缴费 2 500 元。该单位编制有关的会计分录如表 5－39 所示。

表 5－39

时间	财务会计分录	预算会计分录
2019 年 1 月 15 日	借：应付职工薪酬——机关事业单位基本养老保险缴费 1 500 ——职工基本医疗保险缴费 1 000 贷：银行存款——基本账户存款 2 500	借：经营支出——工资福利支出——机关事业单位基本养老保险缴费 1 500 ——职工基本医疗保险缴费 1 000 贷：资金结存——货币资金——银行存款 2 500

【例 5－31】承【例 5－28】，15 日，该单位通过银行缴纳住房公积金 3 600元。该单位编制有关的会计分录如表 5－40 所示。

表 5－40

时间	财务会计分录	预算会计分录
2019 年 1 月 15 日	借：经营费用——工资福利费用——其他工资福利费用 1 800 应付职工薪酬——住房公积金 1 800 贷：银行存款——基本账户存款 3 600	借：经营支出——工资福利支出——住房公积金 3 600 贷：资金结存——货币资金——银行存款 3 600

【例 5－32】承【例 5－28】，15 日，该单位通过银行缴纳个人所得税 900 元。该单位编制有关的会计分录如表 5－41 所示。

表 5－41

时间	财务会计分录	预算会计分录
2019 年 1 月 15 日	借：其他应交税费——应交个人所得税 900 贷：银行存款——基本账户存款 900	借：经营支出——工资福利支出——其他工资福利支出 900 贷：资金结存——货币资金——银行存款 900

【例 5－33】2019 年 3 月 31 日，某事业单位所属 AAA 宾馆根据固定资产

折旧表（见表5－42）计提固定资产折旧。该单位编制有关的会计分录如表5－43所示。

表5－42　固定资产折旧明细表　金额单位：元

资产类别	名称	资产原值	每月应计提折旧
房屋	主楼	8 000 000	8 000
房屋	配楼	3 500 000	3 500
通用设备	—	987 000	1 500
合计		12 487 000	13 000

表5－43

时间	财务会计分录	预算会计分录
2019年3月31日	借：经营费用——固定资产折旧费 13 000 贷：固定资产累计折旧——房屋及构筑物折旧 11 500 固定资产累计折旧——通用设备折旧 1 500	不做账务处理

【例5－34】承【例5－33】，月末，根据无形资产摊销表（见表5－44），进行无形资产摊销。该单位编制有关的会计分录如表5－45所示。

表5－44　无形资产摊销明细表　金额单位：元

资产类别	使用部门	资产原值	每月应计提摊销
无形资产	前台	51 600	430
合计		51 600	430

表5－45

时间	财务会计分录	预算会计分录
2019年3月31日	借：经营费用——无形资产摊销费 430 贷：无形资产累计摊销 430	不做账务处理

（五）期末余额

期末结转后，经营费用与经营支出科目应无余额。

三、资产处置费用

资产处置的形式按照规定包括无偿调拨、出售、出让、转让、置换、对外捐赠、报废、毁损以及货币性资产损失核销等。资产处置费用就是经批准处置资产时发生的费用，包括转销的被处置资产价值，以及在处置过程中发生的相关费用或者处置收入小于相关费用形成的净支出。

（一）核算内容

首先要了解、熟悉和掌握单位所在行业、地区对各项资产的管理要求，一般而言，对流动资产和非流动资产的管理要求是不一样的，因而资产处置要求也是不同的。例如，对固定资产进行无偿调拨、出售、出让、转让、置换、对外捐赠时，是不需要通过“待处理财产损溢”科目核算反映的，发生的处置费用直接计入“资产处置费用”科目；而对固定资产在清查盘点时发生的盘亏、报废、毁损等，则应先通过“待处理财产损溢”科目进行核算，再将处理资产价值和处理净支出计入“资产处置费用”科目。

短期投资、长期股权投资、长期债券投资的处置，按照相关资产科目的规定进行账务处理。

（二）明细科目设置

应按照处置资产的类别、资产处置的形式等进行明细核算。

（三）主要账务处理与列表说明

1. 不通过“待处理财产损溢”科目核算的资产处置

（1）按照规定报经批准处置资产时，按照处置资产的账面价值，借记本科目处置固定资产、无形资产、公共基础设施、保障性住房的，还应借记“固定资产累计折旧”、“无形资产累计摊销”、“公共基础设施累计折旧（摊销）”、“保障性住房累计折旧”科目，按照处置资产的账面余额，贷记“库存物品”、“固定资产”、“无形资产”、“公共基础设施”、“政府储备物资”、“文物文化资产”、“保障性住房”、“其他应收款”、“在建工程”等科目。

（2）处置资产过程中仅发生相关费用的，按照实际发生金额，借记本科目，贷记“银行存款”、“库存现金”等科目。

（3）处置资产过程中取得收入的，按照取得的价款，借记“库存现金”、“银行存款”等科目，按照处置资产过程中发生的相关费用，贷记“银行存款”、“库存现金”等科目，按照其差额，借记本科目或贷记“应缴财政款”等科目。

涉及增值税业务的，相关账务处理参见“应交增值税”科目。

2. 通过“待处理财产损溢”科目核算的资产处置。

（1）单位账款核对中发现的现金短缺，属于无法查明原因的，报经批准核销时，借记本科目，贷记“待处理财产损溢”科目。

（2）单位资产清查过程中盘亏或者毁损、报废的存货、固定资产、无形资产、公共基础设施、政府储备物资、文物文化资产、保障性住房等，报经批准处理时，按照处理资产价值，借记本科目，贷记“待处理财产损溢——待处理财产价值”科目。处理收支结清时，处理过程中所取得收入小于所发生相关费用的，按照相关费用减去处理收入后的净支出，借记本科目，贷记“待处理财产损溢——处理净收入”科目。

3. 期末，将本科目本期发生额转入本期盈余，借记“本期盈余”科目，贷记本科目。

资产处置费用的主要账务处理如表5-46所示。

表5-46　　　资产处置费用的主要账务处理

序号	业务和事项内容		账务处理	
			财务会计	预算会计
1	不通过“待处理财产损溢”科目核算的资产处置	转销被处置资产账面价值	借：资产处置费用 固定资产累计折旧/无形资产累计摊销/公共基础设施累计折旧（摊销）/保障性住房累计折旧 贷：库存物品/固定资产/无形资产/公共基础设施/政府储备物资/文物文化资产/保障性住房/在建工程等（账面余额）	—
		处置资产过程中仅发生相关费用的	借：资产处置费用 贷：银行存款/库存现金等	借：其他支出 贷：资金结存
		处置资产过程中取得收入的	借：库存现金/银行存款等（取得的价款） 贷：银行存款/库存现金等（支付的相关费用） 应缴财政款	—

续表

<table>
<tr><th rowspan="2">序号</th><th rowspan="2" colspan="3">业务和事项内容</th><th colspan="2">账务处理</th></tr>
<tr><th>财务会计</th><th>预算会计</th></tr>
<tr><td rowspan="3">2</td><td rowspan="3">通过“待处理财产损溢”科目核算的资产处置</td><td colspan="2">账款核对中发现的现金短缺，无法查明原因的，报经批准核销时</td><td>借：资产处置费用
贷：待处理财产损溢</td><td>——</td></tr>
<tr><td rowspan="2">盘亏、毁损、报废的资产</td><td>经批准处理时</td><td>借：资产处置费用
贷：待处理财产损溢——待处理财产价值</td><td>——</td></tr>
<tr><td>处理过程中所发生的费用大于所取得收入的</td><td>借：资产处置费用
贷：待处理财产损溢——处理净收入</td><td>借：其他支出（净支出）
贷：资金结存</td></tr>
<tr><td>3</td><td colspan="3">期末结转</td><td>借：本期盈余
贷：资产处置费用</td><td>——</td></tr>
</table>

（四）会计实务示例

【例 5 -35】 2019 年 8 月 10 日，某市事业单位经上级主管部门批准，将账面原值为 32 000 元的 4 台台式计算机无偿调拨给另一事业单位，已知已提折旧 12 000 元，银行转账支付运输费用 1 000 元，经双方协商由调出方负责。该单位编制有关的会计分录如表 5 -47 所示。

表 5 -47

时间	财务会计分录	预算会计分录
2019 年 8 月 10 日	借：固定资产累计折旧——通用设备折旧 12 000 无偿调拨净资产 20 000 贷：固定资产——通用设备 32 000 同时： 借：资产处置费用 1 000 贷：银行存款——基本账户存款 1 000	借：其他支出——其他 1 000 贷：资金结存——货币资金——银行存款 1 000

【例 5－36】2019 年 8 月 18 日，某县事业单位报经上级主管单位批准后，报废 2 台计算机，账面原值为 18 800 元、已提折旧 9 200 元。该单位编制有关的会计分录如表 5－48 所示。

表 5－48

时间	财务会计分录	预算会计分录
2019 年 8 月 18 日	借：待处理财产损溢——固定资产——待处理财产价值 9 600 固定资产累计折旧——通用设备折旧 9 200 贷：固定资产——通用设备 18 800 借：资产处置费用 9 600 贷：待处理财产损溢——固定资产——待处理财产价值 9 600	不做账务处理

【例 5－37】承【例 5－36】，假设需要该事业单位支付运输费 500 元。该单位编制有关的会计分录如表 5－49 所示。

表 5－49

时间	财务会计分录	预算会计分录
2019 年 8 月 18 日	借：待处理财产损溢——固定资产——待处理财产价值 9 600 固定资产累计折旧——通用设备折旧 9 200 贷：固定资产——通用设备 18 800 借：资产处置费用 9 600 贷：待处理财产损溢——固定资产——待处理财产价值 9 600 同时： 借：资产处置费用 500 贷：银行存款——基本账户存款 500	借：其他支出——其他 500 贷：资金结存——货币资金——银行存款 500

【例 5－38】2019 年 9 月 5 日，出纳人员盘点库存现金，发现短款 120 元，与会计人员逐笔核对后，无法查明原因。该单位编制有关的会计分录如表 5－50 所示。

表 5－50

时间	财务会计分录	预算会计分录
2019 年 9 月 5 日	借：待处理财产损溢——货币资金——待处理财产价值 120 贷：库存现金——非零余额现金 120	借：其他支出——其他 120 贷：资金结存——货币资金——库存现金 120

【例 5－39】承【例 5－38】，出纳写出情况说明后报经单位领导批准，同意核销。该单位编制有关的会计分录如表 5－51 所示。

表 5－51

时间	财务会计分录	预算会计分录
2019 年 9 月 5 日	借：资产处置费用 120 贷：待处理财产损溢——货币资金——待处理财产价值 120	不做账务处理

【例 5－40】2019 年 6 月 1 日，某事业单位经批准将价值为 50 000 元的机器设备捐赠给定点扶贫地区，运输费 1 950 元。该单位编制有关的会计分录如表 5－52 所示。

表 5－52

时间	财务会计分录	预算会计分录
2019 年 6 月 1 日	借：资产处置费用 51 950 贷：固定资产——通用设备 50 000 银行存款——基本账户存款1 950	借：其他支出——运杂费 1 950 贷：资金结存——货币资金——银行存款 1 950

【例 5－41】2019 年 9 月 30 日，资产管理人员会同财务人员、仓库管理人员等对单位所有资产进行清理盘点，经过核对，发现接待室少了 1 套办公桌椅，账面反映原值 3 900 元，已提折旧 1 400 元，已经确认无法查明原因。该单位编制有关的会计分录如表 5－53 所示。

表 5－53

时间	财务会计分录	预算会计分录
2019 年 9 月 30 日	借：待处理财产损溢——固定资产——待处理财产价值 2 500 固定资产累计折旧 1 400 贷：固定资产——家具、用具、装具 3 900	不做账务处理

【例 5-42】 写出情况说明后报经单位领导集体决策后同意核销。该单位编制有关的会计分录如表 5-54 所示。

表 5-54

时间	财务会计分录	预算会计分录
2019 年 9 月 30 日	借：资产处置费用　　2 500 贷：待处理财产损溢——固定资产——待处理财产价值　　2 500	不做账务处理

（五）期末余额

期末结转后，本科目应无余额。

四、所得税费用

所得税费用是反映有企业所得税缴纳义务的事业单位按规定缴纳企业所得税所形成的费用，不包括代扣代缴的个人所得税。

（一）核算内容

各事业单位取得非财政拨款收入，扣除相关成本费用后应按规定计缴企业所得税。缴纳企业所得税的方式一般有核定征收和查账征收两种，一般是当年采取预缴、次年汇算清缴方式，因此，财务会计核算时应准确区分缴纳企业所得税的会计期间，对当年预缴和次年清缴的企业所得税分别处理，如需要调整上年缴纳的所得税费用，应通过“以前年度盈余调整”科目进行；而对于预算会计来说，则不存在这种情况，按实际缴纳企业所得税时的现金流出作为核算依据。

（二）细科目设置

可按照缴纳企业所得税的项目进行明细核算，以满足各项目成本核算的需要。

（三）主要账务处理与列表说明

（1）发生企业所得税纳税义务的，按照税法规定计算的应交税金数额，借记本科目，贷记“其他应交税费——应交企业所得税”科目。

（2）实际缴纳时，按照缴纳金额，借记“其他应交税费——应交企业所得税”科目，贷记“银行存款”科目。

（3）年末，将所得税费用本年发生额转入本期盈余，借记“本期盈余”科目，贷记本科目。

所得税费用的主要账务处理如表5－55所示。

表5－55　所得税费用的主要账务处理

<table>
<tr><th rowspan="2">序号</th><th rowspan="2" colspan="2">业务和事项内容</th><th colspan="2">账务处理</th></tr>
<tr><th>财务会计</th><th>预算会计</th></tr>
<tr><td>1</td><td rowspan="2">发生企业所得税纳税义务</td><td>按照税法规定计算应交税金数额</td><td>借：所得税费用
贷：其他应交税费——应交企业所得税</td><td>——</td></tr>
<tr><td>2</td><td>实际缴纳时</td><td>借：其他应交税费——应交企业所得税
贷：银行存款等</td><td>借：非财政拨款结余——累计结余
贷：资金结存——货币资金</td></tr>
<tr><td>3</td><td colspan="2">年末结转</td><td>借：本期盈余
贷：所得税费用</td><td>——</td></tr>
</table>

（四）会计实务示例

【例5－43】2019年6月30日，某事业单位计算应缴纳企业所得税500元，并在网上进行申报。该单位编制有关的会计分录如表5－56所示。

表5－56

时间	财务会计分录	预算会计分录
2019年6月30日	借：所得税费用　500 贷：其他应交税费——应交企业所得税　500	不做账务处理

【例5－44】承【例5－43】，2019年7月5日，该单位收到银行回单，显示已支付应缴纳的企业所得税500元。该单位编制有关的会计分录如表5－57所示。

表 5－57

时间	财务会计分录	预算会计分录
2019 年 7 月 5 日	借：其他应交税费——应交企业所得税 500 贷：银行存款——基本账户存款 500	借：非财政拨款结余——累计结余 500 贷：资金结存——货币资金 ——银行存款 500

【例 5－45】2019 年 12 月 31 日，某事业单位经过计算本年应缴纳企业所得税 8 000 元，而 1－11 月已申报实际缴纳 9 000 元，本月做税务申报调整减少 1 000 元。该单位编制有关的会计分录如表 5－58 所示。

表 5－58

时间	财务会计分录	预算会计分录
2019 年 12 月 31 日	借：其他应收款 1 000 贷：所得税费用 1 000	不做账务处理

【例 5－46】承【例 5－45】，2020 年 3 月 15 日，假设该单位经过税务师事务所对上年应缴企业所得税进行税审，税审报告反映，上年应缴企业所得税 8 000 元，实际应缴企业所得税 8 500 元，据此，该单位进行了税务申报，并从银行直接托收补缴了上年还应缴纳的企业所得税 500 元。该单位编制有关的会计分录如表 5－59 所示。

表 5－59

时间	财务会计分录	预算会计分录
2019 年 3 月 15 日	借：以前年度盈余调整 1 500 贷：其他应收款——应退企业所得税 1 000 银行存款——基本账户存款 500	借：非财政拨款结余 500 贷：资金结存——货币资金 ——银行存款 500

【例 5－47】承【例 5－45】，2020 年 3 月 5 日，该单位经过税务师事务所对上年应缴企业所得税进行汇缴清算，上年应缴企业所得税 8 000 元，实际已缴企业所得税 6 500 元，据此，该单位进行了税务申报补缴 1 500 元。该单位编制有关的会计分录如表 5－60 所示。

表 5－60

时间	财务会计分录	预算会计分录
2019 年 3 月 5 日	借：以前年度盈余调整　1 500 　贷：银行存款——基本账户存款　1 500	借：非财政拨款结余　1 500 　贷：资金结存——货币资金——银行存款　1 500

【例 5－48】2019 年 12 月 31 日，某事业单位对所得税费用年末累计借方余额 1 500 元进行结转。该单位编制有关的会计分录如表 5－61 所示。

表 5－61

时间	财务会计分录	预算会计分录
2019 年 12 月 31 日	借：本期盈余　1 500 　贷：所得税费用　1 500	不做账务处理

（五）期末余额

年末结转后，“所得税费用”科目应无余额。

五、投资支出

（一）核算内容

投资支出是指事业单位以货币资金对外投资发生的现金流出，并不包括以非货币资金发生的对外投资，前面有关资产的章节中已阐述相关对外投资事宜。

（二）明细科目设置

投资支出应当按照投资类型、投资对象、《政府收支分类科目》中“支出功能分类科目”的项级科目和“部门预算支出经济分类科目”的款级科目等进行明细核算。

（三）主要账务处理与列表说明

（1）以货币资金对外投资时，按照投资金额和所支付的相关税费金额的合计数，借记本科目，贷记“资金结存”科目。

（2）出售、对外转让或到期收回本年度以货币资金取得的对外投资的，如果按规定将投资收益纳入单位预算，按照实际收到的金额，借记“资金结存”科目，按照取得投资时本科目的发生额，贷记本科目，按照其差额，贷记或借记“投资预算收益”科目；如果按规定将投资收益上缴财政的，按照取得投资时本科目的发生额，借记“资金结存”科目，贷记本科目。

出售、对外转让或到期收回以前年度以货币资金取得的对外投资的，如果按规定将投资收益纳入单位预算，按照实际收到的金额，借记“资金结存”科目，按照取得投资时本科目的发生额，贷记“其他结余”科目，按照其差额，贷记或借记“投资预算收益”科目；如果按规定将投资收益上缴财政的，按照取得投资时本科目的发生额，借记“资金结存”科目，贷记“其他结余”科目。

（3）年末，将投资支出本年发生额转入其他结余，借记“其他结余”科目，贷记本科目。

投资支出的主要账务处理如表 5－62 所示。

表 5－62　　投资支出的主要账务处理

<table>
<tr><th rowspan="2">序号</th><th rowspan="2" colspan="2">业务和事项内容</th><th colspan="2">账务处理</th></tr>
<tr><th>财务会计</th><th>预算会计</th></tr>
<tr><td>1</td><td colspan="2">以货币资金对外投资时</td><td>借：短期投资/长期股权投资/长期债券投资
贷：银行存款</td><td>借：投资支出
贷：资金结存——货币资金</td></tr>
<tr><td rowspan="2">2</td><td rowspan="2">出售、对外转让或到期收回本年度以货币资金取得的对外投资</td><td>实际取得价款大于投资成本的</td><td>借：银行存款等（实际取得或收回的金额）
贷：短期投资/长期债券投资等（账面余额）
应收利息（账面余额）
投资收益</td><td>借：资金结存——货币资金
贷：投资支出（投资成本）
投资预算收益</td></tr>
<tr><td>实际取得价款小于投资成本的</td><td>借：银行存款等（实际取得或收回的金额）
投资收益
贷：短期投资/长期债券投资等（账面余额）
应收利息（账面余额）</td><td>借：资金结存——货币资金
投资预算收益
贷：投资支出（投资成本）</td></tr>
</table>

续表

序号	业务和事项内容	账务处理	
		财务会计	预算会计
3	年末结转	——	借：其他结余 贷：投资支出

（四）会计实务示例

【例5－49】 2019年1月10日，某事业单位决定利用科技服务结存资金50 000元购买一年期的国债，年利率为4%。该单位编制有关的会计分录如表5－63所示。

表5－63

时间	财务会计分录	预算会计分录
2019年1月10日	借：短期投资——债券投资——国债 50 000 贷：银行存款——基本账户存款 50 000	借：投资支出——债券投资——国债 50 000 贷：资金结存——货币资金——银行存款 50 000

【例5－50】 承【例5－49】，2020年1月10日，该单位购买的国债到期，收回投资本金50 000元和利息2 000元，按国家规定，国债利息留归单位纳入预算统一管理和使用。该单位编制有关的会计分录如表5－64所示。

表5－64

时间	财务会计分录	预算会计分录
2020年1月10日	借：银行存款——基本账户存款 52 000 贷：短期投资——债券投资——国债 50 000 投资收益——国债收益 2 000	借：资金结存——货币资金——银行存款 52 000 贷：投资支出——其他支出 50 000 投资预算收益 2 000

【例5－51】 承【例5－50】，假设2024年1月10日收回国债投资后，将本息52 000元继续用于投资办企业，注入资本金。该单位编制有关的会计分录如表5－65所示。

表 5－65

时间	财务会计分录	预算会计分录
2020 年 1 月 10 日	借：长期股权投资　52 000 　贷：银行存款——基本账户存款　52 000	借：投资支出　52 000 　贷：资金结存——货币资金——银行存款　52 000

【例 5－52】上接【例 5－51】，2020 年 12 月 31 日，该单位进行年终结账，将投资支出借方累计余额 52 000 元转入其他结余。该单位编制有关的会计分录如表 5－66 所示。

表 5－66

时间	财务会计分录	预算会计分录
2020 年 12 月 31 日	不做账务处理	借：其他结余　52 000 　贷：投资支出　52 000

（五）期末余额

年末结转后，“投资支出”科目应无余额

六、债务还本支出

（一）核算内容

债务还本支出是指事业单位偿还自身承担的纳入预算管理的从金融机构举借的债务本金的现金流出，前面有关负债的章节中已阐述相关借入款项事宜。

（二）明细科目设置

债务还本支出应当按照贷款单位、贷款种类、《政府收支分类科目》中“支出功能分类科目”的项级科目和“部门预算支出经济分类科目”的款级科目等进行明细核算。

（三）主要账务处理与列表说明

偿还各项短期或长期借款时，按照偿还的借款本金，借记本科目，贷记

“资金结存”科目。

年末，将债务还本支出本年发生额转入其他结余，借记“其他结余”科目，贷记本科目。

债务还本支出的主要账务处理如表5-67所示。

表5-67　　债务还本支出的主要账务处理

序号	业务和事项内容			账务处理	
				财务会计	预算会计
1	短期借款	借入各种短期借款		借：银行存款 贷：短期借款	借：资金结存——货币资金 贷：债务预算收入
		归还短期借款本金		借：短期借款 贷：银行存款	借：债务还本支出 贷：资金结存——货币资金
2	长期借款	借入各项长期借款时		借：银行存款 贷：长期借款——本金	借：资金结存——货币资金 贷：债务预算收入
		归还长期借款本金		借：长期借款——本金 贷：银行存款	借：债务还本支出 贷：资金结存——货币资金
3	期末/年末结转	债务预算收入结转	专项资金	—	借：债务预算收入 贷：非财政拨款结转——本年收支结转
			非专项资金	—	借：债务预算收入 贷：其他结余
		债务还本支出结转		—	借：其他结余 贷：债务还本支出

（四）会计实务示例

【例5-53】 2019年5月8日，某县事业单位经批准向银行贷款1 000 000元，约定贷款期限为3年，年利率为6%，到期一次性还本付息。当天就收到了银行划入的贷款。该单位编制有关的会计分录如表5-68所示。

表 5－68

时间	财务会计分录	预算会计分录
2019 年 5 月 8 日	借：银行存款——基本账户存款　1 000 000 贷：长期借款——本金　1 000 000	借：资金结存——货币资金——银行存款　1 000 000 贷：债务预算收入　1 000 000

【例 5－54】承【例 5－53】，该单位每月计提利息 5 000 元。该单位编制有关的会计分录如表 5－69 所示。

表 5－69

时间	财务会计分录	预算会计分录
每月计提利息	借：其他费用——利息支出　5 000 贷：长期借款——应计利息　5 000	不做账务处理

【例 5－55】承【例 5－53】，2022 年 5 月 8 日，该单位向银行归还了贷款本金 1 000 000 元及利息 180 000 元。该单位编制的会计分录如表 5－70 所示。

表 5－70

时间	财务会计分录	预算会计分录
2022 年 5 月 8 日	借：长期借款——本金　1 000 000 长期借款——应计利息　180 000 贷：银行存款——基本账户存款　1 180 000	借：债务还本支出　1 000 000 其他支出——利息支出　180 000 贷：资金结存——货币资金——银行存款　1 180 000

【例 5－56】上接【例 5－53】，假设 2019 年 1 月 1 日该单位与银行签订的贷款协议约定贷款期限为 3 年，年利率为 6%（单利计算），每半年支付一次利息。该单位编制的会计分录如表 5－71 所示。

表 5－71

时间	财务会计分录	预算会计分录
每月计提利息	借：其他费用——利息支出 5 000 贷：应付利息　5 000	不做账务处理

续表

时间	财务会计分录	预算会计分录
半年后支付利息	借：应付利息 30 000 贷：银行存款——基本账户存款 30 000	借：其他支出——利息支出 30 000 贷：资金结存——货币资金——银行存款 30 000
2022 年 1 月 1 日	借：长期借款 1 000 000 应付利息 30 000 贷：银行存款——基本账户存款 1 030 000	借：债务还本支出 1 000 000 其他支出 30 000 贷：资金结存——货币资金——银行存款 1 030 000

【例 5－57】 承【例 5－56】，2019 年 12 月 31 日，该单位进行年终结转，将债务还本支出累计借方余额 1 000 000 元结转入其他结余。该单位编制有关的会计分录如表 5－72 所示。

表 5－72

时间	财务会计分录	预算会计分录
2019 年 12 月 31 日	不做账务处理	借：其他结余 1 000 000 贷：债务还本支出 1 000 000

（五）期末余额

年末结转后，“债务还本支出”科目应无余额。

七、其他费用与其他支出

（一）核算内容

其他费用是财务会计中的科目，指单位发生的除业务活动费用、单位管理费用、经营费用、资产处置费用、上缴上级费用、附属单位补助费用、所得税费用以外的各项费用，包括利息费用、坏账损失、罚没支出、现金资产捐赠支出以及相关税费、运输费等。

其他支出是预算会计中的科目，指单位除事业支出、经营支出、上缴上级支出、对附属单位补助支出、投资支出、债务还本支出以外的各项现金流出，包括利息支出、对外捐赠现金支出、现金盘亏损失、接受捐赠（调入）

和对外捐赠（调出）非现金资产发生的税费支出、资产置换过程中发生的相关税费支出、罚没支出等。

（二）明细科目设置

其他费用科目应当按照其他费用的类别等进行明细核算。单位发生的利息费用较多的，可以单独设置“利息费用”科目。

其他支出科目应当按照其他支出的类别，“财政拨款支出”、“非财政专项资金支出”和“其他资金支出”，《政府收支分类科目》中“支出功能分类科目”的项级科目和“部门预算支出经济分类科目”的款级科目等进行明细核算。其他支出中如有专项资金支出，还应按照具体项目进行明细核算。

有一般公共预算财政拨款、政府性基金预算财政拨款等两种或两种以上财政拨款的事业单位，还应当在“财政拨款支出”明细科目下按照财政拨款的种类进行明细核算。

单位发生利息支出、捐赠支出等其他支出金额较大或业务较多的，可单独设置“利息支出”、“捐赠支出”等科目。

（三）主要账务处理与列表说明

1. 其他费用的主要账务处理

（1）利息费用：是指单位向银行和非银行金融机构借贷款项而支付的利息费用。

按期计算确认借款利息费用时，按照计算确定的金额，借记“在建工程”科目或本科目，贷记“应付利息”、“长期借款——应计利息”科目。

（2）坏账损失：是指事业单位年末对收回后不需上缴财政的应收账款和其他应收款计提坏账准备而发生的费用。

年末，事业单位按照规定对收回后不需上缴财政的应收账款和其他应收款计提坏账准备时，按照计提金额，借记本科目，贷记“坏账准备”科目；冲减多提的坏账准备时，按照冲减金额，借记“坏账准备”科目，贷记本科目。

（3）罚没支出：是指单位违反国家法律法规或规章制度而被有关部门罚款或没收现金资产而发生的费用。

单位发生罚没支出的，按照实际缴纳或应当缴纳的金额，借记本科目，贷记“银行存款”、“库存现金”、“其他应付款”等科目。

（4）现金资产捐赠：是指单位经批准对外捐赠现金资产发生的费用。

单位对外捐赠现金资产的，按照实际捐赠的金额，借记本科目，贷记“银行存款”、“库存现金”等科目。

（5）其他相关费用：单位接受捐赠（或无偿调入）以名义金额计量的存货、固定资产、无形资产，以及成本无法可靠取得的公共基础设施、文物文化资产等发生的相关税费、运输费等，按照实际支付的金额，借记本科目，贷记“财政拨款收入”、“零余额账户用款额度”、“银行存款”、“库存现金”等科目。

单位发生的与受托代理资产相关的税费、运输费、保管费等，按照实际支付或应付的金额，借记本科目，贷记“零余额账户用款额度”、“银行存款”、“库存现金”、“其他应付款”等科目。

（6）期末，将其他费用本期发生额转入本期盈余，借记“本期盈余”科目，贷记本科目。

2. 其他支出的主要账务处理

（1）利息支出：支付银行借款利息时，按照实际支付金额，借记本科目，贷记“资金结存”科目。

（2）对外捐赠现金资产：对外捐赠现金资产时，按照捐赠金额，借记本科目，贷记“资金结存——货币资金”科目。

（3）现金盘亏损失：每日现金账款核对中如发现现金短缺，按照短缺的现金金额，借记“其他支出”科目，贷记“资金结存——货币资金”科目。经核实，属于应当由有关人员赔偿的，按照收到的赔偿金额，借记“资金结存——货币资金”科目，贷记本科目。

（4）接受捐赠（无偿调入）和对外捐赠（无偿调出）非现金资产发生的税费支出：接受捐赠（无偿调入）非现金资产发生的归属于捐入方（调入方）的相关税费、运输费等，以及对外捐赠（无偿调出）非现金资产发生的归属于捐出方（调出方）的相关税费、运输费等，按照实际支付金额，借记本科目，贷记“资金结存”科目。

（5）资产置换过程中发生的相关税费支出：资产置换过程中发生的相关税费，按照实际支付金额，借记本科目，贷记“资金结存”科目。

（6）其他支出：发生罚没等其他支出时，按照实际支出金额，借记本科目，贷记“资金结存”科目。

（7）年末，将其他支出本年发生额中的财政拨款支出转入财政拨款结转，借记“财政拨款结转——本年收支结转”科目，贷记本科目下各财政拨款支出明细科目；将其他支出本年发生额中的非财政专项资金支出转入非财政拨款结转，借记“非财政拨款结转——本年收支结转”科目，贷记本科目下各非财政专项资金支出明细科目；将其他支出本年发生额中的其他资金支出（非财政非专项资金支出）转入其他结余，借记“其他结余”科目，贷记本科目下各其他资金支出明细科目。

其他费用和其他支出的主要账务处理如表 5－73 所示。

表 5－73　　其他费用和其他支出的主要账务处理

<table>
<tr><th rowspan="2">序号</th><th rowspan="2" colspan="2">业务和事项内容</th><th colspan="2">账务处理</th></tr>
<tr><th>财务会计</th><th>预算会计</th></tr>
<tr><td rowspan="2">1</td><td rowspan="2">利息费用</td><td>计算确定借款利息费用时</td><td>借：其他费用/在建工程
贷：应付利息/长期借款——应计利息</td><td>——</td></tr>
<tr><td>实际支付利息时</td><td>借：应付利息等
贷：银行存款等</td><td>借：其他支出
贷：资金结存——货币资金</td></tr>
<tr><td>2</td><td colspan="2">现金资产对外捐赠</td><td>按照实际捐赠的金额
借：其他费用
贷：银行存款/库存现金等</td><td>借：其他支出
贷：资金结存——货币资金</td></tr>
<tr><td rowspan="2">3</td><td rowspan="2">坏账损失</td><td>按照规定对应收账款和其他应收款计提坏账准备</td><td>借：其他费用
贷：坏账准备</td><td>——</td></tr>
<tr><td>冲减多提的坏账准备时</td><td>借：坏账准备
贷：其他费用</td><td>——</td></tr>
<tr><td>4</td><td>罚没支出</td><td>按照实际发生金额</td><td>借：其他费用
贷：银行存款/库存现金/其他应付款</td><td>借：其他支出
贷：资金结存——货币资金（实际支付金额）</td></tr>
<tr><td>5</td><td colspan="2">其他相关税费、运输费等</td><td>借：其他费用
贷：零余额账户用款额度/银行存款等</td><td>借：其他支出
贷：资金结存</td></tr>
</table>

续表

序号	业务和事项内容	账务处理	
		财务会计	预算会计
6	期末/年末结转	借：本期盈余 贷：其他费用	借：其他结余（非财政、非专项资金支出） 非财政拨款结转——本年收支结转（非财政专项资金支出） 财政拨款结转——本年收支结转（财政拨款资金支出） 贷：其他支出

（四）会计实务示例

【例5－58】2019年11月1日，某县事业单位归还了半年前向银行借入的款项100 000元，另按协议约定支付借款利息3 500元。该单位编制有关的会计分录如表5－74所示。

表5－74

时间	财务会计分录	预算会计分录
2019年11月1日	借：其他费用——利息费用 3 500 短期借款 100 000 贷：银行存款——基本账户存款 103 500	借：债务还本支出 100 000 其他支出 3 500 贷：资金结存——货币资金——银行存款 103 500

【例5－59】2019年12月31日，某事业单位对其他应收款的年末余额和对方单位的情况进行了检查，分析其可收回性，发现其中的2笔共30 000元因有证据表明对方单位可能破产，报经批准后计提坏账准备金30 000元（这2笔应收款项若收回后均不需上缴财政，单位规定按个别认定法计提）。该单位编制有关的会计分录如表5－75所示。

表 5－75

时间	财务会计分录	预算会计分录
2019 年 12 月 31 日	借：其他费用——坏账损失　30 000 　贷：坏账准备　30 000	不做账务处理

【例 5－60】上接【例 5－59】，2020 年 1 月 31 日，该单位发现上年对其他应收款计提坏账准备金时有误，经核实多提了 800 元。该单位编制有关的会计分录如表 5－76 所示。

表 5－76

时间	财务会计分录	预算会计分录
2020 年 1 月 31 日	借：坏账准备　800 　贷：以前年度盈余调整　800	不做账务处理

【例 5－61】2019 年 3 月 5 日某事业单位向扶贫基金会捐赠 20 000 元，银行已划出。该单位编制有关的会计分录如表 5－77 所示。

表 5－77

时间	财务会计分录	预算会计分录
2019 年 3 月 5 日	借：其他费用——捐赠支出 20 000 　贷：银行存款——基本账户存款 　20 000	借：其他支出——捐赠支出 　20 000 　贷：资金结存——货币资金 　——银行存款　20 000

【例 5－62】经批准，2019 年 4 月 1 日，某事业单位向对口精准扶贫县捐赠一批计算机，其中计算机原值 24 000 元（已提折旧 15 000 元），并承担的设备运输费 500 元。该单位编制有关的会计分录如表 5－78 所示。

表 5－78

时间	财务会计分录	预算会计分录
2019 年 4 月 1 日	借：资产处置费用　9 500 　固定资产累计折旧——通用设备折旧 　15 000 　贷：固定资产——通用设备　24 000 　银行存款——基本账户存款 500	借：其他支出　500 　贷：资金结存——货币资金 　——银行存款　500

【例 5－63】2019 年 11 月 28 日，某事业单位出纳盘点发现的现金短款 30

元，后经查实属于出纳本人的工作失误造成，2019 年 11 月 29 日，经单位领导批准由出纳本人赔偿。该单位编制有关的会计分录如表 5－79 所示。

表 5－79

时间	财务会计分录	预算会计分录
2019 年 11 月 28 日	借：待处理财产损溢——货币资金 30 贷：库存现金——非零余额现金 30	借：其他支出 30 贷：资金结存——货币资金——库存现金 30
2019 年 11 月 29 日	借：其他应收款 30 贷：待处理财产损溢——货币资金 30	不做账务处理

【例 5－64】 承【例 5－63】，2019 年 12 月 2 日，出纳人员交回了现金 30 元。该单位编制有关的会计分录如表 5－80 所示。

表 5－80

时间	财务会计分录	预算会计分录
2019 年 12 月 2 日	借：库存现金——非零余额现金 30 贷：其他应收款 30	借：资金结存——货币资金——库存现金 30 贷：其他支出 30

【例 5－65】 承【例 5－63】，假设出纳人员于 2020 年 1 月 5 日交回了现金 30 元。该单位编制有关的会计分录如表 5－81 所示。

表 5－81

时间	财务会计分录	预算会计分录
2020 年 1 月 5 日	借：库存现金——非零余额现金 30 贷：其他应收款 30	借：资金结存——货币资金——库存现金 30 贷：非财政拨款结余 30

【例 5－66】 2019 年 4 月 20 日，某事业单位因未及时在网上办理增值税税务申报，经税务局核实后被处以 1 000 元的罚款，经单位领导批准后同意交纳罚款。该单位编制有关的会计分录如表 5－82 所示。

表 5－82

时间	财务会计分录	预算会计分录
2019 年 4 月 20 日	借：其他费用——罚没支出　1 000 　贷：库存现金——非零余额现金 　　　　　　　　　　　　1 000	借：其他支出——罚没支出 　　　　　　　　　1 000 　贷：资金结存——货币资金 　　　——库存现金　　1 000

【例 5－67】2019 年 6 月 2 日，某事业单位接受捐赠一件历史文物，无账面价值，经调研咨询也无法确认其市场价值，单位决定按照名义金额入账，在此过程中用支付了专家鉴定等费用 1 000 元。该单位编制有关的会计分录如表 5－83 所示。

表 5－83

时间	财务会计分录	预算会计分录
2019 年 6 月 2 日	借：固定资产——文物和陈列品——花瓶　　　　1 　贷：捐赠收入　　　　　　1 　同时： 借：其他费用——相关税费　1 000 　贷：库存现金——非零余额现金 　　　　　　　　　　　　1 000	借：其他支出——相关税费 　　　　　　　　　1 000 　贷：资金结存——货币资金 　　　——库存现金　　1 000

【例 5－68】2019 年 5 月 3 日，某事业单位与某网络信息集团签署了一份合作协议，协议约定集团新购置 1 台设备，价值 310 000 元（已包含安装调试费），安装在事业单位基地，日常管理委托县局负责，数据由双方共享。双方协议中约定由事业单位支付该设备的运输费和保险费共计 12 000 元。1 个月后，该设备已安装验收并投入业务运行，事业单位根据协议规定从银行支付了运输费和保险费。该单位编制有关的会计分录如表 5－84 所示。

【例 5－69】2019 年 8 月 28 日，某事业单位经批准用一栋业务用房 A（原值 700 000 元，已提折旧 500 000 元）与区政府的一栋业务用房 B 进行置换（原值 1 100 000 元，已提折旧 300 000 元）进行资产置换，业务用房 A 资产评估价值 200 000 元，业务用房 B 资产评估价值 800 000 元，双方协议中明确由事业单位支付补付差价 500 000 元。现在所有手续已办完，有关单据中显示事业单位应支付的税费为 150 000 元、资产评估费 20 000 元，事业单位已通过银行支付了全部费用 670 000 元。该单位编制有关的会计分录如表 5－85

所示。

表 5－84

时间	财务会计分录	预算会计分录
2019 年 5 月 3 日	借：受托代理资产——受托存储保管资产 310 000 贷：受托代理负债 310 000 同时： 借：其他费用——运杂费 12 000 贷：其他应付款 12 000 实际支付时，财务会计做账务处理： 借：其他应付款 12 000 贷：银行存款——基本账户存款 12 000	不做账务处理 不做账务处理 借：其他支出——运杂费 12 000 贷：资金结存——货币资金——银行存款 12 000

表 5－85

时间	财务会计分录	预算会计分录
2019 年 8 月 28 日	借：固定资产——房屋建筑物——B 870 000 固定资产累计折旧——房屋建筑物折旧——A 500 000 贷：固定资产——房屋建筑物——A 700 000 银行存款——基本账户存款 670 000	借：其他支出——相关税费 670 000 贷：资金结存——货币资金——银行存款 670 000

（五）期末余额

期末结转后，“其他费用”科目应无余额，“其他支出”科目应无余额。

第三节　调剂性费用与调剂性预算支出的核算

一、上缴上级费用与上缴上级支出

（一）核算内容

上缴上级费用（上缴上级支出）是指事业单位按照财政部门和主管部门的规定上缴上级单位款项发生的费用（现金流出）。根据《事业单位财务规则》规定，“非财政补助收入大于支出支出较多的事业单位，可以实行收入上缴办法。具体办法由财政部门会同有关主管部门制定”。因此，要注意以下四方面的内容：

（1）实行收入上缴是有条件的，即是事业单位非财政补助收入较多，而且超过其正常支出也比较多，才可以按照财政部门和有关主管部门的规定实行收入上缴办法。

（2）上缴上级单位款项必须要有依据，也就是说事先要制定相关的管理办法，才能做到上缴有依据，要杜绝管理上的随意性和行政命令性。

（3）上缴上级单位款项的资金来源，主要是除财政补助收入以外的各项收入，即是说财政补助收入不能用于上缴上级单位。

（4）上缴上级费用（支出）从其使用方向和性质来说，并不是本单位的正常费用（支出），而是具有调剂性质的费用（支出）。

（二）明细科目设置

“上缴上级费用”科目核算事业单位按照财政部门和主管部门的规定上缴上级单位款项发生的费用，应当按照收缴款项单位、缴款项目等进行明细核算。

“上缴上级支出”科目核算事业单位按照财政部门和主管部门的规定上缴上级单位款项发生的现金流出，应当按照收缴款项单位、缴款项目、《政府收支分类科目》中“支出功能分类科目”的项级科目和“部门预算支出经济分类科目”的款级科目等进行明细核算。

（三）主要账务处理与列表说明

1. 上缴上级费用的主要账务处理

（1）单位发生上缴上级费用的，按照实际上缴的金额或者按照规定计算出应当上缴上级单位的金额，借记本科目，贷记“银行存款”、“其他应付款”等科目。

（2）期末，将上缴上级费用本期发生额转入本期盈余，借记“本期盈余”科目，贷记本科目。

2. 上缴上级支出的主要账务处理

（1）按照规定将款项上缴上级单位的，按照实际上缴的金额，借记本科目，贷记“资金结存”科目。

（2）年末，将上缴上级支出本年发生额转入其他结余，借记“其他结余”科目，贷记本科目。

上缴上级支出与上缴上级费用的主要账务处理如表 5－86 所示。

表 5－86　　上缴上级支出与上缴上级费用的主要账务处理

<table>
<tr><th rowspan="2">序号</th><th rowspan="2">业务和事项内容</th><th colspan="2">账务处理</th></tr>
<tr><th>财务会计</th><th>预算会计</th></tr>
<tr><td>1</td><td>按照实际上缴的金额或者按照规定计算出应当上缴的金额</td><td>借：上缴上级费用
　贷：银行存款/其他应付款等</td><td rowspan="2">借：上缴上级支出（实际上缴的金额）
　贷：资金结存——货币资金</td></tr>
<tr><td>2</td><td>实际上缴应缴的金额</td><td>借：其他应付款
　贷：银行存款等</td></tr>
<tr><td>3</td><td>期末/年末结转</td><td>借：本期盈余
　贷：上缴上级费用</td><td>借：其他结余
　贷：上缴上级支出</td></tr>
</table>

（四）会计实务示例

【例 5－70】 2019 年 5 月 8 日，某县事业单位根据上级主管单位的有关文件规定，按事业收入的 20% 上交主管单位统筹集中款 80 000 元，县局由于资金周转困难，暂未上交。该单位编制有关的会计分录如表 5－87 所示。

表 5－87

时间	财务会计分录	预算会计分录
2019 年 5 月 8 日	借：上缴上级费用　80 000 　贷：其他应付款　80 000	不做账务处理

【例 5－71】承【例 5－70】，该单位根据资金状况，决定将该笔上交款划出，2019 年 6 月 8 日，会计人员办理了有关银行转账手续。该单位编制有关的会计分录如表 5－88 所示。

表 5－88

时间	财务会计分录	预算会计分录
2019 年 6 月 8 日	借：其他应付款　80 000 　贷：银行存款——基本账户存款　80 000	借：上缴上级支出　80 000 　贷：资金结存——货币资金——银行存款　80 000

【例 5－72】承【例 5－71】，2019 年 6 月 10 日，该单位发现应上交的款项应为 70 000 元，经与市局核实，市局退回了多上交的 10 000 元。该单位编制有关的会计分录如表 5－89 所示。

表 5－89

时间	财务会计分录	预算会计分录
2019 年 6 月 10 日	借：银行存款——基本账户存款　10 000 　借：上缴上级费用　10 000	借：资金结存——货币资金——银行存款　10 000 　借：上缴上级支出　10 000

（五）期末余额

年末结转后，“上缴上级支出”、“上缴上级费用”科目应无余额。

二、对附属单位补助费用与对附属单位补助支出

（一）核算内容

对附属单位补助费用（支出）是事业单位用财政拨款收入之外的收入对

附属单位补助发生的费用（现金流出），要注意以下三方面的内容：

（1）对附属单位补助费用（支出）不是本单位的正常费用（支出），而是具有调剂性质的费用（支出）。

（2）这里所说的附属单位是指事业单位所属独立核算的单位，包括事业单位和企业单位。

（3）上级单位对附属单位发生补助费用（支出）时，不得使用财政拨款收入，若是财政拨款收入，则应通过调整预算批复下达，不属于对附属单位补助费用（支出）的核算范畴。

（二）明细科目设置

1. 对附属单位补助费用应当按照接受补助单位、补助项目等进行明细核算。

2. 对附属单位补助支出应当按照接受补助单位、补助项目、《政府收支分类科目》中“支出功能分类科目”的项级科目和“部门预算支出经济分类科目”的款级科目等进行明细核算。

（三）主要账务处理与列表说明

1. 对附属单位补助费用的主要账务处理

单位发生对附属单位补助费用的，按照实际补助的金额或者按照规定计算出应当对附属单位补助的金额，借记本科目，贷记“银行存款”、“其他应付款”等科目。

期末，将对附属单位补助费用本期发生额转入本期盈余，借记“本期盈余”科目，贷记本科目。期末结转后，本科目应无余额。

2. 对附属单位补助支出的主要账务处理

发生对附属单位补助支出的，按照实际补助的金额，借记本科目，贷记“资金结存”科目。

年末，将对附属单位补助支出本年发生额转入其他结余，借记“其他结余”科目，贷记本科目。年末结转后，本科目应无余额。

表 5-90　　对附属单位补助费用和对附属单位补助支出的主要账务处理

序号	业务和事项内容	账务处理	
		财务会计	预算会计
1	按照实际补助的金额或者按照规定计算出应当补助的金额	借：对附属单位补助费用 贷：银行存款/其他应付款等	借：对附属单位补助支出（实际补助的金额） 贷：资金结存——货币资金
2	实际支出应补助的金额	借：其他应付款 贷：银行存款等	
3	期末/年末结转	借：本期盈余 贷：对附属单位补助费用	借：其他结余 贷：对附属单位补助支出

（四）会计实务示例

【例 5-73】2019 年 8 月 2 日，某市事业单位根据单位制定的统筹集中款项管理办法，经党组会议审议决定，在全市统筹集中款项中安排所属县事业单位搬迁建设补助经费 150 000 元。该单位编制有关的会计分录如表 5-91 所示。

表 5-91

时间	财务会计分录	预算会计分录
2019 年 8 月 2 日	借：对附属单位补助费用 150 000 贷：银行存款——基本账户存款 150 000	借：对附属单位补助支出 150 000 贷：资金结存——货币资金——银行存款 150 000

【例 5-74】2019 年 12 月 25 日，某县事业单位根据全年人员经费支出和事业基金结存情况，向市事业单位申请缺口经费补助 300 000 元，月底，市事业单位按照制定的统筹集中款项管理办法，批复决定在全市统筹集中款项中安排县局人员经费支出缺口 250 000 元。市事业单位账务处理如表 5-92 所示。

表 5－92

时间	财务会计分录	预算会计分录
2019 年 12 月 25 日	借：对附属单位补助费用 250 000 　贷：其他应付款 250 000	不做账务处理

（五）期末余额

期末结转后，“对附属单位补助费用”和“对附属单位补助支出”科目应无余额。

第六章

净　资　产

第一节　净资产概述

一、净资产的概念及形成

《基本准则》第三十九条规定："净资产是指政府会计主体资产扣除负债后的净额。"

净资产是事业单位持有的资产净值及出资者所拥有的产权，它表明事业单位的资产总额在抵偿了一切现存义务以后的差额部分。

二、净资产的计量

净资产金额取决于资产和负债的计量。

净资产＝资产－负债

净资产是事业单位拥有的资产总额在扣除了债权人的债务总额后的资产净值。

三、净资产的分类

事业单位净资产分为累计盈余、专用基金、权益法调整、本期盈余、本年盈余分配、无偿调拨净资产、以前年度盈余调整。

第二节 盈余及分配的核算

一、累计盈余

（一）核算内容

本科目核算单位历年实现的盈余扣除盈余分配后滚存的金额，以及因无偿调入调出资产产生的净资产变动额。

按照规定上缴、缴回、单位间调剂结转结余资金产生的净资产变动额，以及对以前年度盈余的调整金额，也通过本科目核算。

（二）明细科目设置

《政府会计制度》未规定本科目的明细科目设置要求。事业单位按照本单位核算需要，设置明细科目和辅助核算。一般分为两种方式：

第一，按经费性质设置明细科目，如设置“财政拨款结转”、“财政拨款结余”、“非财政拨款结转”、“非财政拨款结余”、“事业基金”、“非流动资产基金”等二级明细科目。

（1）“财政拨款结转”，是事业单位滚存的财政补助结转资金。下设基本支出结转和项目支出结转三级明细科目。按照项目和部门进行辅助核算。

（2）“财政拨款结余”，是事业单位滚存的财政补助项目支出结余资金。本科目按照《政府收支分类科目》中“支出功能分类科目”的相关科目进行明细核算。按照项目和部门进行辅助核算。

（3）“非财政拨款结转”，是事业单位除财政补助收支以外的各专项资金收入与其相关支出相抵后剩余滚存的、需按规定用途使用的结转资金。按照项目和部门进行辅助核算。

（4）“非财政拨款结余”，是事业单位除财政补助收支以外的各专项资金收入与其相关支出相抵后剩余滚存的、待批准留存本单位或原渠道退回的结余资金。按照项目和部门进行辅助核算。

（5）“事业基金”，主要是非财政拨款结余和经营结余扣除结余分配后滚存的金额。

（6）“非流动资产基金”，是长期投资、固定资产、在建工程、无形资产等非流动资产取得时价值扣除折旧摊销后占用的金额。下设“长期投资”、“固定资产”、“在建工程”、“无形资产”等三级明细科目。

第二，按经济业务种类设置二级明细科目，如设置“科研盈余”、“＊＊业务盈余”、“＊＊业务盈余”、“其他盈余”等二级明细科目；再按经费性质和项目进行辅助核算。

（三）主要账务处理与列表说明

（1）年末，将“本年盈余分配”科目的余额转入累计盈余，借记或贷记“本年盈余分配”科目，贷记或借记本科目。

（2）年末，将“无偿调拨净资产”科目的余额转入累计盈余，借记或贷记“无偿调拨净资产”科目，贷记或借记本科目。

（3）按照规定上缴财政拨款结转结余、缴回非财政拨款结转资金、向其他单位调出财政拨款结转资金时，按照实际上缴、缴回、调出金额，借记本科目，贷记“财政应返还额度”、“零余额账户用款额度”、“银行存款”等科目。

按照规定从其他单位调入财政拨款结转资金时，按照实际调入金额，借记“零余额账户用款额度”、“银行存款”等科目，贷记本科目。

（4）将“以前年度盈余调整”科目的余额转入本科目，借记或贷记“以前年度盈余调整”科目，贷记或借记本科目。

（5）按照规定使用专用基金购置固定资产、无形资产的，按照固定资产、无形资产成本金额，借记“固定资产”、“无形资产”科目，贷记“银行存款”等科目；同时，按照专用基金使用金额，借记“专用基金”科目，贷记本科目。

累计盈余的主要账务处理如表6－1所示。

表6－1　　累计盈余的主要账务处理

序号	业务和事项内容	账务处理	
		财务会计	预算会计
1	年末，将“本年盈余分配”科目余额转入	借：本年盈余分配 　贷：累计盈余或做相反会计分录	——

续表

序号	业务和事项内容	账务处理	
		财务会计	预算会计
2	年末，将“无偿调拨净资产”科目余额转入	借：无偿调拨净资产 贷：累计盈余或做相反会计分录	——
3	按照规定上缴财政拨款结转结余、缴回非财政拨款结转资金、向其他单位调出财政拨款转结资金时	借：累计盈余 贷：财政应返还额度/零余额账户用款额度/银行存款等	借：财政拨款结转/财政拨款结余/非财政拨款结转 贷：资金结存——零余款账户用款额度/货币资金/财政应返还额度等
4	按规定从其他单位调入财政拨款结余资金	借：零余额账户用款额度/银行存款 贷：累计盈余	借：资金结存 贷：财政拨款结转——归集调入
5	将“以前年度盈余调整”科目的余额转入	借：以前年度盈余调整 贷：累计盈余或相反方向会计分录	——
6	使用专用基金购置固定资产、无形资产的	按照固定资产、无形资产成本金额 借：固定资产、无形资产 贷：银行存款同时，按照专用基金使用金额， 借：专用基金 贷：累计盈余	——

（四）会计实务示例

【例6-1】2019年12月31日，某事业单位按需自设了二级科目，将“本年盈余分配”年终分配后余额500 000元转入“累计盈余”。该单位编制有关的会计分录如表6-2所示。

表6-2

时间	财务会计分录	预算会计分录
2019年 12月31日	借：本年盈余分配——转入累计盈余　500 000 贷：累计盈余——事业基金　500 000	不做账务处理

【例6-2】2019年12月31日，某事业单位按需自设了二级科目，将

“无偿调拨净资产”年末余额 1 500 000 元（其中，固定资产 800 000 元、长期股权投资 700 000 元）转入“累计盈余”。该单位编制有关的会计分录如表 6－3 所示。

表 6－3

时间	财务会计分录	预算会计分录
2019 年 12 月 31 日	借：无偿调拨净资产——固定资产　800 000 ——长期股权投资 700 000 贷：累计盈余——非流动资产基金　1 500 000	不做账务处理

【例 6－3】某事业单位 2015 年财政拨款实验室设备购置项目，因政府采购公开招标确定的采购中标价格低于财政拨款预算金额，形成结余资金 120 000元，一直挂账未使用，也未编入下年预算，该项目为财政授权支付，2019 年 3 月 10 日按照审计整改要求上缴该项财政拨款结余资金。该单位编制有关的会计分录如表 6－4 所示。

表 6－4

时间	财务会计分录	预算会计分录
2019 年 3 月 10 日	借：累计盈余——财政拨款结余 120 000 贷：零余额账户用款额度——财政授权支付　120 000	借：财政拨款结余——归集上缴　120 000 贷：资金结存——零余额账户用款额度　120 000

【例 6－4】2019 年末某事业单位“以前年度盈余调整”余额 20 000 元，全部为增加 2018 年财政拨款项目的支出，年末结转入“累计盈余”。该单位编制有关的会计分录如表 6－5 所示。

表 6－5

时间	财务会计分录	预算会计分录
2019 年 年末	借：累计盈余——财政拨款结转 20 000 贷：以前年度盈余调整　20 000	不做账务处理

【例 6－5】2019 年 6 月 1 日，某事业单位使用专用基金——职工福利基金 18 000 元购置食堂燃气灶，该单位编制有关的会计分录如表 6－6 所示。

表6－6

时间	财务会计分录	预算会计分录
2019年6月1日	借：固定资产——家具、用具、装具及动植物 18 000 贷：银行存款——基本账户存款 18 000 借：专用基金——职工福利基金 18 000 贷：累计盈余——非流动资产基金 18 000	使用从非财政拨款结余或经营结余中提取的基金 借：专用结余——职工福利基金 18 000 贷：资金结存——货币资金——银行存款 18 000

（五）期末余额

本科目年末余额，反映单位未分配盈余（或未弥补亏损）以及无偿调拨净资产变动的累计数。

二、专用基金

（一）核算内容

本科目核算事业单位按照规定提取或设置的具有专门用途的净资产，主要包括职工福利基金、科技成果转换基金等。

（二）明细科目的设置

按照《政府会计制度》规定，本科目应当按照专用基金的类别进行明细核算。

事业单位按照本单位专用基金实际情况，设置明细科目。如设置“职工福利基金”、“住房基金”、“科技成果转化基金”、“修购基金”、“医疗风险基金”、“奖励基金”、“其他专用基金”等二级明细科目。

1. “职工福利基金”明细科目

“职工福利基金”，是指按照非财政拨款结余的一定比例提取以及按照其他规定提取转入，用于单位职工的集体福利设施、集体福利待遇等的资金。

《关于事业单位提取专用基金比例问题的通知》（财教〔2 012〕32号）规定，“事业单位职工福利基金的提取比例，在单位年度非财政拨款结余的40%以内确定。国家另有规定的，从其规定。中央级事业单位职工福利基金的提取比例，由主管部门会同财政部在单位年度非财政拨款结余的40%以内核定。国家另有规定的，从其规定。地方事业单位职工福利基金的提取比例，由省级财政部门参照本通知的有关规定，结合本地实际确定。”

2. “住房基金”明细科目

“住房基金”，是指按国家政策法规和财务制度规定，由国家财政和行政事业单位共同筹集，用于行政事业单位住房制度改革和住房建设的专项基金。

3. “修购基金”明细科目

“修购基金”，是指按照事业收入和经营收入的一定比例提取，并按照规定在相应的购置和修缮科目中列支（各列50%），以及按照其他规定转入，用于事业单位固定资产维修和购置的资金。

《关于事业单位提取专用基金比例问题的通知》（财教〔2 012〕32号）规定，“中央级事业单位修购基金的提取比例，由主管部门根据单位收入状况和核算管理的需要，按照事业收入和经营收入的一定比例核定，报财政部备案。事业收入和经营收入较少的事业单位可以不提取修购基金，实行固定资产折旧的事业单位不提取修购基金。国家另有规定的，从其规定。地方事业单位修购基金的提取比例，由省级财政部门参照本通知的有关规定，结合本地实际确定。”

4. “科技成果转化基金”明细科目

“科技成果转化基金”，是指科学事业单位从事业收入中提取，在事业支出的相关科目中列支，以及在经营收支结余中提取转入，用于科技成果转化的资金。事业收入和经营收支结余较少的单位可以不提取科技成果转化基金。

5. “医疗风险基金”明细科目

“医疗风险基金”，是指医院和基层医疗卫生机构等按国家相关制度规定提取并列入费用的专门用于支付医疗风险保险或医疗事故赔偿的资金。

6. “奖励基金”明细科目

“奖励基金”，是指基层医疗卫生机构在年度终了对核定任务完成情况进行绩效考核合格后，按照业务收支结余的一定比例提取，由基层医疗卫生机构结合绩效工资的实施，用于职工绩效考核奖励的资金。

7. “其他专用基金”明细科目

“其他专用基金”，是指按照其他有关规定提取或者设置的专用资金。

《事业单位财务规则》第三十四条规定“各项基金的提取比例和管理办法，国家有统一规定的，按照统一规定执行；没有统一规定的，由主管部门会同同级财政部门确定。”

（三）主要账务处理与列表说明

（1）年末，根据有关规定从本年度非财政拨款结余或经营结余中提取专用基金的，按照预算会计下计算的提取金额，借记“本年盈余分配”科目，贷记本科目。

（2）根据有关规定从收入中提取专用基金并计入费用的，一般按照预算会计下基于预算收入计算提取的金额，借记“业务活动费用”等科目，贷记本科目。国家另有规定的，从其规定。

（3）根据有关规定设置的其他专用基金，按照实际收到的基金金额，借记“银行存款”等科目，贷记本科目。

（4）按照规定使用提取的专用基金时，借记本科目，贷记“银行存款”等科目。使用提取的专用基金购置固定资产、无形资产的，按照固定资产、无形资产成本金额，借记“固定资产”、“无形资产”科目，贷记“银行存款”等科目；同时，按照专用基金使用金额，借记本科目，贷记“累计盈余”科目。

专用基金的主要账务处理如表6－7所示。

表6－7　　专用基金的主要账务处理

序号	业务和事项内容	账务处理	
		财务会计	预算会计
1	年末，按照规定从本年度非财政拨款结余中提取专用基金的	借：本年盈余分配 　贷：专用基金（按照预算会计下计算的提取金额）	借：非财政拨款结余分配 　贷：专用结余
2	根据规定从收入中提取专用基金并计入费用的	借：业务活动费用等 　贷：专用基金（一般按照预算收入计算提取的金额）	借：事业支出等 　贷：资金结存
3	根据有关规定设置的其他专用基金	按照实际收到的基金金额， 借：银行存款等科目 　贷：专用基金——其他专用基金	不做账务处理
4	按照规定使用专用基金时	借：专用基金 　贷：银行存款等 如果购置固定资产、无形资产的： 借：固定资产/无形资产 　贷：银行存款等 借：专用基金 　贷：累计盈余	使用从收入中提取并列入费用的专用基金 借：事业支出等 　贷：资金结存 使用从非财政拨款结余中提取的专用基金： 借：专用结余 　贷：资金结存——货币资金

（四）会计实务示例

【例6-6】某事业单位2019年年终分配，非财政拨款结余总额为500 000元，按照结余的40%提取职工福利基金。该单位编制有关的会会分录如表6-8所示。

表6-8

时间	财务会计分录	预算会计分录
2019年年末	借：本年盈余分配——提取职工福利基金 200 000 贷：专用基金——职工福利基金 200 000	借：非财政拨款结余分配 200 000 贷：专用结余-职工福利基金 200 000

【例6-7】2019年某科研所事业收入中横向课题收入5 000 000元，按照相关规定，提取科技成果转化基金，提取比例5%。该单位编制有关的会计分录如表6-9所示。

表6-9

时间	财务会计分录	预算会计分录
2019年	借：业务活动费用——计提专用基金 250 000 贷：专用基金——科技成果转化基金 250 000	不做账务处理

【例6-8】2019年6月1日，某事业单位使用专用基金——职工福利基金18 000元购置食堂燃气灶。该单位编制有关的会计分录如表6-10所示。

表6-10

时间	财务会计分录	预算会计分录
2019年6月1日	借：固定资产——家具、用具、装具及动植物 18 000 贷：银行存款——基本账户存款 18 000 借：专用基金——职工福利基金 18 000 贷：累计盈余——非流动资产基金 18 000	借：专用结余——职工福利基金 18 000 贷：资金结存——货币资金——银行存款 18 000

（五）期末余额

本科目年末贷方余额，反映事业单位累计提取或设置的尚未使用的专用基金。

三、本期盈余

（一）核算内容

本科目核算单位本期各项收入、费用相抵后的余额。

（二）明细科目设置

《政府会计制度》未规定本科目的明细科目设置要求。事业单位根据核算需要，按照收入来源设置明细科目，如设置“财政拨款结转”、“财政拨款结余”、“非财政拨款结转”、“事业结余”、“经营结余”、“所得税”等二级明细科目。

本科目可按支出功能分类、项目和收入来源进行辅助核算。

（三）主要账务处理与列表说明

期末，将各类收入科目的本期发生额转入本期盈余，借记“财政拨款收入”、“事业收入”、“上级补助收入”、“附属单位上缴收入”、“经营收入”、“非同级财政拨款收入”、“投资收益”、“捐赠收入”、“利息收入”、“租金收入”、“其他收入”科目，贷记本科目；将各类费用科目本期发生额转入本期盈余，借记本科目，贷记“业务活动费用”、“单位管理费用”、“经营费用”、“所得税费用”、“资产处置费用”、“上缴上级费用”、“对附属单位补助费用”、“其他费用”科目。

年末，完成上述结转后，将本科目余额转入“本年盈余分配”科目，借记或贷记本科目，贷记或借记“本年盈余分配”科目。

本年盈余的主要账务处理如表 6 - 11 所示。

（四）会计实务示例

【例 6 - 9】2019 年末，某事业单位结账前有关会计科目的余额如表 6 - 12、表 6 - 13 所示，按照 25% 计算缴纳所得税，按 40% 提取职工福利基金。

表 6－11 本年盈余的主要账务处理

<table>
<tr><th rowspan="2">序号</th><th rowspan="2">业务和事项内容</th><th colspan="2">账务处理</th></tr>
<tr><th>财务会计</th><th>预算会计</th></tr>
<tr><td>1</td><td>结转收入</td><td>借：财政拨款收入
事业收入
上级补助收入
附属单位上缴收入
经营收入
非同级财政拨款收入
投资收益
捐赠收入
利息收入
租金收入
其他收入
贷：本期盈余
投资收益科目为发生额借方净额时，做相反会计分录</td><td>——</td></tr>
<tr><td>2</td><td>结转费用</td><td>借：本期盈余
贷：业务活动费用
单位管理费用
经营费用
资产处置费用
上缴上级费用
对附属单位补助费用
所得税费用
其他费用</td><td>——</td></tr>
<tr><td>3</td><td>年末将本期盈余转入本年盈余分配</td><td>当本期盈余科目为贷方余额时
借：本期盈余
贷：本年盈余分配
当本期盈余科目为借方余额时
借：本年盈余分配
贷：本期盈余</td><td>——</td></tr>
</table>

表 6-12

财务会计科目	借方余额	贷方余额
财政拨款收入		1 500 000
事业收入		3 000 000
上级补助收入		400 000
附属单位上缴收入		300 000
经营收入		4 000 000
非同级财政拨款收入		200 000
投资收益		300 000
捐赠收入		100 000
利息收入		80 000
租金收入		500 000
其他收入		10 000
业务活动费用——财政拨款费用	1 000 000	
——非同级财政拨款费用	200 000	
——非财政拨款费用	1 580 000	
单位管理费用	0	
经营费用	3 040 000	
资产处置费用	8 000	
上缴上级费用	50 000	
对附属单位补助费用	260 000	
所得税费用（经营结余）	240 000	
所得税费用（非财政拨款结余）	450 000	
其他费用	5 000	

表 6-13

预算会计科目	借方余额	贷方余额
财政拨款预算收入		1 500 000
事业预算收入——非财政拨款专项收入		3 000 000
上级补助预算收入——专项资金收入		400 000
附属单位上缴预算收入——专项资金收入		300 000
经营预算收入		4 000 000
非同级财政拨款预算收入——专项资金收入		200 000
投资预算收益		300 000
其他预算收入——捐赠收入		100 000
其他预算收入——利息收入		80 000
其他预算收入——租金收入		500 000
其他预算收入——其他收入		10 000

续表

预算会计科目	借方余额	贷方余额
事业支出——财政拨款支出	1 000 000	
事业支出——非同级财政拨款支出	200 000	
事业支出——非财政拨款专项支出——科研支出	1 580 000	
经营支出	3 040 000	
上缴上级支出	50 000	
对附属单位补助支出	260 000	
其他支出——资产处置费用	8 000	
非财政拨款结余——所得税费用（借方余额）	690 000	
其他支出——其他费用	5 000	

该单位根据上述资料编制年末结转会计分录如表6-14所示。

表6-14

时间	财务会计分录	预算会计分录
2019年年末	借：财政拨款收入 1 500 000 贷：业务活动费用——财政拨款费用 1 000 000 本期盈余——财政拨款结转 500 000 借：事业收入 3 000 000 非同级财政拨款收入 200 000 上级补助收入 400 000 附属单位上缴收入 300 000 贷：业务活动费用——非财政拨款费用 1 580 000 业务活动费用——非同级财政拨款费用 200 000 上缴上级费用 50 000 对附属单位补助费用 260 000 本期盈余——非财政拨款结转 1 810 000 借：经营收入 4 000 000 贷：经营费用 3 040 000 本期盈余——经营结余 960 000	借：财政拨款预算收入 1 500 000 贷：事业支出——财政拨款支出 1 000 000 财政拨款结转——本年收支结转 500 000 借：事业预算收入——非财政拨款专项收入 3 000 000 非同级财政拨款预算收入 200 000 上级补助预算收入——专项资金收入 400 000 附属单位上缴预算收入 300 000 贷：事业支出——非财政拨款专项支出——科研支出 1 580 000 事业支出——非同级财政拨款支出 200 000 上缴上级支出 50 000 对附属单位补助支出 260 000

续表

时间	财务会计分录	预算会计分录
2019 年年末	借：投资收益 300 000 捐赠收入 100 000 利息收入 80 000 租金收入 500 000 其他收入 10 000 贷：资产处置费用 8 000 其他费用 5 000 本期盈余——事业结余 977 000 借：本期盈余 690 000 贷：所得税费用 690 000 借：本期盈余 3 557 000 贷：本年盈余分配 3 557 000 借：本年盈余分配 774 800 贷：专用基金——职工福利基金 774 800 此时，本年盈余分配科目贷方余额 = 3 557 000 - 774 800 = 2 782 200 借：本年盈余分配 2 782 200 贷：累计盈余——财政拨款结转 500 000 累计盈余——非财政拨款结转 1 810 000 累计盈余——经营结余（960 000 - 240 000 - 960 000 × 40%） 336 000 累计盈余——非财政拨款结余（977 000 - 450 000 - 977 000 × 40%） 1 362 000	非财政拨款结转——本年收支结转 1 810 000 借：经营预算收入 4 000 000 贷：经营支出 3 040 000 经营结余 960 000 借：投资预算收益 300 000 其他预算收入——捐赠收入 100 000 其他预算收入——利息收入 80 000 其他预算收入——租金收入 500 000 其他预算收入——其他收入 10 000 贷：其他支出——资产处置费用 8 000 其他支出——其他费用 5 000 其他结余 977 000 不做账务处理 借：其他结余 977 000 经营结余 960 000 贷：非财政拨款结余分配 1 937 000 借：非财政拨款结余分配 774 800 贷：专用结余——职工福利基金 774 800 借：非财政拨款结余分配 1 162 200 贷：非财政拨款结余——累计结余 1 162 200

（五）期末余额

年末结账后，本科目应无余额。

四、本年盈余分配

（一）核算内容

本科目核算单位本年度盈余分配的情况和结果。

（二）明细科目设置

《政府会计制度》未规定本科目的明细科目设置要求。事业单位可根据核算需要，设置明细科目，如设置“提取职工福利基金”、“财政拨款结转”、“非财政拨款结转”、“事业基金”、“所得税”等明细科目。

本科目可按支出功能分类、项目和收入来源进行辅助核算。

（三）主要账务处理与列表说明

年末，将“本期盈余”科目余额转入本科目，借记或贷记“本期盈余”科目，贷记或借记本科目。

年末，根据有关规定从本年度非财政拨款结余或经营结余中提取专用基金的，按照预算会计下计算的提取金额，借记本科目，贷记“专用基金”科目。

年末，按照规定完成上述处理后，将本科目余额转入累计盈余，借记或贷记本科目，贷记或借记“累计盈余”科目。

本年盈余分配的主要账务处理如表 6－15 所示。

表 6－15　　本年盈余分配的主要账务处理

序号	业务和事项内容	账务处理	
		财务会计	预算会计
1	年末将本期盈余转入本年盈余分配	当本期盈余科目为贷方余额时 借：本期盈余 　贷：本年盈余分配 当本期盈余科目为借方余额时 借：本年盈余分配 　贷：本期盈余	—
2	年末，按照有关规定提取专用基金	借：本年盈余分配 　贷：专用基金	借：非财政拨款结余分配 　贷：专用结余

续表

序号	业务和事项内容	账务处理	
		财务会计	预算会计
3	年末，将本年盈余分配余额转入累计盈余	当本年盈余分配科目为贷方余额 借：本年盈余分配 　　贷：累计盈余 当本年盈余分配科目为借方余额 借：累计盈余 　　贷：本年盈余分配	—

（四）会计实务示例

【例 6－10】2019 年末，某事业单位按 40% 提取专用基金－职工福利金 774 800 元，该单位编制有关的会计分录如表 6－16 所示。

表 6－16

时间	财务会计分录	预算会计分录
2019 年年末	借：本年盈余分配——财政拨款结转 774 800 　　贷：专用基金 774 800	借：非财政拨款结余分配 774 800 　　贷：专用结余——职工福利基金 774 800

（五）期末余额

年末结账后，本科目应无余额。

第三节　净资产调整的核算

一、权益法调整

（一）核算内容

本科目核算事业单位持有的长期股权投资采用权益法核算时，按照被投资单位除净损益和利润分配以外的所有者权益变动份额，调整长期股权投资账面余额而计入净资产的金额。

（二）明细科目设置

按照《政府会计制度》规定，本科目应当按照被投资单位进行明细核算。事业单位按照对外投资的被投资单位设置明细科目。

（三）主要账务处理与列表说明

年末，按照被投资单位除净损益和利润分配以外的所有者权益变动应享有（或应分担）的份额，借记或贷记“长期股权投资——其他权益变动”科目，贷记或借记本科目。

采用权益法核算的长期股权投资，因被投资单位除净损益和利润分配以外的所有者权益变动而将应享有（或应分担）的份额计入单位净资产的，处置该项投资时，按照原计入净资产的相应部分金额，借记或贷记本科目，贷记或借记“投资收益”科目。

权益法调整的主要账务处理如表6－17所示。

表6－17　　权益法调整的主要账务处理

序号	业务和事项内容	账务处理	
		财务会计	预算会计
1	年末，按照被投资单位除净损益和利润分配以外的所有者权益变动的份额（增加）	借：长期股权投资——其他权益变动 贷：权益法调整	—
2	年末，按照被投资单位除净损益和利润分配以外的所有者权益变动的份额（减少）	借：权益法调整 贷：长期股权投资——其他权益变动	—
3	长期股权投资处置	当权益法调整科目为借方余额 借：投资收益 贷：权益法调整（与所处置投资对应部分的金额）	

续表

序号	业务和事项内容	账务处理	
		财务会计	预算会计
		当权益法调整科目为贷方余额 借：权益法调整（与所处置投资对应部分的金额） 贷：投资收益	—

（四）会计实务示例

例题参见投资收益、长期股权投资章节。

（五）期末余额

本科目年末余额，反映事业单位在被投资单位除净损益和利润分配以外的所有者权益变动中累积享有（或分担）的份额。

二、以前年度盈余调整

（一）核算内容

本科目核算单位本年度发生的调整以前年度盈余的事项，包括本年度发生的重要前期差错更正涉及调整以前年度盈余的事项。

（二）明细科目设置

《政府会计制度》未规定本科目的明细科目设置要求。事业单位按照核算需要，设置明细科目。

（三）主要账务处理与列表说明

调整增加以前年度收入时，按照调整增加的金额，借记有关科目，贷记本科目。调整减少的，做相反会计分录。

调整增加以前年度费用时，按照调整增加的金额，借记本科目，贷记有关科目。调整减少的，做相反会计分录。

盘盈的各种非流动资产，报经批准后处理时，借记“待处理财产损溢”科目，贷记本科目。

经上述调整后，应将本科目的余额转入累计盈余，借记或贷记“累计盈余”科目，贷记或借记本科目。

以前年度盈余调整的主要账务处理如表6－18所示。

表6－18 以前年度盈余调整的主要账务处理

序号	业务和事项内容	账务处理	
		财务会计	预算会计
1	调整以前年度收入	增加以前年度收入时 借：有关资产或负债科目 贷：以前年度盈余调整	按照实际收到的金额 借：资金结存 贷：财政拨款结转/财政拨款结余/非财政拨款结转/非财政拨款结余（年初余额调整）
		减少以前年度收入时 借：以前年度盈余调整 贷：有关资产或负债科目	按照实际支付的金额 借：财政拨款结转/财政拨款结余/非财政拨款结转/非财政拨款结余（年初余额调整） 贷：资金结存
2	调整以前年度费用	增加以前年度费用时 借：以前年度盈余调整 贷：有关资产或负债科目	按照实际支付的金额 借：财政拨款结转/财政拨款结余/非财政拨款结转/非财政拨款结余（年初余额调整） 贷：资金结存
		减少以前年度费用时 借：有关资产或负债科目 贷：以前年度盈余调整	按照实际收到的金额 借：资金结存 贷：财政拨款结转/财政拨款结余/非财政拨款结转/非财政拨款结余（年初余额调整）
3	盘盈的各种非流动资产，报经批准后处理时	借：待处理财产损溢 贷：以前年度盈余调整	—

续表

序号	业务和事项内容	账务处理	
		财务会计	预算会计
4	将以前年度盈余调整科目余额转入累计盈余	当以前年度盈余调整科目为借方余额 借：累计盈余 　　贷：以前年度盈余调整 当以前年度盈余调整科目为贷方余额 借：以前年度盈余调整 　　贷：累计盈余	—

（四）会计实务示例

【例 6-11】 2020 年 5 月 1 日，税务部门税务稽查时发现，某事业单位 2019 年度经营支出中存在假发票 100 000 元，责令其调账并做纳税调整，该单位通知责任部门和责任人追索正规票据，同时补交增值税 6 000 元（增值税率 6%，为计算简便不考虑附加）、补交所得税 25 000 元（所得税税率 25%）。该单位编制有关的会计分录如表 6-19 所示。

表 6-19

时间	财务会计分录	预算会计分录
2020 年 5 月 1 日	借：其他应收款——××人　100 000 　　贷：以前年度盈余调整　100 000 借：以前年度盈余调整　31 000 　　贷：应交增值税　6 000 　　　　其他应交税费——应交企业所得税　25 000 借：应交增值税　6 000 　　其他应交税费——应交企业所得税　25 000 　　贷：银行存款——基本账户存款　31 000	借：非财政拨款结余（年初余额调整）　31 000 　　贷：资金结存——货币资金——银行存款　31 000

【例 6-12】 2018 年 12 月，某事业单位年终结算前进行资产盘点，盘盈台式计算机 3 台，按照重置成本确认资产价值 24 000 元，2019 年 6 月 1 日盘

盈资产经批准入账。该单位编制有关的会计分录如表6－20所示。

表6－20

时间	财务会计分录	预算会计分录
2019年 6月1日	借：待处理财产损溢——固定资产 24 000 贷：以前年度盈余调整 24 000 借：固定资产——通用设备 24 000 贷：待处理财产损溢——固定资产 24 000	不做账务处理

【例6－13】2019年末，某事业单位将以前年度盈余调整24 000元转入累计盈余。该单位编制有关的会计分录如表6－21所示。

表6－21

时间	财务会计分录	预算会计分录
2019年 年末	借：以前年度盈余调整 24 000 贷：累计盈余——非流动资产基金 24 000	不做账务处理

（五）期末余额

年末结账后，本科目应无余额。

三、无偿调拨净资产

（一）核算内容

本科目核算单位无偿调入或调出非现金资产所引起的净资产变动金额。

（二）明细科目设置

《政府会计制度》未规定本科目的明细科目设置要求。事业单位可根据核算需要，设置明细科目，如按照调拨的非现金资产类别设置明细科目。

（三）主要账务处理与列表说明

按照规定取得无偿调入的存货、长期股权投资、固定资产、无形资产、公共基础设施、政府储备物资、文物文化资产、保障性住房等，按照确定的成本，借记“库存物品”、“长期股权投资”、“固定资产”、“无形资产”、“公共基础设施”、“政府储备物资”、“文物文化资产”、“保障性住房”等科目，按照调入过程中发生的归属于调入方的相关费用，贷记“零余额账户用款额度”、“银行存款”等科目，按照其差额，贷记本科目。

按照规定经批准无偿调出存货、长期股权投资、固定资产、无形资产、公共基础设施、政府储备物资、文物文化资产、保障性住房等，按照调出资产的账面余额或账面价值，借记本科目，按照固定资产累计折旧、无形资产累计摊销、公共基础设施累计折旧或摊销、保障性住房累计折旧的金额，借记“固定资产累计折旧”、“无形资产累计摊销”、“公共基础设施累计折旧（摊销）”、“保障性住房累计折旧”科目，按照调出资产的账面余额，贷记“库存物品”、“长期股权投资”、“固定资产”、“无形资产”、“公共基础设施”、“政府储备物资”、“文物文化资产”、“保障性住房”等科目；同时，按照调出过程中发生的归属于调出方的相关费用，借记“资产处置费用”科目，贷记“零余额账户用款额度”、“银行存款”等科目。

年末，将本科目余额转入累计盈余，借记或贷记本科目，贷记或借记“累计盈余”科目。

无偿调拨净资产的主要账务处理如表6－22所示。

表6－22　　　　无偿调拨净资产的主要账务处理

序号	业务和事项内容	账务处理	
		财务会计	预算会计
1	取得无偿调入的资产时	借：固定资产等 　　贷：无偿调拨净资产/银行存款等（发生的归属于调入方的相关费用）	借：其他支出（发生的归属于调入方的相关费用） 　　贷：资金结存等
2	年末将无偿调拨净资产科目余额转入累计盈余	当无偿调拨净资产科目为借方余额 借：累计盈余 　　贷：无偿调拨净资产 当无偿调拨净资产科目为贷方余额 借：无偿调拨净资产 　　贷：累计盈余	——

（四）会计实务示例

【例 6－14】2019 年 8 月 1 日，某事业单位按需自设了二级科目，收到上级主管部门批复，无偿调入药品账面价值 300 000 元、医疗设备账面价值 500 000 元、对全资企业的长期投资 350 000 元，2019 年 9 月 1 日收到上述资产划出方已减账的书面通知，并收到上述无偿调入资产，该事业单位承担调入设备的运输费用 20 000 元。该单位编制有关的会计分录如表 6－23 所示。

表 6－23

时间	财务会计分录	预算会计分录
2019 年 9 月 1 日	借：库存物品——其他 300 000 固定资产——专用设备 520 000 长期股权投资 350 000 贷：银行存款——基本账户存款 20 000 无偿调拨净资产——库存物品 300 000 ——固定资产 500 000 ——长期股权投资 350 000	借：其他支出——运杂费 20 000 贷：资金结存——货币资金——银行存款 20 000

【例 6－15】接【例 6－14】，2019 年末，某事业单位将无偿调拨净资产转入累计盈余。该单位编制有关的会计分录如表 6－24 所示。

表 6－24

时间	财务会计分录	预算会计分录
2019 年年末	借：无偿调拨净资产——库存物品 300 000 ——固定资产 500 000 ——长期股权投资 350 000 贷：累计盈余——事业基金 300 000 ——非流动资产基金 850 000	不做账务处理

（五）期末余额

年末结账后，本科目应无余额。

第七章

预 算 结 余

第一节　预算结余概述

一、预算结余的概念及分类

《基本准则》第二十三条规定："预算结余是指政府会计主体预算年度内预算收入扣除预算支出后的资金余额，以及历年滚存的资金余额。"

《基本准则》第二十四条规定："预算结余包括结余资金和结转资金。"

二、预算结余的确认

结余资金是指年度预算执行终了，预算收入实际完成数扣除预算支出和结转资金后剩余的资金。

结转资金是指预算安排项目的支出年终尚未执行完毕或者因故未执行，且下年需要按原用途继续使用的资金。

第二节　资金结存的核算

一、核算内容

本科目核算单位纳入部门预算管理的资金的流入、流出、调整和滚存等情况。

二、明细科目设置

本科目应当设置下列明细科目：

1. "零余额账户用款额度"

本明细科目核算实行国库集中支付的单位根据财政部门批复的用款计划收到和支用的零余额账户用款额度。年末结账后，本明细科目应无余额。

2. "货币资金"

本明细科目核算单位以库存现金、银行存款、其他货币资金形态存在的资金。本明细科目年末借方余额，反映单位尚未使用的货币资金。

3. "财政应返还额度"

本明细科目核算实行国库集中支付的单位可以使用的以前年度财政直接支付资金额度和财政应返还的财政授权支付资金额度。本明细科目下可设置"财政直接支付"、"财政授权支付"两个明细科目进行明细核算。本明细科目年末借方余额，反映单位应收财政返还的资金额度。

三、主要账务处理与列表说明

第一，财政授权支付方式下，单位根据代理银行转来的财政授权支付额度到账通知书，按照通知书中的授权支付额度，借记本科目（零余额账户用款额度），贷记"财政拨款预算收入"科目。

以国库集中支付以外的其他支付方式取得预算收入时，按照实际收到的金额，借记本科目（货币资金），贷记"财政拨款预算收入"、"事业预算收入"、"经营预算收入"等科目。

第二，财政授权支付方式下，发生相关支出时，按照实际支付的金额，借记“事业支出”等科目，贷记本科目（零余额账户用款额度）。

从零余额账户提取现金时，借记本科目（货币资金），贷记本科目（零余额账户用款额度）。退回现金时，做相反会计分录。

使用以前年度财政直接支付额度发生支出时，按照实际支付金额，借记“事业支出”等科目，贷记本科目（财政应返还额度）。

国库集中支付以外的其他支付方式下，发生相关支出时，按照实际支付的金额，借记“事业支出”、“经营支出”等科目，贷记本科目（货币资金）。

第三，按照规定上缴财政拨款结转结余资金或注销财政拨款结转结余资金额度的，按照实际上缴资金数额或注销的资金额度数额，借记“财政拨款结转——归集上缴”或“财政拨款结余——归集上缴”科目，贷记本科目（财政应返还额度、零余额账户用款额度、货币资金）。

按规定向原资金拨入单位缴回非财政拨款结转资金的，按照实际缴回资金数额，借记“非财政拨款结转——缴回资金”科目，贷记本科目（货币资金）。

收到从其他单位调入的财政拨款结转资金的，按照实际调入资金数额，借记本科目（财政应返还额度、零余额账户用款额度、货币资金），贷记“财政拨款结转——归集调入”科目。

第四，按照规定使用专用基金时，按照实际支付金额，借记“专用结余”科目（从非财政拨款结余中提取的专用基金）或“事业支出”等科目（从预算收入中计提的专用基金），贷记本科目（货币资金）。

第五，因购货退回、发生差错更正等退回国库直接支付、授权支付款项，或者收回货币资金的，属于本年度支付的，借记“财政拨款预算收入”科目或本科目（零余额账户用款额度、货币资金），贷记相关支出科目；属于以前年度支付的，借记本科目（财政应返还额度、零余额账户用款额度、货币资金），贷记“财政拨款结转”、“财政拨款结余”、“非财政拨款结转”、“非财政拨款结余”科目。

第六，有企业所得税缴纳义务的事业单位缴纳所得税时，按照实际缴纳金额，借记“非财政拨款结余——累计结余”科目，贷记本科目（货币资金）。

第七，年末，根据本年度财政直接支付预算指标数与当年财政直接支付实际支出数的差额，借记本科目（财政应返还额度），贷记“财政拨款预算收入”科目。

第八，年末，单位依据代理银行提供的对账单做注销额度的相关账务处理，借记本科目（财政应返还额度），贷记本科目（零余额账户用款额度）；本年度财政授权支付预算指标数大于零余额账户用款额度下达数的，根据未下达的用款额度，借记本科目（财政应返还额度），贷记“财政拨款预算收入”科目。

下年初，单位依据代理银行提供的额度恢复到账通知书做恢复额度的相关账务处理，借记本科目（零余额账户用款额度），贷记本科目（财政应返还额度）。单位收到财政部门批复的上年末未下达零余额账户用款额度的，借记本科目（零余额账户用款额度），贷记本科目（财政应返还额度）。

资金结存主要账务处理如表 7－1 所示。

表 7－1　　资金结存的主要账务处理

序号	业务和事项内容		账务处理	
			财务会计	预算会计
1	取得预算收入	取得预算收入财政授权支付方式下	借：零余额账户用款额度 贷：财政拨款收入	借：资金结存——零余额账户用款额度 贷：财政拨款预算收入
		取得预算收入国库集中支付以外的其他支付方式下	借：银行存款 贷：财政拨款收入/事业收入等	借：资金结存——货币资金 贷：财政拨款预算收入/事业预算收入等
2	从零余额账户提取现金		借：库存现金 贷：零余额账户用款额度	借：资金结存——货币资金 贷：资金结存——零余额账户用款额度
3	发生预算支出	财政授权支付方式下	借：业务活动费用/单位管理费用/库存物品/固定资产等 贷：零余额账户用款额度	借：事业支出等 贷：资金结存——零余额账户用款额度
		使用以前年度财政直接支付额度	借：业务活动费用/单位管理费用/库存物品/固定资产等 贷：财政应返还额度	借：事业支出等 贷：资金结存——财政应返还额度
		国库集中支付以外的其他方式下	借：业务活动费用/单位管理费用/库存物品/固定资产等 贷：银行存款/库存现金等	借：事业支出等 贷：资金结存——货币资金
4	按照规定使用提取的专用基金	一般情况下	借：专用基金 贷：银行存款等	使用从非财政拨款结余或经营结余中计提的专用基金 借：专用结余 贷：资金结存——货币资金 使用从收入中计提并计入费用的专用基金 借：事业支出等 贷：资金结存——货币资金
		购买固定资产、无形资产等	借：固定资产/无形资产等 贷：银行存款等 借：专用基金 贷：累计盈余	

续表

序号	业务和事项内容		账务处理	
			财务会计	预算会计
5	预算结转结余调整	按照规定上缴财政拨款结转结余资金或注销财政拨款结转结余额度的	借：累计盈余 贷：财政应返还额度/零余额账户用款额度/银行存款	借：财政拨款结转——归集上缴/财政拨款结余——归集上缴 贷：资金结存——财政应返还额度/零余额账户用款额度/货币资金
		按照规定缴回非财政拨款结转资金的	借：累计盈余 贷：银行存款	借：非财政拨款结转——缴回资金 贷：资金结存——货币资金
		收到调入的财政拨款结转资金的	借：财政应返还额度/零余额账户用款额度/银行存款 贷：累计盈余	借：资金结存——财政应返还额度/零余额账户用款额度/货币资金 贷：财政拨款结转——归集调入
6	因购货退回、发生差错更正等退回国库直接支付、授权支付款项，或者收回货币资金的	属于本年度的	借：财政拨款收入/零余额账户用款额度/银行存款等 贷：业务活动费用/库存物品等	借：财政拨款预算收入/资金结存——零余额账户用款额度/货币资金 贷：事业支出等
		属于以前年度的	借：财政应返还额度/零余额账户用款额度/银行存款等 贷：以前年度盈余调整	借：资金结存——财政应返还额度/零余额账户用款额度/货币资金 贷：财政拨款结转/财政拨款结余/非财政拨款结转/非财政拨款结余（年初余额调整）
7	有企业所得税缴纳义务的事业单位实际缴纳企业所得税时		借：其他应交税费——应交所得税 贷：银行存款等	借：非财政拨款结余——累计结余 贷：资金结存——货币资金

续表

<table>
<tr><th rowspan="2">序号</th><th rowspan="2" colspan="2">业务和事项内容</th><th colspan="2">账务处理</th></tr>
<tr><th>财务会计</th><th>预算会计</th></tr>
<tr><td rowspan="2">8</td><td rowspan="2">年末确认未下达的财政用款额度</td><td>财政直接支付方式</td><td>借：财政应返还额度——财政直接支付
贷：财政拨款收入</td><td rowspan="2">借：资金结存——财政应返还额度
贷：财政拨款预算收入</td></tr>
<tr><td>财政授权支付方式</td><td>借：财政应返还额度——财政授权支付
贷：财政拨款收入</td></tr>
<tr><td>9</td><td colspan="2">年末注销零余额账户用款额度</td><td>借：财政应返还额度——财政授权支付
贷：零余额账户用款额度</td><td>借：资金结存——财政应返还额度
贷：资金结存——零余额账户用款额度</td></tr>
<tr><td>10</td><td colspan="2">下年初，恢复零余额账户用款额度或收到上年末未下达的零余额账户用款额度的</td><td>借：零余额账户用款额度
贷：财政应返还额度——财政授权支付</td><td>借：资金结存——零余额账户用款额度
贷：资金结存——财政应返还额度</td></tr>
</table>

四、会计实务示例

【例7-1】2019年3月1日某事业单位根据代理银行转来的《财政授权支付额度到账通知书》，获得本期项目支出额度5 000 000元。该单位编制有关的会计分录如表7-2所示。

表7-2

时间	财务会计分录	预算会计分录
2019年3月1日	借：零余额账户用款额度——项目支出用款额度 5 000 000 贷：财政拨款收入——财政授权支付——项目支出 5 000 000	借：资金结存——零余额账户用款额度——项目支出用款额度 5 000 000 贷：财政拨款预算收入——财政授权支付——项目支出 5 000 000

【例7-2】2019年5月2日，某事业单位的基本户收到科技主管部门拨付的重点研发计划项目经费6 000 000元。该单位编制有关的会计分录如表7-3所示。

表 7－3

时间	财务会计分录	预算会计分录
2019 年 5 月 2 日	借：银行存款——基本账户存款 6 000 000 贷：事业收入——科研经费收入 6 000 000	借：资金结存—货币资金——银行存款 6 000 000 贷：事业预算收入——科研经费收入 6 000 000

【例 7－3】2019 年 5 月 2 日，某事业单位出纳人员经批准从零余额账户提取现金 30 000 元，用于当日给各部门支付差旅费报销款。该单位编制有关的会计分录如表 7－4 所示。

表 7－4

时间	财务会计分录	预算会计分录
2019 年 5 月 2 日	借：库存现金——零余额现金 30 000 贷：零余额账户用款额度——基本支出用款额度 30 000	借：资金结存—货币资金——库存现金 30 000 贷：资金结存——零余额账户用款额度——基本支出用款额度 30 000

【例 7－4】2019 年 5 月 5 日，某事业单位通过零余额账户向大华宾馆支付项目支出的会议费 80 000 元，后附政府采购结算单、会议通知及签到表等附件。该单位编制有关的会计分录如表 7－5 所示。

表 7－5

时间	财务会计分录	预算会计分录
2019 年 5 月 5 日	借：业务活动费用——商品和服务费用——会议费 80 000 贷：零余额账户用款额度——项目支出额度 80 000	借：事业支出——项目支出——商品和服务支出——会议费 80 000 贷：资金结存——零余额账户用款额度——项目支出额度 80 000

【例 7－5】2019 年 4 月 9 日，某事业单位使用 2018 年度项目支出的财政直接支付额度支付进口设备 A 尾款 1 000 000 元，设备已到货并验收，需要安装，后附货物验收单、政府采购合同等附件。该单位编制有关的会计分录如表 7－6 所示。

表 7－6

时间	财务会计分录	预算会计分录
2019 年 4 月 9 日	借：在建工程——A 设备 1 000 000 贷：财政应返还额度——财政直接支付——项目支出额度 1 000 000	借：事业支出——项目支出——商品和服务支出——资本性支出 1 000 000 贷：资金结存—财政应返还额度——财政直接支付 1 000 000

【例 7－6】某事业单位承担科技部重点研发计划项目，项目款在基本户核算。2019 年 8 月 1 日，该事业单位与某基因测序公司签订测试化验加工合同，经审计合同总额 200 000 元，按照合同约定签订日需支付首款 160 000 元。该单位编制有关的会计分录如表 7－7 所示。

表 7－7

时间	财务会计分录	预算会计分录
2019 年 8 月 1 日	借：业务活动费用——商品和服务费用——委托业务费 160 000 贷：银行存款——基本账户存款 160 000	借：事业支出——项目支出——商品和服务支出——委托业务费 160 000 贷：资金结存——货币资金——银行存款 160 000

【例 7－7】某事业单位 2019 年年终分配，非财政拨款结余总额为 500 000 元，按照结余的 40% 提取职工福利基金 200 000 元。该单位编制有关的会计分录如表 7－8 所示。

表 7－8

时间	财务会计分录	预算会计分录
2019 年 年末	借：本年盈余分配 200 000 贷：专用基金——职工福利基金 200 000	借：非财政拨款结余分配 200 000 贷：专用结余——职工福利基金 200 000

【例 7－8】2019 年 6 月 12 日，某事业单位使用专用基金——职工福利基金购置食堂燃气灶 18 000 元。该单位编制有关的会计分录如表 7－9 所示。

【例 7－9】某事业单位 2015 年财政拨款实验室设备购置项目，因政府采购公开招标确定的采购中标价格低于财政拨款预算金额，形成结余资金 120 000元，一直挂账未使用，也未编入下年预算，该项目为财政授权支付，2019 年 3 月 8 日按照审计整改要求上缴该项财政拨款结余资金。该单位编制有关的会计分录如表 7－10 所示。

表 7－9

时间	财务会计分录	预算会计分录
2019 年 6 月 12 日	借：固定资产——家具、用具、装具及动植物 18 000 贷：银行存款——基本账户存款 18 000 借：专用基金——职工福利基金 18 000 贷：累计盈余——非流动资产基金 18 000	借：专用结余——职工福利基金 18 000 贷：资金结存——货币资金——银行存款 18 000

表 7－10

时间	财务会计分录	预算会计分录
2019 年 3 月 8 日	借：累计盈余——财政拨款结余 120 000 贷：零余额账户用款额度——项目支出额度 120 000	借：财政拨款结余——归集上缴 120 000 贷：资金结存——零余额用款额度——项目支出额度 120 000

【例 7－10】2018 年末，审计部门审计时发现，某事业单位非财政拨款结转资金中有 2012 年前财政科研项目经费 560 000 元，项目已结题验收，已超过规定使用年限。2019 年 3 月 15 日，该事业单位按照审计整改要求，将上述结余资金退回。该单位编制有关的会计分录如表 7－11 所示。

表 7－11

时间	财务会计分录	预算会计分录
2019 年 3 月 15 日	借：累计盈余——非财政拨款结转 560 000 贷：银行存款——基本账户存款 560 000	借：非财政拨款结转——缴回资金 560 000 贷：资金结存——货币资金——银行存款 560 000

【例 7－11】2019 年 6 月，某事业单位基本户财政科研项目经费支付审计费，应付 5 000 元，因工作失误，误付为 50 000 元，经协商，6 月 15 日事业单位收到对方退回 45 000 元。该单位编制有关的会计分录如表 7－12 所示。

表 7 – 12

时间	财务会计分录	预算会计分录
2019 年 6 月 15 日	借：银行存款——基本账户存款 45 000 贷：业务活动费用——商品和服务费用 45 000	借：资金结存——货币资金——银行存款 45 000 贷：事业支出——项目支出——商品和服务支出——委托业务费 45 000

【**例 7 – 12**】2018 年 11 月，某事业单位基本户财政科研项目经费支付审计费，应付 5 000 元，因工作失误，误付为 50 000 元，经协商，2019 年 2 月 2 日事业单位收到对方退回 45 000 元。该单位编制有关的会计分录如表 7 – 13 所示。

表 7 – 13

时间	财务会计分录	预算会计分录
2019 年 2 月 2 日	借：银行存款——基本账户存款 45 000 贷：以前年度盈余调整 45 000	借：资金结存——货币资金——银行存款 45 000 贷：非财政拨款结转——年初余额调整 45 000

【**例 7 – 13**】2019 年 1 月 15 日，经汇算清缴，某事业单位实际缴纳上年企业所得税 25 000 元。该单位编制有关的会计分录如表 7 – 14 所示。

表 7 – 14

时间	财务会计分录	预算会计分录
2019 年 1 月 15 日	借：其他应交税费——单位应交所得税 25 000 贷：银行存款——基本账户存款 25 000	借：非财政拨款结余——累计结余 25 000 贷：资金结存——货币资金——银行存款 25 000

【**例 7 – 14**】2019 年 5 月 8 日，某事业单位本年度财政下达的基本支出授权支付预算指标数 5 000 000 元，已全部下达零余额账户，年度内授权支付的实际支付数 4 500 000 元。该单位编制有关的会计分录如表 7 – 15 所示。

表 7 – 15

时间	财务会计分录	预算会计分录
2019 年 12 月 31 日	年末注销零余额账户用款额度： 借：财政应返还额度——财政授权支付 500 000 贷：零余额账户用款额度——基本支出用款额度 500 000	年末注销零余额账户用款额度： 借：资金结存——财政应返还额度——财政授权支付 500 000 贷：资金结存——零余额账户用款额度——基本支出用款额度 500 000

续表

时间	财务会计分录	预算会计分录
2020年1月1日	下年初收到返还额度： 借：零余额账户用款额度——基本支出用款额度 500 000 贷：财政应返还额度——财政授权支付 500 000	下年初收到返还额度： 借：资金结存——零余额账户用款额度——基本支出用款额度 500 000 贷：资金结存——财政应返还额度——财政授权支付 500 000

五、期末余额

本科目年末借方余额，反映单位预算资金的累计滚存情况。

第三节 财政拨款结转结余的核算

一、财政拨款结转

（一）核算内容

本科目核算单位取得的同级财政拨款结转资金的调整、结转和滚存情况。

（二）明细科目设置

本科目应当设置下列明细科目：

（1）与会计差错更正、以前年度支出收回相关的明细科目。

“年初余额调整”：本明细科目核算因发生会计差错更正、以前年度支出收回等原因，需要调整财政拨款结转的金额。年末结账后，本明细科目应无余额。

（2）与财政拨款调拨业务相关的明细科目。

“归集调入”：本明细科目核算按照规定从其他单位调入财政拨款结转资金时，实际调增的额度数额或调入的资金数额。年末结账后，本明细科目应无余额。

“归集调出”：本明细科目核算按照规定向其他单位调出财政拨款结转资

金时，实际调减的额度数额或调出的资金数额。年末结账后，本明细科目应无余额。

“归集上缴”：本明细科目核算按照规定上缴财政拨款结转资金时，实际核销的额度数额或上缴的资金数额。年末结账后，本明细科目应无余额。

“单位内部调剂”：本明细科目核算经财政部门批准对财政拨款结余资金改变用途，调整用于本单位其他未完成项目等的调整金额。年末结账后，本明细科目应无余额。

（3）与年末财政拨款结转业务相关的明细科目。

“本年收支结转”：本明细科目核算单位本年度财政拨款收支相抵后的余额。年末结账后，本明细科目应无余额。

“累计结转”：本明细科目核算单位滚存的财政拨款结转资金。本明细科目年末贷方余额，反映单位财政拨款滚存的结转资金数额。

本科目还应当设置“基本支出结转”、“项目支出结转”两个明细科目，并在“基本支出结转”明细科目下按照“人员经费”、“日常公用经费”进行明细核算，在“项目支出结转”明细科目下按照具体项目进行明细核算；同时，本科目还应按照《政府收支分类科目》中“支出功能分类科目”的相关科目进行明细核算。

有一般公共预算财政拨款、政府性基金预算财政拨款等两种或两种以上财政拨款的，还应当在本科目下按照财政拨款的种类进行明细核算。

（三）主要账务处理与列表说明

1. 与会计差错更正、以前年度支出收回相关的账务处理

（1）因发生会计差错更正退回以前年度国库直接支付、授权支付款项或财政性货币资金，或者因发生会计差错更正增加以前年度国库直接支付、授权支付支出或财政性货币资金支出，属于以前年度财政拨款结转资金的，借记或贷记“资金结存——财政应返还额度、零余额账户用款额度、货币资金”科目，贷记或借记本科目（年初余额调整）。

（2）因购货退回、预付款项收回等发生以前年度支出又收回国库直接支付、授权支付款项或收回财政性货币资金，属于以前年度财政拨款结转资金的，借记“资金结存——财政应返还额度、零余额账户用款额度、货币资金”科目，贷记本科目（年初余额调整）。

2. 与财政拨款结转结余资金调整业务相关的账务处理

（1）按照规定从其他单位调入财政拨款结转资金的，按照实际调增的额

度数额或调入的资金数额，借记“资金结存——财政应返还额度、零余额账户用款额度、货币资金”科目，贷记本科目（归集调入）。

（2）按照规定向其他单位调出财政拨款结转资金的，按照实际调减的额度数额或调出的资金数额，借记本科目（归集调出），贷记“资金结存——财政应返还额度、零余额账户用款额度、货币资金”科目。

（3）按照规定上缴财政拨款结转资金或注销财政拨款结转资金额度的，按照实际上缴资金数额或注销的资金额度数额，借记本科目（归集上缴），贷记“资金结存——财政应返还额度、零余额账户用款额度、货币资金”科目。

（4）经财政部门批准对财政拨款结余资金改变用途，调整用于本单位基本支出或其他未完成项目支出的，按照批准调剂的金额，借记“财政拨款结余——单位内部调剂”科目，贷记本科目（单位内部调剂）。

3. 与年末财政拨款结转和结余业务相关的账务处理

（1）年末，将财政拨款预算收入本年发生额转入本科目，借记“财政拨款预算收入”科目，贷记本科目（本年收支结转）；将各项支出中财政拨款支出本年发生额转入本科目，借记本科目（本年收支结转），贷记各项支出（财政拨款支出）科目。

（2）年末冲销有关明细科目余额。将本科目（本年收支结转、年初余额调整、归集调入、归集调出、归集上缴、单位内部调剂）余额转入本科目（累计结转）。结转后，本科目除“累计结转”明细科目外，其他明细科目应无余额。

（3）年末完成上述结转后，应当对财政拨款结转各明细项目执行情况进行分析，按照有关规定将符合财政拨款结余性质的项目余额转入财政拨款结余，借记本科目（累计结转），贷记“财政拨款结余——结转转入”科目。

财政拨款结转主要账务处理如表7-16所示。

表7-16　　　　财政拨款结转主要账务处理

序号	业务和事项内容		账务处理	
			财务会计	预算会计
1	因会计差错更正、购货退回、预付款项收回等发生以前年度调整事项	调整增加相关资产	借：零余额账户用款额度/银行存款等 贷：以前年度盈余调整	借：资金结存——零余额账户用款额度/货币资金等 贷：财政拨款结转——年初余额调整
		因会计差错更正调整减少相关资产	借：以前年度盈余调整 贷：零余额账户用款额度/银行存款等	借：财政拨款结转——年初余额调整 贷：资金结存——零余额账户用款额度/货币资金等

续表

<table>
<tr><th rowspan="2">序号</th><th rowspan="2" colspan="2">业务和事项内容</th><th colspan="2">账务处理</th></tr>
<tr><th>财务会计</th><th>预算会计</th></tr>
<tr><td>2</td><td colspan="2">从其他单位调入财政拨款结转资金，按照实际调增的额度数额或调入的资金数额</td><td>借：财政应返款额度/零余额账户用款额度/银行存款
贷：累计盈余</td><td>借：资金结存——财政应返还额度/零余额账户用款额度/货币资金
贷：财政拨款结转——归集调入</td></tr>
<tr><td>3</td><td colspan="2">向其他单位调出财政拨款结转资金，按照实际调减的额度数额或调减的资金数额</td><td>借：累计盈余
贷：财政应返还额度/零余额账户用款额度/银行存款</td><td>借：财政拨款结转——归集调出
贷：资金结存——财政应返还额度/零余额账户用款额度/货币资金</td></tr>
<tr><td>4</td><td colspan="2">按照规定上缴财政拨款结转资金或注销财政拨款结转额度</td><td>借：累计盈余
贷：财政应返还额度/零余额账户用款额度/银行存款</td><td>借：财政拨款结转——归集上缴
贷：资金结存——财政应返还额度/零余额账户用款额度/货币资金</td></tr>
<tr><td>5</td><td colspan="2">单位内部调剂财政拨款结余资金，按照调整的金额</td><td>——</td><td>借：财政拨款结余——单位内部调剂
贷：财政拨款结转——单位内部调剂</td></tr>
<tr><td rowspan="2">6</td><td rowspan="2">年末结转</td><td>结转财政拨款预算收入</td><td>——</td><td>借：财政拨款预算收入
贷：财政拨款结转——本年收支结转</td></tr>
<tr><td>结转财政拨款预算支出</td><td>——</td><td>借：财政拨款结转——本年收支结转
贷：事业支出等［财政拨款支出部分］</td></tr>
<tr><td>7</td><td colspan="2">年末冲销本科目有关明细科目余额</td><td>——</td><td>借：财政拨款结转——年初余额调整［该明细科目为贷方余额时］/归集调入/本年收支结转［该明细科目为贷方余额时］
贷：财政拨款结转——累计结转
借：财政拨款结转——累计结转
贷：财政拨款结转——归集上缴/年初余额调整［该明细科目为借方余额时］/归集调出/本年收支结转［该明细科目为借方余额时］</td></tr>
</table>

续表

序号	业务和事项内容	账务处理	
		财务会计	预算会计
8	按照有关规定将符合财政拨款结余性质的项目余额转入财政拨款结余	——	借：财政拨款结转——累计结转 贷：财政拨款结余——结转转入

（四）会计实务示例

【例 7-15】2019 年 12 月 1 日，某事业单位在零余额账户 2019 年度财政拨款项目支出中预付进口设备 B 及代理费 50 000 元，第二年 2 月 2 日设备到货入关手续完结后实际应付设备及代理费共计 48 000 元，收回预付款 2 000 元，该设备无需安装，已验收和办理资产登记。该单位编制有关的会计分录如表 7-17 所示。

表 7-17

时间	财务会计分录	预算会计分录
2019 年 12 月 1 日	借：预付账款——B 设备 50 000 贷：零余额账户用款额度——项目支出用款额度 50 000	借：事业支出——项目支出——商品和服务支出——其他资本性支出 50 000 贷：资金结存——零余额账户用款度——项目支出用款额度 50 000
2020 年 2 月 2 日	借：零余额账户用款额度——项目支出用款额度 2 000 固定资产——专用设备 48 000 贷：预付账款——B 设备 50 000	借：资金结存——零余额账户用款额度——项目支出用款额度 2 000 贷：财政拨款结转——年初余额调整 2 000

【例 7-16】2019 年末，某事业单位按规定上缴财政拨款结转资金 100 000元。该单位编制有关的会计分录如表 7-18 所示。

表 7-18

时间	财务会计分录	预算会计分录
2019 年年末	借：累计盈余——财政拨款结转 100 000 贷：零余额账户用款额度 100 000	借：财政拨款结转——归集上缴 100 000 贷：资金结存——零余额账户用款额度 100 000

【例 7-17】2019 年末，某事业单位财政拨款预算收入 1 500 000 元，事业支出——财政拨款支出 1 000 000 元，年末结转财政拨款预算收入。该单位

编制有关的会计分录如表 7－19 所示。

表 7－19

时间	财务会计分录	预算会计分录
2019 年年末	不做账务处理	借：财政拨款预算收入 1 500 000 贷：事业支出——财政拨款支出 1 000 000 财政拨款结转——本年收支结转 500 000

【例 7－18】 2019 年末，某事业单位财政拨款结转科目下的年初余额调整借方余额 2 000 元、归集上缴借方余额 100 000 元、本年收支结转贷方余额 500 000 元，年末冲销本科目明细科目。该单位编制有关的会计分录如表 7－20 所示。

表 7－20

时间	财务会计分录	预算会计分录
2019 年年末	不做账务处理	借：财政拨款结转——本年收支结转 500 000 贷：财政拨款结转——年初余额调整 2 000 财政拨款结转——归集上缴 100 000 财政拨款结转——累计结转 398 000

【例 7－19】 2019 年末，某事业单位开展年终结账清查，发现财政拨款结转——累计结转科目中有 400 000 元已达到财政规定的结余资金认定条件，应转入结余资金管理。该单位编制有关的会计分录如表 7－21 所示。

表 7－21

时间	财务会计分录	预算会计分录
2019 年年末	不做账务处理	借：财政拨款结转——累计结转 400 000 贷：财政拨款结余——结转转入 400 000

（五）期末余额

本科目年末贷方余额，反映单位滚存的财政拨款结转资金数额。

二、财政拨款结余

（一）核算内容

本科目核算单位取得的同级财政拨款项目支出结余资金的调整、结转和滚存情况。

（二）明细科目设置

本科目应当设置下列明细科目：

1. 与会计差错更正、以前年度支出收回相关的明细科目

“年初余额调整”：本明细科目核算因发生会计差错更正、以前年度支出收回等原因，需要调整财政拨款结余的金额。年末结账后，本明细科目应无余额。

2. 与财政拨款结余资金调整业务相关的明细科目

“归集上缴”：本明细科目核算按照规定上缴财政拨款结余资金时，实际核销的额度数额或上缴的资金数额。年末结账后，本明细科目应无余额。

“单位内部调剂”：本明细科目核算经财政部门批准对财政拨款结余资金改变用途，调整用于本单位其他未完成项目等的调整金额。年末结账后，本明细科目应无余额。

3. 与年末财政拨款结余业务相关的明细科目

“结转转入”：本明细科目核算单位按照规定转入财政拨款结余的财政拨款结转资金。年末结账后，本明细科目应无余额。

“累计结余”：本明细科目核算单位滚存的财政拨款结余资金。本明细科目年末贷方余额，反映单位财政拨款滚存的结余资金数额。

本科目还应当按照具体项目、《政府收支分类科目》中“支出功能分类科目”的相关科目等进行明细核算。

有一般公共预算财政拨款、政府性基金预算财政拨款等两种或两种以上财政拨款的，还应当在本科目下按照财政拨款的种类进行明细核算。

（三）主要账务处理与列表说明

1. 与会计差错更正、以前年度支出收回相关的账务处理

（1）因发生会计差错更正退回以前年度国库直接支付、授权支付款项或财政性货币资金，或者因发生会计差错更正增加以前年度国库直接支付、授权支付支出或财政性货币资金支出，属于以前年度财政拨款结余资金的，借记或贷记“资金结存——财政应返还额度、零余额账户用款额度、货币资金”科目，贷记或借记本科目（年初余额调整）。

（2）因购货退回、预付款项收回等发生以前年度支出又收回国库直接支付、授权支付款项或收回财政性货币资金，属于以前年度财政拨款结余资金的，借记“资金结存——财政应返还额度、零余额账户用款额度、货币资金”科目，贷记本科目（年初余额调整）。

2. 与财政拨款结余资金调整业务相关的账务处理

（1）经财政部门批准对财政拨款结余资金改变用途，调整用于本单位基本支出或其他未完成项目支出的，按照批准调剂的金额，借记本科目（单位内部调剂），贷记“财政拨款结转——单位内部调剂”科目。

（2）按照规定上缴财政拨款结余资金或注销财政拨款结余资金额度的，按照实际上缴资金数额或注销的资金额度数额，借记本科目（归集上缴），贷记“资金结存——财政应返还额度、零余额账户用款额度货币资金”科目。

3. 与年末财政拨款结转和结余业务相关的账务处理

（1）年末，对财政拨款结转各明细项目执行情况进行分析，按照有关规定将符合财政拨款结余性质的项目余额转入财政拨款结余，借记“财政拨款结转——累计结转”科目，贷记本科目（结转转入）。

（2）年末冲销有关明细科目余额。将本科目（年初余额调整、归集上缴、单位内部调剂、结转转入）余额转入本科目（累计结余）。结转后，本科目除“累计结余”明细科目外，其他明细科目应无余额。

财政拨款结余的主要账务处理如表 7 - 22 所示。

（四）会计实务示例

【例 7 - 20】2019 年 3 月 1 日，某事业单位使用 2019 年财政拨款项目支出授权支付给某高校开展基线调查的委托协议款 200 000 元，项目期 1 年，因高校项目负责人调离等原因，该项委托工作一直未能开展，经费无支出，2022 年审计部门延伸审计时发现该问题，认定支出不实，要求高校退回此协

议款。2022 年 5 月 1 日高校退回 200 000 元。2019 年财政拨款项目已于当年完成，无结余资金。该单位编制有关的会计分录如表 7－23 所示。

表 7－22　　　　财政拨款结余的主要账务处理

<table>
<tr><th rowspan="2">序号</th><th rowspan="2" colspan="2">业务和事项内容</th><th colspan="2">账务处理</th></tr>
<tr><th>财务会计</th><th>预算会计</th></tr>
<tr><td rowspan="2">1</td><td rowspan="2">因购货退回、会计差错更正等发生以前年度调整事项</td><td>调整增加相关资产</td><td>借：零余额账户用款额度/银行存款等
贷：以前年度盈余调整</td><td>借：资金结存——零余额账户用款额度/货币资金等
贷：财政拨款结余——年初余额调整</td></tr>
<tr><td>因会计差错更正调整减少相关资产</td><td>借：以前年度盈余调整
贷：零余额账户用款额度/银行存款等</td><td>借：财政拨款结余——年初余额调整
贷：资金结存——零余额账户用款额度/货币资金等</td></tr>
<tr><td>2</td><td colspan="2">按照规定上缴财政拨款结余资金或注销财政拨款结余额度</td><td>借：累计盈余
贷：财政应返还额度/零余额账户用款额度/银行存款</td><td>借：财政拨款结余——归集上缴
贷：资金结存——财政应返还额度/零余额账户用款额度/货币资金</td></tr>
<tr><td>3</td><td colspan="2">年末，按照有关规定将符合财政拨款结余性质的项目余额转入财政拨款结余</td><td>——</td><td>借：财政拨款结转——累计结转
贷：财政拨款结余—结转转入</td></tr>
<tr><td>4</td><td colspan="2">年末冲销本科目有关明细科目余额</td><td>——</td><td>借：财政拨款结余——年初余额调整（该明细科目为贷方余额时）
贷：财政拨款结余——累计结余
借：财政拨款结余——累计结余
贷：财政拨款结余——年初余额调整（该明细科目为借方余额时）
——归集上缴
——单位内部调剂
借：财政拨款结余——结转转入
贷：财政拨款结余——累计结余</td></tr>
</table>

表 7－23

时间	财务会计分录	预算会计分录
2019 年 3 月 1 日	借：业务活动费用——商品和服务服用——委托业务费　200 000 贷：零余额账户用款额度——项目支出　200 000	借：事业支出——项目支出——商品和服务支出——委托业务费　200 000 贷：资金结存——零余额账户用款额度　200 000
2022 年 5 月 1 日	借：零余额账户用款额度——项目支出　200 000 贷：以前年度盈余调整　200 000	借：资金结存——零余额账户用款额度　200 000 贷：财政拨款结余——年初余额调整　200 000
2022 年 12 月 31 日	借：以前年度盈余调整　200 000 贷：累计盈余　200 000	借：财政拨款结余——年初余额调整　200 000 贷：财政拨款结余——累计结余 200 000

【例 7－21】审计部门认定上例中高校退款为财政拨款结余资金，收回后应按规定上缴财政。2023 年 6 月 1 日，事业单位按照有关规定上缴财政拨款结余资金 200 000 元。该单位编制有关的会计分录如表 7－24 所示。

表 7－24

时间	财务会计分录	预算会计分录
2023 年 6 月 1 日	借：累计盈余——财政拨款结余资金　200 000 贷：零余额账户用款额度 ——项目支出　200 000	借：财政拨款结余——归集上缴 200 000 贷：资金结存——零余额账户用款额度　200 000

【例 7－22】2019 年末，某事业单位财政拨款结余科目下的年初余额调整贷方余额 200 000 元、归集上缴借方余额 200 000 元、结转转入贷方余额 400 000元，年末冲销本科目明细科目。该单位编制有关的会计分录如表 7－25 所示。

表 7－25

时间	财务会计分录	预算会计分录
2019 年年末	不做账务处理	借：财政拨款结余——年初余额调整 200 000 财政拨款结余——结转转入 400 000 贷：财政拨款结余——归集上缴 200 000 财政拨款结余——累计结余 400 000

（五）期末余额

本科目年末贷方余额，反映单位滚存的财政拨款结余资金数额。

第三节　非财政拨款结转结余的核算

一、非财政拨款结转

（一）核算内容

本科目核算单位除财政拨款收支、经营收支以外各非同级财政拨款专项资金的调整、结转和滚存情况。

（二）明细科目设置

本科目应当设置下列明细科目：

（1）“年初余额调整”：本明细科目核算因发生会计差错更正、以前年度支出收回等原因，需要调整非财政拨款结转的资金。年末结账后，本明细科目应无余额。

（2）“缴回资金”：本明细科目核算按照规定缴回非财政拨款结转资金时，实际缴回的资金数额。年末结账后，本明细科目应无余额。

（3）“项目间接费用或管理费”：本明细科目核算单位取得的科研项目预

算收入中，按照规定计提项目间接费用或管理费的数额。年末结账后，本明细科目应无余额。

（4）“本年收支结转”：本明细科目核算单位本年度非同级财政拨款专项收支相抵后的余额。年末结账后，本明细科目应无余额。

（5）“累计结转”：本明细科目核算单位滚存的非同级财政拨款专项结转资金。本明细科目年末贷方余额，反映单位非同级财政拨款滚存的专项结转资金数额。

本科目还应当按照具体项目、《政府收支分类科目》中“支出功能分类科目”的相关科目等进行明细核算。

（三）主要账务处理与列表说明

（1）按照规定从科研项目预算收入中提取项目管理费或间接费时，按照提取金额，借记本科目（项目间接费用或管理费），贷记“非财政拨款结余——项目间接费用或管理费”科目。

（2）因会计差错更正收到或支出非同级财政拨款货币资金，属于非财政拨款结转资金的，按照收到或支出的金额，借记或贷记“资金结存——货币资金”科目，贷记或借记本科目（年初余额调整）。

因收回以前年度支出等收到非同级财政拨款货币资金，属于非财政拨款结转资金的，按照收到的金额，借记“资金结存——货币资金”科目，贷记本科目（年初余额调整）。

（3）按照规定缴回非财政拨款结转资金的，按照实际缴回资金数额，借记本科目（缴回资金），贷记“资金结存——货币资金”科目。

（4）年末，将事业预算收入、上级补助预算收入、附属单位上缴预算收入、非同级财政拨款预算收入、债务预算收入、其他预算收入本年发生额中的专项资金收入转入本科目，借记“事业预算收入”、“上级补助预算收入”、“附属单位上缴预算收入”、“非同级财政拨款预算收入”、“债务预算收入”、“其他预算收入”科目下各专项资金收入明细科目，贷记本科目（本年收支结转）；将事业支出、其他支出本年发生额中的非财政拨款专项资金支出转入本科目，借记本科目（本年收支结转），贷记、“事业支出”、“其他支出”科目下各非财政拨款专项资金支出明细科目。

（5）年末冲销有关明细科目余额。将本科目（年初余额调整、项目间接费用或管理费、缴回资金、本年收支结转）余额转入本科目（累计结转）。结转后，本科目除“累计结转”明细科目外，其他明细科目应无余额。

（6）年末完成上述结转后，应当对非财政拨款专项结转资金各项目情况进行分析，将留归本单位使用的非财政拨款专项（项目已完成）剩余资金转入非财政拨款结余，借记本科目（累计结转），贷记“非财政拨款结余——结转转入”科目。

非财政拨款结转主要账务处理如表 7－26 所示。

表 7－26　　非财政拨款结转的主要账务处理

<table>
<tr><th rowspan="2">序号</th><th rowspan="2" colspan="2">业务和事项内容</th><th colspan="2">账务处理</th></tr>
<tr><th>财务会计</th><th>预算会计</th></tr>
<tr><td>1</td><td colspan="2">按照规定从科研项目预算收入中提取项目管理费或间接费</td><td>借：单位管理费用
　贷：预提费用——项目间接费用或管理费</td><td>借：非财政拨款结转——项目间接费用或管理费
　贷：非财政拨款结余——项目间接费用或管理费</td></tr>
<tr><td rowspan="2">2</td><td rowspan="2">因购货退回、会计差错更正等发生以前年度调整事项</td><td>调整增加相关资产</td><td>借：银行存款等
　贷：以前年度盈余调整</td><td>借：资金结存——货币资金
　贷：非财政拨款结转——年初余额调整</td></tr>
<tr><td>调整减少相关资产</td><td>借：以前年度盈余调整
　贷：银行存款等</td><td>借：非财政拨款结转——年初余额调整
　贷：资金结存——货币资金</td></tr>
<tr><td>3</td><td colspan="2">按照规定缴回非财政拨款结转资金</td><td>借：累计盈余
　贷：银行存款等</td><td>借：非财政拨款结转——缴回资金
贷：资金结存——货币资金</td></tr>
<tr><td rowspan="2">4</td><td rowspan="2">年末结转</td><td>结转非财政拨款专项收入</td><td>——</td><td>借：事业预算收入/上级补助预算收入/附属单位上缴预算收入/非同级财政拨款预算收入/债务预算收入/其他预算收入
　贷：非财政拨款结转——本年收支结转</td></tr>
<tr><td>结转非财政拨款专项支出</td><td>——</td><td>借：非财政拨款结转——本年收支结转
　贷：/事业支出/其他支出</td></tr>
</table>

续表

序号	业务和事项内容	账务处理	
		财务会计	预算会计
5	年末冲销本科目相关明细科目余额	—	借：非财政拨款结转——年初余额调整（该明细科目为贷方余额时） ——本年收支结转（该明细科目为贷方余额时） 贷：非财政拨款结转——累计结转 借：非财政拨款结转——累计结转 贷：非财政拨款结转——年初余额调整（该明细科目为借方余额时） ——缴回资金 ——项目间接费用或管理费 ——本年收支结转（该明细科目为借方余额时）
6	将留归本单位使用的非财政拨款专项剩余资金转入非财政拨款结余	—	借：非财政拨款结转——累计结转 贷：非财政拨款结余——结转转入

（四）会计实务示例

【例7-23】2019年8月1日，某事业单位承担科技部重点研发计划项目资金到账，项目任务书批复间接费用预算350 000元，财务部门按照科研部门下达的科研项目入账通知和项目任务书提取间接费用。该单位编制有关的会计分录如表7-27所示。

表7-27

时间	财务会计分录	预算会计分录
2019年8月1日	借：单位管理费用——商品和服务费用 350 000 贷：预提费用——项目间接费用或管理费 350 000	借：非财政拨款结转——项目间接费用或管理费 350 000 贷：非财政拨款结余——项目间接费用或管理费 350 000

【例7-24】2018年11月，某事业单位基本户财政科研项目经费支付审

计费，应付5 000元，因工作失误，误付为50 000元，经协商，2019年2月2日事业单位收到对方退回45 000元。该单位编制有关的会计分录如表7－28所示。

表7－28

时间	财务会计分录	预算会计分录
2019年2月2日	借：银行存款——基本账户存款 45 000 贷：以前年度盈余调整 45 000	借：资金结存——货币资金——银行存款 45 000 贷：非财政拨款结转——年初余额调整 45 000

【例7－25】 2019年末，某事业单位按规定上缴非财政拨款结转资金150 000元。该单位编制有关的会计分录如表7－29所示。

表7－29

时间	财务会计分录	预算会计分录
2019年末	借：累计盈余——非财政拨款结转 150 000 贷：银行存款——基本账户存款 150 000	借：非财政拨款结转——缴回资金 150 000 贷：资金结存——货币资金——银行存款 150 000

【例7－26】 2019年末，某事业单位事业预算收入——非财政拨款专项资金收入3 000 000元，上级补助预算收入——专项资金收入400 000元、附属单位上缴预算收入——专项资金收入300 000元、非同级财政拨款预算收入——专项资金收入200 000元。

事业支出——非同级财政拨款支出200 000元，事业支出——非财政拨款专项支出——科研支出1 580 000元，上缴上级支出50 000元，对附属单位补助支出260 000元。

年末结转非财政拨款预算专项收入和专项支出，该单位编制有关的会计分录如表7－30所示。

【例7－27】 2019年末，某事业单位非财政拨款结转科目下的项目间接费用借方余额350 000元、年初余额调整贷方余额45 000元、缴回资金借方余额150 000元、本年收支结转贷方余额1 810 000元，年末冲销本科目明细科目。该单位编制有关的会计分录如表7－31所示。

表 7-30

时间	财务会计分录	预算会计分录
2019 年末	不做账务处理	借：事业预算收入——非财政拨款专项资金收入 3 000 000 上级补助预算收入——专项资金收入 400 000 附属单位上缴预算收入——专项资金收入 300 000 非同级财政拨款预算收入——专项资金收入 200 000 贷：非财政拨款结转——本年收支结转 3 900 000
2019 年末	不做账务处理	借：非财政拨款结转——本年收支结转 2 090 000 贷：事业支出——非财政拨款专项支出 1 580 000 事业支出——非同级财政拨款支出 200 000 上缴上级支出 50 000 对附属单位补助支出 260 000

表 7-31

时间	财务会计分录	预算会计分录
2019 年末	不做账务处理	借：非财政拨款结转——本年收支结转 1 810 000 非财政拨款结转——年初余额调整 45 000 贷：非财政拨款结转——缴回资金 150 000 非财政拨款结转——项目间接费用 350 000 非财政拨款结转——累计结转 1 355 000

【例7－28】2019年末，某事业单位财政科研经费已通过结题验收，结余资金400 000元，应由非财政拨款结转转入非财政拨款结余管理和核算。该单位编制有关的会计分录如表7－32所示。

表7－32

时间	财务会计分录	预算会计分录
2019年末	不做账务处理	借：非财政拨款结转——累计结转 400 000 贷：非财政拨款结余——结转转入 400 000

（五）期末余额

本科目年末贷方余额，反映单位滚存的非同级财政拨款专项结转资金数额。

二、非财政拨款结余

（一）核算内容

本科目核算单位历年滚存的非限定用途的非同级财政拨款结余资金，主要为非财政拨款结余扣除结余分配后滚存的金额。

（二）明细科目设置

本科目应当设置下列明细科目：

（1）“年初余额调整”：本明细科目核算因发生会计差错更正、以前年度支出收回等原因，需要调整非财政拨款结余的资金。年末结账后，本明细科目应无余额。

（2）“项目间接费用或管理费”：本明细科目核算单位取得的科研项目预算收入中，按照规定计提的项目间接费用或管理费数额。年末结账后，本明细科目应无余额。

（3）“结转转入”：本明细科目核算按照规定留归单位使用，由单位统筹调配，纳入单位非财政拨款结余的非同级财政拨款专项剩余资金。年末结账后，本明细科目应无余额。

（4）“累计结余”：本明细科目核算单位历年滚存的非同级财政拨款、非专项结余资金。本明细科目年末贷方余额，反映单位非同级财政拨款滚存的非专项结余资金数额。

本科目还应当按照《政府收支分类科目》中“支出功能分类科目”的相关科目进行明细核算。

（三）主要账务处理与列表说明

（1）按照规定从科研项目预算收入中提取项目管理费或间接费时，借记“非财政拨款结转——项目间接费用或管理费”科目，贷记本科目（项目间接费用或管理费）。

（2）有企业所得税缴纳义务的事业单位实际缴纳企业所得税时，按照缴纳金额，借记本科目（累计结余），贷记“资金结存——货币资金”科目。

（3）因会计差错更正收到或支出非同级财政拨款货币资金，属于非财政拨款结余资金的，按照收到或支出的金额，借记或贷记“资金结存——货币资金”科目，贷记或借记本科目（年初余额调整）。

因收回以前年度支出等收到非同级财政拨款货币资金，属于非财政拨款结余资金的，按照收到的金额，借记“资金结存——货币资金”科目，贷记本科目（年初余额调整）。

（4）年末，将留归本单位使用的非财政拨款专项（项目已完成）剩余资金转入本科目，借记“非财政拨款结转——累计结转”科目，贷记本科目（结转转入）。

（5）年末冲销有关明细科目余额。将本科目（年初余额调整、项目间接费用或管理费、结转转入）余额结转入本科目（累计结余）。结转后，本科目除“累计结余”明细科目外，其他明细科目应无余额。

（6）年末，事业单位将“非财政拨款结余分配”科目余额转入非财政拨款结余。“非财政拨款结余分配”科目为借方余额的，借记本科目（累计结余），贷记“非财政拨款结余分配”科目；“非财政拨款结余分配”科目为贷方余额的，借记“非财政拨款结余分配”科目，贷记本科目（累计结余）。

非财政拨款结余的主要账务处理如表 7 - 33 所示。

表 7－33　　非财政拨款结余的主要账务处理

<table>
<tr><th rowspan="2">序号</th><th rowspan="2" colspan="2">业务和事项内容</th><th colspan="2">账务处理</th></tr>
<tr><th>财务会计</th><th>预算会计</th></tr>
<tr><td>1</td><td colspan="2">按照规定从科研项目预算收入中提取项目管理费或间接费</td><td>借：单位管理费用
贷：预提费用——项目间接费用或管理费</td><td>借：非财政拨款结转——项目间接费用或管理费
贷：非财政拨款结余——项目间接费用或管理费</td></tr>
<tr><td>2</td><td colspan="2">实际缴纳企业所得税</td><td>借：其他应交税费——应交企业所得税
贷：银行存款等</td><td>借：非财政拨款结余——累计结余
贷：资金结存——货币资金</td></tr>
<tr><td rowspan="2">3</td><td rowspan="2">因购货退回、会计差错更正等发生以前年度调整事项</td><td>调整增加相关资产</td><td>借：银行存款等
贷：以前年度盈余调整</td><td>借：资金结存——货币资金
贷：非财政拨款结余——年初余额调整</td></tr>
<tr><td>调整减少相关资产</td><td>借：以前年度盈余调整
贷：银行存款等</td><td>借：非财政拨款结余——年初余额调整
贷：资金结存——货币资金</td></tr>
<tr><td>4</td><td colspan="2">将留归本单位使用的非财政拨款专项剩余资金转入非财政拨款结余</td><td>——</td><td>借：非财政拨款结转——累计结转
贷：非财政拨款结余——结转转入</td></tr>
<tr><td>5</td><td colspan="2">年末冲销本科目相关明细科目余额</td><td>——</td><td>借：非财政拨款结余——年初余额调整（该明细科目为贷方余额时）
——项目间接费用或管理费
——结转转入
贷：非财政拨款结余——累计结余
借：非财政拨款结余——累计结余
贷：非财政拨款结余——年初余额调整（该明细科目为借方余额时）
——缴回资金</td></tr>
</table>

续表

序号	业务和事项内容		账务处理	
			财务会计	预算会计
6	年末结转	非财政拨款结余分配为贷方余额	——	借：非财政拨款结余分配 贷：非财政拨款结余—累计结余
		非财政拨款结余分配为借方余额	——	借：非财政拨款结余——累计结余 贷：非财政拨款结余分配

（四）会计实务示例

【例 7-29】 2019 年 8 月 1 日，某事业单位承担科技部重点研发计划项目资金到账，项目任务书批复间接费用预算 350 000 元，财务部门按照科研部门下达的科研项目入账通知和项目任务书提取间接费用。该单位编制有关的会计分录如表 7-34 所示。

表 7-34

时间	财务会计分录	预算会计分录
2019 年 8 月 1 日	借：单位管理费用——商品和服务费用 350 000 贷：预提费用——项目间接费用或管理费 350 000	借：非财政拨款结转——项目间接费用或管理费 350 000 贷：非财政拨款结余——项目间接费用或管理费 350 000

【例 7-30】 2019 年 1 月 1 日，某事业单位对 2018 年末企业所得税进行汇算清缴，实际缴纳企业所得税 200 000 元。该单位编制有关的会计分录如表 7-35 所示。

表 7-35

时间	财务会计分录	预算会计分录
2019 年 1 月 1 日	借：其他应交税费——应交企业所得税 200 000 贷：银行存款——基本账户存款 200 000	借：非财政拨款结余——累计结余 200 000 贷：资金结存——货币资金——银行存款 200 000

【例 7-31】2018 年 10 月，某事业单位使用已通过结题验收的财政科研项目项目结余资金，支付版面费 5 000 元，2018 年 11 月该单位又支付了相同的一笔版面费 5 000 元，2019 年 3 月杂志社对账发现该单位重复支付版面费后，主动退回多付版面费 5 000 元，15 日收到并入账。该单位编制有关的会计分录如表 7-36 所示。

表 7-36

时间	财务会计分录	预算会计分录
2019 年 3 月 15 日	借：银行存款——基本账户存款 5 000 贷：以前年度盈余调整 5 000	借：资金结存——货币资金——银行存款 5 000 贷：非财政拨款结余——年初余额调整 5 000

【例 7-32】2019 年末，某事业单位财政科研经费已通过结题验收，结余资金 400 000 元，应由非财政拨款结转转入非财政拨款结余管理和核算。该单位编制有关的会计分录如表 7-37 所示。

表 7-37

时间	财务会计分录	预算会计分录
2019 年年末	不做账务处理	借：非财政拨款结转——累计结转 400 000 贷：非财政拨款结余——结转转入 400 000

【例 7-33】2019 年末，某事业单位非财政拨款结余科目下的项目间接费用或管理费贷方余额 350 000 元、年初余额调整贷方余额 50 000 元、结转转入贷方余额 400 000 元，年末冲销本科目明细科目。该单位编制有关的会计分录如表 7-38 所示。

表 7-38

时间	财务会计分录	预算会计分录
2019 年年末	不做账务处理	借：非财政拨款结余——项目间接费用或管理费 350 000 非财政拨款结余——年初余额调整 50 000 非财政拨款结余——结转转入 400 000 贷：非财政拨款结余——累计结余 800 000

（五）期末余额

本科目年末贷方余额，反映单位非同级财政拨款结余资金的累计滚存数额。

三、专用结余

（一）核算内容

本科目核算事业单位按照规定从非财政拨款结余中提取的具有专门用途的资金的变动和滚存情况。

（二）明细科目设置

本科目应当按照专用结余的类别进行明细核算。

（三）主要账务处理与列表说明

根据有关规定从本年度非财政拨款结余或经营结余中提取基金的，按照提取金额，借记“非财政拨款结余分配”科目，贷记本科目。

根据规定使用从非财政拨款结余或经营结余中提取的专用基金时，按照使用金额，借记本科目，贷记“资金结存——货币资金”科目。

专用结余的主要账务处理如表7－39所示。

表7－39　　专用结余的主要账务处理

序号	业务和事项内容	账务处理	
		财务会计	预算会计
1	从预算收入中按照一定比例提取基金并计入费用	借：业务活动费用等 　　贷：专用基金	——
2	从本年度非财政拨款结余中提取基金	借：本年盈余分配 　　贷：专用基金	借：非财政拨款结余分配 　　贷：专用结余
3	按照规定使用提取的专用基金	借：专用基金 　　贷：银行存款等 使用专用基金购置固定资产、无形资产的 借：固定资产/无形资产 　　贷：银行存款等 借：专用基金 　　贷：累计盈余	使用从非财政拨款结余或经营结余中提取的基金 借：专用结余 　　贷：资金结存——货币资金 使用从预算收入中提取并计入费用的基金 借：事业支出等 　　贷：资金结存——货币资金

（四）会计实务示例

【例7－34】2019年末某科研所事业收入中横向课题收入5 000 000元，按照相关规定，提取科技成果转化基金，提取比例5%。该单位编制有关的会计分录如表7－40所示。

表7－40

时间	财务会计分录	预算会计分录
2019年年末	借：业务活动费用——计提专用基金 250 000 贷：专用基金——科技成果转化基金 250 000	不做账务处理

【例7－35】2019年末，某事业单位经营结余960 000元，其他结余977 000元，转入非财政拨款结余分配，按照40%计提职工福利基金。提取专用基金该单位编制有关的会计分录如表7－41所示。

表7－41

时间	财务会计分录	预算会计分录
2019年年末	借：本年盈余分配 774 800 贷：专用基金——职工福利基金 774 800	借：非财政拨款结余分配 774 800 贷：专用结余——职工福利基金 774 800

（五）期末余额

本科目年末贷方余额，反映事业单位从非同级财政拨款结余中提取的专用基金的累计滚存数额。

四、经营结余

（一）核算内容

本科目核算事业单位本年度经营活动收支相抵后余额弥补以前年度经营亏损后的余额。

（二）明细科目设置

本科目可以按照经营活动类别进行明细核算。

（三）主要账务处理与列表说明

年末，将经营预算收入本年发生额转入本科目，借记“经营预算收入”科目，贷记本科目；将经营支出本年发生额转入本科目，借记本科目，贷记“经营支出”科目。

年末，完成上述结转后，如本科目为贷方余额，将本科目贷方余额转入“非财政拨款结余分配”科目，借记本科目，贷记“非财政拨款结余分配”科目；如本科目为借方余额，为经营亏损，不予结转。

经营结余的主要账务处理如表7－42所示。

表7－42 经营结余的主要账务处理

序号	业务和事项内容	账务处理	
		财务会计	预算会计
1	年末经营收支结转	——	借：经营预算收入 贷：经营结余 借：经营结余 贷：经营支出
2	年末转入结余分配	——	借：经营结余 贷：非财政拨款结余分配 年末结余在借方，则不予结转

（四）会计实务示例

【例7－36】2019年末，某事业单位经营预算收入4 000 000元，经营支出3 040 000元，年末经营收支结转并进行分配。该单位编制有关的会计分录如表7－43所示。

表7－43

时间	财务会计分录	预算会计分录
2019年年末	不做账务处理	借：经营预算收入 4 000 000 贷：经营结余 4 000 000 借：经营结余 3 040 000 贷：经营支出 3 040 000
2019年年末	不做账务处理	借：经营结余 960 000 贷：非财政拨款结余分配 960 000

（五）期末余额

年末结账后，本科目一般无余额；如为借方余额，反映事业单位累计发生的经营亏损。

五、其他结余

（一）核算内容

本科目核算单位本年度除财政拨款收支、非同级财政专项资金收支和经营收支以外各项收支相抵后的余额。

（二）明细科目设置

事业单位根据核算需要，设置明细科目。

（三）主要账务处理与列表说明

年末，将事业预算收入、上级补助预算收入、附属单位上缴预算收入、非同级财政拨款预算收入、债务预算收入、其他预算收入本年发生额中的非专项资金收入以及投资预算收益本年发生额转入本科目，借记“事业预算收入”、“上级补助预算收入”、“附属单位上缴预算收入”、“非同级财政拨款预算收入”、“债务预算收入”、“其他预算收入”科目下各非专项资金收入明细科目和“投资预算收益”科目，贷记本科目（“投资预算收益”科目本年发生额为借方净额时，借记本科目，贷记“投资预算收益”科目）；将、事业支出、其他支出本年发生额中的非同级财政、非专项资金支出，以及上缴上级支出、对附属单位补助支出、投资支出、债务还本支出本年发生额转入本科目，借记本科目，贷记、“事业支出”、“其他支出”科目下各非同级财政、非专项资金支出明细科目和“上缴上级支出”、“对附属单位补助支出”、“投资支出”、“债务还本支出”科目。

年末，完成上述（一）结转后，行政单位将本科目余额转入“非财政拨款结余——累计结余”科目；事业单位将本科目余额转入“非财政拨款结余分配”科目。当本科目为贷方余额时，借记本科目，贷记“非财政拨款结余——累计结余”或“非财政拨款结余分配”科目；当本科目为借方余额时，借记“非财政拨款结余——累计结余”或“非财政拨款结余分配”科目，贷记本科目。

其他结余的主要账务处理如表 7－44 所示。

表 7－44　　其他结余的主要账务处理

<table>
<tr><th rowspan="2">序号</th><th rowspan="2" colspan="2">业务和事项内容</th><th colspan="2">账务处理</th></tr>
<tr><th>财务会计</th><th>预算会计</th></tr>
<tr><td>1</td><td colspan="2">结转预算收入（除财政拨款收入、非同级财政专项收入、经营收入以外）</td><td>——</td><td>借：事业预算收入/非同级财政拨款预算收入/其他预算收入（非专项资金收入部分）
贷：其他结余</td></tr>
<tr><td>2</td><td colspan="2">结转预算支出（除同级财政拨款支出、非同级财政专项支出、经营支出以外）</td><td>——</td><td>借：其他结余
贷：事业支出/其他支出（非财政、非专项资金支出部分）</td></tr>
<tr><td rowspan="2">3</td><td rowspan="2">事业单位年末转入结余分配</td><td>其他结余为贷方余额</td><td>——</td><td>借：其他结余
贷：非财政拨款结余分配</td></tr>
<tr><td>其他结余为借方余额</td><td>——</td><td>借：非财政拨款结余分配
贷：其他结余</td></tr>
</table>

（四）会计实务示例

【例 7－37】 2019 年末，某事业单位其他预算收入 690 000 元（捐赠收入 100 000 元、利息收入 80 000 元、租金收入 500 000 元、其他收入 10 000 元），投资预算收益 300 000 元。其他支出 13 000 元（资产处置费用 8 000 元、其他费用 5 000 元）。年末其他预算收支结转及其他结余分配，该单位编制有关的会计分录如表 7－45 所示。

表 7－45

时间	财务会计分录	预算会计分录
2019 年年末	不做账务处理	借：其他预算收入——捐赠收入　100 000 其他预算收入——利息收入　80 000 其他预算收入——租金收入　500 000 其他预算收入——其他收入　10 000 投资预算收益　300 000 贷：其他结余　990 000 借：其他结余　13 000 贷：其他支出——资产处置费用　8 000 其他支出——其他　5 000

续表

时间	财务会计分录	预算会计分录
2019 年年末	不做账务处理	借：其他结余 977 000 贷：非财政拨款结余分配 977 000

（五）期末余额

年末结账后，本科目应无余额。

六、非财政拨款结余分配

（一）核算内容

本科目核算事业单位本年度非财政拨款结余分配的情况和结果。

（二）明细科目设置

事业单位根据核算需要，设置明细科目。

（三）主要账务处理与列表说明

年末，将“其他结余”科目余额转入本科目，当“其他结余”科目为贷方余额时，借记“其他结余”科目，贷记本科目；当“其他结余”科目为借方余额时，借记本科目，贷记“其他结余”科目。年末，将“经营结余”科目贷方余额转入本科目，借记“经营结余”科目，贷记本科目。

根据有关规定提取专用基金的，按照提取的金额，借记本科目，贷记“专用结余”科目。

年末，按照规定完成上述（一）至（二）处理后，将本科目余额转入非财政拨款结余。当本科目为借方余额时，借记“非财政拨款结余——累计结余”科目，贷记本科目；当本科目为贷方余额时，借记本科目，贷记“非财政拨款结余——累计结余”科目。

非财政拨款结余分配的主要账务处理如表 7 - 46 所示。

表 7-46 非财政拨款结余分配的主要账务处理

<table>
<tr><th rowspan="2">序号</th><th rowspan="2" colspan="2">业务和事项内容</th><th colspan="2">账务处理</th></tr>
<tr><th>财务会计</th><th>预算会计</th></tr>
<tr><td rowspan="3">1</td><td rowspan="3">事业单位年末结余转入</td><td>其他结余为借方余额时</td><td>——</td><td>借：非财政拨款结余分配
贷：其他结余</td></tr>
<tr><td>其他结余为贷方余额时</td><td>——</td><td>借：其他结余
贷：非财政拨款结余分配</td></tr>
<tr><td>经营结余为贷方余额时</td><td>——</td><td>借：经营结余
贷：非财政拨款结余分配</td></tr>
<tr><td>2</td><td>计提专用基金</td><td>从非财政拨款结余中提取</td><td>借：本年盈余分配
贷：专用基金</td><td>借：非财政拨款结余分配
贷：专用结余</td></tr>
<tr><td rowspan="2">3</td><td rowspan="2">事业单位转入非财政拨款结余</td><td>非财政拨款结余分配为贷方余额</td><td>——</td><td>借：非财政拨款结余分配
贷：非财政拨款结余——累计结余</td></tr>
<tr><td>非财政拨款结余分配为借方余额</td><td>——</td><td>借：非财政拨款结余——累计结余
贷：非财政拨款结余分配</td></tr>
</table>

（四）会计实务示例

【例 7-38】2019 年末，某事业单位经营结余 960 000 元、其他结余 977 000元，转入非财政拨款结余分配，该单位编制有关的会计分录如表 7-47 所示。

表 7-47

<table>
<tr><th>时间</th><th>财务会计分录</th><th>预算会计分录</th></tr>
<tr><td>2019 年年末</td><td>不做账务处理</td><td>借：其他结余 977 000
经营结余 960 000
贷：非财政拨款结余分配 1 937 000</td></tr>
</table>

【例 7-39】2019 年末，某事业单位非财政拨款结余 1 937 000 元，按照 40% 计提职工福利基金。该单位编制有关的会计分录如表 7-48 所示。

表 7-48

时间	财务会计分录	预算会计分录
2019 年年末	借：本年盈余分配　774 800 　贷：专用基金——职工福利基金　774 800	借：非财政拨款结余分配　774 800 　贷：专用结余——职工福利基金　774 800

【例 7-40】2019 年末，某事业单位非财政拨款结余分配 1 937 000 元，提取专用结余 774 800 元后的余额转入非财政拨款结余——累计结余。该单位编制有关的会计分录如表 7-49 所示。

表 7-49

时间	财务会计分录	预算会计分录
2019 年年末	不做账务处理	借：非财政拨款结余分配　1 162 200 　贷：非财政拨款结余——累计结余　1 162 200

（五）期末余额

年末结账后，本科目应无余额。

第八章

政府决算报告和财务报告

第一节　年终清理结算与结账

事业单位在年度终了前，应根据财政部门或主管部门的决算编报要求，对各项收支、往来款项、货币资金和财产物资进行全面的年终清理结算，在此基础上办理年度结账，编报部门决算和财务报告。

年终，事业单位应根据财政部门或上级主管部门年终决算的要求，将本期内所发生的各项经济业务全部登记入账，并进行对账工作，包括账证核对、账账核对、账实核对，在保证账证相符、账账相符和账实相符的基础上办理年度结账，编制决算报表。

一、年终清理

（一）核对年度预算

我国实行“统一领导、分级管理”的财政预算管理体制，上下级财政之间、财政和部门预算之间、部门单位预算与所属单位预算之间存在着预算编制、预算执行以及决算的数字衔接关系。年终前应清理核对年度预算数（包括追加数、追减数、上划数、下划数）、应上缴下拨款数和实际各项拨款数、上缴下拨数，按照规定逐笔进行清理结算，该上拨的上拨，该缴回的缴回，保证决算准确。

（二）核对年度收支

凡属本年的各项收入都要入账，不能长期挂在往来账上；属于本年各项应缴国库的收入，要在年终前全部上缴国库；属于本年的各项支出，应按规定的支出渠道如实列支。实行成本费用核算的收支，要结合年终清理，认真审查核实，并把各项收益按规定转入有关收入账户。

（三）清理往来款项

各项预收、预付、应收、应付等往来款项，应分类清理，年终前尽量清理完毕。应当转作各项收入或各项支出的往来款项要及时转入各有关账户；对于各种委托代管业务，凡是业务已经结束的，要及时向委托单位清算结报。对于手续尚未完备的各项预收、预付、应收、应付和其他长期挂账的往来款项，要查明原因，采取措施，及时清理。

（四）盘点货币资金和各项财产物资

年度终了，库存现金的账面余额应同现金的实际库存数核对相符，如有现金盘盈亏要查明原因；银行存款账面余额要同银行对账单余额核对相符，编制银行存款余额调节表，查明未达账项的合理性；有价证券的账面数应与库存实有的有价证券核对相符。

对于单位的各种财产物资年终应全部入账，各单位配备专人对全部财产物资进行全面的清查盘点。将盘点的结果和账面数字进行核对，固定资产和材料的盘点结果和账面数如有差异，在年终结账前应查明原因，并按规定做出处理，调整账务，做到账账相符、账实相符。

（五）清理结算上下级之间的往来调剂资金

有些事业单位在事业活动过程中存在资金不足，可以有上级主管部门将集中的下级收入和自行组织的收入，安排补贴给资金不足的事业单位。这样就是系统内部上下级之间的一种资金往来。年终时，要清理核对上下级往来调剂资金。

二、年终结账

事业单位要在年终清理基础上进行年终结账。各个账户核对无误后，先办理12月份月结工作，结出各账户的本月合计数和全年累计数，再以此为基础进行年终结账工作。年终结账工作包括年终转账、结清旧账和记入新账。

（一）年终转账

事业单位在确认全年所有发生的经济业务已经全部登记入账，经核对无误后，首先计算出各账户借方、贷方的12月份发生额和全年累计数，结出12月末余额。然后，编制结账前的资产负债表。试算平衡后结转各收支账户年终余额，根据各收支账户12月31日的余额填制记账凭证，按年终冲转办法办理冲转结账。

（二）结清旧账

结清旧账是指将上述处理年终转账业务的凭证内容记人各有关账户后，结出各账户借方和贷方的“全年累计”及其余额，以结清旧账。

（三）记入新账

根据年终结账后各账户余额，编制年终决算的“资产负债表”和有关明细账户余额表，将表列各账户的余额数直接记入下一会计年度新建有关会计账簿的第一行余额栏内，并在摘要栏注明“上年结转”字样。

第二节　政府决算报告

一、决算报告概述

（一）决算报告的编制目标

《基本准则》第五条规定：“决算报告的目标是向决算报告使用者提供与政府预算执行情况有关的信息，综合反映政府会计主体预算收支的年度执行结果，有助于决算报告使用者进行监督和管理，并为编制后续年度预算提供参考和依据。”

（二）决算报告的使用者

《基本准则》第五条规定："政府决算报告使用者包括各级人民代表大会及其常务委员会、各级政府及其有关部门、政府会计主体自身、社会公众和其他利益相关者。"

（三）决算报告的构成

预算会计报表至少包括预算收入支出表、预算结转结余变动表和财政拨款预算收入支出表。

二、决算报告编制

（一）编制基础

预算会计报表的编制主要以收付实现制为基础，以单位预算会计核算生成的数据为准。

（二）编制要求

（1）单位应当至少按照年度编制预算会计报表。

（2）单位应当根据本制度规定编制真实、完整的预算会计报表，不得违反本制度规定随意改变预算会计报表的编制基础、编制依据、编制原则和方法，不得随意改变本制度规定的财务报表有关数据的会计口径。

（3）预算会计报表应当根据登记完整、核对无误的账簿记录和其他有关资料编制，做到数字真实、计算准确、内容完整、编报及时。

（4）预算会计报表应当由单位负责人和主管会计工作的负责人、会计机构负责人（会计主管人员）签名并盖章。

（三）报表格式（详见表8－1至8－4）

表8－1

编号	预算会计报表名称	编制期
会政预01表	预算收入支出表	年度
会政预02表	预算结转结余变动表	年度
会政预03表	财政拨款预算收入支出表	年度

表 8-2　　　　预算收入支出表

会政预 01 表

编制单位：__________　　　　________年　　　　单位：元

项　目	本年数	上年数
一、本年预算收入		
（一）财政拨款预算收入		
其中，政府性基金收入		
（二）事业预算收入		
（三）上级补助预算收入		
（四）附属单位上缴预算收入		
（五）经营预算收入		
（六）债务预算收入		
（七）非同级财政拨款预算收入		
（八）投资预算收益		
（九）其他预算收入		
其中，利息预算收入		
捐赠预算收入		
租金预算收入		
二、本年预算支出		
（一）行政支出		
（二）事业支出		
（三）经营支出		
（四）上缴上级支出		
（五）对附属单位补助支出		
（六）投资支出		
（七）债务还本支出		
（八）其他支出		
其中，利息支出		
捐赠支出		
三、本年预算收支差额		

表 8－3　　　　预算结转结余变动表

会政预 02 表

编制单位：____________　　　　________年　　　　单位：元

项　　目	本年数	上年数
一、年初预算结转结余		
（一）财政拨款结转结余		
（二）其他资金结转结余		
二、年初余额调整（减少以“－”号填列）		
（一）财政拨款结转结余		
（二）其他资金结转结余		
三、本年变动金额（减少以“－”号填列）		
（一）财政拨款结转结余		
1. 本年收支差额		
2. 归集调入		
3. 归集上缴或调出		
（二）其他资金结转结余		
1. 本年收支差额		
2. 缴回资金		
3. 使用专用结余		
4. 支付所得税		
四、年末预算结转结余		
（一）财政拨款结转结余		
1. 财政拨款结转		
2. 财政拨款结余		
（二）其他资金结转结余		
1. 非财政拨款结转		
2. 非财政拨款结余		
3. 专用结余		
4. 经营结余（如有余额，以“－”号填列）		

表 8－4　　**财政拨款预算收入支出表**　　会政预 03 表

编制单位：____________　　________年　　单位：元

项目	年初财政拨款结转结余		整年初财政拨款结转结余	本年归集调入	本年归集上缴或调出	单位内部调剂		本年财政拨款收入	本年财政拨款支出	年末财政拨款	
	结转	结余				结转	结余			结转	结余
一、一般公共预算财政拨款											
（一）基本支出											
1. 人员经费											
2. 日常公用经费											
（二）项目支出											
1. XX 项目											
2. XX 项目											
……											
二、政府性基金预算财政拨款											
（一）基本支出											
1. 人员经费											
2. 日常公用经费											
（二）项目支出											
1. XX 项目											
2. XX 项目											
……											
总计											

（四）报表编制说明

1. 预算收入支出表编制说明

本表反映单位在某一会计年度内各项预算收入、预算支出和预算收支差额的情况。本表“本年数”栏反映各项目的本年实际发生数。本表“上年数”栏反映各项目上年度的实际发生数，应当根据上年度预算收入支出表中“本年数”栏内所列数字填列。如果本年度预算收入支出表规定项目的名称和内容同上年度不一致，应当对上年度预算收入支出表项目的名称和数字按照本年度的规定进行调整，将调整后金额填入本年度预算收入支出表的“上年数”栏。本表“本年数”栏各项目的内容和填列方法。

（1）本年预算收入。

“本年预算收入”项目，反映单位本年预算收入总额。本项目应当根据本表中“财政拨款预算收入”、“事业预算收入”、“上级补助预算收入”、“附属单位上缴预算收入”、“经营预算收入”、“债务预算收入”、“非同级财政拨款预算收入”、“投资预算收益”、“其他预算收入”项目金额的合计数填列。

“财政拨款预算收入”项目，反映单位本年从同级政府财政部门取得的各类财政拨款。本项目应当根据“财政拨款预算收入”科目的本年发生额填列。

“政府性基金收入”项目，反映单位本年取得的财政拨款收入中属于政府性基金预算拨款的金额。本项目应当根据“财政拨款预算收入”相关明细科目的本年发生额填列。

“事业预算收入”项目，反映事业单位本年开展专业业务活动及其辅助活动取得的预算收入。本项目应当根据“事业预算收入”科目的本年发生额填列。

“上级补助预算收入”项目，反映事业单位本年从主管部门和上级单位取得的非财政补助预算收入。本项目应当根据“上级补助预算收入”科目的本年发生额填列。

“附属单位上缴预算收入”项目，反映事业单位本年收到的独立核算的附属单位按照有关规定上缴的预算收入。本项目应当根据“附属单位上缴预算收入”科目的本年发生额填列。

“经营预算收入”项目，反映事业单位本年在专业业务活动及其辅助活动之外开展非独立核算经营活动取得的预算收入。本项目应当根据“经营预算收入”科目的本年发生额填列。

“债务预算收入”项目，反映事业单位本年按照规定从金融机构等借入的、纳入部门预算管理的债务预算收入。本项目应当根据“债务预算收入”的本年发生额填列。

“非同级财政拨款预算收入”项目，反映单位本年从非同级政府财政部门取得的财政拨款。本项目应当根据“非同级财政拨款预算收入”科目的本年发生额填列。

“投资预算收益”项目，反映事业单位本年取得的按规定纳入单位预算管理的投资收益。本项目应当根据“投资预算收益”科目的本年发生额填列。

“其他预算收入”项目，反映单位本年取得的除上述收入以外的纳入单位预算管理的各项预算收入。本项目应当根据“其他预算收入”科目的本年发生额填列。

“利息预算收入”项目，反映单位本年取得的利息预算收入。本项目应当根据“其他预算收入”科目的明细记录分析填列。单位单设“利息预算收入”科目的，应当根据“利息预算收入”科目的本年发生额填列。

“捐赠预算收入”项目，反映单位本年取得的捐赠预算收入。本项目应当根据“其他预算收入”科目明细账记录分析填列。单位单设“捐赠预算收入”科目的，应当根据“捐赠预算收入”科目的本年发生额填列。

“租金预算收入”项目，反映单位本年取得的租金预算收入。本项目应当根据“其他预算收入”科目明细账记录分析填列。单位单设“租金预算收入”科目的，应当根据“租金预算收入”科目的本年发生额填列。

（2）本年预算支出。

“本年预算支出”项目，反映单位本年预算支出总额。本项目应当根据本表中、“事业支出”、“经营支出”、“上缴上级支出”、“对附属单位补助支出”、“投资支出”、“债务还本支出”和“其他支出”项目金额的合计数填列。

“事业支出”项目，反映事业单位本年开展专业业务活动及其辅助活动发生的支出。本项目应当根据“事业支出”科目的本年发生额填列。

“经营支出”项目，反映事业单位本年在专业业务活动及其辅助活动之外开展非独立核算经营活动发生的支出。本项目应当根据“经营支出”科目的本年发生额填列。

“上缴上级支出”项目，反映事业单位本年按照财政部门和主管部门的规定上缴上级单位的支出。本项目应当根据“上缴上级支出”科目的本年发生额填列。

“对附属单位补助支出”项目，反映事业单位本年用财政拨款收入之外的收入对附属单位补助发生的支出。本项目应当根据“对附属单位补助支出”科目的本年发生额填列。

“投资支出”项目，反映事业单位本年以货币资金对外投资发生的支出。本项目应当根据“投资支出”科目的本年发生额填列。

“债务还本支出”项目，反映事业单位本年偿还自身承担的纳入预算管理的从金融机构举借的债务本金的支出。本项目应当根据“债务还本支出”科目的本年发生额填列。

“其他支出”项目，反映单位本年除以上支出以外的各项支出。本项目应当根据“其他支出”科目的本年发生额填列。

“利息支出”项目，反映单位本年发生的利息支出。本项目应当根据“其他支出”科目明细账记录分析填列。单位单设“利息支出”科目的，应当根据“利息支出”科目的本年发生额填列。

“捐赠支出”项目，反映单位本年发生的捐赠支出。本项目应当根据“其他支出”科目明细账记录分析填列。单位单设“捐赠支出”科目的，应当根据“捐赠支出”科目的本年发生额填列。

（3）本年预算收支差额。

“本年预算收支差额”项目，反映单位本年各项预算收支相抵后的差额。本项目应当根据本表中“本期预算收入”项目金额减去“本期预算支出”项目金额后的金额填列；如相减后金额为负数，以“-”号填列。

2. 预算结转结余变动表编制说明

本表反映单位在某一会计年度内预算结转结余的变动情况。本表“本年数”栏反映各项目的本年实际发生数。本表“上年数”栏反映各项目的上年实际发生数，应当根据上年度预算结转结余变动表中“本年数”栏内所列数字填列。如果本年度预算结转结余变动表规定的项目的名称和内容同上年度不一致，应当对上年度预算结转结余变动表项目的名称和数字按照本年度的规定进行调整，将调整后金额填入本年度预算结转结余变动表的“上年数”栏。本表中“年末预算结转结余”项目金额等于“年初预算结转结余”、“年初余额调整”、“本年变动金额”三个项目的合计数。本表“本年数”栏各项目的内容和填列方法。

（1）“年初预算结转结余”项目，反映单位本年预算结转结余的年初余额。本项目应当根据本项目下“财政拨款结转结余”、“其他资金结转结余”项目金额的合计数填列。

“财政拨款结转结余”项目，反映单位本年财政拨款结转结余资金的年初余额。本项目应当根据“财政拨款结转”、“财政拨款结余”科目本年年初余额合计数填列。

“其他资金结转结余”项目，反映单位本年其他资金结转结余的年初余额。本项目应当根据“非财政拨款结转”、“非财政拨款结余”、“专用结余”、“经营结余”科目本年年初余额的合计数填列。

(2)“年初余额调整”项目，反映单位本年预算结转结余年初余额调整的金额。本项目应当根据本项目下“财政拨款结转结余”、“其他资金结转结余”项目金额的合计数填列。

“财政拨款结转结余”项目，反映单位本年财政拨款结转结余资金的年初余额调整金额。本项目应当根据“财政拨款结转”、“财政拨款结余”科目下“年初余额调整”明细科目的本年发生额的合计数填列；如调整减少年初财政拨款结转结余，以“-”号填列。

“其他资金结转结余”项目，反映单位本年其他资金结转结余的年初余额调整金额。本项目应当根据“非财政拨款结转”、“非财政拨款结余”科目下“年初余额调整”明细科目的本年发生额的合计数填列；如调整减少年初其他资金结转结余，以“-”号填列。

(3)“本年变动金额”项目，反映单位本年预算结转结余变动的金额。本项目应当根据本项目下“财政拨款结转结余”、“其他资金结转结余”项目金额的合计数填列。

①“财政拨款结转结余”项目，反映单位本年财政拨款结转结余资金的变动。本项目应当根据本项目下“本年收支差额”、“归集调入”、“归集上缴或调出”项目金额的合计数填列。

“本年收支差额”项目，反映单位本年财政拨款资金收支相抵后的差额。本项目应当根据“财政拨款结转”科目下“本年收支结转”明细科目本年转入的预算收入与预算支出的差额填列；差额为负数的，以“-”号填列。

“归集调入”项目，反映单位本年按照规定从其他单位归集调入的财政拨款结转资金。本项目应当根据“财政拨款结转”科目下“归集调入”明细科目的本年发生额填列。

“归集上缴或调出”项目，反映单位本年按照规定上缴的财政拨款结转结余资金及按照规定向其他单位调出的财政拨款结转资金。

本项目应当根据“财政拨款结转”、“财政拨款结余”科目下“归集上缴”明细科目，以及“财政拨款结转”科目下“归集调出”明细科目本年发生额的合计数填列，以“-”号填列。

②“其他资金结转结余”项目，反映单位本年其他资金结转结余的变动。本项目应当根据本项目下“本年收支差额”、“缴回资金”、“使用专用结余”、“支付所得税”项目金额的合计数填列。

“本年收支差额”项目，反映单位本年除财政拨款外的其他资金收支相抵后的差额。本项目应当根据“非财政拨款结转”科目下“本年收支结转”明细科目、“其他结余”科目、“经营结余”科目本年转入的预算收入与预算支出的差额的合计数填列；如为负数，以“-”号填列。

“缴回资金”项目，反映单位本年按照规定缴回的非财政拨款结转资金。本项目应当根据“非财政拨款结转”科目下“缴回资金”明细科目本年发生额的合计数填列，以“-”号填列。

“使用专用结余”项目，反映本年事业单位根据规定使用从非财政拨款结余或经营结余中提取的专用基金的金额。本项目应当根据“专用结余”科目明细账中本年使用专用结余业务的发生额填列，以“-”号填列。

“支付所得税”项目，反映有企业所得税缴纳义务的事业单位本年实际缴纳的企业所得税金额。本项目应当根据“非财政拨款结余”明细账中本年实际缴纳企业所得税业务的发生额填列，以“-”号填列。

（4）“年末预算结转结余”项目，反映单位本年预算结转结余的年末余额。本项目应当根据本项目下“财政拨款结转结余”、“其他资金结转结余”项目金额的合计数填列。

“财政拨款结转结余”项目，反映单位本年财政拨款结转结余的年末余额。本项目应当根据本项目下“财政拨款结转”、“财政拨款结余”项目金额的合计数填列。本项目下“财政拨款结转”、“财政拨款结余”项目，应当分别根据“财政拨款结转”、“财政拨款结余”科目的本年年末余额填列。

“其他资金结转结余”项目，反映单位本年其他资金结转结余的年末余额。本项目应当根据本项目下“非财政拨款结转”、“非财政拨款结余”、“专用结余”、“经营结余”项目金额的合计数填列。本项目下“非财政拨款结转”、“非财政拨款结余”、“专用结余”、“经营结余”项目，应当分别根据“非财政拨款结转”、“非财政拨款结余”、“专用结余”、“经营结余”科目的本年年末余额填列。

3. 财政拨款预算收入支出表编制说明

本表反映单位本年财政拨款预算资金收入、支出及相关变动的具体情况。本表“项目”栏内各项目，应当根据单位取得的财政拨款种类分项设置。其中“项目支出”项目下，根据每个项目设置；单位取得除一般公共财政预算拨款和政府性基金预算拨款以外的其他财政拨款的，应当按照财政拨款种类增加相应的资金项目及其明细项目。本表各栏及其对应项目的内容和填列方法。

（1）“年初财政拨款结转结余”栏中各项目，反映单位年初各项财政拨款结转结余的金额。各项目应当根据“财政拨款结转”、“财政拨款结余”及其明细科目的年初余额填列。本栏中各项目的数额应当与上年度财政拨款预算收入支出表中“年末财政拨款结转结余”栏中各项目的数额相等。

（2）“调整年初财政拨款结转结余”栏中各项目，反映单位对年初财政拨款结转结余的调整金额。各项目应当根据“财政拨款结转”、“财政拨款结余”科目下“年初余额调整”明细科目及其所属明细科目的本年发生额填列；如调整减少年初财政拨款结转结余，以“-”号填列。

（3）“本年归集调入”栏中各项目，反映单位本年按规定从其他单位调入的财政拨款结转资金金额。各项目应当根据“财政拨款结转”科目下“归集调入”明细科目及其所属明细科目的本年发生额填列。

（4）“本年归集上缴或调出”栏中各项目，反映单位本年按规定实际上缴的财政拨款结转结余资金，及按照规定向其他单位调出的财政拨款结转资金金额。各项目应当根据“财政拨款结转”、“财政拨款结余”科目下“归集上缴”科目和“财政拨款结转”科目下“归集调出”明细科目，及其所属明细科目的本年发生额填列，以“-”号填列。

（5）“单位内部调剂”栏中各项目，反映单位本年财政拨款结转结余资金在单位内部不同项目等之间的调剂金额。各项目应当根据“财政拨款结转”和“财政拨款结余”科目下的“单位内部调剂”明细科目及其所属明细科目的本年发生额填列；对单位内部调剂减少的财政拨款结余金额，以“-”号填列。

（6）“本年财政拨款收入”栏中各项目，反映单位本年从同级财政部门取得的各类财政预算拨款金额。各项目应当根据“财政拨款预算收入”科目及其所属明细科目的本年发生额填列。

（7）“本年财政拨款支出”栏中各项目，反映单位本年发生的财政拨款支出金额。各项目应当根据“事业支出”等科目及其所属明细科目本年发生额中的财政拨款支出数的合计数填列。

（8）“年末财政拨款结转结余”栏中各项目，反映单位年末财政拨款结转结余的金额。各项目应当根据“财政拨款结转”、“财政拨款结余”科目及其所属明细科目的年末余额填列。

第三节　政府财务报告

一、财务报告概述

（一）财务报告的编制目标

《基本准则》第五条规定："财务报告的目标是向财务报告使用者提供与政府的财务状况、运行情况（含运行成本，下同）和现金流量等有关信息，反映政府会计主体公共受托责任履行情况，有助于财务报告使用者做出决策或者进行监督和管理。"

（二）财务报告的使用者

《基本准则》第五条规定："政府财务报告使用者包括各级人民代表大会常务委员会、债权人、各级政府及其有关部门、政府会计主体自身和其他利益相关者。"

（三）财务报告的构成

财务报表由会计报表及其附注构成。会计报表一般包括资产负债表、收入费用表和净资产变动表。单位可根据实际情况自行选择编制现金流量表。

（1）资产负债表是反映政府会计主体在某一特定日期的财务状况的报表。

（2）收入费用表是反映政府会计主体在一定会计期间运行情况的报表。

（3）现金流量表是反映政府会计主体在一定会计期间现金及现金等价物流入和流出情况的报表。

（4）附注是对在资产负债表、收入费用表、现金流量表等报表中列示项目所做的进一步说明，以及对未能在这些报表中列示项目的说明。

二、财务报告编制

（一）编制基础

财务报表的编制主要以权责发生制为基础，以单位财务会计核算生成的数据为准。

（二）编制要求

（1）单位应当至少按照年度编制财务报表。

（2）单位应当根据本制度规定编制真实、完整的财务报表，不得违反本制度规定随意改变财务报表的编制基础、编制依据、编制原则和方法，不得随意改变本制度规定的财务报表有关数据的会计口径。

（3）财务报表应当根据登记完整、核对无误的账簿记录和其他有关资料编制，做到数字真实、计算准确、内容完整、编报及时。

（4）财务报表应当由单位负责人和主管会计工作的负责人、会计机构负责人（会计主管人员）签名并盖章。

（三）报表格式（详见表8－5至表8－9）

表8－5

编号	财务报表名称	编制期
会政财01表	资产负债表	月度、年度
会政财02表	收入费用表	月度、年度
会政财03表	净资产变动表	年度
会政财04表	现金流量表	年度
	附注	年度

表8－6　　**资产负债表**

会政财01表

编制单位：＿＿＿＿＿年＿＿＿＿月＿＿＿＿日　　单位：元

资　产	期末余额	年初余额	负债和净资产	期末余额	年初余额
流动资产：			**流动负债：**		
货币资金			短期借款		

续表

资　产	期末余额	年初余额	负债和净资产	期末余额	年初余额
短期投资			应交增值税		
财政应返还额度			其他应交税费		
应收票据			应缴财政款		
应收账款净额			应付职工薪酬		
预付账款			应付票据		
应收股利			应付账款		
应收利息			应付政府补贴款		
其他应收款净额			应付利息		
存货			预收账款		
待摊费用			其他应付款		
一年内到期的非流动资产			预提费用		
其他流动资产			一年内到期的非流动负债		
流动资产合计			其他流动负债		
非流动资产			**流动负债合计**		
长期股权投资			**非流动负债**		
长期债券投资			长期借款		
固定资产原值			长期应付款		
减：固定资产累计折旧			预计负债		
固定资产净值			其他非流动负债		
工程物资			**非流动负债合计**		
在建工程			受托代理负债		
无形资产原值			**负债合计**		
减：无形资产累计摊销					
无形资产净值					
研发支出					
公共基础设施原值					
减：公共基础设施累计折旧（摊销）					
公共基础设施净值					
政府储备物资					
文物文化资产					

续表

资　产	期末余额	年初余额	负债和净资产	期末余额	年初余额
保障性住房原值					
减：保障性住房累计折旧			**净资产**		
保障性住房净值			累计盈余		
长期待摊费用			专用基金		
待处理财产损溢			权益法调整		
其他非流动资产			无偿调拨净资产		—
非流动资产合计			本期盈余＊		—
受托代理资产			**净资产合计**		
资产总计			**负债和净资产总计**		

注："＊"标识项目为月报项目，年报中不需列示。

表 8－7　收入费用表

会政财 02 表

编制单位：__________　　　　______年______月　　　　单位：元

项　目	本月数	本年累计数
一、本期收入		
（一）财政拨款收入		
其中：政府性基金收入		
（二）事业收入		
（三）上级补助收入		
（四）附属单位上缴收入		
（五）经营收入		
（六）非同级财政拨款收入		
（七）投资收益		
（八）捐赠收入		
（九）利息收入		
（十）租金收入		
（十一）其他收入		
二、本期费用		
（一）业务活动费用		
（二）单位管理费用		

续表

项　　目	本月数	本年累计数
（三）经营费用		
（四）资产处置费用		
（五）上缴上级费用		
（六）对附属单位补助费用		
（七）所得税费用		
（八）其他费用		
三、本期盈余		

表 8－8　　净资产变动表

会政财 03 表

编制单位：____________　　________年　　单位：元

项　　目	本年数				上年数			
	累计盈余	专用基金	权益法调整	净资产合计	累计盈余	专用基金	权益法调整	净资产合计
一、上年年末余额								
二、以前年度盈余调整（减少以“－”号填列）		—	—			—	—	
三、本年年初余额								
四、本年变动金额（减少以“－”号填列）								
（一）本年盈余		—	—			—	—	
（二）无偿调拨净资产		—	—			—	—	
（三）归集调整预算结转结余		—	—			—	—	
（四）提取或设置专用基金			—				—	
其中，从预算收入中提取	—		—		—		—	
从预算结余中提取			—				—	
设置的专用基金	—		—		—		—	
（五）使用专用基金			—				—	
（六）权益法调整	—	—					—	—
五、本年年末余额								

注：“—”标识单元格不需填列。

表 8－9　　　　**现金流量表**

会政财 04 表

编制单位：＿＿＿＿＿　　＿＿＿＿年　　单位：元

项　　目	本年金额	上年金额
一、日常活动产生的现金流量		
财政基本支出拨款收到的现金		
财政非资本性项目拨款收到的现金		
事业活动收到的除财政拨款以外的现金		
收到的其他与日常活动有关的现金		
日常活动的现金流入小计		
购买商品、接受劳务支付的现金		
支付给职工以及为职工支付的现金		
支付的各项税费		
支付的其他与日常活动有关的现金		
日常活动的现金流出小计		
日常活动产生的现金流量净额		
二、投资活动产生的现金流量		
收回投资收到的现金		
取得投资收益收到的现金		
处置固定资产、无形资产、公共基础设施等收回的现金净额		
收到的其他与投资活动有关的现金		
投资活动的现金流入小计		
购建固定资产、无形资产、公共基础设施等支付的现金		
对外投资支付的现金		
上缴处置固定资产、无形资产、公共基础设施等净收入支付的现金		
支付的其他与投资活动有关的现金		
投资活动的现金流出小计		
投资活动产生的现金流量净额		
三、筹资活动产生的现金流量		
财政资本性项目拨款收到的现金		
取得借款收到的现金		
收到的其他与筹资活动有关的现金		

续表

项　　目	本年金额	上年金额
筹资活动的现金流入小计		
偿还借款支付的现金		
偿还利息支付的现金		
支付的其他与筹资活动有关的现金		
筹资活动的现金流出小计		
筹资活动产生的现金流量净额		
四、汇率变动对现金的影响额		
五、现金净增加额		

（四）报表编制说明

1. 资产负债表编制说明

本表反映单位在某一特定日期全部资产、负债和净资产的情况。本表“年初余额”栏内各项数字，应当根据上年年末资产负债表“期末余额”栏内数字填列。如果本年度资产负债表规定的项目的名称和内容同上年度不一致，应当对上年年末资产负债表项目的名称和数字按照本年度的规定进行调整，将调整后数字填入本表“年初余额”栏内。如果本年度单位发生了因前期差错更正、会计政策变更等调整以前年度盈余的事项，还应当对“年初余额”栏中的有关项目金额进行相应调整。本表中“资产总计”项目期末（年初）余额应当与“负债和净资产总计”项目期末（年初）余额相等。本表“期末余额”栏各项目的内容和填列方法如下：

（1）资产类项目。

“货币资金”项目，反映单位期末库存现金、银行存款、零余额账户用款额度、其他货币资金的合计数。本项目应当根据“库存现金”、“银行存款”、“零余额账户用款额度”、“其他货币资金”科目的期末余额的合计数填列；若单位存在通过“库存现金”、“银行存款”科目核算的受托代理资产还应当按照前述合计数扣减“库存现金”、“银行存款”科目下“受托代理资产”明细科目的期末余额后的金额填列。

“短期投资”项目，反映事业单位期末持有的短期投资账面余额。本项目应当根据“短期投资”科目的期末余额填列。

“财政应返还额度”项目，反映单位期末财政应返还额度的金额。本项目应当根据“财政应返还额度”科目的期末余额填列。

“应收票据”项目，反映事业单位期末持有的应收票据的票面金额。本项目应当根据“应收票据”科目的期末余额填列。

“应收账款净额”项目，反映单位期末尚未收回的应收账款减去已计提的坏账准备后的净额。本项目应当根据“应收账款”科目的期末余额，减去“坏账准备”科目中对应收账款计提的坏账准备的期末余额后的金额填列。

“预付账款”项目，反映单位期末预付给商品或者劳务供应单位的款项。本项目应当根据“预付账款”科目的期末余额填列。

“应收股利”项目，反映事业单位期末因股权投资而应收取的现金股利或应当分得的利润。本项目应当根据“应收股利”科目的期末余额填列。

“应收利息”项目，反映事业单位期末因债券投资等而应收取的利息。事业单位购入的到期一次还本付息的长期债券投资持有期间应收的利息，不包括在本项目内。本项目应当根据“应收利息”科目的期末余额填列。

“其他应收款净额”项目，反映单位期末尚未收回的其他应收款减去已计提的坏账准备后的净额。本项目应当根据“其他应收款”科目的期末余额减去“坏账准备”科目中对其他应收款计提的坏账准备的期末余额后的金额填列。

“存货”项目，反映单位期末存储的存货的实际成本。本项目应当根据“在途物品”、“库存物品”、“加工物品”科目的期末余额的合计数填列。

“待摊费用”项目，反映单位期末已经支出，但应当由本期和以后各期负担的分摊期在1年以内（含1年）的各项费用。本项目应当根据“待摊费用”科目的期末余额填列。

“1年内到期的非流动资产”项目，反映单位期末非流动资产项目中将在1年内（含1年）到期的金额，如事业单位将在1年内（含1年）到期的长期债券投资金额。本项目应当根据“长期债券投资”等科目的明细科目的期末余额分析填列。

“其他流动资产”项目，反映单位期末除本表中上述各项之外的其他流动资产的合计金额。本项目应当根据有关科目期末余额的合计数填列。

“流动资产合计”项目，反映单位期末流动资产的合计数。本项目应当根据本表中“货币资金”、“短期投资”、“财政应返还额度”、“应收票据”、“应收账款净额”、“预付账款”、“应收股利”、“应收利息”、“其他应收款净额”、“存货”、“待摊费用”、“1年内到期的非流动资产”、“其他流动资产”项目金额的合计数填列。

“长期股权投资”项目，反映事业单位期末持有的长期股权投资的账面余额。本项目应当根据“长期股权投资”科目的期末余额填列。

“长期债券投资”项目，反映事业单位期末持有的长期债券投资的账面余额。本项目应当根据“长期债券投资”科目的期末余额减去其中将于1年内（含1年）到期的长期债券投资余额后的金额填列。

“固定资产原值”项目，反映单位期末固定资产的原值。本项目应当根据“固定资产”科目的期末余额填列。

“固定资产累计折旧”项目，反映单位期末固定资产已计提的累计折旧金额。本项目应当根据“固定资产累计折旧”科目的期末余额填列。

“固定资产净值”项目，反映单位期末固定资产的账面价值。本项目应当根据“固定资产”科目期末余额减去“固定资产累计折旧”科目期末余额后的金额填列。

“工程物资”项目，反映单位期末为在建工程准备的各种物资的实际成本。本项目应当根据“工程物资”科目的期末余额填列。

“在建工程”项目，反映单位期末所有的建设项目工程的实际成本。本项目应当根据“在建工程”科目的期末余额填列。

“无形资产原值”项目，反映单位期末无形资产的原值。本项目应当根据“无形资产”科目的期末余额填列。

“无形资产累计摊销”项目，反映单位期末无形资产已计提的累计摊销金额。本项目应当根据“无形资产累计摊销”科目的期末余额填列。

“无形资产净值”项目，反映单位期末无形资产的账面价值。本项目应当根据“无形资产”科目期末余额减去“无形资产累计摊销”科目期末余额后的金额填列。

“研发支出”项目，反映单位期末正在进行的无形资产开发项目开发阶段发生的累计支出数。本项目应当根据“研发支出”科目的期末余额填列。

“公共基础设施原值”项目，反映单位期末控制的公共基础设施的原值。本项目应当根据“公共基础设施”科目的期末余额填列。

“公共基础设施累计折旧（摊销）”项目，反映单位期末控制的公共基础设施已计提的累计折旧和累计摊销金额。本项目应当根据“公共基础设施累计折旧（摊销）”科目的期末余额填列。

“公共基础设施净值”项目，反映单位期末控制的公共基础设施的账面价值。本项目应当根据“公共基础设施”科目期末余额减去“公共基础设施累计折旧（摊销）”科目期末余额后的金额填列。

“政府储备物资”项目，反映单位期末控制的政府储备物资的实际成本。

本项目应当根据“政府储备物资”科目的期末余额填列。

“文物文化资产”项目，反映单位期末控制的文物文化资产的成本。本项目应当根据“文物文化资产”科目的期末余额填列。

“保障性住房原值”项目，反映单位期末控制的保障性住房的原值。本项目应当根据“保障性住房”科目的期末余额填列。

“保障性住房累计折旧”项目，反映单位期末控制的保障性住房已计提的累计折旧金额。本项目应当根据“保障性住房累计折旧”科目的期末余额填列。

“保障性住房净值”项目，反映单位期末控制的保障性住房的账面价值。本项目应当根据“保障性住房”科目期末余额减去“保障性住房累计折旧”科目期末余额后的金额填列。

“长期待摊费用”项目，反映单位期末已经支出，但应由本期和以后各期负担的分摊期限在1年以上（不含1年）的各项费用。本项目应当根据“长期待摊费用”科目的期末余额填列。

“待处理财产损溢”项目，反映单位期末尚未处理完毕的各种资产的净损失或净溢余。本项目应当根据“待处理财产损溢”科目的期末借方余额填列；如“待处理财产损溢”科目期末为贷方余额，以“-”号填列。

“其他非流动资产”项目，反映单位期末除本表中上述各项之外的其他非流动资产的合计数。本项目应当根据有关科目的期末余额合计数填列。

“非流动资产合计”项目，反映单位期末非流动资产的合计数。本项目应当根据本表中“长期股权投资”、“长期债券投资”、“固定资产净值”、“工程物资”、“在建工程”、“无形资产净值”、“研发支出”、“公共基础设施净值”、“政府储备物资”、“文物文化资产”、“保障性住房净值”、“长期待摊费用”、“待处理财产损溢”、“其他非流动资产”项目金额的合计数填列。

“受托代理资产”项目，反映单位期末受托代理资产的价值。本项目应当根据“受托代理资产”科目的期末余额与“库存现金”、“银行存款”科目下“受托代理资产”明细科目的期末余额的合计数填列。

“资产总计”项目，反映单位期末资产的合计数。本项目应当根据本表中“流动资产合计”、“非流动资产合计”、“受托代理资产”项目金额的合计数填列。

（2）负债类项目。

“短期借款”项目，反映事业单位期末短期借款的余额。本项目应当根据“短期借款”科目的期末余额填列。

“应交增值税”项目，反映单位期末应缴未缴的增值税税额。本项目应当根据“应交增值税”科目的期末余额填列；如“应交增值税”科目期末为借方余额，以“－”号填列。

“其他应交税费”项目，反映单位期末应缴未缴的除增值税以外的税费金额。本项目应当根据“其他应交税费”科目的期末余额填列；如“其他应交税费”科目期末为借方余额，以“－”号填列。

“应缴财政款”项目，反映单位期末应当上缴财政但尚未缴纳的款项。本项目应当根据“应缴财政款”科目的期末余额填列。

“应付职工薪酬”项目，反映单位期末按有关规定应付给职工及为职工支付的各种薪酬。本项目应当根据“应付职工薪酬”科目的期末余额填列。

“应付票据”项目，反映事业单位期末应付票据的金额。本项目应当根据“应付票据”科目的期末余额填列。

“应付账款”项目，反映单位期末应当支付但尚未支付的偿还期限在1年以内（含1年）的应付账款的金额。本项目应当根据“应付账款”科目的期末余额填列。

“应付政府补贴款”项目，反映负责发放政府补贴的行政单位期末按照规定应当支付给政府补贴接受者的各种政府补贴款余额。本项目应当根据“应付政府补贴款”科目的期末余额填列。

“应付利息”项目，反映事业单位期末按照合同约定应支付的借款利息。事业单位到期一次还本付息的长期借款利息不包括在本项目内。本项目应当根据“应付利息”科目的期末余额填列。

“预收账款”项目，反映事业单位期末预先收取但尚未确认收入和实际结算的款项余额。本项目应当根据“预收账款”科目的期末余额填列。

“其他应付款”项目，反映单位期末其他各项偿还期限在1年内（含1年）的应付及暂收款项余额。本项目应当根据“其他应付款”科目的期末余额填列。

“预提费用”项目，反映单位期末已预先提取的已经发生但尚未支付的各项费用。本项目应当根据“预提费用”科目的期末余额填列。

“1年内到期的非流动负债”项目，反映单位期末将于1年内（含1年）偿还的非流动负债的余额。本项目应当根据“长期应付款”、“长期借款”等科目的明细科目的期末余额分析填列。

“其他流动负债”项目，反映单位期末除本表中上述各项之外的其他流动负债的合计数。本项目应当根据有关科目的期末余额的合计数填列。

“流动负债合计”项目，反映单位期末流动负债合计数。本项目应当根据本表“短期借款”、“应交增值税”、“其他应交税费”、“应缴财政款”、“应付职工薪酬”、“应付票据”、“应付账款”、“应付政府补贴款”、“应付利息”、“预收账款”、“其他应付款”、“预提费用”、“1年内到期的非流动负债”、“其他流动负债”项目金额的合计数填列。

“长期借款”项目，反映事业单位期末长期借款的余额。本项目应当根据“长期借款”科目的期末余额减去其中将于1年内（含1年）到期的长期借款余额后的金额填列。

“长期应付款”项目，反映单位期末长期应付款的余额。本项目应当根据“长期应付款”科目的期末余额减去其中将于1年内（含1年）到期的长期应付款余额后的金额填列。

“预计负债”项目，反映单位期末已确认但尚未偿付的预计负债的余额。本项目应当根据“预计负债”科目的期末余额填列。

“其他非流动负债”项目，反映单位期末除本表中上述各项之外的其他非流动负债的合计数。本项目应当根据有关科目的期末余额合计数填列。

“非流动负债合计”项目，反映单位期末非流动负债合计数。本项目应当根据本表中“长期借款”、“长期应付款”、“预计负债”、“其他非流动负债”项目金额的合计数填列。

“受托代理负债”项目，反映单位期末受托代理负债的金额。本项目应当根据“受托代理负债”科目的期末余额填列。

“负债合计”项目，反映单位期末负债的合计数。本项目应当根据本表中“流动负债合计”、“非流动负债合计”、“受托代理负债”项目金额的合计数填列。

（3）净资产类项目。

“累计盈余”项目，反映单位期末未分配盈余（或未弥补亏损）以及无偿调拨净资产变动的累计数。本项目应当根据“累计盈余”科目的期末余额填列。

“专用基金”项目，反映事业单位期末累计提取或设置但尚未使用的专用基金余额。本项目应当根据“专用基金”科目的期末余额填列。

“权益法调整”项目，反映事业单位期末在被投资单位除净损益和利润分配以外的所有者权益变动中累积享有的份额。本项目应当根据“权益法调整”科目的期末余额填列。如“权益法调整”科目期末为借方余额，以“－”号填列。

“无偿调拨净资产”项目，反映单位本年度截至报告期期末无偿调入的非现金资产价值扣减无偿调出的非现金资产价值后的净值。本项目仅在月度报表中列示，年度报表中不列示。月度报表中本项目应当根据“无偿调拨净资产”科目的期末余额填列；“无偿调拨净资产”科目期末为借方余额时，以“-”号填列。

“本期盈余”项目，反映单位本年度截至报告期期末实现的累计盈余或亏损。本项目仅在月度报表中列示，年度报表中不列示。月度报表中本项目应当根据“本期盈余”科目的期末余额填列；“本期盈余”科目期末为借方余额时，以“-”号填列。

“净资产合计”项目，反映单位期末净资产合计数。本项目应当根据本表中“累计盈余”、“专用基金”、“权益法调整”、“无偿调拨净资产”（月度报表)、“本期盈余”（月度报表）项目金额的合计数填列。

“负债和净资产总计”项目，应当按照本表中“负债合计”、“净资产合计”项目金额的合计数填列。

2. 收入费用表编制说明

本表是反映单位在某一会计期间内发生的收入、费用及当期盈余情况。本表“本月数”栏反映各项目的本月实际发生数。编制年度收入费用表时，应当将本栏改为“本年数”，反映本年度各项目的实际发生数。本表“本年累计数”栏反映各项目自年初至报告期期末的累计实际发生数。编制年度收入费用表时，应当将本栏改为“上年数”，反映上年度各项目的实际发生数，“上年数”栏应当根据上年年度收入费用表中“本年数”栏内所列数字填列。如果本年度收入费用表规定的项目的名称和内容同上年度不一致，应当对上年度收入费用表项目的名称和数字按照本年度的规定进行调整，将调整后的金额填入本年度收入费用表的“上年数”栏内。如果本年度单位发生了因前期差错更正、会计政策变更等调整以前年度盈余的事项，还应当对年度收入费用表中“上年数”栏中的有关项目金额进行相应调整。本表“本月数”栏各项目的内容和填列方法如下：

（1）本期收入。

“本期收入”项目，反映单位本期收入总额。本项目应当根据本表中“财政拨款收入”、“事业收入”、“上级补助收入”、“附属单位上缴收入”、“经营收入”、“非同级财政拨款收入”、“投资收益”、“捐赠收入”、“利息收入”、“租金收入”、“其他收入”项目金额的合计数填列。

“财政拨款收入”项目，反映单位本期从同级政府财政部门取得的各类财政拨款。本项目应当根据“财政拨款收入”科目的本期发生额填列。

“政府性基金收入”项目，反映单位本期取得的财政拨款收入中属于政府性基金预算拨款的金额。本项目应当根据“财政拨款收入”相关明细科目的本期发生额填列。

“事业收入”项目，反映事业单位本期开展专业业务活动及其辅助活动实现的收入。本项目应当根据“事业收入”科目的本期发生额填列。

“上级补助收入”项目，反映事业单位本期从主管部门和上级单位收到或应收的非财政拨款收入。本项目应当根据“上级补助收入”科目的本期发生额填列。

“附属单位上缴收入”项目，反映事业单位本期收到或应收的独立核算的附属单位按照有关规定上缴的收入。本项目应当根据“附属单位上缴收入”科目的本期发生额填列。

“经营收入”项目，反映事业单位本期在专业业务活动及其辅助活动之外开展非独立核算经营活动实现的收入。本项目应当根据“经营收入”科目的本期发生额填列。

“非同级财政拨款收入”项目，反映单位本期从非同级政府财政部门取得的财政拨款，不包括事业单位因开展科研及其辅助活动从非同级财政部门取得的经费拨款。本项目应当根据“非同级财政拨款收入”科目的本期发生额填列。

“投资收益”项目，反映事业单位本期股权投资和债券投资所实现的收益或发生的损失。本项目应当根据“投资收益”科目的本期发生额填列；如为投资净损失，以“-”号填列。

“捐赠收入”项目，反映单位本期接受捐赠取得的收入。本项目应当根据“捐赠收入”科目的本期发生额填列。

“利息收入”项目，反映单位本期取得的银行存款利息收入。本项目应当根据“利息收入”科目的本期发生额填列。

“租金收入”项目，反映单位本期经批准利用国有资产出租取得并按规定纳入本单位预算管理的租金收入。本项目应当根据“租金收入”科目的本期发生额填列。

“其他收入”项目，反映单位本期取得的除以上收入项目外的其他收入的总额。本项目应当根据“其他收入”科目的本期发生额填列。

（2）本期费用。

“本期费用”项目，反映单位本期费用总额。本项目应当根据本表中“业务活动费用”、“单位管理费用”、“经营费用”、“资产处置费用”、“上缴上级费用”、“对附属单位补助费用”、“所得税费用”和“其他费用”项目金额的合计数填列。

“业务活动费用”项目，反映单位本期为实现其职能目标，依法履职或开展专业业务活动及其辅助活动所发生的各项费用。本项目应当根据“业务活动费用”科目本期发生额填列。

“单位管理费用”项目，反映事业单位本期本级行政及后勤管理部门开展管理活动发生的各项费用，以及由单位统一负担的离退休人员经费、工会经费、诉讼费、中介费等。本项目应当根据“单位管理费用”科目的本期发生额填列。

“经营费用”项目，反映事业单位本期在专业业务活动及其辅助活动之外开展非独立核算经营活动发生的各项费用。本项目应当根据“经营费用”科目的本期发生额填列。

“资产处置费用”项目，反映单位本期经批准处置资产时转销的资产价值以及在处置过程中发生的相关费用或者处置收入小于处置费用形成的净支出。本项目应当根据“资产处置费用”科目的本期发生额填列。

“上缴上级费用”项目，反映事业单位按照规定上缴上级单位款项发生的费用。本项目应当根据“上缴上级费用”科目的本期发生额填列。

“对附属单位补助费用”项目，反映事业单位用财政拨款收入之外的收入对附属单位补助发生的费用。本项目应当根据“对附属单位补助费用”科目的本期发生额填列。

“所得税费用”项目，反映有企业所得税缴纳义务的事业单位本期计算应交纳的企业所得税。本项目应当根据“所得税费用”科目的本期发生额填列。

“其他费用”项目，反映单位本期发生的除以上费用项目外的其他费用的总额。本项目应当根据“其他费用”科目的本期发生额填列。

（3）本期盈余。

“本期盈余”项目，反映单位本期收入扣除本期费用后的净额。本项目应当根据本表中“本期收入”项目金额减去“本期费用”项目金额后的金额填列；如为负数，以“-”号填列。

3. 净资产变动表编制说明

本表反映单位在某一会计年度内净资产项目的变动情况。本表“本年数”栏反映本年度各项目的实际变动数。本表“上年数”栏反映上年度各项目的实际变动数，应当根据上年度净资产变动表中“本年数”栏内所列数字填列。

如果上年度净资产变动表规定的项目的名称和内容与本年度不一致，应对上年度净资产变动表项目的名称和数字按照本年度的规定进行调整，将调整后金额填入本年度净资产变动表“上年数”栏内。本表“本年数”栏各项目的内容和填列方法。

（1）“上年年末余额”行，反映单位净资产各项目上年年末的余额。本行各项目应当根据“累计盈余”、“专用基金”、“权益法调整”科目上年年末余额填列。

（2）“以前年度盈余调整”行，反映单位本年度调整以前年度盈余的事项对累计盈余进行调整的金额。本行“累计盈余”项目应当根据本年度“以前年度盈余调整”科目转入“累计盈余”科目的金额填列；如调整减少累计盈余，以“-”号填列。

（3）“本年年初余额”行，反映经过以前年度盈余调整后，单位净资产各项目的本年年初余额。本行“累计盈余”、“专用基金”、“权益法调整”项目应当根据其各自在“上年年末余额”和“以前年度盈余调整”行对应项目金额的合计数填列。

（4）“本年变动金额”行，反映单位净资产各项目本年变动总金额。本行“累计盈余”、“专用基金”、“权益法调整”项目应当根据其各自在“本年盈余”、“无偿调拨净资产”、“归集调整预算结转结余”、“提取或设置专用基金”、“使用专用基金”、“权益法调整”行对应项目金额的合计数填列。

（5）“本年盈余”行，反映单位本年发生的收入、费用对净资产的影响。本行“累计盈余”项目应当根据年末由“本期盈余”科目转入“本年盈余分配”科目的金额填列；如转入时借记“本年盈余分配”科目，则以“-”号填列。

（6）“无偿调拨净资产”行，反映单位本年无偿调入、调出非现金资产事项对净资产的影响。本行“累计盈余”项目应当根据年末由“无偿调拨净资产”科目转入“累计盈余”科目的金额填列；如转入时借记“累计盈余”科目，则以“-”号填列。

（7）“归集调整预算结转结余”行，反映单位本年财政拨款结转结余资金归集调入、归集上缴或调出，以及非财政拨款结转资金缴回对净资产的影响。本行“累计盈余”项目应当根据“累计盈余”科目明细账记录分析填列；如归集调整减少预算结转结余，则以“-”号填列。

（8）“提取或设置专用基金”行，反映单位本年提取或设置专用基金对净资产的影响。本行“累计盈余”项目应当根据“从预算结余中提取”行

"累计盈余"项目的金额填列。本行"专用基金"项目应当根据"从预算收入中提取"、"从预算结余中提取"、"设置的专用基金"行"专用基金"项目金额的合计数填列。

"从预算收入中提取"行，反映单位本年从预算收入中提取专用基金对净资产的影响。本行"专用基金"项目应当通过对"专用基金"科目明细账记录的分析，根据本年按有关规定从预算收入中提取基金的金额填列。

"从预算结余中提取"行，反映单位本年根据有关规定从本年度非财政拨款结余或经营结余中提取专用基金对净资产的影响。本行"累计盈余"、"专用基金"项目应当通过对"专用基金"科目明细账记录的分析，根据本年按有关规定从本年度非财政拨款结余或经营结余中提取专用基金的金额填列；本行"累计盈余"项目以"-"号填列。

"设置的专用基金"行，反映单位本年根据有关规定设置的其他专用基金对净资产的影响。本行"专用基金"项目应当通过对"专用基金"科目明细账记录的分析，根据本年按有关规定设置的其他专用基金的金额填列。

(9)"使用专用基金"行，反映单位本年按规定使用专用基金对净资产的影响。本行"累计盈余"、"专用基金"项目应当通过对"专用基金"科目明细账记录的分析，根据本年按规定使用专用基金的金额填列；本行"专用基金"项目以"-"号填列。

(10)"权益法调整"行，反映单位本年按照被投资单位除净损益和利润分配以外的所有者权益变动份额而调整长期股权投资账面余额对净资产的影响。本行"权益法调整"项目应当根据"权益法调整"科目本年发生额填列；若本年净发生额为借方时，以"-"号填列。

(11)"本年年末余额"行，反映单位本年各净资产项目的年末余额。本行"累计盈余"、"专用基金"、"权益法调整"项目应当根据其各自在"本年年初余额"、"本年变动金额"行对应项目金额的合计数填列。

(12)本表各行"净资产合计"项目，应当根据所在行"累计盈余"、"专用基金"、"权益法调整"项目金额的合计数填列。

4. 现金流量表编制说明

本表反映单位在某一会计年度内现金流入和流出的信息。本表所指的现金，是指单位的库存现金以及其他可以随时用于支付的款项，包括库存现金、可以随时用于支付的银行存款、其他货币资金、零余额账户用款额度、财政应返还额度，以及通过财政直接支付方式支付的款项。现金流量表应当按照日常活动、投资活动、筹资活动的现金流量分别反映。本表所指的现金流量，是指现金的流入和流出。本表“本年金额”栏反映各项目的本年实际发生数。本表“上年金额”栏反映各项目的上年实际发生数，应当根据上年现金流量表中“本年金额”栏内所列数字填列。单位应当采用直接法编制现金流量表。本表“本年金额”栏各项目的填列方法如下：

(1) 日常活动产生的现金流量。

“财政基本支出拨款收到的现金”项目，反映单位本年接受财政基本支出拨款取得的现金。本项目应当根据“零余额账户用款额度”、“财政拨款收入”、“银行存款”等科目及其所属明细科目的记录分析填列。

“财政非资本性项目拨款收到的现金”项目，反映单位本年接受除用于购建固定资产、无形资产、公共基础设施等资本性项目以外的财政项目拨款取得的现金。本项目应当根据“银行存款”、“零余额账户用款额度”、“财政拨款收入”等科目及其所属明细科目的记录分析填列。

“事业活动收到的除财政拨款以外的现金”项目，反映事业单位本年开展专业业务活动及其辅助活动取得的除财政拨款以外的现金。本项目应当根据“库存现金”、“银行存款”、“其他货币资金”、“应收账款”、“应收票据”、“预收账款”、“事业收入”等科目及其所属明细科目的记录分析填列。

“收到的其他与日常活动有关的现金”项目，反映单位本年收到的除以上项目之外的与日常活动有关的现金。本项目应当根据“库存现金”、“银行存款”、“其他货币资金”、“上级补助收入”、“附属单位上缴收入”、“经营收入”、“非同级财政拨款收入”、“捐赠收入”、“利息收入”、“租金收入”、“其他收入”等科目及其所属明细科目的记录分析填列。

“日常活动的现金流入小计”项目，反映单位本年日常活动产生的现金流入的合计数。本项目应当根据本表中“财政基本支出拨款收到的现金”、“财政非资本性项目拨款收到的现金”、“事业活动收到的除财政拨款以外的现金”、“收到的其他与日常活动有关的现金”项目金额的合计数填列。

“购买商品、接受劳务支付的现金”项目，反映单位本年在日常活动中用于购买商品、接受劳务支付的现金。本项目应当根据“库存现金”、“银行存款”、“财政拨款收入”、“零余额账户用款额度”、“预付账款”、“在途物品”、“库存物品”、“应付账款”、“应付票据”、“业务活动费用”、“单位管理费用”、“经营费用”等科目及其所属明细科目的记录分析填列。

“支付给职工以及为职工支付的现金”项目，反映单位本年支付给职工以及为职工支付的现金。本项目应当根据“库存现金”、“银行存款”、“零余额账户用款额度”、“财政拨款收入”、“应付职工薪酬”、“业务活动费用”、“单位管理费用”、“经营费用”等科目及其所属明细科目的记录分析填列。

“支付的各项税费”项目，反映单位本年用于缴纳日常活动相关税费而支付的现金。本项目应当根据“库存现金”、“银行存款”、“零余额账户用款额度”、“应交增值税”、“其他应交税费”、“业务活动费用”、“单位管理费用”、“经营费用”、“所得税费用”等科目及其所属明细科目的记录分析填列。

“支付的其他与日常活动有关的现金”项目，反映单位本年支付的除上述项目之外与日常活动有关的现金。本项目应当根据“库存现金”、“银行存款”、“零余额账户用款额度”、“财政拨款收入”、“其他应付款”、“业务活动费用”、“单位管理费用”、“经营费用”、“其他费用”等科目及其所属明细科目的记录分析填列。

“日常活动的现金流出小计”项目，反映单位本年日常活动产生的现金流出的合计数。本项目应当根据本表中“购买商品、接受劳务支付的现金”、“支付给职工以及为职工支付的现金”、“支付的各项税费”、“支付的其他与日常活动有关的现金”项目金额的合计数填列。

“日常活动产生的现金流量净额”项目，应当按照本表中“日常活动的现金流入小计”项目金额减去“日常活动的现金流出小计”项目金额后的金额填列；如为负数，以“－”号填列。

(2) 投资活动产生的现金流量。

“收回投资收到的现金”项目，反映单位本年出售、转让或者收回投资收到的现金。本项目应该根据“库存现金”、“银行存款”、“短期投资”、“长期股权投资”、“长期债券投资”等科目的记录分析填列。

“取得投资收益收到的现金”项目，反映单位本年因对外投资而收到被投资单位分配的股利或利润，以及收到投资利息而取得的现金。本项目应当根据“库存现金”、“银行存款”、“应收股利”、“应收利息”、“投资收益”等科目的记录分析填列。

“处置固定资产、无形资产、公共基础设施等收回的现金净额”项目，反映单位本年处置固定资产、无形资产、公共基础设施等非流动资产所取得的现金，减去为处置这些资产而支付的有关费用之后的净额。由于自然灾害所造成的固定资产等长期资产损失而收到的保险赔款收入，也在本项目反映。本项目应当根据“库存现金”、“银行存款”、“待处理财产损溢”等科目的记录分析填列。

“收到的其他与投资活动有关的现金”项目，反映单位本年收到的除上述项目之外与投资活动有关的现金。对于金额较大的现金流入，应当单列项目反映。本项目应当根据“库存现金”、“银行存款”等有关科目的记录分析填列。

“投资活动的现金流入小计”项目，反映单位本年投资活动产生的现金流入的合计数。本项目应当根据本表中“收回投资收到的现金”、“取得投资收益收到的现金”、“处置固定资产、无形资产、公共基础设施等收回的现金净额”、“收到的其他与投资活动有关的现金”项目金额的合计数填列。

“购建固定资产、无形资产、公共基础设施等支付的现金”项目，反映单位本年购买和建造固定资产、无形资产、公共基础设施等非流动资产所支付的现金；融资租入固定资产支付的租赁费不在本项目反映，在筹资活动的现金流量中反映。本项目应当根据“库存现金”、“银行存款”、“固定资产”、“工程物资”、“在建工程”、“无形资产”、“研发支出”、“公共基础设施”、“保障性住房”等科目的记录分析填列。

“对外投资支付的现金”项目，反映单位本年为取得短期投资、长期股权投资、长期债券投资而支付的现金。本项目应当根据“库存现金”、“银行存款”、“短期投资”、“长期股权投资”、“长期债券投资”等科目的记录分析填列。

“上缴处置固定资产、无形资产、公共基础设施等净收入支付的现金”项目，反映本年单位将处置固定资产、无形资产、公共基础设施等非流动资产所收回的现金净额予以上缴财政所支付的现金。本项目应当根据“库存现金”、“银行存款”、“应缴财政款”等科目的记录分析填列。

“支付的其他与投资活动有关的现金”项目，反映单位本年支付的除上述项目之外与投资活动有关的现金。对于金额较大的现金流出，应当单列项目反映。本项目应当根据“库存现金”、“银行存款”等有关科目的记录分析填列。

“投资活动的现金流出小计”项目，反映单位本年投资活动产生的现金流出的合计数。本项目应当根据本表中“购建固定资产、无形资产、公共基础设施等支付的现金”、“对外投资支付的现金”、“上缴处置固定资产、无形资产、公共基础设施等净收入支付的现金”、“支付的其他与投资活动有关的现金”项目金额的合计数填列。

“投资活动产生的现金流量净额”项目，应当按照本表中“投资活动的现金流入小计”项目金额减去“投资活动的现金流出小计”项目金额后的金额填列；如为负数，以“-”号填列。

(3) 筹资活动产生的现金流量。

"财政资本性项目拨款收到的现金"项目，反映单位本年接受用于购建固定资产、无形资产、公共基础设施等资本性项目的财政项目拨款取得的现金。本项目应当根据"银行存款"、"零余额账户用款额度"、"财政拨款收入"等科目及其所属明细科目的记录分析填列。

"取得借款收到的现金"项目，反映事业单位本年举借短期、长期借款所收到的现金。本项目应当根据"库存现金"、"银行存款"、"短期借款"、"长期借款"等科目记录分析填列。

"收到的其他与筹资活动有关的现金"项目，反映单位本年收到的除上述项目之外与筹资活动有关的现金。对于金额较大的现金流入，应当单列项目反映。本项目应当根据"库存现金"、"银行存款"等有关科目的记录分析填列。

"筹资活动的现金流入小计"项目，反映单位本年筹资活动产生的现金流入的合计数。本项目应当根据本表中"财政资本性项目拨款收到的现金"、"取得借款收到的现金"、"收到的其他与筹资活动有关的现金"项目金额的合计数填列。

"偿还借款支付的现金"项目，反映事业单位本年偿还借款本金所支付的现金。本项目应当根据"库存现金"、"银行存款"、"短期借款"、"长期借款"等科目的记录分析填列。

"偿付利息支付的现金"项目，反映事业单位本年支付的借款利息等。本项目应当根据"库存现金"、"银行存款"、"应付利息"、"长期借款"等科目的记录分析填列。

"支付的其他与筹资活动有关的现金"项目，反映单位本年支付的除上述项目之外与筹资活动有关的现金，如融资租入固定资产所支付的租赁费。本项目应当根据"库存现金"、"银行存款"、"长期应付款"等科目的记录分析填列。

"筹资活动的现金流出小计"项目，反映单位本年筹资活动产生的现金流出的合计数。本项目应当根据本表中"偿还借款支付的现金"、"偿付利息支付的现金"、"支付的其他与筹资活动有关的现金"项目金额的合计数填列。

"筹资活动产生的现金流量净额"项目，应当按照本表中"筹资活动的现金流入小计"项目金额减去"筹资活动的现金流出小计"金额后的金额填列；如为负数，以"-"号填列。

(4) "汇率变动对现金的影响额"项目，反映单位本年外币现金流量折算为人民币时，所采用的现金流量发生日的汇率折算的人民币金额与外币现金流量净额按期末汇率折算的人民币金额之间的差额。

（5）“现金净增加额”项目，反映单位本年现金变动的净额。本项目应当根据本表中“日常活动产生的现金流量净额”、“投资活动产生的现金流量净额”、“筹资活动产生的现金流量净额”和“汇率变动对现金的影响额”项目金额的合计数填列；如为负数，以“－”号填列。

第四节 附注

附注是对在会计报表中列示的项目所做的进一步说明，以及对未能在会计报表中列示项目的说明。附注是财务报表的重要组成部分。凡对报表使用者的决策有重要影响的会计信息，不论本制度是否有明确规定，单位均应当充分披露。附注主要包括下列内容：

一、单位的基本情况

单位应当简要披露其基本情况，包括单位主要职能、主要业务活动、所在地、预算管理关系等。

二、会计报表编制基础

三、遵循政府会计准则、制度的声明

四、重要会计政策和会计估计

单位应当采用与其业务特点相适应的具体会计政策，并充分披露报告期内采用的重要会计政策和会计估计。主要包括以下内容：

（1）会计期间

（2）记账本位币，外币折算汇率

（3）坏账准备的计提方法

（4）存货类别、发出存货的计价方法、存货的盘存制度，以及低值易耗品和包装物的摊销方法

（5）长期股权投资的核算方法

（6）固定资产分类、折旧方法、折旧年限和年折旧率；融资租入固定资产的计价和折旧方法

（7）无形资产的计价方法；使用寿命有限的无形资产，其使用寿命估计情况；使用寿命不确定的无形资产，其使用寿命不确定的判断依据；单位内部研究开发项目划分研究阶段和开发阶段的具体标准

（8）公共基础设施的分类、折旧（摊销）方法、折旧（摊销）年限，以及其确定依据

（9）政府储备物资分类，以及确定其发出成本所采用的方法

（10）保障性住房的分类、折旧方法、折旧年限

（11）其他重要的会计政策和会计估计

（12）本期发生重要会计政策和会计估计变更的，变更的内容和原因、受其重要影响的报表项目名称和金额、相关审批程序，以及会计估计变更开始适用的时点

五、会计报表重要项目说明

单位应当按照资产负债表和收入费用表项目列示顺序，采用文字和数据描述相结合的方式披露重要项目的明细信息。报表重要项目的明细金额合计，应当与报表项目金额相衔接。报表重要项目说明应包括但不限于下列内容：

（一）货币资金的披露格式（如表 8－10 所示）

表 8－10

项目	期末余额	年初余额
库存现金		
银行存款		
其他货币资金		
合计		

（二）应收账款按照债务人类别披露的格式（如表8－11所示）

表8－11

债务人类别	期末余额	年初余额
政府会计主体：		
部门内部单位		
单位1		
……		
部门外部单位		
单位1		
……		
其他：		
单位1		
……		
合计		

注1："部门内部单位"是指纳入单位所属部门财务报告合并范围的单位（下同）。

注2：有应收票据、预付账款、其他应收款的，可比照应收账款进行披露。

（三）存货的披露格式（如表8－12所示）

表8－12

存货种类	期末余额	年初余额
1.		
……		
合计		

（四）其他流动资产的披露格式（如表8－13所示）

表8－13

项目	期末余额	年初余额
1.		
……		
合计		

注：有长期待摊费用、其他非流动资产的，可比照其他流动资产进行披露。

（五）长期投资

长期债券投资的披露格式（如表 8－14 所示）：

表 8－14

债券发行主体	年初余额	本期增加额	本期减少额	期末余额
1.				
……				
合计				

注：有短期投资的，可比照长期债券投资进行披露。

长期股权投资的披露格式（如表 8－15 所示）：

表 8－15

被投资单位	核算方法	年初余额	本期增加额	本期减少额	期末余额
1.					
……					
合计					

当期发生的重大投资净损益项目、金额及原因。

（六）固定资产

1. 固定资产的披露格式（如表 8－16 所示）

表 8－16

项　　目	年初余额额	本期增加额	本期减少额	期末余额
一、原值合计				
其中，房屋及构筑物				
通用设备				
专用设备				
文物和陈列品				
图书、档案				
家具、用具、装具及动植物				
二、累计折旧合计				
其中，房屋及构筑物				
通用设备				

续表

项目	年初余额额	本期增加额	本期减少额	期末余额
专用设备				
家具、用具、装具				
三、账面价值合计				
其中，房屋及构筑物				
通用设备				
专用设备				
文物和陈列品				
图书、档案				
家具、用具、装具及动植物				

2. 已提足折旧的固定资产名称、数量等情况。

3. 出租、出借固定资产以及固定资产对外投资等情况。

（七）在建工程的披露格式（如表 8－17 所示）

表 8－17

项目	年初余额	本期增加额	本期减少额	期末余额
1.				
……				
合计				

（八）无形资产

1. 各类无形资产的披露格式（如表 8－18 所示）

表 8－18

项目	年初余额	本期增加额	本期减少额	期末余额
一、原值合计				
1.				
……				
二、累计摊销合计				
1.				
……				
三、账面价值合计				
1.				
……				

2. 计入当期损益的研发支出金额、确认为无形资产的研发支出金额。

3. 无形资产出售、对外投资等处置情况。

（九）公共基础设施

1. 公共基础设施的披露格式（如表 8 – 19 所示）。

表 8 – 19

项　　目	年初余额	本期增加额	本期减少额	期末余额
原值合计				
市政基础设施				
1.				
……				
交通基础设施				
1.				
……				
水利基础设施				
1. ……				
其他				
……				
累计折旧合计				
市政基础设施				
1.				
……				
交通基础设施				
1.				
……				
水利基础设施				
1.				
……				
其他				
……				
账面价值合计				
市政基础设施				
1.				

续表

项　　目	年初余额	本期增加额	本期减少额	期末余额
……				
交通基础设施				
1.				
……				
水利基础设施				
1.				
……				
其他				
……				

2. 确认为公共基础设施的单独计价入账的土地使用权的账面余额、累计摊销额及变动情况。

3. 已提取折旧继续使用的公共基础设施的名称、数量等。

（十）政府储备物资的披露格式（如表8-20所示）

表8-20

物资类别	年初余额	本期增加额	本期减少额	期末余额
1.				
……				
203				
合计				

注：如单位有因动用而发出需要收回或者预期可能收回、但期末尚未收回的政府储备物资，应当单独披露其期末账面余额。

（十一）受托代理资产的披露格式（如表8-21所示）

表8-21

资产类别	年初余额	本期增加额	本期减少额	期末余额
货币资金				
受托转赠物资				
受托存储保管物资				

续表

资产类别	年初余额	本期增加额	本期减少额	期末余额
罚没物资				
其他				
合计				

（十二）应付账款按照债权人类别披露的格式（如表8－22所示）

表8－22

债权人类别	期末余额	年初余额
政府会计主体：		
部门内部单位		
单位1		
……		
部门外部单位		
单位1		
……		
其他：		
单位1		
……		
合计		

注：有应付票据、预收账款、其他应付款、长期应付款的，可比照应付账款进行披露。

（十三）其他流动负债的披露格式（如表8－23所示）

表8－23

项目	期末余额	年初余额
1.		
……		
合计		

注：有预计负债、其他非流动负债的，可比照其他流动负债进行披露。

（十四）长期借款

1. 长期借款按照债权人披露的格式（如表8－24所示）。

表 8－24

债权人	期末余额	年初余额
1.		
……		
合计		

注：有短期借款的，可比照长期借款进行披露。

2. 单位有基建借款的，应当分基建项目披露长期借款年初数。
3. 本年变动数、年末数及到期期限。

（十五）事业收入按照收入来源的披露格式（如表 8－25 所示）

表 8－25

收入来源	本期发生额	上期发生额
来自财政专户管理资金		
本部门内部单位		
单位 1		
……		
本部门以外同级政府单位		
单位 1		
……		
其他		
单位 1		
……		
合计		

（十六）非同级财政拨款收入按收入来源的披露格式（如表 8－26 所示）

表 8－26

收入来源	本期发生额	上期发生额
本部门以外同级政府单位		
单位 1		
……		
本部门以外非同级政府单位		
单位 1		
合计		

（十七）其他收入按照收入来源的披露格式（如表 8－27 所示）

表 8－27

收入来源	本期发生额	上期发生额
本部门内部单位		
单位 1		
……		
本部门以外同级政府单位		
单位 1		
……		
本部门以外非同级政府单位		
单位 1		
……		
其他		
单位 1		
……		
合计		

（十八）业务活动费用

1. 按经济分类的披露格式（如表 8－28 所示）

表 8－28

项　　目	本期发生额	上期发生额
工资福利费用		
商品和服务费用		
对个人和家庭的补助费用		
对企业补助费用		
固定资产折旧费		
无形资产摊销费		
公共基础设施折旧（摊销）费		
保障性住房折旧费		
计提专用基金		
……		
合计		

注：有单位管理费用、经营费用的，可比照（业务活动费用）此表进行披露。

2. 按支付对象的披露格式如表 8－29。

表 8－29

支付对象	本期发生额	上期发生额
本部门内部单位		
单位 1		
……		
本部门以外同级政府单位		
单位 1		
……		
其他		
单位 1		
……		
合计		

注：有单位管理费用、经营费用的，可比照（业务活动费用）此表进行披露。

（十九）其他费用按照类别披露的格式（如表 8－30 所示）

表 8－30

费用类别	本期发生额	上期发生额
利息费用		
坏账损失		
罚没支出		
……		
合计		

（二十）本期费用按照经济分类的披露格式（如表 8－31 所示）

表 8－31

项　　目	本年数	上年数
工资福利费用		
商品和服务费用		
对个人和家庭的补助费用		
对企业补助费用		
固定资产折旧费		

续表

项　　目	本年数	上年数
无形资产摊销费		
公共基础设施折旧（摊销）费		
保障性住房折旧费		
计提专用基金		
所得税费用		
资产处置费用		
上缴上级费用		
对附属单位补助费用		
其他费用		
本期费用合计		

注：单位在按照本制度规定编制收入费用表的基础上，可以根据需要按照此表披露的内容编制收入费用表。

六、本年盈余与预算结余的差异情况说明

为了反映单位财务会计和预算会计因核算基础和核算范围不同所产生的本年盈余数与本年预算结余数之间的差异，单位应当按照重要性原则，对本年度发生的各类影响收入（预算收入）和费用（预算支出）的业务进行适度归并和分析，披露将年度预算收入支出表中“本年预算收支差额”调节为年度收入费用表中“本期盈余”的信息。有关披露格式如表 8－32 所示。

表 8－32

项　　目	金额
一、本年预算结余（本年预算收支差额）	
二、差异调节	—
（一）重要事项的差异	
加：1. 当期确认为收入但没有确认为预算收入	
（1）应收款项、预收账款确认的收入	
（2）接受非货币性资产捐赠确认的收入	
2. 当期确认为预算支出但没有确认为费用	
（1）支付应付款项、预付账款的支出	
（2）为取得存货、政府储备物资等计入物资成本的支出	

续表

项　　目	金额
（3）为购建固定资产等的资本性支出	
（4）偿还借款本息支出	
减：1. 当期确认为预算收入但没有确认为收入	
（1）收到应收款项、预收账款确认的预算收入	
（2）取得借款确认的预算收入	
2. 当期确认为费用但没有确认为预算支出	
（1）发出存货、政府储备物资等确认的费用	
（2）计提的折旧费用和摊销费用	
（3）确认的资产处置费用（处置资产价值）	
（4）应付款项、预付账款确认的费用	
（二）其他事项差异	
三、本年盈余（本年收入与费用的差额）	

七、其他重要事项说明

第一，资产负债表日存在的重要或有事项说明；没有重要或有事项的，也应说明。

第二，以名义金额计量的资产名称、数量等情况，以及以名义金额计量理由的说明。

第三，通过债务资金形成的固定资产、公共基础设施、保障性住房等资产的账面价值、使用情况、收益情况及与此相关的债务偿还情况等的说明。

第四，重要资产置换、无偿调入（出）、捐入（出）、报废、重大毁损等情况的说明。

第五，事业单位将单位内部独立核算单位的会计信息纳入本单位财务报表情况的说明。

第六，政府会计具体准则中要求附注披露的其他内容。

第七，有助于理解和分析单位财务报表需要说明的其他事项。

第九章

新旧会计制度衔接

第一节　新旧制度衔接的总要求

按照财政部的总体部署，自2019年1月1日起执行新制度，不再执行原制度。为了确保新旧会计制度顺利过渡，本章将对新旧制度衔接前期的准备工作、具体会计科目的衔接、财务报表的衔接等具体工作做一一讲解。

一、新旧制度衔接的主要工作内容

自2019年1月1日起，事业单位应当严格按照新制度的规定进行会计核算、编制财务报表和预算会计报表。事业单位做好新旧制度衔接的相关工作，主要包括以下几个方面：

（1）根据原账编制2018年12月31日的科目余额表，并按照本规定要求，编制原账的部分科目余额明细表（参见附表1、附表2）。

（2）按照新制度设立2019年1月1日的新账。

（3）按照要求，登记新账的财务会计科目余额和预算结余科目余额，包括将原账科目余额转入新账财务会计科目、按照原账科目余额登记新账预算结余会计科目（事业单位新旧会计制度转账、登记新账科目对照表见附表3），将未入账事项登记新账科目，并对相关新账科目余额进行调整。原账科目是指按照原制度规定设置的会计科目。

（4）按照登记及调整后新账的各会计科目余额，编制2019年1月1日的科目余额表，作为新账各会计科目的期初余额。

（5）根据新账各会计科目期初余额，按照新制度编制 2019 年 1 月 1 日资产负债表。

二、及时调整会计信息系统

为实现政府会计制度双功能、双基础、双报告核算模式，必须有强大的会计信息化支撑。事业单位应当按照新制度要求对原有会计信息系统进行及时更新和调试，实现数据正确转换，确保新旧账套的有序衔接。有条件的单位，可以开始试点测试工作，使用以往年度的会计数据进行平行记账的试点，在试点过程中及时发现问题，调试软件，以确保 2019 年顺利实施政府预算会计和财务会计适度分离并相互衔接的政府会计核算模式。

第二节 财务会计科目的新旧衔接

一、将 2018 年 12 月 31 日原账会计科目余额转入新账财务会计科目

（一）资产类

1.“库存现金”、“零余额账户用款额度”、“财政应返还额度”、“短期投资”、“应收票据”、“应收账款”、“预付账款”、“无形资产”科目

新制度设置了“库存现金”、“零余额账户用款额度”、“财政应返还额度”、“短期投资”、“应收票据”、“应收账款”、“预付账款”、“无形资产”科目，其核算内容与原账的上述相应科目的核算内容基本相同。转账时，事业单位应当将原账的上述科目余额直接转入新账的相应科目。其中，还应当将原账的“库存现金”科目余额中属于新制度规定受托代理资产的金额，转入新账“库存现金”科目下的“受托代理资产”明细科目。

2.“银行存款”科目

新制度设置了“银行存款”和“其他货币资金”科目，原制度设置了

“银行存款”科目。转账时，事业单位应当将原账“银行存款”科目中核算的属于新制度规定的其他货币资金的金额，转入新账“其他货币资金”科目；将原账“银行存款”科目余额减去其中属于其他货币资金余额后的差额，转入新账的“银行存款”科目。其中，还应当将原账的“银行存款”科目余额中属于新制度规定受托代理资产的金额，转入新账“银行存款”科目下的“受托代理资产”明细科目。

3. “其他应收款”科目

新制度设置了“其他应收款”科目，该科目的核算内容与原账“其他应收款”科目的核算内容基本相同。转账时，事业单位应当将原账的“其他应收款”科目余额，转入新账的“其他应收款”科目。

新制度设置了“在途物品”科目，事业单位在原账“其他应收款”科目中核算了已经付款或开出商业汇票、尚未收到物资的，应当将原账的“其他应收款”科目余额中已经付款或开出商业汇票、尚未收到物资的金额，转入新账的“在途物品”科目。

4. “存货”科目

新制度设置了“库存物品”、“加工物品”科目，原制度设置了“存货”科目。转账时，事业单位应当将原账的“存货”科目余额中属于在加工存货的金额，转入新账的“加工物品”科目；将原账的“存货”科目余额减去属于在加工存货的金额后的差额，转入新账的“库存物品”科目。

事业单位在原账的“存货”科目中核算了属于新制度规定的工程物资、政府储备物资、受托代理物资的，应当将原账的“存货”科目余额中属于工程物资、政府储备物资、受托代理物资的金额，分别转入新账的“工程物资”、“政府储备物资”、“受托代理资产”科目。

5. “长期投资”科目

新制度设置了“长期股权投资”和“长期债券投资”科目，原制度设置了“长期投资”科目。转账时，事业单位应当将原账的“长期投资”科目余额中属于股权投资的金额，转入新账的“长期股权投资”科目及其明细科目；将原账的“长期投资”科目余额中属于债券投资的金额，转入新账的“长期债券投资”科目及其明细科目。

6. “固定资产”科目

新制度设置了“固定资产”、“公共基础设施”、“政府储备物资”、“文物文化资产”、“保障性住房”科目。事业单位在原账“固定资产”科目中只核算了按照新制度规定的固定资产内容的，转账时，应当将原账的“固定资产”

科目余额全部转入新账的“固定资产”科目。事业单位在原账的“固定资产”科目中核算了按照新制度规定应当记入“公共基础设施”、“政府储备物资”、“文物文化资产”、“保障性住房”科目内容的，转账时，应当将原账的“固定资产”科目余额中相应资产的账面余额，分别转入新账的“公共基础设施”、“政府储备物资”、“文物文化资产”、“保障性住房”科目，并将原账的“固定资产”科目余额减去上述金额后的差额，转入新账的“固定资产”科目。

7. “累计折旧”科目

新制度设置了“固定资产累计折旧”科目，该科目的核算内容与原账“累计折旧”科目的核算内容基本相同。事业单位已经计提了固定资产折旧并记入“累计折旧”科目的，转账时，应当将原账的“累计折旧”科目余额，转入新账的“固定资产累计折旧”科目。

新制度设置了“公共基础设施累计折旧（摊销）”和“保障性住房累计折旧”科目，事业单位在原账的“固定资产”科目中核算了按照新制度规定应当记入“公共基础设施”、“保障性住房”科目的内容，且已经计提了固定资产折旧的，转账时，应当将原账的“累计折旧”科目余额中属于公共基础设施累计折旧（摊销）、保障性住房累计折旧的金额，分别转入新账的“公共基础设施累计折旧（摊销）”、“保障性住房累计折旧”科目。

8. “在建工程”科目

新制度设置了“在建工程”和“预付账款——预付备料款、预付工程款”科目，原制度设置了“在建工程”科目。转账时，事业单位应当将原账的“在建工程”科目余额（基建“并账”后的金额，下同）中属于预付备料款、预付工程款的金额，转入新账“预付账款”相关明细科目；将原账的“在建工程”科目余额减去预付备料款、预付工程款金额后的差额，转入新账的“在建工程”科目。

事业单位在原账“在建工程”科目中核算了按照新制度规定应当记入“工程物资”科目内容的，应当将原账“在建工程”科目余额中属于工程物资的金额，转入新账的“工程物资”科目。

9. “累计摊销”科目

新制度设置了“无形资产累计摊销”科目，该科目的核算内容与原账“累计摊销”科目的核算内容基本相同。事业单位已经计提了无形资产摊销的，转账时，应当将原账的“累计摊销”科目余额，转入新账的“无形资产累计摊销”科目。

10. “待处置资产损溢”科目

新制度设置了“待处理财产损溢”科目，该科目的核算内容与原账“待处置资产损溢”科目的核算内容基本相同。转账时，事业单位应当将原账的“待处置资产损溢”科目余额，转入新账的“待处理财产损溢”科目。

（二）负债类

1. “短期借款”、“应付职工薪酬”、“应付票据”、“应付账款”、“预收账款”、“长期借款”、“长期应付款”科目

新制度设置了“短期借款”、“应付职工薪酬”、“应付票据”、“应付账款”、“预收账款”、“长期借款”、“长期应付款”科目，这些科目的核算内容与原账的上述相应科目的核算内容基本相同。转账时，事业单位应当将原账的上述科目余额直接转入新账的相应科目。

2. “应缴税费”科目

新制度设置了“应交增值税”和“其他应交税费”科目，原制度设置了“应缴税费”科目。转账时，事业单位应当将原账的“应缴税费——应缴增值税”科目余额，转入新账“应交增值税”中的相关明细科目；将原账的“应缴税费”科目余额减去属于应缴增值税余额后的差额，转入新账的“其他应交税费”科目。

3. “应缴国库款”、“应缴财政专户款”科目

新制度设置了“应缴财政款”科目，原制度设置了“应缴国库款”、“应缴财政专户款”科目。转账时，事业单位应当将原账的“应缴国库款”、“应缴财政专户款”科目余额，转入新账的“应缴财政款”科目。

4. “其他应付款”科目

新制度设置了“其他应付款”科目，该科目的核算内容与原账“其他应付款”科目的核算内容基本相同。转账时，事业单位应当将原账的“其他应付款”科目余额，转入新账的“其他应付款”科目。其中，事业单位在原账的“其他应付款”科目中核算了属于新制度规定的受托代理负债的，应当将原账的“其他应付款”科目余额中属于受托代理负债的余额，转入新账的“受托代理负债”科目。

（三）净资产类

1. “事业基金”科目

新制度设置了“累计盈余”科目，该科目的核算内容包含了原账“事业

基金”科目的核算内容。转账时，事业单位应当将原账的“事业基金”科目余额转入新账的“累计盈余”科目。

2.“非流动资产基金”科目

依据新制度，无需对原制度中“非流动资产基金”科目对应内容进行核算。转账时，事业单位应当将原账的“非流动资产基金”科目余额转入新账的“累计盈余”科目。

3.“专用基金”科目

新制度设置了“专用基金”科目，该科目的核算内容与原账“专用基金”科目的核算内容基本相同。转账时，事业单位应当将原账的“专用基金”科目余额转入新账的“专用基金”科目。

4.“财政补助结转”、“财政补助结余”、“非财政补助结转”科目

新制度设置了“累计盈余”科目，该科目的余额包含了原账的“财政补助结转”、“财政补助结余”、“非财政补助结转”科目的余额内容。转账时，事业单位应当将原账的“财政补助结转”、“财政补助结余”、“非财政补助结转”科目余额，转入新账的“累计盈余”科目。

5.“经营结余”科目

新制度设置了“本期盈余”科目，该科目的核算内容包含了原账“经营结余”科目的核算内容。新制度规定“本期盈余”科目余额最终转入“累计盈余”科目，如果原账的“经营结余”科目有借方余额，转账时，事业单位应当将原账的“经营结余”科目借方余额，转入新账的“累计盈余”科目借方。

6.“事业结余”、“非财政补助结余分配”科目

由于原账的“事业结余”、“非财政补助结余分配”科目年末无余额，这两个科目无需进行转账处理。

（四）收入类、支出类

由于原账中收入类、支出类科目年末无余额，无需进行转账处理。自2019年1月1日起，事业单位应当按照新制度设置收入类、费用类科目并进行账务处理。

（五）其他说明

事业单位存在其他本规定未列举的原账科目余额的，应当比照本规定转入新账的相应科目。新账的科目设有明细科目的，应将原账中对应科目的余

额加以分析，分别转入新账中相应科目的相关明细科目。

事业单位在进行新旧衔接的转账时，应当编制转账的工作分录，作为转账的工作底稿，并将转入新账的对应原账户余额及分拆原账户余额的依据作为原始凭证。

二、将原未入账事项登记新账财务会计科目

（一）应收账款、应收股利、在途物品

事业单位在新旧制度转换时，应当将2018年12月31日前未入账的应收账款、应收股利、在途物品按照新制度规定记入新账。登记新账时，按照确定的入账金额，分别借记“应收账款”、“应收股利”、“在途物品”科目，贷记“累计盈余”科目。

（二）公共基础设施、政府储备物资、文物文化资产、保障性住房

事业单位在新旧制度转换时，应当将2018年12月31日前未入账的公共基础设施、政府储备物资、文物文化资产、保障性住房按照新制度规定记入新账。登记新账时，按照确定的初始入账成本，分别借记“公共基础设施”、“政府储备物资”、“文物文化资产”、“保障性住房”科目，贷记“累计盈余”科目。

事业单位对于登记新账时首次确认的公共基础设施、保障性住房，应当于2019年1月1日以后，按照其在登记新账时确定的成本和剩余折旧（摊销）年限计提折旧（摊销）。

（三）受托代理资产

事业单位在新旧制度转换时，应当将2018年12月31日前未入账的受托代理资产按照新制度规定记入新账。登记新账时，按照确定的受托代理资产入账成本，借记“受托代理资产”科目，贷记“受托代理负债”科目。

（四）盘盈资产

事业单位在新旧制度转换时，应当将2018年12月31日前未入账的盘盈资产按照新制度规定记入新账。登记新账时，按照确定的盘盈资产及其成本，分别借记有关资产科目，按照盘盈资产成本的合计金额，贷记“累计盈余”

科目。

（五）预计负债

事业单位在新旧制度转换时，应当将2018年12月31日按照新制度规定确认的预计负债记入新账。登记新账时，按照确定的预计负债金额，借记“累计盈余”科目，贷记“预计负债”科目。

（六）应付质量保证金

事业单位在新旧制度转换时，应当将2018年12月31日前未入账的应付质量保证金按照新制度规定记入新账。登记新账时，按照确定未入账的应付质量保证金金额，借记“累计盈余”科目，贷记“其他应付款”科目（扣留期在1年以内（含1年））、“长期应付款”科目（扣留期超过1年）。

（七）其他说明

事业单位存在2018年12月31日前未入账的其他事项的，应当比照本规定登记新账的相应科目。

事业单位对新账的财务会计科目补记未入账事项时，应当编制记账凭证，并将补充登记事项的确认依据作为原始凭证。

三、对新账的相关财务会计科目余额按照新制度规定的会计核算基础进行调整

（一）计提坏账准备

新制度要求对事业单位收回后无需上缴财政的应收账款和其他应收款提取坏账准备。在新旧制度转换时，事业单位应当按照2018年12月31日无需上缴财政的应收账款和其他应收款的余额计算应计提的坏账准备金额，借记“累计盈余”科目，贷记“坏账准备”科目。

（二）按照权益法调整长期股权投资账面余额

对按照新制度规定应当采用权益法核算的长期股权投资，在新旧制度转换时，事业单位应当在“长期股权投资”科目下设置“新旧制度转换调整”明细科目，依据被投资事业单位2018年12月31日财务报表的所有者权益账

面余额，以及事业单位持有被投资事业单位的股权比例，计算应享有或应分担的被投资事业单位所有者权益的份额，调整长期股权投资的账面余额，借记或贷记“长期股权投资——新旧制度转换调整”科目，贷记或借记“累计盈余”科目。

（三）确认长期债券投资期末应收利息

事业单位应当按照新制度规定于2019年1月1日补记长期债券投资应收利息，按照长期债券投资的应收利息金额，借记“长期债券投资”科目（到期一次还本付息）或“应收利息”科目（分期付息、到期还本），贷记“累计盈余”科目。

（四）补提折旧

事业单位在原账中尚未计提固定资产折旧的，应当全面核查截至2018年12月31日的固定资产的预计使用年限、已使用年限、尚可使用年限等，并于2019年1月1日对尚未计提折旧的固定资产补提折旧，按照应计提的折旧金额，借记“累计盈余”科目，贷记“固定资产累计折旧”科目。

事业单位在原账的“固定资产”科目中核算了按照新制度规定应当记入“公共基础设施”、“保障性住房”科目内容的，应当比照前款规定补提公共基础设施折旧（摊销）、保障性住房折旧，按照应计提的折旧（摊销）金额，借记“累计盈余”科目，贷记“公共基础设施累计折旧（摊销）”、“保障性住房累计折旧”科目。

（五）补提摊销

事业单位在原账中尚未计提无形资产摊销的，应当全面核查截至2018年12月31日无形资产的预计使用年限、已使用年限、尚可使用年限等，并于2019年1月1日对前期尚未计提摊销的无形资产补提摊销，按照应计提的摊销金额，借记“累计盈余”科目，贷记“无形资产累计摊销”科目。

（六）确认长期借款期末应付利息

事业单位应当按照新制度规定于2019年1月1日补记长期借款的应付利息金额，对其中资本化的部分，借记“在建工程”科目，对其中费用化的部分，借记“累计盈余”科目，按照全部长期借款应付利息金额，贷记“长期借款”科目（到期一次还本付息）或“应付利息”科目（分期付息、到期还本）。

事业单位对新账的财务会计科目期初余额进行调整时，应当编制记账凭证，并将调整事项的确认依据作为原始凭证。

第三节 预算会计科目的新旧衔接

一、“财政拨款结转”和“财政拨款结余”科目及对应的“资金结存”科目余额

新制度设置了“财政拨款结转”、“财政拨款结余”科目及对应的“资金结存”科目。在新旧制度转换时，事业单位应当对原账的“财政补助结转”科目余额进行逐项分析，加上各项结转转入的预算支出中已经计入预算支出尚未支付财政资金（如发生时列支的应付账款）的金额，减去已经支付财政资金尚未计入预算支出（如购入的存货、预付账款等）的金额，按照增减后的金额，登记新账的“财政拨款结转”科目及其明细科目贷方；按照原账“财政补助结余”科目余额，登记新账的“财政拨款结余”科目及其明细科目贷方。

按照原账“财政应返还额度”科目余额登记新账的“资金结存——财政应返还额度”科目借方；按照新账的“财政拨款结转”和“财政拨款结余”科目贷方余额合计数，减去新账的“资金结存——财政应返还额度”科目借方余额后的差额，登记新账的“资金结存——货币资金”科目借方。

二、“非财政拨款结转”科目及对应的“资金结存”科目余额

新制度设置了“非财政拨款结转”科目及对应的“资金结存”科目。在新旧制度转换时，事业单位应当对原账的“非财政补助结转”科目余额进行逐项分析，加上各项结转转入的预算支出中已经计入预算支出尚未支付非财政补助专项资金（如发生时列支的应付账款）的金额，减去已经支付非财政补助专项资金尚未计入预算支出（如购入的存货、预付账款等）的金额，加上各项结转转入的预算收入中已经收到非财政补助专项资金尚未计入预算收

入（如预收账款）的金额，减去已经计入预算收入尚未收到非财政补助专项资金（如应收账款）的金额，按照增减后的金额，登记新账的“非财政拨款结转”科目及其明细科目贷方；同时，按照相同的金额登记新账的“资金结存——货币资金”科目借方。

三、“非财政拨款结余”科目及对应的“资金结存”科目余额

（一）登记“非财政拨款结余”科目余额

新制度设置了“非财政拨款结余”科目及对应的“资金结存”科目。在新旧制度转换时，事业单位应当按照原账的“事业基金”科目余额，借记新账的“资金结存——货币资金”科目，贷记新账的“非财政拨款结余”科目。

（二）对新账“非财政拨款结余”科目及“资金结存”科目余额进行调整

1. 调整短期投资对非财政拨款结余的影响

事业单位应当按照原账的“短期投资”科目余额，借记“非财政拨款结余”科目，贷记“资金结存——货币资金”科目。

2. 调整应收票据、应收账款对非财政拨款结余的影响

事业单位应当对原账的“应收票据”、“应收账款”科目余额进行分析，区分其中发生时计入预算收入的金额和没有计入预算收入的金额。对发生时计入预算收入的金额，再区分计入专项资金收入的金额和计入非专项资金收入的金额，按照计入非专项资金收入的金额，借记“非财政拨款结余”科目，贷记“资金结存——货币资金”科目。

3. 调整预付账款对非财政拨款结余的影响

事业单位应当对原账的“预付账款”科目余额进行分析，区分其中由财政补助资金预付的金额、非财政补助专项资金预付的金额和非财政补助非专项资金预付的金额，按照非财政补助非专项资金预付的金额，借记“非财政拨款结余”科目，贷记“资金结存——货币资金”科目。

4. 调整其他应收款对非财政拨款结余的影响

事业单位按照新制度规定将原账其他应收款中的预付款项计入预算支出的，应当对原账的“其他应收款”科目余额进行分析，区分其中预付款项的金额（将来很可能列支）和非预付款项的金额，并对预付款项的金额划分为

财政补助资金预付的金额、非财政补助专项资金预付的金额和非财政补助非专项资金预付的金额，按照非财政补助非专项资金预付的金额，借记“非财政拨款结余”科目，贷记“资金结存——货币资金”科目。

5. 调整存货对非财政拨款结余的影响

事业单位应当对原账的“存货”科目余额进行分析，区分购入的存货金额和非购入的存货金额。对购入的存货金额划分出其中使用财政补助资金购入的金额、使用非财政补助专项资金购入的金额和使用非财政补助非专项资金购入的金额，按照使用非财政补助非专项资金购入的金额，借记“非财政拨款结余”科目，贷记“资金结存——货币资金”科目。

6. 调整长期股权投资对非财政拨款结余的影响

事业单位应当对原账的“长期投资”科目余额中属于股权投资的余额进行分析，区分其中用现金资产取得的金额和用非现金资产及其他方式取得的金额，按照用现金资产取得的金额，借记“非财政拨款结余”科目，贷记“资金结存——货币资金”科目。

7. 调整长期债券投资对非财政拨款结余的影响

事业单位应当按照原账的“长期投资”科目余额中属于债券投资的余额，借记“非财政拨款结余”科目，贷记“资金结存——货币资金”科目。

8. 调整短期借款、长期借款对非财政拨款结余的影响

事业单位应当按照原账的“短期借款”、“长期借款”科目余额，借记“资金结存——货币资金”科目，贷记“非财政拨款结余”科目。

9. 调整应付票据、应付账款对非财政拨款结余的影响

事业单位应当对原账的“应付票据”、“应付账款”科目余额进行分析，区分其中发生时计入预算支出的金额和未计入预算支出的金额。将计入预算支出的金额划分出财政补助应付的金额、非财政补助专项资金应付的金额和非财政补助非专项资金应付的金额，按照非财政补助非专项资金应付的金额，借记“资金结存——货币资金”科目，贷记“非财政拨款结余”科目。

10. 调整预收账款对非财政拨款结余的影响

事业单位应当按照原账的“预收账款”科目余额中预收非财政非专项资金的金额，借记“资金结存——货币资金”科目，贷记“非财政拨款结余”科目。

四、“专用结余”科目及对应的“资金结存”科目余额

新制度设置了“专用结余”科目及对应的“资金结存”科目。在新旧制

度转换时，事业单位应当按照原账“专用基金”科目余额中通过非财政补助结余分配形成的金额，借记新账的“资金结存——货币资金”科目，贷记新账的“专用结余”科目。

五、“经营结余”科目及对应的“资金结存”科目余额

新制度设置了“经营结余”科目及对应的“资金结存”科目。如果原账的“经营结余”科目期末有借方余额，在新旧制度转换时，事业单位应当按照原账的“经营结余”科目余额，借记新账的“经营结余”科目，贷记新账的“资金结存——货币资金”科目。

六、“其他结余”、“非财政拨款结余分配”科目

新制度设置了“其他结余”和“非财政拨款结余分配”科目。由于这两个科目年初无余额，在新旧制度转换时，事业单位无需对“其他结余”和“非财政拨款结余分配”科目进行新账年初余额登记。

七、预算收入类、预算支出类会计科目

由于预算收入类、预算支出类会计科目年初无余额，在新旧制度转换时，事业单位无需对预算收入类、预算支出类会计科目进行新账年初余额登记。

事业单位应当自 2019 年 1 月 1 日起，按照新制度设置预算收入类、预算支出类科目并进行账务处理。

八、其他说明

事业单位存在 2018 年 12 月 31 日需要按照新制度预算会计核算基础调整预算会计科目期初余额的其他事项的，应当比照本规定调整新账的相应预算会计科目期初余额。

事业单位对预算会计科目的期初余额登记和调整，应当编制记账凭证，并将期初余额登记和调整的依据作为原始凭证。

第四节　报表新旧衔接及其他说明

一、报表新旧衔接

（一）编制 2019 年 1 月 1 日资产负债表

事业单位应当根据 2019 年 1 月 1 日新账的财务会计科目余额，按照新制度编制 2019 年 1 月 1 日资产负债表（仅要求填列各项目“年初余额”）。

（二）2019 年度财务报表和预算会计报表的编制

事业单位应当按照新制度规定编制 2019 年财务报表和预算会计报表。在编制 2019 年度收入费用表、净资产变动表、现金流量表和预算收入支出表、预算结转结余变动表时，不要求填列上年比较数。

事业单位应当根据 2019 年 1 月 1 日新账财务会计科目余额，填列 2019 年净资产变动表各项目的“上年年末余额”；根据 2019 年 1 月 1 日新账预算会计科目余额，填列 2019 年预算结转结余变动表的“年初预算结转结余”项目和财政拨款预算收入支出表的“年初财政拨款结转结余”项目。

二、其他说明

截至 2018 年 12 月 31 日尚未进行基建“并账”的事业单位，应当首先参照《新旧事业单位会计制度有关衔接问题的处理规定》（财会〔2 013〕2 号），将基建账套相关数据并入 2018 年 12 月 31 日原账中的相关科目余额，再按照本规定将 2018 年 12 月 31 日原账相关会计科目余额转入新账相应科目。

2019 年 1 月 1 日前执行新制度的事业单位，应当参照本规定做好新旧制度衔接工作。

附表1：　　　　　　　　事业单位原会计科目余额明细表一

总账科目	明细分类	金额	备注
库存现金	库存现金		
	其中，受托代理现金		
银行存款	银行存款		
	其中，受托代理银行存款		
	其他货币资金		
其他应收款	在途物资		已经付款或已开出商业汇票，尚未收到物资
	其他		
存货	在加工存货		
	非在加工存货		
	工程物资		
	政府储备物资		
	受托代理资产		
长期投资	长期股权投资		
	长期债券投资		
固定资产	固定资产		
	公共基础设施		
	政府储备物资		
	文物文化资产		
	保障性住房		
累计折旧	固定资产累计折旧		
	公共基础设施累计折旧		
	保障性住房累计折旧		
在建工程	在建工程		
	工程物资		
	预付工程款、预付备料款		
应缴税费	应交增值税		
	其他应交税费		
其他应付款	受托代理负债		因接受代管资金形成的应付款
	其他		

附表 2： **事业单位原会计科目余额明细表二**

总账科目	明细分类	金额	备注
应收票据、应收账款	发生时不计入预算收入		如转让资产的应收票据、应收账款
	发生时计入预算收入		
	其中，专项收入		
	其他		
预付账款	财政补助资金预付		
	非财政补助专项资金预付		
	非财政补助非专项资金预付		
其他应收款	预付款项		如职工预借的差旅费等
	其中，财政补助资金预付		
	非财政补助专项资金预付		
	非财政补助非专项资金预付		
	需要收回及其他		如支付的押金、应收为职工垫付的款项等
存货	购入存货		
	其中，使用财政补助资金购入		
	使用非财政补助专项资金购入		
	使用非财政补助非专项资金购入		
	非购入存货		如无偿调入、接受捐赠的存货等
长期投资	长期股权投资		
	其中，用现金资产取得		
	用非现金资产或其他方式取得		
	长期债券投资		
应付票据、应付账款	发生时不计入预算支出		
	发生时计入预算支出		
	其中，财政补助资金应付		
	非财政补助专项资金应付		
	非财政补助非专项资金应付		
预收账款	预收专项资金		
	预收非专项资金		

附表 3：　　事业单位新旧会计制度转账、登记新账科目对照表

<table>
<tr><th rowspan="2">序号</th><th colspan="2">新制度科目</th><th colspan="2">原制度科目</th></tr>
<tr><th>编号</th><th>名称</th><th>编号</th><th>名称</th></tr>
<tr><td colspan="5">一、资产类</td></tr>
<tr><td>1</td><td>1001</td><td>库存现金</td><td>1001</td><td>库存现金</td></tr>
<tr><td>2</td><td>1002</td><td>银行存款</td><td rowspan="2">1002</td><td rowspan="2">银行存款</td></tr>
<tr><td>3</td><td>1021</td><td>其他货币资金</td></tr>
<tr><td>4</td><td>1011</td><td>零余额账户用款额度</td><td>1011</td><td>零余额账户用款额度</td></tr>
<tr><td>5</td><td>1201</td><td>财政应返还额度</td><td>1201</td><td>财政应返还额度</td></tr>
<tr><td>6</td><td>1101</td><td>短期投资</td><td>1101</td><td>短期投资</td></tr>
<tr><td>7</td><td>1211</td><td>应收票据</td><td>1211</td><td>应收票据</td></tr>
<tr><td>8</td><td>1212</td><td>应收账款</td><td>1212</td><td>应收账款</td></tr>
<tr><td rowspan="2">9</td><td rowspan="2">1214</td><td rowspan="2">预付账款</td><td>1213</td><td>预付账款</td></tr>
<tr><td>1511</td><td>在建工程</td></tr>
<tr><td>10</td><td>1218</td><td>其他应收款</td><td rowspan="2">1215</td><td rowspan="2">其他应收款</td></tr>
<tr><td>11</td><td>1301</td><td>在途物品</td></tr>
<tr><td>12</td><td>1302</td><td>库存物品</td><td rowspan="5">1301</td><td rowspan="5">存货</td></tr>
<tr><td>13</td><td>1303</td><td>加工物品</td></tr>
<tr><td>14</td><td>1611</td><td>工程物资</td></tr>
<tr><td>15</td><td>1811</td><td>政府储备物资</td></tr>
<tr><td>16</td><td>1891</td><td>受托代理资产</td></tr>
<tr><td>17</td><td>1501</td><td>长期股权投资</td><td rowspan="2">1401</td><td rowspan="2">长期投资</td></tr>
<tr><td>18</td><td>1502</td><td>长期债券投资</td></tr>
<tr><td>19</td><td>1601</td><td>固定资产</td><td rowspan="5">1501</td><td rowspan="5">固定资产</td></tr>
<tr><td>20</td><td>1801</td><td>公共基础设施</td></tr>
<tr><td>21</td><td>1811</td><td>政府储备物资</td></tr>
<tr><td>22</td><td>1821</td><td>文物文化资产</td></tr>
<tr><td>23</td><td>1831</td><td>保障性住房</td></tr>
<tr><td>24</td><td>1602</td><td>固定资产累计折旧</td><td rowspan="3">1502</td><td rowspan="3">累计折旧</td></tr>
<tr><td>25</td><td>1802</td><td>公共基础设施累计折旧（摊销）</td></tr>
<tr><td>26</td><td>1832</td><td>保障性住房累计折旧</td></tr>
<tr><td rowspan="2">27</td><td>1611</td><td>工程物资</td><td rowspan="2">1511</td><td rowspan="2">在建工程</td></tr>
<tr><td>1613</td><td>在建工程</td></tr>
</table>

续表

序号	新制度科目		原制度科目	
	编号	名称	编号	名称
28	1701	无形资产	1601	无形资产
29	1702	无形资产累计摊销	1602	累计摊销
30	1902	待处理财产损溢	1701	待处置资产损溢
二、负债类				
31	2001	短期借款	2001	短期借款
32	2101	应交增值税	2101	应缴税费
33	2102	其他应交税费		
34	2103	应缴财政款	2102	应缴国库款
			2103	应缴财政专户款
35	2201	应付职工薪酬	2201	应付职工薪酬
36	2301	应付票据	2301	应付票据
37	2302	应付账款	2302	应付账款
38	2305	预收账款	2303	预收账款
39	2307	其他应付款	2305	其他应付款
40	2901	受托代理负债		
41	2501	长期借款	2401	长期借款
42	2502	长期应付款	2402	长期应付款
三、净资产类				
43	3001	累计盈余	3001	事业基金
			3101	非流动资产基金
			3301	财政补助结转
			3302	财政补助结余
			3401	非财政补助结转
			3403	经营结余
44	3101	专用基金	3201	专用基金
四、预算结余类				
45	8101	财政拨款结转	3301	财政补助结转
46	8102	财政拨款结余	3302	财政补助结余
47	8201	非财政拨款结转	3401	非财政补助结转
48	8202	非财政拨款结余	3001	事业基金
49	8301	专用结余	3201	专用基金

续表

序号	新制度科目		原制度科目	
	编号	名称	编号	名称
50	8401	经营结余	3403	经营结余
51	8001	资金结存（借方）	3301	财政补助结转
			3302	财政补助结余
			3401	非财政补助结转
			3001	事业基金
			3201	专用基金
			3403	经营结余